DISCOURSES AND COMMUNICATION IN ORGANIZATION

組織のディスコースと
コミュニケーション
組織と経営の新しいアジェンダを求めて

KIYOMIYA TORU
清宮 徹

同文舘出版

はしがき

　本書は構想から約5年以上の時が過ぎ，やっと出版にたどり着くことができた。『ハンドブック組織ディスコース研究』（同文舘出版，2012年，以下『ハンドブック』）の翻訳が完成した後，組織ディスコース研究（Organizational Discourse Studies：ODS）の全体像を体系的に示す本を検討していた。質的研究の新たなパラダイムとして，世界中の学会でディスコースのアプローチが盛んになっていく中，日本においてはこの研究視座を学べる文献が極めて少なかった。しかし，組織と社会の複雑な問題に取り組もうとする時，日本においてもODSへの期待は大きくなり，この領域での活発な議論の必要性が高まっていた。海外の学会やワークショップに参加し，情報収集と知識の蓄積を行いながらも，まとまった時間をとることはなかなか難しかった。しかし，国内外の多くの方々との対話から，大きな刺激と多くの学びを得て，ここにやっと出版の運びとなった。

　私とODSとの出会いは，2006年にカーディフ大学（カーディフ・ビジネススクール）での在外研究中であった。師事していたウィルモット教授（Prof. H. Willmott）の勧めで，ハーディー教授（Prof. C. Hardy）とトーマス教授（Prof. R. Thomas）が主催するディスコース分析のワークショップに参加したことが，大きな転機となった。このワークショップで，これまでのディスコース・アプローチに対するイメージが変わったのだ。

　私は30歳を過ぎて，人事管理のコンサルティングの仕事を辞め，アメリカに大学院留学した。そのきっかけは，日本企業の諸問題を考えるうちに，エスノメソドロジーをビジネスや組織研究に応用したいと思ったからであった。1992年にカリフォルニア大学サンタバーバラ校に出向いたのも，英語を勉強しながら，著名なエスノメソドロジストでありその当時社会学部の学部長であったD. Zimmermanに会って教えを乞うためであった。当時お会いして話すことはできたが，その後私は，エスノメソドロジーとは異なる道に

進む。ミシガン州立大学にて，修士において労使関係・人的資源を，また博士課程において組織コミュニケーションを専門とし，定量的研究によってコミュニケーション学博士を得た。つまり私は，徹底した実証主義的方法からスタートしたわけである。ところが自分の根底にある疑問である，組織と職場に横たわる日常的な自明性への問題意識は，実証主義的アプローチを学んでも解決しなかった。その意味で，私の大学院時代は自分自身との葛藤であり，定量的研究で博士号を取ることと，それに対する懐疑的な気持ちとが交錯していた。また同時に，90年代当時のアメリカの組織研究において，ディスコース研究はごくわずかであり，会話分析と言語行為論の中に自分の研究関心が実現できるものなのか，ひそかにその可能性を探っていた。これらの，いわゆるミクロなディスコースのアプローチは，私自身の疑問や関心に対して十分応えるものでなかったが，2006年のワークショップにおいて，異なるアプローチである批判的ディスコース分析（critical discourse analysis：CDA）や，フーコー派のディスコース研究に触れたことが大きな気付きとなった。

　人との出会いや関係性が，知識を発展させてくれたのだ。本書執筆に至るまでには，多くの研究者との出会いがあり，その関係性こそが知識と言える。とくに恩師であるウィルモット教授との出会いは，私の研究人生を変えるものであり，彼は私の尊敬すべきロールモデルである。余談ではあるが，実は我々の誕生日が同じであった偶然には，何かしらのご縁を感じたものである。彼との会話の中で，私が抱いていた基本的理念と類似した考えを彼が持っていたことを確認した。それは，現代社会において国家による政治には限界があり，それを補うことができるのは組織であるということだ。なぜなら，政治の世界で直接民主主義を実現するのは難しいが，ビジネスという営みは組織化を通じて，実は直接民主主義を反映させられる絶好の場所であるのだ。この基本的考えを，彼と私は共有していた。人々の組織化を通じて，組織の内部のパワー問題だけでなく，世界の貧困問題や多様なアイデンティティの問題，そして最終的には，広く世界の平和に貢献したいというのが私の願いである。すぐに実現できるレベルの課題ではないが現実化し，人類の将来の

方向性として，国という政治的枠組みを超えて自分たちの声を実現していき，より良い社会の現実は，私たちが日々活動する組織化のプロセスを通じて構成できると信じたい。本書の根底にあるのは，このような長期的視野であり，理想の社会的現実を生成する言説的方法論である。サブタイトルに，「組織と経営の新たなアジェンダを求めて」と付けたのも，この考えがもとにあるからである。

　これまでの組織論は，経営学的な視点から，経営管理の側面を主な知的探求のアジェンダとしてきた。組織ディスコースは，これに新たな意味を付け加え，むしろそれを更新し，新しいアジェンダをディスコースとして形成していくことこそが役割と考える。とくに組織コミュニケーションの視座は，組織の内外の相互理解を目的とするものであり，管理や効率ではない。組織の中で多様性の相互理解が促進できる組織化，多様なアイデンティティが共存できる組織化，組織の大事な側面である，世界を良くする組織化を言説的に構成していくこと，本書ではそれを組織デモクラシー（組織の民主主義の言説的実践）と呼び，これを目指している。この理念は，すべての組織ディスコース研究者が同様に持っているのではなく，あくまでも本書に横たわる私の個人的理念である。その方法論としての，組織ディスコース研究であることを冒頭に申し上げたい。

　また本書はディスコース・アプローチの全体像を少しでも理解していただけるように，体系的に書いたものである。まだまだ不足しているところがあるのも承知しているが，発展途上であり，これからの課題とさせていただきたい。

　本書が想定する読者は，組織研究と組織コミュニケーションに関心を持つ人々の中でも，とくに質的研究に関心のある人に貢献できるものと信じている。量的研究者にとっても，私がもともと定量分析からスタートしたように，自分の研究を振り返り，葛藤や悩んできたことに少しでも答えることができ，何かのきっかけになることを願う。本書は幅広い組織ディスコースのアプローチを示したので，ある意味で教科書的に読んでもらえるだろう。まだ発

展中の視座であるだけに，現状を知るうえで，近年の研究実績を文献レビューの形で各章に付けてある。この点で，ODS を始めようとする研究者には，入門的な研究書となるであろう。教科書と研究書，双方の性質を持った本となっている。入門書ではあるが，抽象的な議論が多いこともあり，社会学や哲学的な土台が無いと，やや難しいかもしれない。学部生にはぜひチャレンジしてもらい，自分自身を見つめなおすきっかけにしてもらいたい。何も考えずに就職活動するのではなく，このような内省をしたうえで，次へのスタートを切ってもらいたい。

　また本書のカバー写真は，リバプールの学会で私が撮影したものである。色とりどりの傘と語り合う人々に，本書のテーマと関連する意味を感じている。持っていて少しでも楽しい気分になっていただけたら，嬉しく思う。

　最後に，ここでお礼を述べるというディスコースによって，この本が単に私個人の頭の中にある知識ではなく，関係的な知であり，人々によって作り上げられた過程を理解いただけると思う。決して一人の産物ではないことは言うまでもないが，それ以上にこの本は筆者が書いているだけではなく，社会的な構築物として理解できる。以下に，お世話になった方々に謝辞を申し上げたい。

　ウィルモット教授のもと，批判的経営研究（CMS）の門を叩いた私は，多くの先生方にお世話になった。日本における CMS に多大な協力をいただき，同時に個人的にも論文に多くの重要なコメントをいただいた，南カリフォルニア大学のアドラー教授（Prof. P. Adler）。CMS や方法論において貴重なご指導をいただいた，ルンド大学（スウェーデン）のアルベッソン教授（Prof. M. Alvesson）。デルブリッジ教授（Prof. R. Delbridge）をはじめとする，カーディフ大学（ウェールズ）の皆様。コペンハーゲン・ビジネススクールで開催された「ラカン派組織論」で知り合い，それ以降交流を深めた，ウプスラ大学（スウェーデン）のレンエルフォッシュ教授（Prof. T. Lennerfors）。『ハンドブック』の翻訳に際して，多大な協力をいただいたハーディー教授，そしてとくに，

たびたび来日して ODS についてご指導いただいたグラント教授（Prof. D. Grant）。これらすべての先生方に，深く感謝の意を表したい。

『ハンドブック』の翻訳活動は，経営情報学会の IMI 研究部会（現組織ディスコース研究部会）が中心になって行った。IMI 研究会はとてもオープンで，質的研究について建設的な意見交換のできる場であった。活動の中心的存在であり，活動を推進いただいている高橋正泰教授（明治大学），幹事として活動を切りもりしてくださる，四本雅人准教授（長崎県立大学），高木俊雄准教授（昭和女子大学），研究会メンバーの皆様に，あらためてお礼を申し上げたい。

キール大学を中心とする研究グループとは，2013 年に被災地を訪れ，それ以降共同研究を行うことができた。キール大学との交流は，とても刺激があると同時に，研究の中に優しさを感じる大きな学びがあった。『ハンドブック』の執筆者でもあるキール大学のケリマン教授（Prof. M. Kelemen），被災地の南三陸町において一緒にフィールドワークを実施し，無事博士論文を書き終えられたリン博士（Dr. Yiwen Lin）に感謝申し上げたい。

ガーゲン教授（Prof. K. Gergen & M. Gergen）ご夫妻の大きなお力添えに対して御礼申し上げたい。お二人と日本の多くの研究者との交流の機会を模索していたが，この度ようやく，2019 年の組織学会年次大会において，基調講演をいただけることになったことは，この上ない喜びである。ODS にとって社会構成主義の理解は絶対不可欠であり，その第一人者であるガーゲン教授からご教授いただくことは，私を含めた研究仲間の念願であった。

本書の執筆は，2018-9 年にかけての在外研究と交換教授の期間を利用して，書き上げた。在外研究先である，カリフォルニア大学サンタバーバラ校コミュニケーション学部では，『ハンドブック』の編者の一人である，パットナム教授（Prof. L. Putnam），組織デモクラシー研究における先駆者，ストー教授（Prof. C. Stohl），また受け入れいただいたマイヤース教授（Prof. K. Myers）とシーボルト教授（Prof. D. Seibold）。交換教授として赴いたベイラー大学（テキサス州）ビジネススクールの先生方，とくに家族同様に受け入れてくださっ

た，マッキニー教授（Prof. J. McKinney）には，感謝の念を禁じ得ない。

　ミシガン州立大学大学院でともに学んだ大切な友人であり，現在はモントリオール学派の一人としてコミュニケーション生成組織（communication constitution of organization）という方向性を打ち出している，ブルマンズ教授（Prof. B. Brummans）。彼や私の指導教官であったミシガン州立大学コミュニケーション学部のダーリング教授（Prof. J. Dearing）にも感謝を述べたい。

　また本書の執筆にあたって最大の功労者は，2人の女性である。池田章子氏（明治大学特定課題研究ユニット客員研究員）には，すべての章において，表現上の問題から内容上の建設的なコメントまで，とても参考になる助言をいただいた。もう一人は，妻である清宮友江である。以前文章に携わる仕事をしていた彼女は，私の癖のある文章を少しでも読みやすくするため，全章にわたり表現上の修正を行なってくれた。この2人のサポートなしには，本書は完成しなかった。また『ハンドブック』を含め出版をサポートいただいた同文舘出版，とくに青柳裕之氏と同僚の方々には，編集上の大きなご支援をいただいた。また本書の出版には西南学院大学から出版助成をいただいた。本書はまさに，協働構築物である。

　最後に，この本の出版を誰よりも楽しみにしてくれていた，両親である正巳とつた子，また妻友江と娘寧生の家族の支えがあって，生まれた本である。すべての方への，「感謝」の気持ちを言葉にしたい。

　　2019年2月

　　　　　　　　　　　　　　　　　　　　　　　　　　清宮　徹

組織のディスコースとコミュニケーション◆目次

はしがき　*i*

第 I 部　組織ディスコース研究の基礎

第1章　組織と語り：ディスコース研究事始め

1　現代社会と言葉 ……………………………………………… 5

2　ディスコースとは何か ………………………………………… 9
　（1）ディスコースの特性　*11*

3　今なぜディスコースか ………………………………………… 15

4　ディスコース分析の例 ………………………………………… 22

5　組織の語りとコミュニケーション …………………………… 26
　（1）組織コミュニケーションとは何か　*26*

6　筆者のポジショニング ………………………………………… 29
　（1）私のライフヒストリー　*29*
　（2）私の方法論的ポジション　*31*
　（3）本書の構成　*33*

第2章　組織ディスコースの基本的考え方

1　テクスト ………………………………………………………… 40

2　コンテクスト …………………………………………………… 43

3　言葉と意味，記号，差異の体系 ……………………………… 45

4　意味交渉 ………………………………………………………… 49

5　言説性と再帰性 ………………………………………………… 52

6　声とポリフォニー，ダイアローグ …………………………… 56

vii

第3章 組織ディスコース研究の源流

1 組織ディスコース研究の分類 62

2 「言語論的転回」が意味するところ 66

3 組織ディスコース研究の視座と実証主義 69
(1) 実証主義への懐疑的姿勢 69
(2) 科学主義的ディスコースの反省と批判 71

4 組織ディスコース研究における社会構成主義の基本的考え方 75
(1) ディスコースと社会的現実 76
(2) ディスコースと知識 78

5 組織ディスコース研究におけるポストモダニズム,ポスト構造主義 81
(1) フーコーのパワー概念 82
(2) ディスコースとポスト構造主義, ポスト・モダニズム 84
(3) ディスコースと関係の深い視座 86

第4章 組織ディスコースの研究方法

1 研究への関心と問題意識 90
(1) 組織ディスコース研究の先行研究 91
(2) 研究についての問いの質的向上 95
(3) 方法論的問題化の視座 98

2 組織ディスコース研究の適切さ 100
(1) 組織ディスコース研究の妥当性(validity) 101
(2) 研究方法論上のポジショニング 103

3 組織ディスコース研究の方法論的ステップ 104
(1) 選択ポイント1:自らの位置付け 106
(2) 選択ポイント2:理論的フレームの選択 107
(3) 選択ポイント3:リサーチデザインの戦略 109
(4) 選択ポイント4:データの収集と分析 110

（5）選択ポイント5：研究テクストの公開　*112*

4　ディスコース・データの収集：テクストの産出 ………… *113*

（1）テクストの種類　*113*
（2）リサーチの場と複合的なテクストの収集　*116*
（3）データ収集の技術的特徴　*118*

5　ディスコース分析 ……………………………………… *124*

（1）予備的分析とデータ化　*124*
（2）内容分析との比較　*126*
（3）コーディングと分析　*128*
（4）ディスコース分析の例　*132*

第 II 部　組織ディスコース研究の様々なアプローチ

第5章　ナラティヴとストーリーテリング：組織の語りと対話

1　ナラティヴ・アプローチの基本 …………………………… *144*

（1）ナラティヴの基本的考え方　*144*
（2）組織とナラティヴ　*147*
（3）グランド・ナラティヴ　*150*

2　ナラティヴ・アプローチの方法 ……………………………… *152*

（1）ナラティヴの理解と記述　*152*
（2）無知の姿勢　*155*

3　ストーリーテリング・アプローチ ………………………… *157*

（1）ナラティヴとストーリー　*157*
（2）ライフストーリー　*159*

4　ナラティヴ・アプローチの実践 …………………………… *160*

（1）ナラティヴ・ベースト・メディスン　*160*
（2）ナラティヴ・セラピー　*163*
（3）関係主義的対話組織論　*167*

5　ナラティヴ・アプローチの可能性 ………………………… *169*

ix

第6章　組織レトリック

1　組織とメッセージ *177*

2　伝統的レトリックの基本構成 *180*

3　現代的レトリック手法 *189*
   (1) メッセージの特性　*189*
   (2) レトリック状況　*191*

4　レトリック分析：2つのメッセージの解読法 *194*
   (1) 評価的な読み方のアプローチ　*195*
   (2) 批判的な読み方のアプローチ　*196*

5　ODS における組織レトリックの可能性 *201*

第7章　批判的ディスコース分析

1　CDA の背景と基本的考え方 *208*

2　CDA の分析視座 *213*

3　CDA の分析ステップ *218*
   (1) 記述：テクスト分析　*220*
   (2) 解釈的分析　*222*
   (3) 説明と考察　*225*
   (4) グローバル化の例　*226*

4　CDA におけるジャンル分析 *229*

5　組織研究における CDA の可能性 *232*

第8章　ポスト構造主義的アプローチ（1）：
　　　　フーコー派組織ディスコース

1　フーコー派組織ディスコース研究 *238*
   (1) ディスコース方法論としてのフーコー的視座　*239*
   (2) 組織研究におけるフーコー効果　*246*

(3) フーコー派 ODS の可能性　*257*

第9章　ポスト構造主義的アプローチ (2)：
ラクラウ派とラカン派組織ディスコース

1　ラクラウ派組織ディスコース研究 ……………………… *266*
(1) ラクラウのディスコース視座　*267*
(2) マテリアリティ論争　*276*
(3) ラクラウ派 ODS の可能性　*278*

2　ラカン派組織ディスコース研究 ……………………… *281*
(1) ラカン派組織ディスコース研究の基本概念　*281*
(2) ラカン派組織ディスコース研究の可能性　*285*

第Ⅲ部　組織ディスコース研究の展開

第10章　組織のアイデンティティ

1　アイデンティティと組織 …………………………………… *296*
2　アイデンティティへのディスコース的アプローチ ………… *303*
3　アイデンティティの組織ディスコース研究 ………………… *316*

第11章　組織とジェンダー

1　ジェンダーと組織の問題 …………………………………… *326*
(1) 日本のジェンダー・ディスコース　*327*
(2) ジェンダーとは何か　*330*

2　フェミニズムと組織コミュニケーション ………………… *331*
(1) リベラル・フェミニズムとラディカル・フェミニズム　*332*
(2) クリティカル・フェミニズム　*336*

3　ジェンダーと組織ディスコース研究 ……………………… *337*

(1) 結果としてのディスコース　*339*

(2) パフォーマンスとしてのディスコース　*340*

(3) テクスト―会話の弁証法としてのディスコース　*341*

(4) 社会的テクストとしてのディスコース　*345*

4　ジェンダーの組織ディスコース研究 ……………………… *348*

第12章　組織とパワー

1　ディスコースとパワー ……………………………………… *354*
(1) ディスコース⇒パワー　*356*

(2) パワー　*357*

(3) パワー⇒ディスコース　*359*

2　パワーの形態 ………………………………………………… *363*
(1) イデオロギーとヘゲモニー　*364*

(2) 同調統制と企業コロニー化　*367*

3　パワーの批判的研究アプローチ …………………………… *370*

4　パワーの組織ディスコース研究 …………………………… *373*

終　章　経営と組織の新しいアジェンダのために：
コミュニケーション的アプローチ

1　組織ディスコース研究の今後の展開 ……………………… *382*
(1) 批判と建設的アプローチのバランス　*383*

(2) 組織ディスコースの日本的発展　*386*

(3) 今後の課題　*387*

2　新たなアジェンダを求めて ………………………………… *391*
(1) 4つの反省的態度　*391*

(2) 組織デモクラシー　*395*

補遺：組織ディスコース研究文献レビュー　*397*

参考文献　*411*

索引　*439*

xii

第 I 部

組織ディスコース研究の基礎

第Ⅰ部では，組織ディスコース研究の基本的考え方に焦点を当てる。

　第1章は，これまでの科学的な伝統を乗り越える試みの1つとして，組織や社会におけるディスコースの意義を考察する。ディスコースとは何か，組織ディスコースとは何か，今なぜディスコースが重要なのか，そしてディスコース分析の一例を紹介する。

　第2章では，ディスコースの基本的考え方を理解することを目的とする。ディスコースのアプローチは1つではなく，哲学的な土台を異にする，多様なアプローチが存在する。しかし概念や基本的考え方は共通する点が多く，ディスコースという視座の大きな枠組みを考察する。例えば，テクストとコンテクストの関係，記号論的考え方を紹介する。

　第3章は，様々なディスコースアプローチが共通して土台とする，「社会構成主義」のパラダイムについて，基本的考え方を理解することを第一の目的とする。これに加え，ポスト構造主義やポストモダニズムについても，考察する。

　第4章は，本書の核となるディスコース・アプローチの方法論について，議論する。ディスコースの視座から，どのようにリサーチクエスチョンを作るかは，これまでの伝統的方法論とは異なる，ディスコース・アプローチの独自性と言える。さらにディスコースの視座によるデータ収集や分析方法の特徴を考察する。

　第Ⅰ部において，ディスコース・アプローチの全体像を理解し，第Ⅱ部のディスコース研究の各論につなげてもらいたい。

第 1 章

組織と語り：ディスコース研究事始め

第 1 章の重要概念

社会的現実，ディスコース，組織ディスコース，社会科学の言語論的転回，現実の社会的構成，社会構成主義，コンテクスト，正当性のディスコース，ディスコース分析，問題化，アイデンティティ，アイデンティティ・ワーク，アイデンティティ統制，組織コミュニケーション，対話型組織，経営組織の新たなアジェンダ，組織デモクラシー

第Ⅰ部
組織ディスコース研究の基礎

「あなた自身を一言で表すと，何と表現できますか？」という質問に，どう答えるだろう？「無理！」という返事が聞こえてくるようだ。なぜ無理なのか。確かに，自分を一言で表すことは難しい。なぜなら自分はそんなに単純ではないし，自分というものは簡単に説明できるものではない。一言で説明したら，きっと大事な部分は伝えきれないだろうし，誤解を与えてしまうかもしれない。そうなると，自分自身をきちんと理解してもらえないだろう。科学的考え方からすると，客観的に自分自身を見つめ，何らかの根拠（理論）と例（データ）を示して本当の自分を説明することが求められる。なぜなら複雑な社会現象を，シンプルな公式や理論によって説明し，客観的な真実をできるかぎり一般化することが理想であるからだ。しかし，やはり限界がある。先の例で言えば，性格的に暗い部分があるにもかかわらず，明るい部分の自分を取り上げて説明する。自分自身を，なるべく簡単に説明することが優先されるため，無理にでも自分自身を一言で説明するのである。

本書は，そのような考え方に対する対案（オルタナティブ）を提起するものであり，複雑な社会現象をもっと丁寧に，言葉を使って説明しようと提案するものである。物語の中にある，真実を知ってもらうことを目指すのである。そしてこの本は，そのための手続きやプロセスを考える本なのだ。つまり本書が目指すのは，組織や社会に起きている現象を，いろいろな角度から言語を軸にしてより深く理解し，言語を使ってより丁寧に説明することを学ぶことである。そのためには，自分の置かれた前提を疑問視して，身の回りの当たり前であることを疑うことから始めるのである。先の質問の例を使えば，それは自分すら知らない自分があるからであり，より深い理解のためには，今までこうだと思っていた自分を疑うことが必要である。自分自身を振り返り，違う自分がいるかもしれない可能性を考えることである[1]。

本書では，組織の常識であると前提したり，経営の常識について自明視したりすることをやめて，実は，そこにこそ問題があるのではないかと疑問視することを提唱し，言葉を中心にして，より深い理解を進めていくことを提起する。最終的には，本書のサブタイトルにあるように，組織と経営の新た

第1章

組織と語り：ディスコース研究事始め

な課題を考え，「より良い組織」をともに構築することを目指すものである。

1 現代社会と言葉

　私たちはより一層，コミュニケーションに依存した時代に生きていると言える。SNSのメッセージや写真，動画に日々埋もれ，また企業が多様な目的と多様なオーディエンスに向けて発信する情報は，溢れんばかりである。さらに自分自身もメッセージの発信者として，多様な情報の源になっている。そのようなコミュニケーションの時代にあって，本書は〈言葉〉を中心に，社会や組織を考えてみようという本である。私たちは，①言葉を通して，私たちの住む世界や日常を眺めている。また，②その言葉が，ものの見方や考え方に影響を与えている。これまで私たちにとって，言葉は‘媒介’として考えられていた時代が長かったが，今，これを逆に考えてみることの重要性を主張する。つまり私たち‘人’以上に，‘媒介’が優先・重視され，独り歩きしているのである。多様な問題の理解とその解決について，言葉に目を向けて，言葉から出発することを提案するのだ。

　言葉を通じて眺めているとは，どのようなことか。有名な考え方は，雪の結晶の見え方である。私たちは雪を見て，どれくらいそれを分類して理解できるだろうか。エスキモーのイヌイット族の人々は，数十種類の雪の結晶の言葉を持っている。雪の少ない文化に比べて，それらを分類することが可能であると言う。ここで言いたいことは，言葉が先にあって，それをもとにして自然現象を理解することが可能という考え方である[2]。

　簡単な例は，毎年発表される「今年の漢字」や，「新語・流行語大賞」である。表1-1と表1-2に，2001年から2018年のそれぞれの代表的言葉が表されている。2018年には，流行語大賞として「そだねー」が選ばれたが，この言葉を通じてその年を振り返ることができる。冬季オリンピックで活躍した，女子カーリングチームがゲーム中に発した，北海道訛りの「そだねー」

5

第Ⅰ部

組織ディスコース研究の基礎

□ 表1-1　新語・流行語大賞（2001 ～ 2018）

2001年	小泉語録 （聖域なき構造改革など）	2010年	ゲゲゲの〜
2002年	タマちゃん，W杯	2011年	なでしこジャパン
2003年	毒まんじゅう，なんでだろ〜， マニフェスト	2012年	ワイルドだろぉ
2004年	チョー気持ちいい	2013年	今でしょ！， お・も・て・な・し， じぇじぇじぇ，倍返し
2005年	小泉劇場武部勤，想定内	2014年	ダメよ〜ダメダメ， 集団的自衛権
2006年	イナバウアー，品格	2015年	爆買い，トリプルスリー
2007年	どげんかせんといかん， ハニカミ王子	2016年	神ってる
2008年	グ〜！，アラフォー	2017年	インスタ映え，忖度
2009年	政権交代	2018年	そだねー

出所：ユーキャン新語・流行語大賞（https://www.jiyu.co.jp/singo/）。

□ 表1-2　今年の漢字（2001 ～ 2018）

戦（2001）	帰（2002）	虎（2003）	災（2004）	愛（2005）	命（2006）
偽（2007）	変（2008）	新（2009）	暑（2010）	絆（2011）	金（2012）
輪（2013）	税（2014）	安（2015）	金（2016）	北（2017）	災（2018）

出所：公益財団法人日本漢字能力検定協会より（https://www.kanken.or.jp/project/edification/years_kanji/history.html）。

が人気となり，これがその年の流行語となった。同時に2018年の漢字は，「災」であった。その年に多発した，自然災害を象徴する言葉として選ばれた。これらの言葉を通じて，その年がどんな1年であったか理解できるであろう。2つの表にある言葉を思い出し，当時がどんな1年であったか，考えてみてもらいたい。記憶というのも，言葉に依存していることが分かる。理解が言葉に依存する例は，他にもあるだろう。

　本書はとくに，組織とコミュニケーションに焦点を当てている。企業にお

いても言葉を出発点として考えることは，とても意義あることである。社名や商品名，会社のロゴマークを含めて，これらがその組織を理解する手がかりとなり，またこれらの表象がその組織を語っているのである。企業が，自分たちの組織はこのような組織である，またこのような組織でありたいと，言葉を通じて表現しているのが〈企業理念〉である。多くの人が就職活動において，必ずこの企業理念を見るであろう。それによってどんな会社なのか，企業の一側面がわかるからだ。企業理念の言葉はその組織のメンバーに対して，その組織の基本的な考え方を示しており，重要な判断を行う際の指針となっている。これも組織に関係する言葉の力であり，企業理念がなぜ重要か，ホームページの会社の基本情報としてなぜそれが必ず書かれているか理解できる。

　例えば，しばしば本書でも紹介するジョンソン・エンド・ジョンソン社は，1982年に起きた，主力薬品であるタイラノールへの毒物混入事件において，その企業理念である「我が信条」（図1-1）のもと，危機対応に臨んだ。企業が危機に際したときは，往々にして企業保身を考えがちであるが，同社の企業理念にある患者や消費者の命を最優先する言葉から，同社は危機対応に高い評価を受けることができた。

　このように，企業理念という言説は企業を見る表象でもあり，その組織メンバーに思考の体系を示唆するものでもある。企業理念の重視は，1つの有効な経営戦略とされている。近年は，企業のリピュテーション（評判）やブランディングという，社会的信用を含めた企業価値が重視されているからだ。これらはオーディエンスに向けたメッセージであり，企業は消費者をはじめとする，ステークホルダーと対話していると言える。従って組織は，企業理念や多様な情報とメッセージを効果的かつ戦略的に，SNSなどのコミュニケーション・チャネルを通じて対話し，組織のマーケット価値以上に，社会的価値を高めようとするのである。

　現代社会において組織は，その内外に複雑で多様な問題が生成され繰り返されている。例えば「ブラック企業」の問題がある。ブラック企業は，財務

第 I 部
組織ディスコース研究の基礎

■ 図 1-1　企業理念の例

我が信条

我々の第一の責任は、我々の製品およびサービスを使用してくれる患者、
医師、看護師、そして母親、父親をはじめとする、すべての顧客に対するもの
であると確信する。顧客一人ひとりのニーズに応えるにあたり、我々の行なう
すべての活動は質的に高い水準のものでなければならない。
我々は価値を提供し、製品原価を引き下げ、適正な価格を維持するよう
常に努力をしなければならない。顧客からの注文には、迅速、かつ正確に
応えなければならない。我々のビジネスパートナーには、適正な利益をあげる
機会を提供しなければならない。

我々の第二の責任は、世界中で共に働く全社員に対するものである。
社員一人ひとりが個人として尊重され、受け入れられる職場環境を提供
しなければならない。社員の多様性と尊厳が尊重され、その価値が
認められなければならない。社員は安心して仕事に従事できなければならず、
仕事を通して目的意識と達成感を得られなければならない。待遇は公正かつ
適切でなければならず、働く環境は清潔で、整理整頓され、かつ安全でなければ
ならない。社員の健康と幸福を支援し、社員が家族に対する責任および
個人としての責任を果たすことができるよう、配慮しなければならない。
社員の提案、苦情が自由にできる環境でなければならない。能力ある人々には、
雇用、能力開発および昇進の機会が平等に与えられなければならない。
我々は卓越した能力を持つリーダーを任命しなければならない。
そして、その行動は公正、かつ道義にかなったものでなければならない。

我々の第三の責任は、我々が生活し、働いている地域社会、更には全世界の
共同社会に対するものである。世界中のより多くの場所で、ヘルスケアを身近で充
実したものにし、人々がより健康でいられるよう支援しなければならない。
我々は良き市民として、有益な社会事業および福祉に貢献し、健康の増進、
教育の改善に寄与し、適切な租税を負担しなければならない。我々が使用する施
設を常に良好な状態に保ち、環境と資源の保護に努めなければならない。

我々の第四の、そして最後の責任は、会社の株主に対するものである。
事業は健全な利益を生まなければならない。我々は新しい考えを試みなければな
らない。研究開発は継続され、革新的な企画は開発され、将来に向けた
投資がなされ、失敗は償わなければならない。新しい設備を購入し、新しい施設を
整備し、新しい製品を市場に導入しなければならない。逆境の時に備えて
蓄積を行なわなければならない。これらすべての原則が実行されてはじめて、
株主は正当な報酬を享受することができるものと確信する。

Johnson & Johnson

出所：https://www.janssen.com/japan/about-us/ourcredo

第1章

組織と語り：ディスコース研究事始め

状況が苦しいぎりぎりの経営をしている企業が，従業員を苛酷に扱って搾取しているものばかりではない。大手の有力広告代理店であったり，夢を提供するテーマパークであったり，誰もが憧れる会社にも，ブラック性があるのである。それは，企業の権力（パワー）の問題として考えるべきであり，あらゆる組織に〈ブラック〉な側面はあるのだ。単純に，労働時間や過酷な労働形態のみに注目してしまうと，問題の複雑な側面が見えなくなってしまうのだ。そこには外国人労働の問題や，ジェンダーの問題，いじめやハラスメントの問題など，一言で表現できない社会関係と組織のパワーが潜んでいる。

　実はこれらの問題は，客観的現実ではなく「**社会的現実**」と言われ，この現実を生み出しているのは私たち自身であり，私たちが言葉を使って作り上げている世界なのである。本書は，人々がコミュニケーションを通して構成する複雑な社会的現実を理解し，また変革するために，ディスコースという概念に依拠するのである。本書では，社会的な現実を形作る言葉やメッセージ，語り，ストーリーなどの発話，企業の文書や歴史的記録など，これらを含めたディスコース（言説）[3] に着目して，組織とコミュニケーションを考察する。私たちは，「コミュニケーションの時代」から逃れられないのであり，それは「ディスコースの時代」と言うことができる。言葉を出発点として思考し，現実が成り立つコミュニケーション過程とパワーについて向き合うことが，本書を貫く基本姿勢となっている。

2 ディスコースとは何か

　ディスコース理論を学ぶとか，ディスコース分析を行うと言うと，言語学を学ばねばならないのかと思うかもしれない。言語学からの影響も少なくないが，ディスコースの視座を学ぶことは，言葉にかかわる文脈（コンテクスト）に焦点を当て，言葉の意味の生成や変化，その理解を研究するのである。多くのディスコース研究は，言語学の専門的知識を必ずしも必要としない。と

第Ⅰ部
組織ディスコース研究の基礎

くに組織にかかわるディスコース研究は，言葉そのものより，言葉によって形成されたり理解されたりする社会的現実の組織化のプロセスに着目する。言葉はこれまで，現実を示す媒介でしかなく，概念としてはあまり着目されてこなかっただけに，なぜ今更言葉に着目した研究をするのか，（科学的方法とも異なるため）疑心暗鬼な人も多いようである。しかし，〈ディスコース〉概念は組織研究の中で，7番目に多く使われている理論[4]であることがわかった（Oswick et al., 2011）。ヨーロッパを中心とした海外では，とても広く使われている理論であることが示されているが，残念ながら日本では組織研究の領域において，認知度は低い。ではディスコースとは，どのような考え方なのだろうか。

　ディスコースをどのように定義するか，そのパラダイムによって異なるが，一般的にディスコースとは，「社会的な対象を現実に至らす記述のまとまり」であり，「相互に関係するテクストのまとまり」とみなされている（Parker, 1992）。**組織ディスコース**は，「語ったり，書いたりするという実践において具現化されるテクストに関する構造化された集積（種々様々な視覚的表象および文化的人工物と同様に）を指し，テクストが生産され，広められ，消費されながら，組織的に関係付けられたものを生み出す」（グラントほか，2012b, p.4）。ディスコースは，多様なテクストの形で具象化されることを前提として（Phillip and Hardy, 2002），これらのテクストを「言説の単位（discursive unit）」（Chalaby, 1996）とみなして分析することで，社会的現実とディスコースの関係を探求する。

　ディスコース研究において，テクストとは発話された言語に限らず，Eメールやチャットなどオンライン上の社会的実践，また企業が発する広報紙や社内報，ホームページ，歴史的文書などが含まれる。伝統的な談話分析や会話分析のようなインタビュー，スピーチ，物語，会話などの発話された社会的相互作用の実践も重要なデータである。第4章において，より詳しくテクストの種類について考察するが，書かれた文書や記録と，話したり観察したりした直接的情報は，ディスコース理論においてはテクストとなり，**図1-2**が

第1章
組織と語り：ディスコース研究事始め

■ 図1-2　テクストの種類

種　類		ディスコース	ナラティヴ	ストーリー
書かれたテクスト	歴史的テクスト	○		
	制度，ルール	○		
	企業広報・情報	○		
	ビジネス・マーケティング	○		
	記録，議事録，	○		
	新聞記事，ニュース	○		
	SNS	○	○	
	ブログ，ホームページ	○	○	
	写真，絵画，アート，モニュメント	○		
観察	フィールドノーツ	○	○	
	フォーカスグループ	○	○	
語り	インタビュー	○	○	○
	ライフストーリー	○	○	○
	スピーチ	○	○	○
	会話	○	○	○

示すようにまとめることができる。またこの図1-2において，ディスコースと類似した概念である，ナラティヴとストーリーテリングについて，テクストの種類について比較する。ナラティヴはおもに，発話を土台とした人々の語りが中心であり，これはストーリーテリングも同様である。ナラティヴはストーリーテリングより少し幅が広く，日記やブログなどのストーリーにおける，日常的な記述を含む。しかし，ナラティヴとストーリーテリングが対象とするテクストにおいて，その区分は明確ではない。

(1)ディスコースの特性

　言葉に着目して組織や社会を見るというとき，従来までの言葉の消極的役割を乗り越え，より積極的な役割に焦点を当てている。ディスコースは，言葉が持っている重要な積極的役割と特性を包含し，新たな理論的土台を示し

11

第Ⅰ部
組織ディスコース研究の基礎

ている。本書でこれから考察するディスコースは，どのような特性があるか
概観してみよう。

①意味と関係

人は何かを伝えようとする。人々は語ることによって，その内容を伝える
ことがコミュニケーションの目的と考える。確かに何が話されたか理解する
ことには，内容を知りたいというコミュニケーションの動機があるかもしれ
ない。しかしよく考えると，語られた内容と，実はその意味が大事なのであ
る。意味の理解は難しく，それゆえそこに大きな問題も存在する。対面で会
話するのであれば，その場の文脈（コンテクスト）によって，すぐさま意味が
理解できるかもしれない。しかしメールやSNS，ブログ，報告書など，対面
のコミュニケーションでないとき，内容の意味がわからないことがよくある。
SNSで誤解を生じて，人間関係を悪くすることも多い。

このようにディスコースの一側面は，関係性の生産と再生産であり，関係
性と連動する意味の側面である。簡単な例で言えば，職場で上司のことを
「@@課長」と呼べば，それは職制上のパワー関係を再生産し，上役の意味を
示唆している[5]。コミュニケーションは，必ず関係の生産や変更を伴い，そ
の動態的な関係性をもとにした意味の理解や変更が行われる。ディスコース
には，このような意味と関係性を生成し変化・発展させる特性がある（第2
章参照）。

②パワーとイデオロギー

前述の関係性に追加する特性であるが，すべての関係性にはパワーが伴う。
関係は真空状態ではなく，必ず何らかのパワーによって規定される。第3章
で詳しく議論するが，このパワーは抑圧―被抑圧というものではなく，関係
概念としてのパワーである。従って，ディスコースは必ずパワーと密接であ
り，ディスコースはパワー関係を生成しながら組織化を進める。またレト
リックの視点から指摘するのは，メッセージも中立的なものではなく，パ

ワー関係の中で規定され（第6章参照）何かを成し遂げる政治性を持っている。

　例えば，2020年の東京オリンピック誘致の際に使われて脚光を浴びた，〈おもてなし〉という言葉は，日本流のサービスで世界のアスリートとお客様を迎えるという意味として，プレゼンテーションされた。しかし言葉は発展し，イデオロギー性を付着させながら，まるで日本人にしかできないサービスであるかのような独自性が強調されるようになった。さらに接客業の現場では，このディスコースが感情労働の生成にも影響する。

　また「数字は嘘をつかない」という言葉を聞くことはあるが，実際のところ数字も極めて政治的であることがわかる。例えば2018年から19年にかけて国会で追及された，厚生労働省の不正統計問題であるが，まさしく統計というものもディスコースであることがよくわかった光景である。「客観性」や「第三者性」という言葉は，パワーを持つ側がよく使うディスコースであり，統計の取り方から見せ方まで，'数値'はパワー関係の中で産出されたディスコースであった。ディスコースは言葉だけでなく数値も含め，知の体系であり，これには政治的意味とパワーが伴う（第7章参照）。

③創造性と遂行性

　ディスコースは，新しいディスコースを生み出す創造的プロセスを提供し，同時にディスコースの持つ遂行性によって，言説的な実践を伴う。従ってディスコースが持つ創造性は，大事な特性である。なぜなら，ディスコースは単独では存立できないのであり，1つのディスコースが次のディスコースを生み出すことが，言語的特性としてあるからだ。典型的には会話であり，ある会話が新しい会話を導き，次々と話題が展開する。会話はまるで，ゲームのように自由に言語を変化させることが可能であり，極めて創造的な性質を持っている。

　表1-1にあるように，新語・流行語大賞はまさにその例であり，新しい言葉が生まれる創造的過程の一側面である。人々は日常的に言葉を修正・加工し，意味をずらしながら，新しい言葉を生み出している。つまり古い言葉を

第Ⅰ部
組織ディスコース研究の基礎

もとにして，新たな言葉が想像され，また新たな意味が加わる。これはパロディーと同じ原理であるが，すでに使われている他の言語を再利用し，書き換え，新しいものにしていく言説的構成の過程である。言説的プロセスは，常に意味が生成され更新される連続であり，ディスコースは自由で創造的な過程を通して多声的に発展する。

　付随した特性であるが，言葉の持つ遂行性が重要である。それは「言語は行為である」，という視点である。言語は媒介的側面ばかりでなく，行為そのものであり，例えば〈謝る〉や〈怒る〉という行為は，言語遂行的である。ディスコースは行動と連動するのであり，例えば企業理念は従業員に行動を導く。法律や憲法は，国民や政府の行動を規制するのである。ディスコースはこのように，創造的であり，遂行的である。これらの特性は，この後の章で頻繁に表れる。

④社会的相互行為
　ディスコースは会話に限らず，記録文書においても相互行為が基本である。一方的なメッセージの発信ではなく，発信されたメッセージはオーディエンスによって，理解されねばならない。意味の生産と消費の関係があり，意味は受け手によって承認されねばならず，意味の一致，不一致，ズレは，次のディスコースを生み出す。また弁証法的な相互作用性もある。権力（パワー）に対し，抵抗というディスコースが発生し，これらが統合されるハイブリッドなパワーの確立につながるというようなインタラクティブな過程を持つ。従ってディスコースは基本的に，相互行為／インタラクティブな特性がある。

⑤コンテクスト依存
　ディスコースにおいて，意味が重要であることはすでに言及した。その意味は，言葉にもとから付随しているわけではない。意味は必ず，文脈の中で生成され理解される。この日本語でいう文脈は，コンテクストという概念と

第 1 章

組織と語り：ディスコース研究事始め

して使われ，人が意味を理解する際に参照するのである（詳細は第 2 章）。この社会や組織で起きている出来事のほとんどは，とても複雑な現象ばかりであって，コンテクストから理解が可能になる。そのコンテクストには，複雑な人間関係や社会関係，または国際関係という関係性と，歴史・文化などの要素が複雑に絡み合っている。組織にとっての良いことや悪いことは，コンテクストに依存しているのだ。

　例えば，組織の制度改善や工場閉鎖などの重大な意思決定において，経営判断の正当性が示されねばならない。その判断が正しいか誤っているか，好ましいか好ましくないか，これらの意味はコンテクストに依拠している。経営判断そのものに，本質的な正しさがあるのではない。**正当性のディスコース**は，常にコンテクスト依存的であり，大きな特性の 1 つであると言える。

⑥パラダイムと方法

　ディスコースは，パラダイムであると同時に方法である。これは密接に関係するものである。本書で紹介するのは，分析手法としての組織ディスコースであると同時に，世の中を見る視点であり，考え方のまとまり，すなわちパラダイムである。分析手法としての〈**ディスコース分析**〉としては，会話分析やナラティヴ分析のミクロ的アプローチから，レトリックや批判的ディスコース分析（Critical Discourse Analysis：CDA）までのマクロのアプローチがある。またこの分析手法によって研究される理論は，ディスコースをパラダイムとしたものである。従って本書では，研究方法としてのディスコース分析と，パラダイムとしてのディスコース理論の双方を学ぶことになる。

3 今なぜディスコースか

　本章で最も大事な考察は，「今なぜディスコースが必要なのか」を考えることである。別の言い方をすれば，「なぜ今まで通りではいけないのか」を考え

15

第Ⅰ部
組織ディスコース研究の基礎

ることであろう。ディスコースの考え方の方が，新しいから良いというものではない。今ブームだからという理由は，納得性を持たない。私は，2006年に開催されたカーディフ大学での組織ディスコース研究（Organizational Discourse Studies：ODS）ワークショップに参加して以降，ずっとこのことを考え続けながら研究してきたが，私が考える「今なぜディスコースか」は，次の5点である。

①問題の多様化と複雑化

　組織の内外におけるコミュニケーションは，極めて複雑になってきている。組織内のコミュニケーションにおいては，正規─非正規従業員などの雇用形態が複雑になり，さらには職場のジェンダーやダイバーシティなどもあげられる。組織の不祥事，社内のいじめやハラスメントなど，問題も複雑である。グローバル化の進展に伴い，経営組織の新しい課題が増えている。21世紀になって議論が活発となった，企業の社会的責任（Corporate Social Responsibility：CSR），コーポレートガバナンス，コンプライアンスなど新しい考え方が，従来までの組織の在り方を変えようとしている。対外的な**組織コミュニケーション**では，ステークホルダーの問題やブランディング，リピュテーションの問題がある。このような問題や経営課題は，21世紀に入って急激に増えたのだろうか。そのような側面もあるだろうが，より納得のいく説明は，これらのマネジメント・ディスコースによって，組織が考えなくてはならないことが複雑化しているということだろう。

　例えば，組織のCSRはあらためて，企業活動を社会的責任というディスコースの点で考えることになったのだが，これは21世紀に入って社会的に追及を受けた，〈企業不祥事〉と大きく関連している。企業の社会的責任は，1970年代の公害問題の際に使われたディスコースであるが，これがまた，不祥事などの企業の問題に対して使われるようになった。そのようなコンテクストの中でCSRは，社会貢献活動やエコ活動に発展した。いわば，新たな意味が加わったのだ。冒頭に出した，「自分を一言で伝える」例えで言えば，こ

16

れら組織の課題が複雑多様化する中，伝統的組織においての研究は，科学的方法を土台に，あくまでもシンプルに一言で説明することを追及する。ODSは，問題を社会的構成による現実としてとらえることで，複合的なディスコースをとらえ，複雑な現象のより深い理解を試みる。従って，CSRがどのように社会的に構成されてきたか，その歴史的文脈から企業の置かれたローカルな文脈までを考慮し，言説的な構成を分析することの有効性を主張するのである。

　さらにグローバル化が進む中，経営と組織の問題は国境を越えていく。貧困は拡大し，多くの国においてスラム化が広がっている。CSRやガバナンスなど先進国に多い問題ばかりでなく，発展途上国の貧困の問題などに対して研究視野を広げなくてはならない。伝統的な経営学や主流派組織研究は，このような抑圧されている人々やマイノリティー（民族的少数派）のような人々への研究が疎かになっている。ODSはこのような問題にも積極的に取り組み，グローバル化のディスコース（第7章参照）や，貧困への社会的アプローチに関する研究を射程に入れている。

②パラダイム変換：言葉を軸にして世界を見る。

　グラント（David Grant）らは，『ハンドブック組織ディスコース研究』の冒頭で次のように言う。「組織研究を支える主流派の理論と方法論の多くがその輝きを失いつつあるなか，組織を構成する複雑なプロセスと実践について記述し，分析し，かつ理論づける代替的方法を研究者は求めるようになった」（グラントほか, 2012b, p.1）。これは主流派の研究アプローチに多くの限界があらわれ，前述のような複雑な問題に対して対応できなくなったことが指摘できる。さらにメタ理論的議論をすれば，主流派が持っている構造機能主義的視座から，これらの複雑な問題に対応することが難しくなっている。また科学的アプローチの前提である，予測や理論の一般化は，複雑な問題への対応として機能せず，むしろローカルな文脈において，個別の問題を丁寧に見ていく必要性が生まれている。この流れは社会科学全般で発生しており，

第Ⅰ部

組織ディスコース研究の基礎

「社会科学の言語論的転回」と呼ばれる大きな流れになっている。

「言語論的転回」の意味は大きく、また幅広いが、多様で複雑な問題を**現実の社会的構成**としてとらえ、その構成プロセスの中における、言語の役割を重視するパラダイムである（第3章参照）。従って、主流派の組織研究が土台とする実証主義とは異なり、オルタナティブなパラダイムとして、「**社会構成主義**」の理論に依拠する。ODSの多くはこの視座のもとにあるが、その幅が広いのも事実である。とくにヨーロッパのODSは、ポスト構造主義やポストモダニズムと重なりながら、ディスコース分析を方法論とする研究が発展した。要約すれば、主流派組織研究の行き詰まり状況と、それに対するオルタナティブとしての社会構成主義の重要性が背景にあるのだ。そして社会科学の言語論的転回は、複雑な組織現象に対して、言葉を中心により深い理解と考察を試みるのである。

言葉を中心にして、組織における社会的現実を考えるとは、まさに組織コミュニケーションのアプローチに他ならない。相互行為による意味の生成と、変化の過程を考察するコミュニケーションのアプローチは、言語論的転回に呼応するものである。実際のところODSは、ヨーロッパとオセアニアの組織論研究者と、北アメリカの組織コミュニケーション研究者の融合的なアプローチである（グラントほか、2012b）。コミュニケーション研究者が重視する意味形成のプロセスという組織化は、組織研究者と大きく重なるところとなった。ODSはこのように境界を接する組織論研究者と、組織コミュニケーション研究者の対話から発展していると言える。

言葉を中心に研究するとは、例えば、ディズニーはなぜ客を〈ゲスト〉と呼び、従業員を〈キャスト〉と呼ぶのだろうか、という疑問を持つことである。これは比喩（メタファー）という、1つのディスコース研究のアプローチである。このような呼び方をして、家族的経営を目指す会社でありながら、2018年には、そのキャストとして働いていた人たちによって訴えられた。なぜかと言えば彼女たちは、劣悪な労働環境と職場のハラスメント（迷惑行為）、女性差別に苦しんでいたからだ。しかし訴えた人たちも、ディズニーランド

が好きだから，変わってほしいという願いからあえて訴える，という内容が報道された。ディズニーについては好意的研究が多いが，実は ODS の視点から，たくさんの意義ある批判的示唆が提起されている。ディスコースの視座は，当たり前に使われている言葉を軸にして考えることを重視し，それまでの常識化されていたものの見方，考え方に対して懐疑的に考えることで，常識の中にある問題点を見つけ出すことを大きな目的と考える。

③問題化と内省の重要性

　前述のディズニーランドの例で示したように，ODS は既存の知識や日常の自明性を疑問視することを尊重する。複雑な問題は，自分たちが〈前提〉としている日常的な言語の中に，それを理解する糸口が潜んでいる。その前提とは，意味の生成解釈のもとになるコンテクストであり，これを振り返ることが ODS の基本的スタンスである（第 2 章参照）。研究では振り返りが大事であり，自分を含めた人々が前提としている知識，すでに所与とするコンテクストそのものを疑うことから始める。これを「問題化」と呼び，組織の当たり前や自明性を批判的に考察する。私たちが日々の暮らしの中でも実践できる問題化や（第 8 章参照），質の良いリサーチクエスチョンを導くための研究アプローチとしての方法的問題化が重要であり（第 4 章参照），ODS の多くがこれに依拠している。

　とくに Kiyomiya（2016）は，自分自身に対する啓蒙（自己啓発）を重視する，日本の文化的コンテクストや組織的コンテクストを考え，自己問題化（self-problematization）と関係的問題化（relational problematization）を提起する。自分自身が依拠しているディスコースや，組織の中で使われているディスコースについて，今一度内省し自己成長に結び付けることは，日本的な組織ディスコースの応用と考える。自分の言語化活動について焦点を当て，自分自身を内省し，自分と他の関係を振り返ることは，個人の自己成長とともに社会的問題解決のひとつの方向性を示唆する。

第 I 部
組織ディスコース研究の基礎

④変革の時代

グローバル化が進み，小さな町工場までその影響がある今日，組織の変革は最も重要な経営課題である。しかしこの点はすでに主流派組織研究でも，主要なテーマとして研究実践されている。ODS には，組織変革におけるオルタナティブな貢献が期待される。その 1 つは，ディスコース的特徴を持った変革のアプローチであり，ディスコース的な組織変革と組織開発は，従来のものと異なる有効性がある。例えば組織に新しい IT システムを入れる，または新しい人事評価制度を入れるとき，古いシステム（知識）から新しいシステム（知識）にディスコースの書き換えが行われるのである。従って一般的アプローチに付け加える形で，組織における制度的介入を言説的発展として考えることが有効である。制度とは体系的な知であり，ディスコースとみなすことができるが，既存の知を更新するためには，オルタナティブなディスコースが必要である。つまり，制度そのものに正当性があって，自動的にそれが機能するのではなく，新たなディスコースを生み出す過程で，それの持つ遂行性とパワーが効果を持つ。このプロセスには，〈抵抗〉というパワーの一側面を包含する視点が含まれる（第 12 章参照）。

他にも，ODS の特徴を生かした変革がある。それは，より社会的なイノベーションである。ODS は批判的視座を含み，また組織の社会的なつながりを重視する。グローバル化の進展の中，貧困の世界規模の拡大について，その変革方法を模索する。例えば，「ボトムオブピラミッド式マーケティング」という社会の最下層への復興援助的なソーシャル・マーケティングを，〈シャクティ〉というインドの「女性の力」というディスコースとともに発展させるという研究などがある（Hopkinson and Aman, 2017）。他にも第三世界における女性の起業や，抑圧や貧困へのアプローチが多く研究されている。また，ジェンダーやセクシュアリティにおける変革の研究など，主流派が取り扱わない領域やテーマにおける変革を，より積極的に取り上げることが ODS の貢献である。

⑤ヨーロッパ組織研究の主流

今なぜディスコースかという問いについて，最後に学会の状況が指摘できる。21世紀に入って，ヨーロッパを中心にODSは非常に発展し，2010年以降，一種のブームの状態にあったといえる。アメリカではあまり大きな関心が寄せられていないが，ヨーロッパの組織研究では主流の方法論であり，中心的な理論となっている。

ヨーロッパの組織研究者が対話する場として，ヨーロッパ組織研究学会（European Group for Organizational Studies：EGOS）がある。ヨーロッパでも伝統のある学会であり，60ヵ国以上の研究者が参加している。ODSはこの学会で活発に議論され，ここにおける多くの研究者が，ディスコースの視座を重視した研究を行っている。その例として，その学会誌である *Organization Studies* に掲載された，組織ディスコース関連の研究を抜き出したところ，2005年から2018年の間に137件の研究論文があった。そのリストは，それぞれの論文のキーワードとともに，本書の補遺に示した。多様なテーマとともに，研究の土台となる視座もフーコー（Michel Foucault）であったり，社会構成主義であったり，様々なディスコース理論をもとにしていることが分かる。本書では，第5章以降の各章のテーマに関連する研究文献を紹介している。これ以外にも，*Organization* や *Human Relations*，*Management Communication Quarterly* などが，主要な研究発表先となっている。この点は，経営組織の研究における，ヨーロッパ的特徴といえよう[6]。

EGOS以外の学会では，International Conference of Organizational Discourse（組織ディスコース国際会議）が，2年に一度開催されている。これもヨーロッパの学会であり，イギリスとオランダの大学で交互に開催している。この学会は，組織ディスコースに関する専門学会であり，すべての研究発表は，ディスコースの視座をもとにしている。これに加え，批判的経営研究国際会議（International Conference of Critical Management Studies：CMS）があり，ODSの中でも批判的アプローチをとっている研究は，CMSにおいて活発に議論されている。このように，ヨーロッパの組織研究においては活発な

第Ⅰ部

組織ディスコース研究の基礎

ODS であるが，日本ではまだその意義や有効性が認知されていない。従って，日本では ODS の具体的な研究実践はほぼ皆無であり，英語文献に頼らざるを得ない。

補遺にある多様な研究トピックが示唆するように，日本においても研究の幅を広げる試みをするとき，ディスコースは必要な方法と視座になる。日本の組織研究の発展と，実際の組織と職場の改善のためにも，ODS の日本的な発展が必要なのである。

4 ディスコース分析の例

ディスコース分析に興味がある読者は，「ディスコース分析は一体どんなことをするのだろうか，何か特別なことをするのか」というような疑問を持っているのではないだろうか。実は特別な方法や，マニュアル化されるような正しい方法はない。インタビューや観察など，質的研究の方法の多くに唯一の正しい方法がないように，自分の哲学やパラダイムに基づいて分析する。また分析の経験を積むことが，研究目的とリサーチクエスチョンに適した分析の効果を生む。着眼点は重要であり，何に着目するかについて考えることが求められる。テキストマイニングというソフトによって，そのヒントを得るという方法もあるが，あくまで補助手段である。例えば，テキストマイニングを使って，最も頻繁に出てくる言葉を見つけることはできるが，その言葉が鍵になるかどうか確かではない。むしろリサーチクエスチョンと研究目的をもとに，テクストをどのように読み解くかということが問題である。研究しようとする現象が，どのように社会的に構成されるか，そのポイントとなるいくつかのキーワードを選び出すことが有効と考える。そのキーワードが関係性の中でどのような意義を持つか，パワーとディスコースの関係はどのように説明できるか，このようなことを考え分析解釈する。

ここで 1 つ，トランスクリプトの例を提示するので，どのように分析でき

るか考えてもらいたい。2013 年 6 月 4 日、サッカーワールドカップの予選で、日本代表が引き分けながらも本大会出場を決めたゲーム後の渋谷交差点において、後に「DJ ポリス」と呼ばれるようになった警察官が、交通誘導をした際のマイクからの呼びかけのトランスクリプトである。背景として、日本代表のサッカー応援サポーターは、その前の試合で出場を決められなかったことで、渋谷交差点において暴徒化し、車の上に乗るなどの悪質行為を行った。日本代表のワールドカップ予選のゲームの度、渋谷交差点は、警察とサポーターとのバトルの場となっていた。ところが、2013 年 6 月 4 日の誘導は、サポーターの群衆を効果的に移動させ、成功事例としてこの警察官も後日表彰された。その時の動画投稿がきっかけで、この警察官は DJ ポリスと呼ばれ、大きく取り上げられるようになった。

　ここでの関心は、警察官はどのようにしてサポーターの誘導を成功させたかということだ。マスコミは、警察官の「ユーモアを交えた話術」によって、サポーターを効果的に誘導できたと指摘するが、ユーモアがポイントになったのだろうか。そこで、本章末にある**トランスクリプト（A）**を読み、気になるキーワードを複数拾い出してもらいたい。左側の数字は「行番号」と呼ばれ、トランスクリプトを作成する際に簡単に付けることができ、また議論するときに便利である。
そしてディスコース分析は、次のことを考える。

- どのようなキーワードを拾い上げたか
- それぞれのキーワードに特徴はあるだろうか
- キーワードをグループ化して、何か名前を付けることはできるだろうか
- このテクストの中に一貫性や法則性はあるだろうか
- 対象の現象を理解するうえで、より納得のいく説明は何だろうか

　このエクササイズにも正解はないのだが、何度もこのトランスクリプトを使って学生と練習すると、いくつかの特徴は毎回同じである。例えば、警察官は自分自身のことを「おまわりさん」と呼ぶ（40 行目）ことが、親近感を

第Ⅰ部

組織ディスコース研究の基礎

持たせるという指摘である。確かに親しみやすい呼び方である。その主張は1つの分析である。しかし、親近感が交通誘導成功の決め手になっているというのは、説得力として強くない。なぜなら親近感は個人の感性であり、あの大勢のサポーターが一様に親近感を感じたことによって、誘導に従ったとは思えない。私の分析は、ユーモアでも親近感でもなく、サポーター・アイデンティティを使ったレトリックであると考える。

　私が拾い出すキーワードは、〈サポーター〉〈チームメート〉〈フェアプレーのチーム〉〈日本代表を応援する1つのチーム〉〈日本代表12番目の選手〉などのワードである。これらの言葉はサッカー用語であり、メタファーと呼ばれるディスコースの種類である。サッカー・メタファーを交通誘導の呼びかけ中に入れ込みながら、巧みにサポーターをルールに従う群衆にしたのだ。例えば、19行目のディスコースを見てもらいたい。

　「はい、皆さん。横断歩道から、皆さんのチームメートであるサポーターの方が到着します。歩道に入れるように、道を広く開けてください。皆さんのチームメートが、しっかりと歩道に上がれるように、広くスペースを開けてください。」（19-22行目）

　交差点の反対側から歩いてくる人を、同じチームメートあり、またサポーターであると指摘し、道を開けるよう協力を要請しているのである。これは明らかに、サッカー日本代表のサポーターというアイデンティティを使って、誘導している。アイデンティティが強いとき、その人たちはそのアイデンティティを生み出したり、守ったりする行動をとる。これを**アイデンティティ・ワーク**と言うが、このサッカー日本代表のアイデンティティ・ワークは、とても特徴的である。動画を見ると一目瞭然であるが、道を歩くサポーターの多くは、日本代表と同じ青いユニフォームやTシャツを着ていて、高揚した一体感がある。11人で行うサッカーにとって、サポーターは12番目の選手と言われ、これらのディスコースを使うことで、サポーター・アイデンティティが利用されているのだ。さらに次のディスコースは、サッカーの

第1章

組織と語り：ディスコース研究事始め

フェアプレイと結び付けている。

「はい，皆さん，フェアプレイのチーム，日本代表のサポーターにふさわしく，ルールとマナーを守った行動をお願いします。」(31-33行目)

このように言われてしまうと，サポーターとしては，代表選手同様にルールを守って戦う12番目のプレーヤーとして，従わざるを得ない。これらを**アイデンティティ統制**と言い，アイデンティティ・ワークをディスコースによって，コントロールすることができるのだ。サポーター・アイデンティティは巧みに利用され，彼ら彼女たちのアイデンティティ・ワークは，警察の誘導に従うものとなった。さらに決め手は，おまわりさんとサポーターの関係に関するディスコースである。

「おまわりさんもみなさんのチームメートです。どうかチームメートの言うことにも，しっかりと耳をかたむけてください。」(43-44行目)

警察とサポーターという，取り締まる側と取り締まられる側という対立関係ではなく，ここにおいてチームメートというサッカー・メタファーを使い，実は同じ仲間であるという意味を示している。同じ仲間の頼みを聞いてくれという，レトリック戦略なのである。サッカー日本代表のサポーターは，海外に行っても統率力が高く，試合後のゴミ拾いをするなど，ユニークなアイデンティティ・ワークを行っている。これらが，さらに彼ら彼女たちのアイデンティティを強めていく。

今回のDJポリスのディスコース分析では，彼のユーモアや親近感よりも，彼が使ったサッカー・メタファーによるアイデンティティ統制が浮き彫りにされる。ディスコース分析の意義は，これまで誰もがそうだろうと思っている言説や常識に対して，今一度振り返り，オルタナティブ（代替的な）提案をすることである。さらにこのディスコースには，常にパワーが付着している点を考察することで，より深い議論を可能にする。

第Ⅰ部
組織ディスコース研究の基礎

5 組織の語りとコミュニケーション

　ディスコースの意義や有効性を議論してきたが，本書の目的は，組織とい
うコンテクストにおけるディスコースの役割である。ディスコースは政治や
心理学，異文化コミュニケーション，マーケティングなど，いろいろなコン
テクストで有効であるが，組織コミュニケーションとは何か，組織ディス
コースとは何かを一度確認する必要がある。

(1) 組織コミュニケーションとは何か

　私たちが家庭以外で最も時間を使うのは，仕事する場所であり，一般的に
は組織の中で多くの時間を過ごす。その点からも極めて大事であり，そこは
特別な場所というよりも，家庭以外のもう1つの日常を過ごす場所と言える
だろう。職場は多様で複雑な問題に満ち溢れ，これを理解し解決することが
重要である。ODSは，組織化における問題化を大事にするのであり，経営の
お手伝いをする技術を提供するものではない。むしろ経営の健全化を，従業
員との対話の中でどのように構築していくか，つまり**組織のデモクラシー**こ
そが大切と考えている。

　組織のコミュニケーションの重要性についてはよく耳にするが，それを円
滑にするための手立ては，現実的にはあまり実行されていない。しかし近年，
対話を重視した組織（**対話型組織**）が注目を集めている（中原・長岡, 2009；ガー
ゲン&ヒエストゥッド, 2015）。組織コミュニケーションは，社員間の飲み会で
もなければ，ホウ・レン・ソウ（報告・連絡・相談）でもない。野村（2010）
が，コミュニケーションを研究することは「関係性を科学する」ことである，
と指摘するように，組織における関係性が重要となる。それは，上司と部下
というような組織の職制上の関係性から，ジェンダー，パワー関係まで多様
である。コミュニケーションとは，「他者との関係性によって意味が構築さ
れるプロセス」（池田, 2015, p.9）と考えられ，それは常に関係性の中で規定さ

26

れ，またその関係性を再生産し，関係性を維持あるいは変化させるダイナミックなプロセスである。

マンビー（Dennis Mumby）は次のように，**組織コミュニケーション**を定義付ける。「組織の目標達成に向けて方向づけられるシンボリックな実践活動を通して，意味について集団の協調的体系を創造し調整する過程」（Mumby, 2013, p.362）。このように，組織コミュニケーション論の視座は，ディスコースの視座との親和性がとても強い。実質的にも概念的にも，ディスコースとコミュニケーションは，重なるところが非常に多い。とくに意味と関係性を重視する点，また相互行為的なプロセスに着目する点においては，組織コミュニケーションと組織ディスコースはまったく同じである。「組織ディスコース」という言葉を最初に提示したのも，組織コミュニケーション研究者のマンビーとクレア（Robin P. Clair）であった。

「組織は，そのメンバーがディスコースを通じてそれ自体を創造する限りにおいてのみ存在する。これは，組織とはただディスコースにすぎないと言っているのではなく，むしろ，ディスコースは，組織メンバーが自分たちが何者であるかという意味を形成している明確な社会的現実を作り出す主要な手段であることを主張している。」（Mumby and Clair, 1997, p.181）

この定義によれば，組織はディスコースを通して，メンバーによって形成されるということであり，社会構成主義的な視座を示している。また，組織の中で自分は何者であるのかという意味付けとは，言説的に構成されるアイデンティティである。組織とそのメンバーの関係は，アイデンティティを介してダイナミックに再生産され，このプロセスにおけるディスコースの役割が大きいと考える。

1つの代表的研究として，組織コミュニケーション，組織ディスコースともに，ディズニーが使うメタファーに着目したものがある。組織コミュニケーション研究者のSmith and Eisenberg（1987）は，ディズニーの経営が重視する〈ドラマ〉組織が，どのようにして〈家族〉としての従業員の抵抗を

第 I 部
組織ディスコース研究の基礎

もたらし，ディズニー最大のストライキに至ったかを研究した。また，組織ディスコース研究者（ストーリーテリングの唱道者）の Boje（1995）は，ディズニーの家族主義的ナラティヴが，ディズニーの抑圧的な経営の，隠れ蓑的なディスコースであることを示唆している。

前述の東京ディズニーランドの例でも示したが，夢の国であるはずのパークは，過酷で劣悪な労働現場であることが明らかになった。会社側はキャストやショーなどのドラマ的メタファーや，ディズニーのファンタジーなストーリーによって，従業員のアイデンティティをうまく利用しながら搾取を行っていたのである。Boje（1995）は，少数の利益のために従業員たちのスキルや努力，組織への愛着などを搾取しているのであり，このような経営を見えにくくするストーリーテリングとして，ドラマのメタファーや夢の国ストーリーが戦略的に使われていると指摘する。組織におけるディスコースがどのように使われ，組織化が行われていくかを丹念に見ることで，問題の複雑な側面についての理解が深まる。

組織ディスコースが批判的アプローチをとるのは，よりよい社会と組織を構築するオルタナティブを模索するためであり，批判すること自体を目的としているのではない。建設的で健全な組織の発展は，言説的な問題化と反省的方法を伴うものである。すなわちそれは，より良い経営手法やベストプラクティスというような，経営モデルを見つけることではない。本書を通じて提起する，「**経営組織の新たなアジェンダ**」を模索することである。とくに日本の状況において，経営学や組織研究が対象とする課題は，非常に狭い範囲に限られており，それも経営の立場からの課題が多い。ネオリベラリズムとグローバル化が進む中で起きている，様々な抑圧や貧困の拡大，組織の内外におけるジェンダーや性的また民族的少数派の問題，そのようなパワー関係の問題やハラスメントやいじめの問題など，より広い範囲で課題解決が必要である。ラクラウ（Ernesto Laclau）が示す「ラディカル（根源的）デモクラシー」の考えをもとに（第9章参照），「**組織デモクラシー**」という，オルタナティブなディスコースによる組織の問題意識の更新が必要であり，組織の新

第 1 章

組織と語り：ディスコース研究事始め

たなアジェンダを言語化することが重要である。本書の最終的な目的は，経営組織の新たなアジェンダというディスコースを発展させることであり，組織デモクラシーという言説的構成の追求と実践である。

6 筆者のポジショニング

　最後に，本書におけるポジショニングを示したい。本書は，通常の研究書とは異なるところが多いはずである。科学主義的伝統をもとにした，実証主義的研究とは異なるアプローチをとるため，違和感を覚える人も多いだろう。社会構成主義的なパラダイムから本書を作成する上で，実証主義がもとにする科学的方法とは異なる根拠を示す必要がある。それがポジショニングである（第 4 章参照）。

　私の個人的主観やバイアス，私的な感情をもとに作成しているのではなく，どのような方法論的立場や政治的立場に立っているかを読者にあらかじめ提示して，筆者である私と読者との関係性を考慮するものである。そこでここでは私個人が，なぜ本書のを執筆に至ったかのライフヒストリーを簡単に紹介し，そのあと方法論的スタンスを示したい。

(1)私のライフヒストリー

　本書の執筆に至るまでには，いくつかの大事なストーリーがある。1 つのストーリーは，私の方法論的な変遷についてである。今は実証主義とは異なるアプローチをとっているが，大学院では徹底した実証主義的トレーニングを受け，社会心理学的統計とネットワーク分析によって，博士論文を完成させている。従って，実証主義の長所は認めつつも，私の目指す研究の方向性とは異なることがわかったのだ。

　社会構成主義のリーダーであるガーゲン（Kenneth J. Gergen）も，実証主義的研究からスタートしているが，現在 ODS を行う研究者のきっと多くが，科

第 I 部
組織ディスコース研究の基礎

学的方法というものから構成主義的方法へ移行したのではないだろうか。私はアメリカのミシガン州立大学において，人的資源管理の修士と，コミュニケーション学の博士号を取得したが，これらは実証主義の帝国にいたためである。しかしこのときすでに私は実証主義的方法について，懐疑的な傾向があったのだ。博士論文は，在デトロイトの日系企業で働く従業員の価値観を，組織文化の視点で測定考察したものである。このようなテーマは，実証主義によっても理解可能であり，一定の有効性を持つことを認める。私の研究の方向性は，これとは異なる方向性を目指していたのである。ここに，もう1つのストーリーが関係する。

　私は日本において約10年弱の間，社員研修や人事管理（とくに人事評価）のコンサルティング，安全管理・品質管理などの産業教育の教材開発に携わってきた。仕事を通じて日本の企業を観察しながら，何か大きな違和感を持ち続けていた（例えば，QC活動など，グループの洗脳的アプローチ）。今振り返れば，それらはフーコー的なパワーの問題であったのだろう。私の疑問と違和感は，私をさらなる学びのレベルに導き，最初は母校の大学の産業社会学を聴講したりしたが納得いかず，最終的にはアメリカの産業労使関係学大学院に留学することにしたのだ。そのときはすでに32歳であり，家族の反対を押し切って，自分の知の探究をアメリカに求めたのである。このときはエスノメソドロジーに何か大きな可能性があると感じ，これを応用できないか考えていたが，アメリカでは，そのようなことをしている経営系の大学院を見つけることはできなかった。つまり私自身は，矛盾を抱えながら大学院での学びを進めていき，方法論的な葛藤をしながら博士論文をまとめたのである。自分の研究関心を必ずしも実現できる場ではないことを認識し，ある意味割り切って，むしろこの実証主義的アプローチを理解した向こう側に何かあると信じて，博士論文を仕上げた。しかし，この遠回りは決して無駄ではないと思っており，多くの方にお世話になった。

　次の大事なストーリーは，組織ディスコース研究との出会いであった。しかし，これは日本に帰国してからのことであり，CMSを通じての出会いで

あった。アメリカの大学でしばらく教えたのち，日本に帰国したのは2001年であるが，当時日本社会は企業の不祥事が多発しており，以前からの研究関心と連動し，ごく自然にこれを帰国後最初の研究テーマとしたのである。偶然にも CMS に参加する機会を得て，ヨーロッパ（今ではアメリカも）を中心に活発に研究されている，批判的な経営研究の領域があることを知ったのである。不祥事研究の一般的アプローチであった，企業倫理や危機管理とは異なる視点をとり，私は不祥事研究を，CMS の視点から研究することに有効性を見出した。それがディスコース研究に結びついたのである。CMS を深めようと，その先駆者であるウィルモット（Hugh Willmott）に師事してカーディフ大学に在外研究先を求め，彼の貴重な助言のもと，いろいろなワークショップに参加したり，ラクラウのセミナーにも参加したりしながら，ポスト構造主義的な組織ディスコースの方向性に進んでいったのだ（第8-9章参照）。この期間とその後，多くのヨーロッパ研究者との出会いがあり，その結果，Sage Handbook of Organizational Discourse の翻訳プロジェクトに着手した。私は，ディスコースの視座は，日本の組織研究や組織コミュニケーション研究に，絶対に必要不可欠なパラダイムであり方法であると確信し，この『ハンドブック』とは別に，本書のような全体を俯瞰できる組織ディスコースの本の出版を模索していたのだ。

(2) 私の方法論的ポジション

　私の歴史を紹介する形で，本書が成立する背景を理解いただけたかと思う。本書は組織ディスコース研究の統合的な見方や，方法論的な紹介を第一の目的とするが，それだけを目的としたものではない。最終的には，組織研究の新たなアジェンダを言語化し，組織デモクラシーを言説的に構成するために，読者と対話を続けることにある。従って，本書もディスコースであるという認識を，明確に示したい。

　本書は，あらゆる研究書や教科書はディスコースであるという前提に立つ。本書もディスコースであり，テクストとして読みながら，意味の新たな形成

第 I 部
組織ディスコース研究の基礎

や付与が，このテクストの上になされることを期待する。1つのディスコースであることを明示する意味でも，本書では，私は私自身の言葉として，一人称を使って語っていく。私自身は，ポスト構造主義的パラダイムに依拠していると自覚する。社会構成主義を否定しているのではなく，この立場をより積極的に，ポスト構造主義の立場に結び付けたいと考える。つまり私は，批判的実在論のパラダイムについてはやや距離があり，物質性の議論に懐疑的である。このような，私の方法論的理解も成長するものであり，現時点での方法論的立場である。

　本書を語る視点として読者の理解を優先するため，それぞれのアプローチや研究の紹介において，私個人の方法論的視座から批判することはしていない。それぞれの良さを尊重しながら紹介し，最終的には読者に，もっとこの視座を勉強してみたいと思ってもらうことが目的である。従って本書のもう1つの特徴は，多様性を尊重するということである。本書が1つのディスコースであるというとき，ディスコースの多声的性質（ポリフォニー）が土台となっている。ODSも1つでは存立できず，必ず複数の理論的な対話が必要である。正統派のODSは何かを議論するのではなく，それぞれの特徴を理解することが目的であることを，念頭に入れて書いている。

　本書の第13章は，他の章とテイストの異なる特別な章にしている。この章全体を通して，震災の復興ディスコースの研究をデータ収集から分析・考察まで紹介している。これは私が現在まで行ってきた研究プロジェクトであり，最後に実際のODSを総合的な形で見ていただきたい。被災地において復興に努力する人々から何かを学ぼうとして，復興のディスコース研究を開始し，5年のフィールドワークを行ってきた。「より良い組織をどのように言説的に構成できるか」について，復興のディスコースから考察を試みたのである。本書でも，批判的な側面と建設的な変革の側面のバランスを意識している。職場のデモクラシーは批判だけでは構成できない。本書では，言説的な問題化と反省的方法を土台として，民主的な組織の建設的対話を提唱している。

(3)本書の構成

　本書は教科書と研究書の，両方の側面を持っている。組織ディスコースの多様なアプローチと，それらが共通する基本的考え方を，ある程度体系的に説明している。日本での独自の研究がないため，海外の多くの英語文献を紹介している点は特徴的である。

　本書の構成であるが，本章を含め第4章までを第Ⅰ部「組織ディスコース研究の基礎」として，ODSに共通する基本的な概念からパラダイム，そしてデータ収集から分析までの方法論で構成される。

　第Ⅱ部は「組織ディスコースの様々なアプローチ」として，ODSの主要なアプローチを紹介する。第5章のナラティヴとストーリーテリングは，社会構成主義をベースとしたとても広く認められたアプローチであり，双方は類似した概念で共通するところも多い。ディスコース研究の出発点ともいえる。第6章のレトリックは，独自の学術的歴史を持っており，コミュニケーション研究においてとくに活発に議論されてきた。これを組織コミュニケーションの中核理論に据え，組織の内外のメッセージ活動をレトリックとして分析する。第7章のCDAは，フーコーの影響を強く受けた社会言語学のグループが，より学際的な研究に発展させたアプローチである。ディスコース分析を政治的コンテクストにおいて，とくにテクスト分析の点で発展させた。テクストとコンテクストの分析を連動させる方法で，ミクロとマクロのディスコース分析を視野に置く。第8章と第9章の2つに分けて，ポスト構造主義のディスコース視座を議論する。第8章ではフーコーのパワーや主体性概念，そして9章ではラクラウのヘゲモニーや言説的接合（アーティキュレーション），そしてラカン（Jacques-Marie-Émile Lacan）の大文字の他者によるアイデンティティ形成などについて考察する。

　第Ⅲ部は，「組織ディスコース研究の現在と未来」というテーマのもと，ODSが最も活発に議論している領域を紹介する。第10章では，アイデンティティとアイデンティティ・ワークについて取り上げる。アイデンティティ

第Ⅰ部

組織ディスコース研究の基礎

は，他の研究領域にも密接に連動する研究であり，ODS の核となっている第11章は，ジェンダーを取り上げる。ジェンダーはいろいろな学問領域ですでに研究されているが，ディスコース分析による研究はまだ日が浅い。特に日本ではまだまだ研究の薄い領域であり，ジェンダーの一般理論とともに，ODS のアプローチを考える。第12章はパワー研究を取り上げる。パワーとディスコースの関係が考察され，その後，同調統制や企業植民地化などの，多様なパワー形態について議論する。終章では，今一度本書の最終目的である，組織の新たなアジェンダについて触れ，そのステップとしての ODS の将来方向性を展望する。

　本書はまだまだ発展途上であり，ODS のパラダイムの難解さと格闘しながら私も前に進んでいる。本書も難しい本ではあるが，ぜひチャレンジしてほしい。

◆ トランスクリプト (A)

DJ ポリス in 渋谷スクランブル交差点

1　横断歩道の方，中に入れなくなっています。徐々にで構いません。ゆっくり
2　で構いませんから，駅の方向に進んでください。駅の方向へ進みましょう。
3　駅の方向に進んでください。
4　　　　（ざわめき）
5　はい，皆さん，サポーターの皆さんのチームワークでしっかり，車道にいる
6　方を歩道に上らげれるようにしてあげてください。皆さんのチームワークを，
7　お願いします。日本代表のように，サポーターの皆さんのチームワークを見
8　せてください。
9　　　　（ざわめき。警官の笛の音。交通整理の声）
10　はい，皆さん，駅の方向に流れができています。駅の方向に流れができてい
11　ます。交差点直近で立ち止まっていますと，車道に人が溢れ出してしまいま
12　す。皆さん，どうか，駅の方向に一旦進んでください。ご協力をお願いしま
13　す。
14　　　　（ざわめき。信号が変わり，交通整理の笛音）

15 はい，皆さん，ゆっくりと前に進みましょう。急にかけ出してしまっては，
16 怪我をするかもしれません。皆さんが怪我をしてしまっては，日本代表のW
17 杯出場，後味の悪いものになってしまいます。

18 　　　　（クラクション。歓声）

19 はい，皆さん。横断歩道から，皆さんのチームメートであるサポーターの方
20 が到着します。歩道に入れるように，道を広く開けてください。皆さんの
21 チームメートが，しっかりと歩道に上がれるように，広くスペースを開けて
22 ください。ご覧のように，駅の方向に交通の流れができています。駅の方向
23 に進んでください。

24 　　　　（流れを促す声）

25 はい，皆さん，皆さんが怪我をせずに今日の喜びを分かち合えるように，大
26 事なお知らせをします。ちょっとで構いません。私の話に耳を貸してくださ
27 い。いっぱい注目されると，緊張してしまいます。ちょっとで構いません。
28 ちょっとだけでいいです。

29 　　　　（歓声）

30 はい，どうか駅の方向をご覧ください。駅の方向，空いてますね。駅の方向
31 に進んでください。ご協力お願いします。はい，皆さん，フェアプレイの
32 チーム，日本代表のサポーターにふさわしく，ルールとマナーを守った行動
33 をお願いします。

34 　　　　（拍手と歓声）

35 ご声援，ありがとうございます。どうか，駅の方向へお願いします。はい，
36 ご協力ありがとうございます。皆さん，駅の方向へ徐々に進んでください。

37 　　　　（拍手。手拍子と共に「警察！警察！」の掛け声）

38 はい，ご声援ありがとうございます。どうかおまわりさんの言うことも，
39 ちょっとで構いません，言うこと聞いてくださいね。お願いします。目の前
40 の怖い顔をしたおまわりさんも，日本代表のW杯出場を実は喜んでいるん
41 です。皆さんと同じ気持ちです。

42 　　　　（拍手）

43 おまわりさんも皆さんのチームメートです。どうかチームメートの言うこと
44 にも，しっかりと耳をかたむけてください。ご協力お願いします。はい，肩
45 車をしている方，降りましょう。危ないですよ肩車をしている方，危ないで
46 すよ。

47 　　　　（盛り上がる歓声。横断歩道上でハイタッチする人々）

第Ⅰ部
組織ディスコース研究の基礎

48　はい皆さん，歩道に上がってください，歩道に上がってください。危ないで
49　すよ，危ないですからね
50　　　　（交通整理の声）
51　はい皆さん。どうかここに集まっている皆さんが，日本代表を応援する一つ
52　のチームとなって，ここにいる皆さんが安全に歩道に上がれるように，広く
53　道を開けてください。ここに集まっている皆さんは，日本代表12番目の選
54　手です。皆さんはチームメートです。どうか，道を広く開けてください。
55　　　　（沸き起こる歓声）
56　はい，皆さん，盛り上がっていただくのは結構です。どうか駅の方向，駅の
57　方向へ徐々に進んでください。駅の方向ですよ。駅の方向に徐々に進んでく
58　ださい。
59　　　　（掛け声）
60　はい皆さん，駅の方向です。駅の方向へお願いします。
61　　　　（拳を振り上げ，掛け声）
62　はい，お願いします。どうか駅の方向にお願いします。はい，すいません，
63　お願いします。いいですか，皆さん，どうか駅の方向に進んでください。お
64　願いします。警察官は，皆さんが憎くてこういうことやってるんじゃないん
65　ですよ，いいですか。警察官も日本代表のW杯出場，実は心の中では喜ん
66　でいるんです。
67　　　　（歓声。拍手）
68　皆さんと気持ちは一緒です。ですが皆さん，どうか一度だけちょっと注目し
69　てください。いいですか。交通ルールとマナーは守りましょう。おまわりさ
70　んも，こんな良き日に怒りたくはありません。
71　　　　（笑い声。拍手）
72　いいですか，皆さん。だから，おまわりさんの整理誘導に合わせて，ゆっく
73　りと安全に進んでください。いいですか，皆さん。約束してくれますか？
74　　　　（ハーイ，の声）
75　はい，ありがとうございます。それではゆっくりと前に進んでくださいね。
76　信号，青に変わりました。ゆっくりと前に進みましょう。
77　　　　（手拍子と共に「警察！警察！」の掛け声）
78　はい，ご声援，ありがとうございます。それ，約束しましたよね。ゆっくり
79　と，ゆっくりですよ。約束しましたね。どうか，ゆっくり進んでください。
80　　　　（やや落ち着きを取り戻し，進む人々）

81	はい皆さん，ちょっとお願いします。その場所，バス停になっています。バ
82	ス停になっています。バスを利用する方の迷惑となります。どうか歩道に上
83	がってください。

出所：YouTube「DJ（MC）警官 in 渋谷スクランブル交差点」（https://www.youtube.com/watch?v=Bt YtkgGgQM）。

注

1) このプロセスは，人生にとって大きな転機となるであろう。自分にとっての壁であったり，危機であったり，いろいろな形で自己崩壊に近い格闘のプロセスがあるはずだ。この自己崩壊過程は，自分自身を脱構築することに他ならない。

2) これは有名なサピア＝ウォーフ仮説の例として語られる。これには批判があるものの，一定の意義がある。とくに，これまでの現実は正しく把握できるという前提に対して，文化や人によって現実のとらえ方は異なるという代替的視点を提示している。

3) 英語の〈discourse〉は言説と訳されたり，談話と訳されたりすることが多い。本書では，言語学系で頻繁に使われる〈談話〉という言葉は使わない。社会学では一般的に〈言説〉を使うが，本書ではカタカナ表記の〈ディスコース〉を基本とし，意味的には言説とディスコースはほぼ同義として使っている。ただし，英語の〈discursive〉は重要な意味が他にあるため，この言葉の訳語に対応する形で〈言説的〉と使っている。

4) ちなみにトップ3は，科学的経営，制度理論，カオス理論であり，センスメイキング理論は10位であった。

5) 一部の企業は，上司について〈肩書〉で呼ぶこと止めて，「さん」付で呼ぶようにして，強い上下関係を止めるような活動をしている。

6) 北米の Academy of Management では，あまり活発な議論はない。

第2章
組織ディスコースの基本的考え方

学生：エコロジーについて研究したいのですが，組織ディスコースの視点から
　　　どのように研究できますか。

先生：とても良いところに目を付けたね！

学生：でも，ディスコースで，エコロジーをどのように分析するのですか？

先生：そうだね，電気屋さんとかスーパーに行って，「エコ」と書かれてある言
　　　葉を，できるだけ拾い集めてごらん。どんな表現がなされて，どんな意
　　　味か考えるんだ。

生徒：なんだか，いっぱい「エコ」という言葉がついているけど，本当に何が
　　　エコなのかがわからなくなりますね。むしろ，営業用の言葉に思えてき
　　　ます。

先生：良い分析だね。集めた表現は「テクスト」といい，ディスコースの研究
　　　では，その「エコ」の意味を解釈することが大事なんだ。営業言葉と感
　　　じたのは，きっと間違いではないと思うよ。自分の置かれた文化，社会，
　　　歴史的文脈や，今エコを調べようとしているあなた自身の身近な状況，
　　　これら全般をコンテクストと言うけど，意味の理解はそのコンテクスト
　　　に依存するんだよ。だから意味は一定ではなく，エコは営業言葉のよう
　　　な意味にもなるよね。

学生：ではエコという言葉が，ビジネスでどのように使われているか，そのディ
　　　スコースを収集して分析するんですね。

先生：どんな意味が支配的になって，それが当たり前になったのか，その逆に，
　　　周辺化した意味は何かを考えることが大事なんだよ。

第2章の重要概念

テクスト，コンテクスト（ローカルとグローバル），空気，意味，記
号，差異の体系，記号表現，記号内容，共時性，通時性，意味交
渉，コミュニケーション，関係性，相互主観性，周辺化（辺境化），
言説性，相互言説性，再帰性，間テクスト性，再コンテクスト化，
ポリフォニー（多声性），プルリボカリティー（複声性），ダイアロー
グ（対話），アーティキュレーション（言説的接合）

第Ⅰ部

組織ディスコース研究の基礎

　組織ディスコース研究（Organizational Discourse Studies：ODS）と言われる
と，言語学を学ばなくてはいけないとか，言葉や文法について研究すること
という先入観を持っている社会科学研究者もいると思う。実は私自身もそう
であった。私がアメリカの大学院で学んでいた1990年代は，まだディスコー
ス分析という視座は普及しておらず，言語行為論や会話分析のことだと理解
していた。しかし2000年代に入り，急激にディスコース研究が注目される
ようになった。それは言葉や会話のミクロな言語学的研究ではなく，言語は
行動であるという認識が広がったためである。この章で示すように，ディス
コース分析やその視座が持つ基本的な考え方は，組織にかかわる言葉の研究
という枠を乗り越え，テクストの解釈を通して，組織のコンテクストや言説
的な実践というより複雑な組織現象を分析可能にした点にある。「社会科学
の言語論的転回」では，言語学の長所である言説のテクストを介して，その
行動や意味，コンテクストや社会的現実を理解することに大きな意義を見出
している。本章で示す基本的な考え方は，第Ⅱ部以降に示す様々なディス
コース理論を包摂する重要な概念である（清宮, 2015；グラントほか, 2012a）。

Ⅰ　テクスト

　ディスコース分析とその視座にとって，一つの重要な概念は「テクスト
(text)」[1]である。分析視点から言えば，量的アプローチが（統計的）数値を分
析の主な対象とするならば，ディスコース分析はテクストを主要な分析の対
象とする。その意味で，テクストは，ディスコース分析の出発点となる。

　テクストは，研究者によって定義に大きな幅がある（Heracleous, 2006）。言
語学の立場から，Halliday and Hasan（1976）は，「特定の社会的意味を伴っ
た意味上の単位」としている。Fairclough（1995）は，テクストは「意味を
生み出すあらゆるもの」として，とても広い定義を与えている。ここで共通
して大事なのは，「意味」である。つまり前提とするのは，意味はそもそも辞

40

書のような意味があらかじめ決められて，言葉そのものに備わっているのではなく，常に他の言語との関係の中で意味が緩やかに理解されるということである。したがって後述するように，テクストは単独では存在しない。また意味は所与（自分に現れる前に意味が決定されている）ではなく，生成され，解釈され，関係性の中で流動的な存在となる。

　例えば，「かわいい」という言葉を考えてみよう。「あの子，かわいいよね」「シャンシャン，かわいいー」「先生，かわいい！」「かわいい顔して怖いことするよね」など，「かわいい」にまつわる表現は数多くある。近年，日本文化の海外発信力の中に，「かわいい」文化があると言われる。意味というものは，話の前後の脈絡や文化的な背景，歴史的な背景や流行などの条件によって理解され変化することが，テクストとの関係で理解されなくてはならない。

　組織論研究者は，より社会的側面をテクストの中に見る。Phillips and Hardy（2002）は，Kress（1995）を引用しながら，テクストは社会的意味の複合が現れる場であり，それを生み出す特定の歴史の中で生産されると考える。Heracleous（2006, p.3）は，テクストは「体系化されうるメッセージやテーマが含まれたあらゆる種類のデータ」と定義する。それは構造化されパターン化された行為であったり，または組織そのものをテクストとすることもあり得る。レトリックのアプローチでは，大統領など重要な政治家のスピーチを分析することに代表されるように，話し手のメッセージの生成とその解釈を重視することにおいて，メッセージはテクストそのものである。レトリカルな視点からも，例えば社長がブログで語ったメッセージは，テクストとして重要である。

　このように考えると，社会科学，とくに経営組織に関する研究において，テクストは途方もなく豊かな研究素材として表れている。企業理念は，会社が組織の内外に向けて発信しているテクストである。広告や広報などあらゆる情報発信は，メッセージでありテクストとなる。上司と部下の職場の日常的会話もまた，テクストである。上司の言ったあるひと言は，部下にとってセクハラと理解されたかもしれない。不公平な上司と見えたかもしれない。

第Ⅰ部
組織ディスコース研究の基礎

上司は，部下が反抗しているのかと考えたり，かわいくない部下として理解したかもしれない。日常の職場の会話がテクストであり，テクストの連鎖が組織のディスコースとなる。

Fairclough（1995）はテクストを広い意味で使い，「話されたテクスト」と「書かれたテクスト」の双方に対して使っている。グラント（David Grant）らは，テクストは多様な形式をとり，書かれたものや話された言葉，写真やシンボル，人工物を含めるとしている（Grant et. al., 1998）。本書でも，テクストは広義に理解し，話されたテクストや書かれたテクストも含めて考えたい。さらに言えば，歴史や文化的背景を伴い，コミュニケーションを通じて意味を生み出し理解され得るあらゆる表象を，テクストとして考えたい。例えば広島の原爆ドームや記念碑などの社会的な存在物をテクストと見ることで，より複雑な社会現象を理解することを可能とする。私がフィールドワークとして 2012 年から何度も足を運んでいる南三陸町にある「防災対策庁舎」という遺構もまた，テクストである。この建物を巡っては，町の多くの人々が悲しみの中，この建物を遺構として後世に残すか，あるいは悲惨な津波を思い起こさせるこれを廃棄するかの議論が起きていた。明らかにテクストとして理解し，研究すべきである。

SNS（Social Networking Service）が重要なコミュニケーション手段となった今日，SNS 上のあらゆる表象はテクストとして理解される。絵文字やスタンプはどのように使われて，友人関係を成立させているのだろうか。例えば，「遅れそうだけどゴメン」というメッセージに添えられている絵文字，またそれに呼応する「えーっ！大丈夫だよ」というメッセージにも絵文字がある。これらは人間関係を維持するために，文字と絵文字を組み合わせたメッセージがごく自然に，また巧妙に利用されていることがわかる。いじめの多くの背景に SNS があるのは，その負の側面と言えよう。企業活動においても，新入社員の採用から新しい商品のプロモーションまで，多くの場面で SNS が使われている。これらも極めて大事なテクストである。したがって，ディスコース分析を中心に，ビジネスや経営と組織を研究することは，これまで以

第2章
組織ディスコースの基本的考え方

上に研究を豊かにし，複雑な社会的現実に取り組むことを可能としている。

2 コンテクスト

　テクストとコンテクストを切り離して考えることはできない。つまりテクストの生成と解釈は，コンテクストなしには成立しえないからだ。小学校から高校まで，国語の授業の中でどれほど文の解釈を行ったことであろう。先生たちは，前後の文章を見なさいと説明する。文の解釈は，その該当する文章の前後の脈絡から理解されるのであり，これこそが**コンテクスト**（文脈）というものである。

　私たちが何らかの表象を理解するとき，日常的（無自覚）に，必ずその表象をテクストとしてとらえ，そのテクストにまつわる文脈から理解しようとする。SNSの中で利用される絵文字やスタンプの連鎖は，そのシンボル自体が明確な意味を持たないだけに，コンテクストから理解しなくてはならない。ここできっと読者は，日本社会の特徴とも言われる，「**空気**」という言葉を連想するだろう。例えば会議の席や飲み会の席，ビジネスや学校生活の中で，人々は周囲の雰囲気を感じ取り空気を読み，発話を考えて言語選択し，他の言説を理解しようとする。ビジネスにおけるある飲み会の席で，1人が，頭髪の薄い上司に「課長は光り輝いてますから」と冗談を言ったつもりでも，後日他のメンバーから「あいつはなんてKY（空気読めない）なんだ!!」というSNSメッセージが同僚に届いたりする。テクストとコンテクストは常に，密接に結びついている。

　社会科学におけるディスコース分析は，単に言語の構造などを微細に研究することを重視するのではなく，複雑な社会現象におけるコンテクストを研究するのであり，その分析のためにはテクストに注目しなくてはならないのである。とくに批判的ディスコース分析（Critical Discourse Analysis：CDA）の研究では，コンテクストが重視される（ヴォダック，2010；ヴァン・デイク，

43

第Ⅰ部

組織ディスコース研究の基礎

2010)。ヴァン・デイク（Teun A. van Dijk）は，「社会政治的な，問題志向型の CDA の目標には，複雑に入り組んだテクスト―コンテクスト関係に対する洗練された理論付けがとくに必要」と指摘する（ヴァン・デイク，2010, p.137）。つまり，テクストそれ自体を見るだけではなく，コンテクストとの関係を考慮しなければ，複雑な社会的現実を理解することはできない。そこで彼は，「**ローカルなコンテクスト**」と「**グローバルなコンテクスト**」を示唆する。前者は，「コミュニケーション事象が起こっている現在の，相互行為状況の特性」によって，後者は，「コミュニケーション事象が行われている社会的，政治的，文化的，歴史的な構造（p.151）」によって条件付けられる。この２つのコンテクストの違いは，理解しやすいであろう。私たちの会話や言説は，必ず身近なまた直近のコンテクストに根付いているし，歴史的な流れや文化的な背景，科学技術などの影響の中で生み出され，解釈されている。

　例えば，あなたは友人からこのように告白されたとしよう。「あのね，最近，私彼氏ができたんよ，ショーンというんだけど，アメリカ人で黒人なんだ。」あなたはどのように答えるだろう。50 年以上前，まだお見合い結婚が主流であった時代と，現代の状況では，彼女への返事にも大きな違いが現れるであろう。またあなたがもし海外経験が豊富であった場合，答えも異なってくるだろう。複雑で多様なコンテクストが会話の構成に影響を与え，またその会話の解釈にも影響する。

　現代のビジネス社会でも，コンテクストは大きな意味を持つ。職場の人間関係にも影響するであろうし，タスクフォースなどのプロジェクトチーム，とくに異なる業種や職種で議論するとき（例えば，生産部門と営業部門の混成チーム），つまりコンテクストが大きく異なる場合，コミュニケーションはより複雑で難しくなる。まして国際化が進む中でダイバーシティ・マネジメントが重視され，国籍や文化が違う場合，異なるコンテクストの壁は深刻になることがある。直近で身近なコンテクストは，常に社会や歴史的に大きなコンテクストから影響を受け，またその逆に，ローカルなコンテクストが大きなコンテクストに強く変化をもたらすこともある。ローカルとグローバルな

コンテクストには，明確な境界があるわけでもなく，これらは理解を促すための分類であり，現実にコンテクストは複雑で多様である。

コンテクストを，ローカルとグローバル以外により細かく分類することもできるであろう。ヴォダック（Ruth Wodak）は次のように，4つのレベルからコンテクストを考察する（ヴォダック，2010, p.101）。

1．直近の，言語ないしテクスト内の共テクスト　co-text
2．発話，テクスト，ジャンル，談話間の間テクスト的，間談話的関係性
3．言語の外にある，特定の「状況のコンテクスト」の社会的/社会学的変数と制度的枠組み（中間域理論）
4．談話実践が埋め込まれ関連付けられている，より広い社会政治的，歴史的コンテクスト（「グランド」セオリー）

1のレベルはテクスト内のコンテクストであり，ディスコース分析でもミクロなアプローチになる。また後述するが，2のレベルは，間テクスト分析などによって，言説のダイナミズムを明らかにすることができる。ヴォダックは，差別に関するディスコースの歴史的分析を例にして，言語的コンテクスト（新聞報道やニュース速報，記事）に埋め込まれた偏見の言説的な表れを分析し（1との2のレベルの分析），それに加え，これらのテクストを他の事実や背景と照らし合わせて分析する（3と4のレベルの分析）。CDAはミクロの分析に終わらず，権力や差別，排除の社会・歴史的コンテクストを考察する。このようなディスコース分析において，コンテクストとテクストの関係はきわめて重要となる。

3 言葉と意味，記号，差異の体系

テクストとコンテクストの中で意味を理解するとき，人々は文字や画像，あらゆる表象をその意味の関係の中で考える。私たちにとって日常のコミュ

第Ⅰ部
組織ディスコース研究の基礎

ニケーションは，記号による意味の理解（曖昧さを含めた）が基本であり，職場やビジネスの日常でも同様である。

北欧風の家具で世界中にマーケットを広げる IKEA。その家具の組み立て説明書を見たことがあるだろうか。異なる言語で書かれた説明書やマニュアルが多い中，IKEA の説明書は記号（イラスト）である。パッケージに入っている紙には，購入した家具のパーツと組み立てる順番が記号で示され，その記号によって組立内容と手順がわかり，その紙が説明書だと理解できる。

また組織の人間関係のトラブルも，発せられた言葉と意味の問題として考えることができる。例えば先輩社員に「あなた，天然ね」と言われたら，後輩は先輩にいじめられたと理解するかもしれない。

マーケティング的な例としては，Apple が挙げられる。リンゴがかじられた記号を見て Apple 製品であると理解し，それに多くのお金を費やすことは，マーケティングにおける意味（つまりマーケットの価値創造）の問題である。とくに日本ではこの Apple マークに大きな価値を見出し，その製品に他の国々より多くのお金を費やしている。

イノベーションは，新たな意味が認められることによって，マーケットの中で価値となる。マーケティングやイノベーションはまさに意味の創造と変化の連続であり，文化と社会の記号学的ダイナミックなプロセスである。

組織ディスコースを考えるうえで，言語学的側面から**意味**という課題に焦点を当てたのは，ソシュール（Ferdinand de Saussure）の記号学である。その記号と意味の基本様式が，ソシュールの記号学によって説明される。意味はもともと言葉そのものに備わったものではない。辞書のような意味が言葉に最初から備わって，人々がそれを電子辞書のように使って会話するのではない。また，人々の頭の中に電子辞書の機能が入っているわけでもない。言葉と意味の関係は曖昧で流動的であり，言葉を記号として考えることができる。

記号とは英語のサイン（sign）であり，ソシュールの母語であるフランス語ではシーニュ（signe）と呼ばれる。**図2-1** が示すように，記号はシニフィアン（signifiant；英語の signifier）とシニフィエ（signifié；英語の signified）という

■ 図2-1　ODS の分類

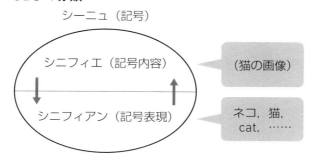

概念から構成され，シニフィアンは**記号表現**や能記と訳され，シニフィエは**記号内容**や所記と訳されている。シニフィアン（記号表現）は音声やイメージなどで表現された何かであり，シニフィエ（記号内容）は意味された内容や概念であり，これが表裏一体をなす。

　日本語の音で「ねこ」と発声したり漢字で「猫」と書けば，日本人の多くは共通に意味の内容を理解できる。多くの状況では記号表現から記号内容を理解することができ，また記号内容から記号表現を示すことができる。しかし異なる文化圏によっては，同じ意味内容を伝えるために異なる記号表現を使う。上の例で言えば，日本語の猫は英語文化圏ではキャットと発声し，異文化のコミュニケーションにおいては理解が難しくなる。猫は日本語で「ニャー」という鳴き声で表現されるが，英語では「ミャオ」という記号表現になる。産業界においてはジャーゴン（jargon；専門用語）も同様で，同じ職場や職種であれば理解できることも，別の業界から転職してきたときは，言葉の理解が難しい。ソシュールの概念では，記号内容と記号表現の**関係性**について，一時点における他の地域や（言語）文化圏に焦点を当てることを「共時態」と考える。複数の会社による合併や部門間の統廃合は企業活動において日常的に起きるが，組織の統合においては，「**共時性**」の観点から組織文化と意味が考察できる。異業種交流や狭い意味での組織のダイバーシティの特

第 I 部
組織ディスコース研究の基礎

徴は，共時的なディスコースの視点から考えることができる。

記号表現と記号内容の関係を，時間とともに変化するプロセスに焦点を当てたのが，ソシュールの「**通時性**」概念である。人々の日常的な営みにおいて新しい言葉が生まれ，意味が作り出され，歴史的な発展を繰り返す。新しい商品や新しいサービスの開発においても同様に，記号論から考えることができるのである。

カフェといえば，「落ち着いてコーヒーやお茶を飲む場所」「友人と楽しく会話をする場所」などという理解であろう。ところが近年新しいサービスとして，多くの猫たちに囲まれる癒しのカフェ空間が現れた。カフェに猫という言葉を加え，「猫カフェ」というネーミングによって新しい記号表現と記号内容を提供したのである。行ったことがない人でも，猫がコーヒーを飲むためのカフェではなく，猫と遊ぶカフェというニュアンスがコンテクストから理解できる。記号内容と記号表現は，図2-1の矢印が示すように，相互関係があり，常に定着と変化を繰り返し，次節で説明する意味交渉のダイナミックな過程を形成する。ユニークなネーミングと新しい商品開発やマーケティングは，まさに記号論的な点からマーケティング・ディスコースを理解できる。

最終的にソシュールの基本的考えは，言語は「**差異の体系**」であるという認識を示す。ソシュールは実体的同一性と関係的同一性を区分し，関係的同一と関係的差異に操作されて人間は行動している（丸山, 1983）。

例えば同じ大きさと重さの紙幣があり，1つは100ドルでもう1つが1ドルである場合を考える。この2つの紙幣は実体的に同一でありながら，経済という関係的差異が理解される。これは100ドル札ではないという理解，つまり「＊＊と同じではない」という差異が意味を生み出す。意味を生み出すのは差異であり，言語は差異の体系となる。つまり，差異こそが言説的実践の原動力となっているといえる。

この点をビジネス領域において検討すると，マーケティングと記号論の類似性が見られる。新商品の開発やキャンペーンは，旧商品や他社の商品，

第2章
組織ディスコースの基本的考え方

サービスとの差別化が強調される。そこにはユニークなネーミングや広告宣伝・キャンペーンなど，新たな記号表現が展開され記号内容の理解を促す。この差異化の連鎖は，次に示す相互言説性とも関連する。

　言説的実践における差異は，特定の記号表現を意味付けるカテゴリー化を生む。猫という表現は，犬や他の動物から差異化する。犬と猫は，それぞれの身体的特徴から実体的差異を示すが，関係的差異が記号表現を通じて示唆される。関係的差異のディスコースは排他性をもたらし，そのカテゴリー・グループのアイデンティティを形成する。大型バイクのハーレー・ダビットソンはこのアイデンティティ形成をうまく利用したマーケティング・キャンペーンを行い，他のバイクメーカーとは異なるアプローチをとっている。リピーターを重視した近年のマーケティングは，SNSなどのコミュニケーションツールを駆使しながらアイデンティティを巧妙に利用したものである。航空機会社のマイレージ会員制度は，メンバーシップの特定化とともに，メンバーとしてその航空会社に愛着を持たせるような言説的実践を行っている。

　このように，ビジネスや組織において，言葉と意味の関係は極めて重要であり，その土台にはソシュールの記号学的な概念が重要な視座として，多くのディスコース・アプローチに共通する。

4 意味交渉

　これまで述べたように，ディスコースの視座において重要なのは「意味」である。定量分析は統計的数値を利用し，「数」を客観的とみなし，理論の実証として「数」を疑うことなく提示する。ディスコースの視座においては「数」も1つのテクストであり，その数が意味するものを考える。つまり，客観的な「意味」はなく，常にテクストとの関係の中で意味は**相互主観的**に理解されるのである。同じ数値や客観的とされるデータを示しても答えは1つではなく，そこで使われるコンテクストによって意味が限定される。

49

第Ⅰ部
組織ディスコース研究の基礎

例えば，議論が大きい原発の安全性や原発の建物の下にある断層の問題など，科学的証拠としての数値は当事者（原発反対または推進）のコンテクストなどによって意味が異なってくる。会社の会議においても，データの客観性を主張する人，データだけを頼りに物事を進める人など，データによる横暴さが現れることが多い。数値そのものが意味を提示しているのではなく，関係性の中で数値の意味が理解されるのである。

極端な言い方であるが，言葉そのものに意味が備わっているのではない。私たちは日常的な社会生活において，いちいち辞書を使って生活してはいない。人間の大脳に，辞書機能がインストールされているわけではない。生活の中で，人々の関係性において，「何となくではあるがたぶんそうだろう……」という程度の意味理解で進めても，コミュニケーションは成立するのである。日常においてそのわからない意味をその都度問いただしていると，コミュニケーションがぎこちないものとなり，人間関係が悪くなるかもしれない。しかしその反面，生産現場や医療現場など，1つの意味が重大な過失や過誤となるとき，その意味は必ず確認していかねばならない。大事な点は，意味は極めて流動的であり，正しい意味は限定的であるということである。つまり意味はその時代や文化，その身近なコンテクストにおいてのみ，テクストを共有する相互の関係において確認されるのである。そしてそれは，時代や文化によって異なり，様々なコンテクストによって変化する。

例えば非言語コミュニケーションの講座の中で，ハンドゼスチャーが文化によって異なるという点を議論する（図2-2）。親指と人差し指を丸くして，残りの3本指を立てる形。アメリカや日本ではOKサインであり，これは世界共通のように思いがちだ。しかし，ブラジルではこの同じサインが，卑猥な意味を持つとされる。つまり，一見世界共通と思えるような簡単な表象も，ユニバーサル（普遍的）な意味ではないということが確認できる。自分たちの意味理解が一般的であるとか普遍的であるという無自覚さに，大きな落とし穴があるのだ。

別の例として，日常よく使っているスプーン，フォーク，食器など，これ

第 2 章
組織ディスコースの基本的考え方

■ 図 2-2
OK サインのハンドゼスチャー

出所：matome.naver.jp

■ 図 2-3　箸を使ったヘア

出所：hairstylevideo.blog41.fc2.com

らの事物をテクストとして考えよう。これらは自分の前に現れる以前に，誰が見ても食べるために使う道具として意味が決まっているように思えるかもしれない。私たちは無自覚に，フォークは食べ物を口に運ぶ道具として認識し，利用する。一般的な大人であれば誰もがまさか，フォークを凶器であると理解したり，スプーンをおもちゃとして使うなどとは思わない。しかしふと考えてみると，幼い子供はスプーンをおもちゃにするし，フォークは攻撃的な武器にもなる。異なる文化の中では，箸が女性のヘアアクセサリーとして使われるなど，異なる意味として理解し実践されることもある（図 2-3）。このような一見明らかなテクストも，意味の決定は所与ではなく，関係の中で理解されている。

　私たちはコミュニケーションを通じて意味を生成し，また解釈するのである。社会生活の中でそれが学ばれ，あたかも辞書のような意味が所与としてあるかのように，無自覚に日常を過ごしている。まさに英語表現における，make sense しているのである。この過程こそが「**意味交渉**（negotiation of meaning）」という考え方である。意味がすべての主観によって異なるなら，人間の数だけ意味があり，まとまりがつかない（not make sense）。職場などで

51

第Ⅰ部
組織ディスコース研究の基礎

も，時折なぜかずれたことを言う同僚がいて，理解できないと感じたことはないだろうか。自分たちの意味が一般的である，または誰もが同じように理解できるとは限らない。しかし物事を進めるため，職場の日常的会話を通じて，意味が調整されるのである。会社が終わった後，居酒屋でビールを飲みながら，「あのとき課長が言った意味はそうだったのか」と，同僚との会話の中で理解することもあるだろう。意味は主観によって異なるのではなく，相互主観的に形成され，理解されるのである。そして意味はいつもコミュニケーションを通じて，解釈と生成の格闘を繰り返している。

ディスコース研究の多くが，この意味理解と形成のプロセスに関係している。なぜならこのプロセスは決して，真空な宇宙空間の中で純粋に意味が定まるわけではないからだ。むしろ極めて政治的であり，ある特定の意味が中心となり，支配的な意味を形成する。つまりは，ある特定の意味が正しいとされ（正当化），それ以外の意味は周辺化（辺境化）され，「空気読めない」や「それおかしい」などとして排除されていく。このような過程が意味交渉であり，「支配的な意味の出現は代替的なディスコースが覆されたり過小評価されるときに」発生する（グラントほか，2012b）。

5 言説性と再帰性

言説性（the discursive；the field of discursivity）は，ポストモダン的なアプローチ，とくにラクラウとムフ（Laclau and Mouffe, 1985）のディスコース視座にとって重要な概念である。なぜなら，この概念こそが，ディスコース・アプローチにおいてよりダイナミズムな過程を分析することを可能とし，また言語決定論的な傾向を排除するからである。

それには discursive という考え（言語的ニュアンス）そのものを理解し，discourse との微妙な違いを考えねばならない。実は，*Sage Handbook of Organizational Discourse*（Grant et. al., 2004）の翻訳を手がけたとき，

discursive と discourse という語の訳出に大きな議論があり，編者のデイビッ
ド・グラント氏らと意見交換した（最終的に前者を「言説的」と訳し，後者はそ
のままディスコースと表記した）。discursive には 2 つの側面がある。1 つは
discourse の形容詞形という点であり [2]，もう 1 つは「散漫な，とりとめのな
い」という日本語訳によって理解される。Torfing（1999）は，ラクラウらの
ディスコース視座を紹介し，この 2 つの概念の区分を強調し，言説性を次の
ように定義する。"partial fixation of meaning within discourse produces an
irreducible surplus of meaning"（Torfing, 1999, p.300）つまり，言説性の概念
では，私たちの言語活動は基本的にとりとめのない散漫な会話の連続のよう
に，まるで秩序なく発話が生成されているように見える。ところが実はその
プロセスの中で，意味の安定を求めずれを最小にするように，意味の部分修
正が行われている。ディスコースとは，会話にしろ SNS のメッセージ，
チャット，ブログにしろ，また知識や情報の歴史的なつながり（系譜）を含
め，意味の部分修正の散漫な連鎖のプロセスである。意味の違いを調整する
こと（自動車のハンドルの'遊び'を調整するかのように；第 8 章参照）こそが言
語行為の中心的な推進動力であり，この意味の生成，修正そして安定の過程
を別の理論と関係付けたのが，ワイク（Karl Edward Weick）のセンスメイキ
ング（sensemaking）である（Weick, 1995；訳書，2001）。経営と組織の新たなア
ジェンダは，この領域にメスを入れることが肝要である。これまで心理学を
土台とした伝統的経営学や組織論では，人々の動機や意思決定のレベルに焦
点を当てていたが，より複雑な社会や組織現象を理解するには，sensemaking
や言説性の領域に焦点を当てねばならない。

　人々は関係性の中で，言説性を中心にして散漫に意味付け合いながら，社
会的現実を構成し，歴史を作り上げてきた。この日常の言説的構成
（discursive construction）のプロセスこそがディスコースであり，これを考察す
るには，言説性とその「**再帰性**」を理解しなくてはならない。多様なディス
コース・アプローチがあるが，多くのアプローチで「再帰性」は鍵となる考
え方である。

第Ⅰ部
組織ディスコース研究の基礎

相互言説性（interdiscursivity）は，その1つである。とくにCDAの視座から後述するような「ジャンル」として括られる連鎖は，多様な言説がとりとめもなく生成される中で，ある一定のまとまりを形成する遡及的（retrospective），また予期的（prospective）なプロセスとして考えられる。文字通り，相互（inter）に言説性（discursive）が連鎖する様である[3]。大事なのは，テクストは単独では存在しえず，必ず他のテクストとの関係の中で意味が理解されるため，その**間テクスト性**（intertextuality）に注目することで，相互言説性を分析することが可能となる点である。要するに，テクストとテクストがどのように関係しているかを解釈し分析することが，ディスコース分析の大事な要素となる。

例えば私の研究では，いくつかの大事なディスコースの連動を，東日本大震災の復興に関するディスコースで確認している。私がフィールドワークを行っている震災以降の南三陸町では，震災直後の「喪失のディスコース」，その後の「連帯のディスコース」と「感謝のディスコース」が，復興の大きな原動力となっていることがわかった。震災直後，誰もが口を開けば，「＊＊さんが亡くなった」「＊＊が流された」など，失ったものや喪失感を占める語りがまん延し，1つの冗談も言える状況ではなかったという。そこに，内部や外部のボランティアの方々や，また海外からも「連帯」の声が寄せられ，その行動に接する地元の人々は，「ありがとう」「また来てな」という感謝のディスコースが大きくなった。復興のディスコース分析を行うと，このような相互言説的な発展が復興を進めていることがよくわかる。

この分析の大事な点は，「**再コンテクスト化**（recontextualization）」である。フェアクロー（Norman Fairclough）はこれを，「ある社会的実践の要素が，どのようにして別の社会的実践によって流用され，そのコンテクストのなかで再配置されるかという問題」を指摘する（フェアクラフ，2012，p.308）。つまり，私の復興のディスコース分析では，喪失のディスコースは連帯のディスコースを介して再コンテクスト化し，感謝のディスコースに変化して関連付くのである。先のテクストは次のテクストを生むコンテクストになり，テクスト

とコンテクストの関係は，再コンテクスト化という概念で示されるディスコースの再帰性の特徴によって，よりダイナミズムな社会的現実の構成と発展についての分析を可能とする。

　もう少し細部を見ると，フェアクローはテクストの特徴を，「テクストはプロセスというより産物，すなわちテクスト生産のプロセスの産物である」（フェアクロー，2008，p.27）と説明する。このプロセスは，「テクストがその産物である生産のプロセスと，テクストが1つの資料である解釈のプロセスが含まれる」と考えられ，ディスコース分析はこの2つの側面に着目する[4]。生産と解釈のプロセスは表裏一体であり，ある特定の言葉を中心に言説的な構成や発展があり，ディスコースとは極めて再帰的なプロセスである。人々の動機という個人の心理レベルではなく，人々の言語化に着目するということが大事であり，特定の言葉に着目して，そのテクストとコンテクスト，再コンテクスト化や相互言説性を検討することで，複雑な社会的現実を理解することができる。

　いじめやハラスメント，不祥事などの社会的な問題ばかりではなく，経営学でも中心的なテーマとなっているイノベーションや，新たなサービスや商品の開発などについて検討することもできる。例えば，近年の流行語になっている「インスタ映え」も，誰が生み出したものなのか多くの語りの中でこの言葉が使われ，それに関連した新たなビジネスが起きている。もちろんSNSの技術やカメラの性能の向上などの側面もあると考えられるが，「インスタ映え」という言説的プロセスの中で，フェイスブックからインスタグラムへの移行が強まっている[5]。「インスタ映え」という言葉に最初に触れたときには，人々は意味がわからなかったかもしれない。しかしこの言葉が次第に浸透して意味が定着し，今またさらに新たなテクストが生み出されようとしている。

　ディスコースは外的な環境によって算出されると考えるべきでなく，テクストとコンテクストの密接な関係と再帰性によって，「ディスコースがディスコースを生み出すダイナミックなプロセスである」（清宮，2015，p.45）と考え

第Ⅰ部
組織ディスコース研究の基礎

る。ディスコースの視座にとって，再帰性は重要な理論的柱であり，これを核とする相互言説性の概念は，ディスコース分析とその視座がより動態的に社会的現実をとらえ，また分析しうることを示している。組織化のダイナミズムにおいて，言説性と相互言説的な連動こそが経営と組織の中心的動力あり，創造性の推進力となる（清宮, 2015）。

6 声とポリフォニー, ダイアローグ

　組織ディスコースの土台として横たわる重要な考え方に，多元性（多様性）の視座がある。最もミクロなレベルにおける多元性は声のレベルであり，バフチン（Bakhtin, 1984；訳書, 1995）の「**ポリフォニー（多声性）**」に代表され，ODS の基本的パラダイムを担っている。この理論は必然的に，モノローグから**ダイアローグ（対話）**という視座を導く（グラントほか, 2012b）。研究も言説であるという立場から，実証主義的アプローチに代表される理論の一般化を目指すこと（普遍主義／ユニバーサリズム）に懐疑的であり，多声性は言説の弁証法的発展が基本であると考える。ディスコースの視座は方法論的にも多元主義を基本としていて，社会的に構成される複雑な組織の現実を理解するためには，複数の切り口からアプローチすべきと考える（ブロードフットほか, 2012）。ここでは ODS の基本パラダイムを構成するポリフォニーを中心に，組織ディスコースの多元性について考える。

　バフチン（1995）の提起した「ポリフォニー（多声性）」の概念は，ポリ（多くの）とフォニー（声）という言葉を使って（アクセントや文体を含めた）声のレベルに着目し，その複合性を主張した。声には「唯一無二の絶対的な存在などなく，複数の矛盾し合う存在が互いに呼びかけられる応答関係にある」（小坂, 2012）とし，ポリフォニーを強調する。ここで大事な点は，この概念が前提とする声の「応答性」と，バフチンが多様性の単位を「発話」にしたことにある。発話とは必ず，「誰かに対する呼びかけであり，その人から応答

第2章
組織ディスコースの基本的考え方

を期待しているもの」（小坂, 2012）で，ここに応答責任が発生している。つまり発話は必ず次の発話を生み出し，それは相互言説性となる。したがって発話は必ず何らかの関係性を生み出している。つまり言語使用（日常言語；language in use）において，ダイアローグが人々の関係形成に貢献する。

　家庭においても組織においても，発話は必ず次の発話を生み出すので，そこに人間関係系の発展がある。沈黙という反応もあるかもしれないが，無言も1つのディスコースとして考えられる。組織においてはしばしば，いろいろな意味の沈黙がある。これらを含めて多様な声が形成されるポリフォニーが，組織ディスコースの基本である。後の章でも議論するが，ポリフォニーにおいて重要なのは，発話の連続はすべてニュートラルな声ではないということだ。つまりポリフォニーが連続性を持ち，特定の声が主流となり，そのほかの声は周辺化することに注意を払わねばならない。例えば，組織における対立や紛争（コンフリクト；conflicts）においてはとくに，発話と関係性から問題を考える必要がある。バフチンの言う「唯一絶対の存在はない」とは，はじめから特定の真実や正解があったのではないという前提であり，組織でいえば合理的な意思決定やその正当性がはじめから存在したのではなく，ポリフォニーの中で正当化が形成されるということである。従来の組織行動論では行動に焦点を当て，合理性こそが行動や意思決定の基本と考え，発話と対話の意義（言説の政治性）を軽視してきた。このようにポリフォニーは必然的に，対話を基本とする。その発話と応答責任によるコミュニケーションこそが，組織ディスコースのポリフォニーである。

　言説の多元性・多様性は，ポリフォニーの概念以外にも類似した考え方があり，多くのディスコース理論の横断的な側面である。その1つは，複声性（plurivocality；プルリボカリティー）である。pluri-は「多数の」を意味しvocalityは「発声」を意味するので，ポリフォニーの「多声性」とほぼ同義と考えられる。この2つの類似した概念を分けて訳出する際に，この微妙な違いについて検討したうえ，plurivocalityを「**複声性**」とした。その違いであるが，ポリフォニーという概念は音楽の中にもある。それは複数の独立した声部か

57

第Ⅰ部
組織ディスコース研究の基礎

らなる音楽ということで，概念の背景として，多数の声はハーモニーという統合（収斂）の方向で音が調整される。したがって，ポリフォニーにおける多数の異なる声は，対話のプロセスの中で調和の傾向を前提としている。これに対しプルリボカリティーは，とくに収斂するような方向性を前提とせず，複数の声が複雑に入れ子状に構成されることを示している[6]。日常の言説のみならず学術的な言説でさえ，多様なディスコースの中で入れ子状になっており，研究者自身が気付かないところで，多様なリサーチ言説を取り込みながら拡大している。それは収斂することもあれば，拡散することもある。グラントたちは，「組織の状況を特徴付けるディスコースは決してたった1つだけではなく，組織ディスコースについての決定的な解釈はない」と主張する（2012, p.21）。日常言語も研究言説も複声的であり，言説的実践がダイナミックで流動的な連鎖を展開しているプロセスを，組織ディスコースの基本と考える。

　組織ディスコースの多様性と関連付けたい概念の1つに，アーティキュレーション（articulation）がある。アーティキュレーションはラクラウとムフ（Laclau and Mouffe, 1985）が強調する概念であり，社会学の領域では一般的に「接合」と訳されている。しかしarticulationの英語の意味合いとして，一般的にarticulateは'はっきりと話す'とか'言葉を発する'という意味で日常的に使われていて，'接合する'という意味は副次的である。接合という意味のarticulationは，骨の関節から来る意味であり，明確な表現という意味が一般的には第一義である。したがって，articulationの訳語を「接合」とするのはコミュニケーションの側面を無視した訳語であり，本来ならば「言説的接合」と言える。Torfing（1999）は次のように定義する。アーティキュレーションはアイデンティティの要素間の関係を確立する実践であり，アーティキュレーションによってアイデンティティが修正・変更される。ラクラウとムフは，アーティキュレーションを対立や敵対的な闘争というコンテクストで，政治的概念（ヘゲモニー：第8章参照）と関係付ける。ここで言説の多様性とポリフォニーに関連付けると，ポリフォニーが発話とその応答責任

第 2 章
組織ディスコースの基本的考え方

を基本的概念としたように，アーティキュレーションは発話し関係付ける実践であり，発話＝関係付けというコミュニケーションと考えられる。言説の多様性は，状態を示す静態的な概念ではなく，発話を伴い変化する動態的な概念と理解すべきである。

　以上のことは，次のようにまとめることができよう。組織現象において，複数のディスコースによる社会的現実が生成される。つまり，「言説はたった一つでは存立することができず，複数の言説が一見散漫な連関に見えるが，時間的あるいは論理的なつながりによって緩やかに連関している。……ディスコースは外的要因による決定論的性質をもつものではなく，また完全な主体性の産物でもない」（清宮，2015，p.45）。言語内容と言語表現によって記号化された言説は，意味の安定と変化を求めて浮遊し（floating signifier；第 8 章参照），関係性の中で理解され，さらに関係性が形成される。このような言説の再帰性という考え方は，後の章で考察する異なるディスコース・アプローチに，多かれ少なかれ共通している。またこの基本的な考え方は，従来までの伝統的な組織研究とは極めて異なるアプローチとなり，第 4 章で議論する研究方法論と関連付けて理解していただきたい。

注

1)　text はテキストともテクストとも呼称される。しかし，初歩的であるが，テキストを「教科書」の意味と混同することを避け，とくにディスコース論で一般的に使われているテクストと呼ぶ。

2)　明らかに discourse の形容詞形と理解できるときは，discursive を「ディスコースの」と訳している。

3)　訳語の問題であるが，本書では，グラントほか（2012a）を踏襲し，interdiscursive を「相互言説的」と訳して使う。しかし，他の文献では，間ディスコース的とか，相互談話的という訳語もある。また intertextuality は，すでに一般的となっている「間テキスト性」と訳して使う。

4)　さらにフェアクロー（2008）は，「テクストの形式的特性は，ディスコース分析の観点から，一方では生産プロセスの痕跡とみなし，他方では解釈プロセスにおけるキューとみなすことができる」と説明を続ける。

5)　「インスタ映え」は，「忖度」とともに，2017 年の流行語大賞となった。「インスタ映え」

第Ⅰ部

組織ディスコース研究の基礎

は2017年8月に，急激な投稿数の増加があった。ナイトプールの写真と関係が深いようで，その年の8月の投稿数は前月の3倍の投稿数に飛躍した。最初に「インスタ映え」という言葉が投稿されたのは，2011年ということである（BrainPad「Platinum Data Blog」http://blog.brainpad.co.jp/entry/2017/12/21/150000）。

6) 言説の多様性について，2011年にデイビッド・グラント氏と意見交換する機会があった。*The Sage Handbook of Organizational Discourse* の翻訳をする際に，グラント氏と，monologue-dialogue，polyphony，plurivocality について貴重な意見交換のうえ，現在の理解に至った。

第3章
組織ディスコース研究の源流

学生：組織ディスコースの視点から見ると，エコロジーという言葉が，商業目的で使われているように感じます。

先生：そうだね。「エコ」がついているものは，絶対に良いということではないよね。

学生：「エコ」は正しくてそれ以外はダメ，買わない方がいいよと言っているようです。ますます「エコ」がわからなくなってきました。

先生：「エコ」が良いという客観的な証拠があるから，買うわけではないよね。「エコ＊＊」のような言葉が作り上げていく社会的な現実が，私たちの周りに広がっている。その現実について言葉を中心に見ていくのが，組織ディスコースの考え方なんだ。

学生：私は，「ディスコース分析」という，新しい分析の方法かと思っていました。

先生：確かに新しい分析方法の側面もあるけれど，もっと大事なのは，その根底にある基本的な考え方だよ。特定の言葉が力を持ち，他を退けるようなパワーを持ったり，何が正しくて良いことか，まるで疑うことなく考えなくなったりすること，そのような日常を反省する考え方が重要なんだ。エコの例でいえば，組織がエコという言葉を通して，何を成し遂げようとしているか，エコがいつの間にか支配的になって，エコが良いに決まっていると考えること，このような言葉の格闘に着目することが大事だね。

第3章の重要概念

スモール d ディスコース，ビッグ D ディスコース，言語論的転回，パラダイム，実証主義，社会構成主義，存在論，認識論，価値論，一般化，ユニバーサル（普遍的）な真実，「羅生門」的現実，相互主観性，問題化，言説的相互作用，関係性，頭の中の知識，フーコー，パワー＝知，装置，アイデンティティー形成，「社会人」ディスコース，ポスト構造主義，ポスト・モダニズム，脱構築，「本質主義」批判

第Ⅰ部
組織ディスコース研究の基礎

Ⅰ 組織ディスコース研究の分類

組織ディスコース研究（ODS）は，これまで述べてきたように幅広いアプローチをとり，それぞれユニークな伝統と特徴，それを支えるパラダイムを持ち，従来の主流派組織研究とは異なる視座を展開している。本章では，組織ディスコース研究を理解するうえで重要ないくつかのパラダイムと，それらの基本的枠組みを考察する。本書では，組織研究において「言語論的転回」の一翼を担っているアプローチを総称して「組織ディスコース研究」としているが[1]，これらがどのように関連し分類できるか，いくつかの試みをはじめに紹介する。

組織コミュニケーション研究者の2人，パットナム（Linda Putnam）とフェアファースト（Gail Fairhurst）は，言語を取り扱う研究分野の視点からディスコース分析を以下の8種類に分類した（Putnam and Fairhurst, 2001）。①社会言語学，②会話分析，③認知言語学，④語用論，⑤記号論，⑥レトリック分析，⑦批判的言語研究，⑧ポストモダン言語分析。初期のディスコース研究の文献レヴューとしては包括的で，とくに言語学プロパーから社会学的アプローチまでを考慮している。しかし分類そのものはランダムで，次に紹介するような分類軸を持って分けているものではない。

ディスコース分析の入門書ともいえるフィリップ（Nelson Phillips）とハーディー（Cynthia Hardy）の文献は，2×2の表を作り，4つの方向性を示した（Phillips and Hardy, 2002）（図3-1）。この4象限は縦軸にコンテクストとテクスト，横軸に critical（批判的）と constructivist（構築主義的）を配してマトリクスを形成した。縦軸は，会話分析などのように，ディスコースのテクスト分析に焦点を置くアプローチと，その対極に，フーコー派ディスコース分析に代用されるような，社会や歴史・文化的コンテクストを中心に分析するアプローチを位置付けている。第1象限には批判的ディスコース分析（Critical Discourse Analysis：CDA）が入り，第2象限には解釈的構造主義（interpretive

62

第 3 章
組織ディスコース研究の源流

■ 図 3-1　ODS の分類 (1)

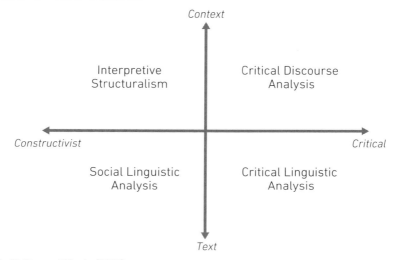

出所：Phillips and Hardy (2002).

structualism)，第 3 象限には社会言語分析（social linguistic analysis)，第 4 象限には批判的言語分析（critical linguistic analysis）という配置を示した。ここでは社会言語学を中心に分類しているが，2002 年の出版当時はまだ ODS の成果が多くなく，限られた研究成果をもとに社会言語学の点で分類している。例えば，2000 年代に多く発表されたフーコー派の ODS は，CDA の方法論を使うことが多く，第 1 象限に偏るであろう。

　木村（2009）は，Burrell and Morgan (1979) の 4 つの社会学パラダイムの図式を応用して，ODS を分類するという挑戦を試みた（図3-2)。第 1 象限は社会変革の組織ディスコース論，第 2 象限は脱構築の組織ディスコース論，第 3 象限は実践の組織ディスコース論，第 4 象限は戦略の組織ディスコース論という配置となった。この頃はすでに多くの研究成果もあり，多様な ODS を一望できる分類枠組みとなっている。ラディカルチェンジとレギュレーションという縦軸は，多くの ODS が批判的アプローチをとる研究と，他

63

第 I 部
組織ディスコース研究の基礎

■ 図 3-2　ODS の分類 (2)

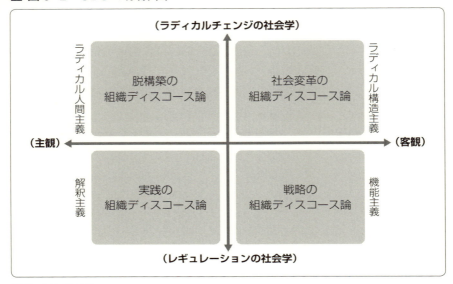

出所：木村 (2009)。

□ 表 3-1　ODS の分類 (3)

①ミクロなアプローチ
- 行為者間の相互行為と言語使用に注目
- 会話分析，言語行為論，フレーミング分析

②マクロなアプローチ
- 歴史的文脈の中で形成された常識的知識
- フーコー派ディスコース分析

③マルチレベルなアプローチ
- 自然な会話などのトランスクリプトをテクストとして分析するだけでなく，文脈との関連を深く考察
- 批判的ディスコース研究（CDA）

出所：Schmisseur et al. (2009).

第3章
組織ディスコース研究の源流

方で組織開発などのポジティヴな変革との，二方向に分かれつつあった背景をうまくとらえている。これはPhillips and Hardy（2002）での，critical とconstructivist という横軸に似ている。

　最後に，その他の分類を1つ紹介する。それは，Schmisseur et al.（2009）による分類である。単純に，①ミクロなアプローチ，②マクロなアプローチ，③マルチレベルなアプローチという分類である（**表3-1**）。これは分析の対象をテクストを中心にするか，広いコンテクストにするかという視点で分類するが，これには先にあげた批判的アプローチやポジティヴな変革というような政治的方向性は示していない。ODS の多くが①と②のどちらかのアプローチに分かれていたため，ほとんどの ODS が分類され，①のミクロには会話分析や言語行為論が入り，②のマクロにはフーコー派ディスコース分析，③のマルチレベルにはCDAが入る。ここで大事な点は，Alvesson and Kärreman（2000）が提起した問題にかかわる。つまり，インタビューや自然な会話を集めたテクスト分析中心のミクロなアプローチが，社会的なコンテクストの批判に結び付くことが可能なのかということで，ODS にあるミクロなアプローチ（**スモール d ディスコース**）とマクロなアプローチ（**ビッグ D ディスコース**）との間にある方法論的な問題を指摘している。

　社会科学の永年のテーマであるミクロ−マクロ論争が，ディスコース研究にも表れている。しかし，ディスコースという概念そのものがミクロとマクロの問題を解決する方法として提起されているのであり，ディスコースという概念をきちんと理解しないと，単純にブームに乗って言葉に注目しただけの研究となってしまう[2]。ディスコースの d-D 問題は，研究者として常に考慮しなくてはならない問題である。またこの論争には複数の論点があり，アルベッソン（Mats Alvesson）らは，ディスコースの多様性にも留意しないと，すべてがディスコースになってしまうという警鐘を鳴らしている。その意味でも，ディスコースの源流とそれらの**パラダイム**を理解する必要がある[3]。

65

第Ⅰ部
組織ディスコース研究の基礎

2 「言語論的転回」が意味するところ

　本書を含め，多くの著作や論文で繰り返し，「言語論的転回」という社会科学の大きな方向転換が示唆されてきた（木村，2009；清宮，2015；小松，2016）[4]。しかしこの言葉は，慎重に使わなくてはならない。小松（2016）は「言語論的転回」の歴史的背景について示しているが，加えて linguistic turn の日本語訳の問題についても言及している。石黒（1993）を引用しながら，言語論的転回という訳が適切ではないと指摘する。linguistic turn は「言葉自身への関心」や「言葉への注目」という意味で考えるべきと示唆する。これには私も一定の理解と賛同を示すものであり，その点は第１章でも展開した。しかし単純な言葉への関心であれば，これだけ大きな広がりと発展はないだろう。linguistic turn の持つ意味の深さは，このディスコース概念に「従来のパラダイムからの転回」があること示唆している。実証主義や科学的アプローチ重視への思考に偏っていた従来の社会科学への反省が，この言葉に含まれていることを強調したい。したがって ODS を学ぶとき，このパラダイムチェンジについての理解は不可欠となる。

　また「言語論的転回」という言葉が独り歩きをはじめると，多くの誤解や混乱を生みかねない。ディスコースのアプローチは一枚岩ではなく，また厳格な手続きが明確に示されているわけではない。そのため，多様なディスコース分析とその視座があることが混乱を招きかねない。ODS では言葉がすべてであり，物質的な側面を無視しているとか，組織にかかわるものすべてがディスコースというような批判に結び付いたりする。さらに前述のｄディスコースとＤディスコース間の関係は，ともに大きなパラダイムを変換させながら，多様性のマイナス面である混乱を招く恐れを否めない。

　第２章で示したように，学術的ディスコースこそポリフォニーであることが必然であり，それらの対話的プロセスと多様性を尊重したい。そのためにも，ODS は排他的な言説的実践ではなく，それぞれのディスコース・アプ

第3章
組織ディスコース研究の源流

□ 表3-2　組織ディスコース研究の源流

社会構成主義	
現象学的社会学	
エスノメソドロジー	
言語行為論	
言語学	ソシュール
	バフチン
ネオプラグマティズム	ローティー
社会言語学	批判的ディスコース分析
精神分析	ラカン
ポスト構造主義	フーコー，デリダ，etc
批判理論	フランクフルト学派
	ハバーマス
ポストマルクス主義	ラクラウ＆ムフ
	ジージェク
ポストモダニズム	
批判的実在論	

ローチを尊重し，その違いと共通性を理解する目的で，本章ではODSを支えるパラダイムといえるディスコース的視座の源流を考察する。

　ディスコース分析は，表3-2が示すように，オースチンらの言語行為理論，エスノメソドロジーの会話分析，コミュニケーション的視座の組織レトリック，社会言語学からの批判的ディスコース分析やフーコー派ディスコース分析など多様な理論にわたるが，バー（Vivien Burr）はこれらの理論・分析視座は，多様な"メタ理論"（理論を支える大きな哲学的理論）をもとにしているとする（バー，1997）。

　例えば，会話分析のエスノメソドロジーは現象学の流れを持ち，CDAは（批判的）社会言語学を中心にしながら，フーコー（Michel Foucault）や批判理論が含まれている。それぞれのメタ理論は特徴を持っているが，多くの共通する側面もある。その1つは，私たちが無意識に，盲目的に依拠している近

67

第Ⅰ部
組織ディスコース研究の基礎

代的合理性，別な言い方をすれば，日常的に私たちが頼ろうとする科学や客観的な知識という（近代の信仰ともいえる）"科学的"パラダイムに対する反省（あるいは懐疑的姿勢）である。ほぼすべてのディスコース的視座は，その分析において，実証主義とは異なるアプローチを示す[5]。その点では'社会構成主義'の貢献は大きく（バー，1997），実証主義に対するオルタナティヴを積極的に提起し，多様なディスコース視座とそのメタ理論をつなぐ共通した方法論を持っている。しかし社会構成主義の視座も幅広く，多様性を尊重している。例えば，Faiclough（2005）は，自らのCDAの立場を批判的実在論（critical realism；クリティカル・リアリズム）に立つと明言するが，これも社会構成主義の一部であると主張する。

このように，科学主義的傾向を志向するCDAのようなアプローチから，相対主義が強いポストモダン的ディスコース・アプローチまで，社会構成主義と称するアプローチは幅が広い。ポリフォニーを重視するODSは，アカデミズムにおける社会構成主義の多声的な議論の傾向は歓迎されるべきと考える。バー（1997）が指摘するように，社会構成主義は基本的に多様性を持っているし，その多様性を尊重しており，社会構成主義の唯一の正統派（本家）を見出すことに大きな意義を感じていない。これにより，バー（1997, p.3）は，社会構成主義の「立場を特定するといえる唯一の特徴は，存在しない」が，「家族的類似性」と表現して，家族のすべてに共通の何かがあるのではなく，研究者によって特徴や違いはあるが，鍵となる諸仮定をいくつか持っているのであれば，それは大まかに言って社会構成主義と言えるだろうと理解する。

そこではじめに，社会構成主義をディスコース的視座の中心的土台として考え，多くの社会構成主義的視座が共通する実証主義との相違点を議論しながら，そのパラダイムの全体的特徴を示唆する。しかしディスコース分析には，言及したようにフーコー派やラカン派などの他のメタ理論を土台とする視座も多いため，社会構成主義に加える形でその他の源流の特徴を説明する。

3 組織ディスコース研究の視座と実証主義

(1) 実証主義への懐疑的姿勢

　社会構成主義の具体的な説明の前に，1つのエピソードを紹介したい。図3-3は，私がかつて学生を連れてフィラデルフィア郊外の美術館を訪問した際に出会った，シュールレアリズムの絵画である。その美術館の許可を得て紹介するが，これを見てみなさんはどのように理解し，どのように説明する（語る）だろうか。奇妙なデザインと構成で，白い部分は何を示しているのだろう。その上のこの生き物は何だろうか。私が学生に「これ亀だよね」と言ったところ大笑いされて，「先生，これどう見ても鳥ですよ」と言われた。さて，"正解は？" あるいは "真実は？"。

　一般に私たちが日常的に使うディスコースでは，「鳥が正解でなければ，真

■ 図3-3　シュールレアリズムの絵画

出所：Clarence Holbrook Carter, "Over and Above #14"
　　　©James A. Michener Art Museum, Bucks County,
　　　Pennsylvania

第Ⅰ部

組織ディスコース研究の基礎

実は一体何だろう」という正解探しが始まる。これは私たちの日常に「科学的」と言われるディスコースが浸透しているためで，1つの真実や客観的事実というものを無自覚的に前提としているからである。学術研究においても同様で，アカデミズムの支配的ジャーゴンとして，科学的アプローチを重視するディスコースが社会科学においても力を持ち，実証主義（positivism）のディスコースが方法論上の支配的な立場を占めるようになった。その基本的な考え方は，演繹的アプローチによって仮説という理論や何らかの因果関係を示すモデルが，数量的なデータ（統計学的な可能性（probability））の証拠を持って検証されることにある。方法論上の**存在論**では，リアリティーは唯一，そして客観的な現実を前提とし，**認識論上**，研究される現実とそれを理解する（研究する）側は独立し，理解が可能であることを前提とする。さらに**価値論**では，研究において研究者は価値自由（value-free）でなくてはならず，研究者の背景や好みによって研究対象にバイアス（偏見や先入観などの不公平な見方）があってはならないとする。

実証主義的立場が目指すところは，あたかも時代や文化を超えて正しい唯一の回答であるかのように語られ認識されている**ユニバーサル**（普遍的）な真実の発見や法則の解明であり，またその発見や検証が限りなく一般化されることが目的である。実証主義的研究は，サンプルサイズや適切なサンプリングによるデータ収集によってデータの統計的信頼性（reliability）が高められ，検証の確率は向上すると前提される。さらに，研究者によって極めて綿密にデータ収集の条件がコントロールされ，一定基準以上の統計的信頼性のもとでデータが仮説をサポートするかどうか，統計上の検証がなされる。つまり実証主義的方法は，このような統計学的確率による予測可能性を高めることによって，極めて真実に近いものを目指すのである。

また社会科学は自然科学の方法に近付くべきという思いから，少ない仮説や理論モデルによって，より大きな現象や複雑な課題について説明しようとする。したがって実証主義の真実は，統計学的な信頼性のもとにおける予測上の真実であり，謙虚に言えば，これによって理解できる組織現象や社会的

第3章
組織ディスコース研究の源流

問題は限定的なのである。

　批判的立場から挑発的な表現をあえてしてみるのならば，組織や社会の諸問題を積極的に解決することへの関心より，実証可能なモデルを設定し，ゲームのように仮説論証を楽しんだり，論文掲載という実績を追求したりすることが，研究者の目的となっている（Alvesson, Blom and Sveningsson, 2017）。組織ディスコースの諸アプローチは，実証主義が陥っているこのような方法論上の閉塞感，研究者の自己満足のための研究，そして我々研究者全般の姿勢を反省し，より複雑な組織現象や曖昧模糊としているような研究課題に挑戦し，積極的に組織問題の解決に貢献しようとする。

(2)科学主義的ディスコースの反省と批判

　これまで述べたように，私たちが慣れ親しんできた科学的という思考は，アカデミズムの1つの支配的ディスコースが人々の日常に侵食した言説である。そして社会構成主義は，オルタナティヴなディスコースとして，これとは異なる考え方を提起する。ガーゲン（Kenneth J. Gergen）は伝統的な実証主義と社会構成主義を対比させながら，「優れた実証研究とみなされるための5つの基準」という示し方で，私たちに科学的言説に対する再考を促している。それは，①クールであること，②状況の統制，③観察された結果を数字に変換すること，④唯一絶対の正しい答えを導き出すこと，⑤実践から独立した事実の5つの視点である（ガーゲン, 2004, pp.136-140）。

　少し詳しく，この5つのポイントを考えてみよう。①「クールであること」は，先に実証主義について語ったときの価値論に関する議論である。実証主義は世界をありのまま写しとることができるという前提に立ち，研究者が偏見を持ってこれを観察したりデータ化したりすることはないという支配的な科学の主張（ディスコース）に対して，社会構成主義は反論する。確かに，多くの研究者は中立を保とうとし，定式化された手続きにのっとり価値中立性を主張するが，この無自覚な主張は，自分自身と研究環境や研究対象との関係性をきちんととらえていないことを示唆している。多くの研究者が目的を

71

第 I 部

組織ディスコース研究の基礎

持って研究テーマを選び，ある理想を持っていることは当然であり，それらは決して悪いことではないが，「それを中立的な言葉で覆い隠そうとするのは不誠実」（ガーゲン，2004，p.137）である。第 4 章で組織ディスコースの方法論的立場を示すが，研究者も関係性の中にあり，それを振り返ること（ポジショニング：第 4 章を参照）が大切である。研究者自身が神のような中立的存在であることはなく，常に多様な関係性の中にあって研究が行われている[6]。研究対象との関係性だけでなく，研究者自身を取り巻く環境や条件といった多様な関係性こそが大切であることに，無自覚であってはならない。

　②「状況の統制」であるが，これはデータ収集における状況（要因）のコントロールであり，科学的言説はこれを限りなくコントロールすることで統計的信頼性を高め，因果関係の仮説実証性は高められると主張する。しかしガーゲンは，そもそも原因−結果という考え方は社会的に構成されたものであり，"原因" とか "結果" という "要因／変数" が「自然に存在しているわけではない」（ガーゲン，2004，p.137）と指摘する。観察した現象の中から研究者が読み取り，特定化する，つまり名付けるという言説的実践を研究者が行っているのであり，原因−結果という関係がナチュラルに存在するのではない。現象を特定化，カテゴリー化し，"モデル" というアカデミックなジャーゴンで命名して説明するのであり，ここにおいては研究者以外の環境・条件をコントロールしてもほぼ無意味（研究者の立場を特別視する自己矛盾）であることを理解すべきである。社会構成主義は，変数関係を取り上げて，それをモデルとして命名する言説的実践が恣意的であると糾弾するのではなく，モデル化する命名プロセスさえも，言説的実践過程を通した社会的な構成であることを理解すべきと提起する。決して個人の恣意性ではなく，先行する言説との関係性の中で，社会的に構成される言説的実践としてとらえるべきである。因果関係の要因やモデル化という研究者の独立性の視座は，「頭の中にある知識」という個人主義的な考えを前提としており，原因−結果という因果関係が研究者の外側にナチュラルに存在するのではなく，研究者を含めた社会的関係性の中で，言説的プロセスを通じて構成されるという主張を

もう一度確認するべきである。

③「観察された結果を数字に変換すること」とは，数値化することへの懐疑的な姿勢である。組織における人々の行動，特にコミュニケーションという複雑な組織現象を数値化するには限界がある。これは私が大学院の研究経験の中で感じていたことでもある。つまり，社会心理学的な手法によってコミュニケーションを数値化し測定することが，実証主義的アプローチが目指すような現実をありのまま正確に測定することになるのか，それがそもそも可能なのか，いつも疑問を持ちながら研究を続けてきた。組織コミュニケーションの動態的側面にしろ静態的側面にしろ，その複雑な現象を理解し説明する構成概念（construct）を設定し，その実証的測定のために操作化（オペレーショナリゼーション）を行い概念をブレークダウンすることは，ある種，概念のすり替えである。またこの操作化を基にした質問項目と質問が段階評価の中で数値化されることは，とらえようとする現象の貴重で多様な情報が消え去ることになっていくと感じた。仮説やモデルを実証するためには，コントロールを厳格に行い，複雑な組織現象の情報を適切に削減していくことが求められる。さもないと，測定と実証は不可能だからだ。したがって科学的アプローチからすると，言葉そのものをデータの中心として分析しようとする質的研究は，最初からナンセンスといえよう。語られた内容に真実があると前提できないし，言葉は曖昧であるため，実証を目的とする測定としては適切でないと考えられているのだ。ODSは，言葉の中に普遍的な真実を求めるのではなく，社会構成主義の立場から語られた言葉こそが現実を構成する。複雑な社会現象がどのように関係性の中において構成されたかを分析するには，数値化ではなくディスコースを分析することが第一と考える。ディスコースという断片の連鎖から，私たちが無自覚に前提としている問題がどのように社会的に構成されているかを考察するのである。言葉は心理を実証するためのデータ／証拠ではないが，困難な問題を紐解き，これを変革する貴重なテクストとなる。言葉に着目するという基本姿勢はすべてのディスコース研究に共通であり，その点では社会構成主義は「言語論的転回」の中核を

第Ⅰ部
組織ディスコース研究の基礎

なす。

④「唯一絶対の正しい答えを導き出すこと」は，方法論的認識論と存在論にかかわる。「客観的な現実が無条件に前提とされているため，どんな問題についても唯一絶対の正しい答えを明らかにする」（ガーゲン，2004, p.139）ことが，実証主義的研究では期待されてきた。受験制度の中，必ず正解があることを前提として日常を生きてきた人々にとって，唯一絶対に正しい答えを求めるという実証主義的なアプローチは居心地が良く，ある意味，安堵感をもたらすといえよう。"人によって現実が異なる"ということなど絶対にありえない，と感じるかもしれない。しかし，私たちはもっと謙虚であるべきではないか。例えば，過労死があげられる。これが単に人事労務管理上の労働時間の問題としては片付けられない複雑さに目を向けるべきだ。過労を強いられる人，職場のパワー，上司や同僚のいじめ，「ノー」といえない組織の沈黙化……。複雑な関係性の中で，「過労死」と語られる社会的現実がある。この問題には，過労死を導いていたであろう要因をカテゴリー化（命名）し，統計学上の確率的信憑性としてどの変数が最も強いか，という視点からでは解決できない現実がある。「過労死」で語られる現実を構成する組織的関係性や文化的関係性は，客観的な因果関係という理論モデルを主張しても，実際の問題解決にはならない。関係性の中で異なる**「羅生門」的現実**[7]を見つめる必要がある。

最後に⑤「実践から独立した事実」であるが，これは研究の目的に関係する。実証的研究は普遍的な理論の構築を目指しているので，ある一定の歴史的限定や文化的な違いを超えてすべての人に正しくあり，唯一の答えでなければならない。それは発見した知見や理論の**「一般化（generalization）」**と呼ぶ研究成果の応用可能性を目指すものである。しかし，実際このような理論やモデルが，具体的な個人の苦しみやつらさ，実際の組織の複雑な問題解決にどれほど貢献できるのであろうか。「一般化」された答えが，すべての人や状況に効く問題解決の薬になることは限られている。実証主義的アプローチでは，人によって答えの効果が異なることを前提としていないが，社会構成

主義のアプローチはそこにこそ重点を置く。複雑な人間関係やコンテクストに依拠する人々に焦点を当てながら研究するのが組織ディスコースであり，これを研究目的としたアプローチが，アクション・リサーチやアプリシエイティヴ・インクワイアリーである。社会構成主義的なアプローチが重視する目的は，実践的な変革や問題解決の提案である。とくに社会構成主義を土台とする批判的ODS[8] は，目の前の人々（特に少数派であり周辺化された人々や特異化された組織現象）の困難に少しでも具体的な貢献をすることを主たる目的とする。例えば不祥事の問題では，多くのアプローチはコンプライアンスやリスクマネジメント，経営倫理などを強調し，管理する側から原因を探り，不祥事が発生しないようなモデルの一般化を考える。組織ディスコースの批判的アプローチでは，不祥事はどのようにして繰り返すのか，なぜ従業員が不祥事にかかわらなくてはならないのか，なぜ「ノー」と言えないのかに焦点を当てる。過労死として語られる従業員の自殺，ブラック企業として語られる会社，性的マイノリティーと組織。主流派経営学が積極的に取り上げたくないような，周辺化される（マージナルな）経営問題こそが組織の民主化にとって大事であり，そのテクストとコンテクストを考える必要がある。多くのODS は，実証主義とは異なる目的のために，支配的なディスコースに対して批判的な主張を展開したり，周辺化されるディスコースや表舞台に出てこない人々の組織課題に立ち向かうことを目的とする。

4 組織ディスコース研究における 社会構成主義の基本的考え方

　ここまで，社会構成主義の考え方を実証主義との比較を通じて説明してきたが，ODS にとってこの違いを理解することは，極めて重要である。とくに実証主義的な方法論の立場から，社会構成主義的アプローチに対する無理解な批判や，方法論的立場の違いに対する尊重を得るに至っていない。これら

第Ⅰ部
組織ディスコース研究の基礎

を理解してもらうためにも，ここからは社会構成主義の特長や定義を紹介し，組織ディスコース研究がどのように社会構成主義というメタ理論によって支えられているかを確認しよう。ディスコースの視点から，また社会構成主義の観点から，概念を'定義する'こと自体の無意味さを自覚しつつ，変化し成長する概念の特定化を試みる。

(1)ディスコースと社会的現実

上野（2001）が指摘するように，社会構成主義を理解するとき，"現実"と"知識"の理解が鍵となる。この２つの概念は不可分であり，それぞれ関連しているため考察が重複するが，まずは"現実"という概念を考えよう。

「多面的現実」という概念の理解なくして，社会構成主義の基本である'現実'は理解できない。社会構成主義はいくつかの源流を持つが，ガーゲンは「現実の社会的構成（social construction of reality）」という概念を提起したバーガー＆ルックマンの文献（Berger and Luckmann, 1966）を，社会構成主義のバイブルと考える（Gergen, 1994；訳書, 2004）。当然であるが，彼らのこの言説は，現象学などの流れから生まれたものである。シュッツ（Schütz, A.）の現象学的社会学やそこから派生したエスノメソドロジーも，多面的現実を提起する。

科学の視点では現実はただ１つ，目の前で起きているそのものであり，人間の営みとは無関係に外在的に現実があると考える。多面的現実とはこれに真っ向から反する考え方で，科学の視点からはナンセンスであろう。しかし，ODSはこの科学的な思考に対して疑念を呈し，複雑な現実に対面しようとする。ただし誤解してはならないのは，目の前の起きていることが空想の産物や幻想であると言っているのではない。また，まるでSF映画のように，目の前で起きていることが複数存在すると言っているのでもない。組織や社会の諸現象は（関係性の中で）人々が織りなす複雑な現実であり，組織ディスコース研究者は複雑な現実を意味中心に考察する。複雑な現実は「羅生門」的な現実として理解されるが（金井ほか, 2009），それぞれの語りによって現実

が異なっている。個人個人によって現実が異なっているというよりは，関係性における語りのプロセスの中で意味が理解されるため，複数の現実が現れるということである。図3-3の絵画は，鳥と言う現実と，亀と言う現実，それぞれが語られることによって，現実は社会的に構築される。つまり'語る'ことと'現実'は表裏一体なのである。語ることで現実を理解し，またそれ自体が現実を構成し制約している。

　組織の問題に関係付けると，不祥事は典型的な例である。2014年関西方面を中心に，ホテル系レストランや旅館などで食材偽装事件が起きた。メニューに芝エビとありながら，実際は別の種類の安いエビを食材として提供していた事件である。このとき報道側はこれを，「偽装表示」していたのかと詰め寄ったが，会社側は「誤表示」ですと言って，単純なミスであると強調した。また，レストラン内の連絡ミスというディスコースもあった。人事問題というディスコースもあったが，あくまでもレストラン内でのミス・コミュニケーションという意味を強調した[9]。国際政治でも，有名な例がある。アメリカで2001年に発生した同時多発テロは，日本にとっても衝撃的であった。多くの犠牲者を出したこの現実は，当時のブッシュ大統領が，「これは戦争である」と言語化したことで，この出来事が「戦争」という意味として提起され（意味交渉され），アメリカは報復という対テロ戦争への道を開いた。

　これらの例で伝えたいのは，言語化は，個人の妄想や空想などの主観から発しているというのではないということである。さらに言えば，行為主体の言語化は主観的ではなく**相互主観的**であり，つまり社会的なプロセスを得て生成変化するディスコースが，相互主観的であるということだ。ディスコースは歴史的・文化的なプロセスの中で生成変化する社会的な産物であり，個人の主観の産物ではない。したがって現実は極めて社会的であり，言説的実践と対話のプロセスを通して（相互主観的に）現実が理解され，意味が形成され，変化し定着する。本書でしばしば使う「社会的現実」とは，「ディスコースを通して形成され，また現実を生み出す」（Phillips and Hardy, 2002, p.3）というものである。ディスコースと現実の関係性を模索することが，ディス

第Ⅰ部
組織ディスコース研究の基礎

コース分析の役割である。

(2) ディスコースと知識

知識について考えてみよう。社会構成主義を理解するとき，バー（1997）は次のような4つの仮定を提起し，社会構成主義の特徴を示している。これらは知識と現実の関係をよく示している。

①自明の知識への批判的スタンス

②歴史的および文化的な特殊性

③知識は社会過程によって支えられている

④知識と社会的行為は相伴う

①では，'自明の知'，または'当たり前'という常識にこそ目を向けるべきという，社会構成主義における研究の出発点を示している。先に示したように，世界をありのまま見ることはできないのであり，ディスコースが私たちのものの見え方や考え方，実践そのものに関連しているため，言葉による物事の見え方そのものについて疑う必要がある（Gergen, 1999；訳書, 2004）。客観的分析は「頭の中の知識」によってできるものではなく，むしろ頭の中にその知識があるということこそを疑う必要があるのだ。特定の常識や当たり前，ものの見え方や考え方は，ディスコースの言説的実践過程において形成変化しているのであり，ここを反省すること（批判と言ってもいいが，疑問視する，または振り返ること）が大事である。アルベッソンは，この立場を「**問題化**」として（第4章参照）リサーチクエスチョンを構築するにあたって，研究領域にすでに形成された常識にチャレンジすることを提起する（Alvesson and Sandberg, 2013）。例えば，実証主義的に「グローバル化」の研究をするとき，株式市場の国際的なボーダレス現象を取り上げることも可能である。しかし社会構成主義を前提とする組織ディスコース研究は，この言葉がすでに前提としている多くの意味を無自覚に受け入れるのではなく，むしろこのディスコースがどのように形成されるのか，前提としている知識のパワーや

第3章

組織ディスコース研究の源流

政治性を解釈する。'自明の知'こそ，社会構成主義が最も疑念のターゲットを向けるところであり，研究関心の対象となるのである。先の例でいえば，「グローバル化」というディスコースが，ある領域においてどのように支配的な言説となっていったのか，「グローバル化」というディスコースを所与とせず，特定のディスコースの生成自体を反省的に措定しなくてはならない（Phillips and Hardy, 2002）。

　②「歴史的および文化的な特殊性」は，知識あるいは理解の仕方の相対性を指摘する。これは逆な見方をすると，特定の知識の普遍性を批判するということである。本書で繰り返し述べる，ユニバーサルな知識という考え方への批判でもある。国際化が進み，海外旅行やインターネットなどによって異なる文化に接触する機会が増えた現代社会において，知識や文化的な相対性は，至るところで垣間見ることができる。バー（1997, p.7）は，次のように説明する。「あらゆる理解の仕方が，歴史的および文化的に相対的なものであることを意味している。それらの理解の仕方は，特定の文化や歴史的時代に特有だというばかりでなく，それはそれらの文化と歴史の所産とみられるし，その時代のその文化に支配的な，特定の社会的および経済的制度に依拠しているのである」。ビジネスや経営を学ぶ人はなぜ，ビジネスの仕方がアメリカ・イギリス的なのか，考えたことはあるだろうか。英語を学ぶ人は，「なぜ日本人は幼いころから英語を勉強しているのだろう」と考えたことはあるだろうか。英語を学習するのは当たり前だし，そうすることがグローバル化の必然だと思うのではないだろうか。まず我々は，英語を流ちょうに話し，プレゼンができる者こそが国際人であるという支配的な考えが，特定の時代の社会・文化的な産物であることを理解する必要がある。政治や経済，ビジネスや教育の現場において支配的な，「グローバル・スタンダード」というディスコースによって，現代日本社会という社会的現実は特定のディスコースを正当化し，それ以外を排除する言説的な実践が当たり前化し，それに対して疑問を抱かせないよう盲目化がなされる。

　バーが示す③「知識は社会過程によって支えられている」と④「知識と社

第Ⅰ部
組織ディスコース研究の基礎

会的行為は相伴う」は、知識の社会性についてである。ここでもう一度、図3-3に戻ろう。学生はこの絵に描かれているものを鳥と主張したが、実はこの絵に描かれているものは、鳥とは違う特徴を持っている。この絵の生き物には、口と思しき横に裂けた線がある。これを根拠に、この絵の生き物は鳥ではないと主張できる[10]。実証主義的言説には、鳥ではない証拠は何なのか、つまり別の生き物が描かれているという証明をしなくてはならない。科学重視の社会的制度の中で、これまで受験体制で躾けられた我々は、正解（真実）とは必ず1つなのだと教育されてきた[11]。これこそがこれまでの日本の教育の中心であり、その教育は客観的な真理を追究する姿勢を重視してきた。人間の外にあり独立した知識を個人の頭脳にインストールすることが、伝統的な学習観であった。しかし正解や真実という言説で説明できる社会現象は、極めて特定の時代背景や文化的な産物であり、多くの複雑な社会現象は言説の連鎖、つまりコミュニケーションによって形成されている。つまり、真実は人々によって作り上げられると言えるのだ。「'真理' とわれわれが見なすものは、たとえば現在認められているわれわれの世界の理解の仕方は、世界の客観的な所産ではなく、人々がお互いに絶えず携わる、社会過程及び社会的相互作用の所産なのである」（バー, 1997）。図3-3の絵画においても、それを見た者が、鳥というすでにカテゴライズされ命名された（先行する）言説をもとにし、異なる言説がそれに連鎖し、対話を通じて理解を共有化した。作者の意図はこの絵が世に出たときにすでに意味を持たず、作者の意図とは関係なく、この絵が表象するところから意味が生成される。言説的実践の社会的プロセスによって、知識が形成される。むしろ1つの真理・正解を疑うことをきっかけとして、その正解が言葉のやり取り（言説的相互作用；discursive interaction）の過程の中でどのように決定されるかを常に注視することに、社会構成主義の意義がある。

　ガーゲン（2004）は、「知識は個人の頭の中にある」という観念は説得力を失ったと言い、これを乗り越えるアプローチとして、社会構成主義を提起している。個人主義を前提とした "頭の中の知識" と異なり、社会構成主義は

その対案として，「知識は社会関係の中にある」と考える。これは重要な提起であり，知識が個人の頭にないとすれば，例えば組織学習など組織のコンピテンスはいったいどのように向上するのであろうか。ディスコースこそが知識なのであり，ディスコースは個人の頭の中に存在するのではなく，極めて社会的な存在なのである。したがって組織学習は，個人の能力向上以上に組織のコンテクストの中で，新たなディスコースを育むことに他ならない。これを延長すれば，個人の「やる気」という動機についても，個人の頭の中にあるのではなく，関係的な存在である。ガーゲンは **'関係性'** を重視した知の発展を重視し，'関係的リーディング（relational leading）' を推進し，言説的実践の社会的プロセスによる知識形成を重視する。社会構成主義というメタ理論を実践に移すため，とくに対話（ダイアローグ）を重視した組織開発を展開する（Hersted and Gergen, 2013；訳書, 2015）。

多くのODSにとって，社会構成主義的視座は方法論的土台となっており，少なからず影響を与えている。また社会構成主義の視座そのものも幅が広いため，研究者としての立場や関係性，研究トピックなど，方法論的立場について注意深く振り返る必要がある（第4章参照）。

5 組織ディスコース研究における ポストモダニズム，ポスト構造主義

21世紀に入って特にODSが活発になったのは，90年代にあったようなミクロなテクスト分析の研究（会話分析や言語行為論）から，社会的なコンテクストに分析が向けられるようになったことが大きい。これには，フーコーを代表とするいくつかの社会思想・社会哲学の影響が大きい（Foucault, 1974, 1977）。一般的に，**ポストモダニズムやポスト構造主義**として理解される視座である。ここでは，それらがどのようにODSに影響を与えているか考えてみよう。

第Ⅰ部

組織ディスコース研究の基礎

(1) フーコーのパワー概念

ODS に最も影響を与えたのは，フーコーの視座である。第 8 章において
フーコー派の ODS を紹介するが，ここではメタ理論としてのフーコー的視
座を理解しよう。フーコーの強い影響は，「パワー（power)」の概念にある。
組織論研究における伝統的なパワーは，ウェーバー（Max Weber）に代表され
るような権力論であり，人々が持つことができ，奪い合うことのできる力で
あった。これと異なり，フーコーのパワーはしばしば，「規律型権力」と呼ば
れる。伝統的な権力概念は，支配—被支配という関係の権力であり，権力を
持っているものが持っていないものを抑圧したり，強い影響力を行使できる。
これに対し規律型権力は，躾けること，自分自身で自分を管理するような良
い子を生み出すことである。Fairclough（1989）は，抑圧 vs 同意（coercion—
consent）という対比で前者と後者を説明する。フーコーはパノプティコンと
いう一望監視施設によって，規律型権力を説明した。監視が見ていなくて
も，囚人が自らを律して従順な主体にしていく**装置**がパワーである。近代以
前には監視役がいなくては権力を示すことができなかったが，近代以降は監
視者が不在であり（中心がない），権力の行使が被監視者に気付かれることな
く発動される（藤巻ほか，2006；池田，2015）。歴史的に近代が勝ち得た‘自由’
こそが，自らを従順にするというパワーである。

一般的に権力は否定的な意味で使われることが多いが，フーコーの規律的
権力に示されるパワーは，否定的でも肯定的でもない。日常のどこにでもあ
るのがパワーであり [12]，人々はそれに気付いていないことが多い。学校とい
う制度化した教育はまさにこの装置であり，産業界のために従順な良い子を
生み出している。ビジネスにおいても，チームワークや仲間意識を強調する
組織は規律型権力が強い。巧妙なのは，組織のメンバーは自らこれにコミッ
トしているため気が付かないことが多く，知らず知らずのうちに‘目立たな
い管理（unobtrusive control)’がなされていることだ。つまり強権的で明らか
な管理ではなく，だからこそ抵抗しにくく，現代社会においてより効果的に

力強い統制となる（Barker and Cheney, 1994；Graham, 1995；Barker, 1999）。と
くに日本のような「協調的組織行動」が強い社会的・文化的コンテクストに
あって，規律型権力は巧妙に働く。明示されたルールや規制ではなく，組織
メンバーに共有化された組織の意味，浸透している暗黙の共通認識による
'同調統制（concertive control）'が容易である（Papa et al., 1997；Kiyomiya
2011）。したがって権力のように，特定の人や国家，団体が持っているもの
ではなく，パワーは日常の中で人々の間に当り前に存在するものであり，良
いとか悪いという存在ではない。だからこそ手強く，人々にとって気付くこ
とが困難なのである。むしろ直接的にも間接的にも，人々はパワーの生成に
関与している。

　このようなフーコー的なパワーは，組織論に大きな影響を与えた（McKinlay
and Starkey, 1997）。フーコーのポスト構造主義的なパワー概念のアプローチ
は，言説的な実践を通して現実化する。フーコーの基本的な考えは，
< power = knowledge >に代表される。フーコーの概念の1つである<エ
ピステーメー（知）>はイデオロギー概念に近く（第5章参照），近代という知
は私たちの言説（フーコーの用語ではディスクール）に他ならない。パワーと知
は表裏一体であり，言説的実践がパワーを形成する。

　例えば精神的な'異常'と'正常'というディスコースは，これらの言説
が特定の人や集団を異常と名付けることによって正常が明確となり，その**ア
イデンティティ**を形成する。病気か健康か，これは命名することで明確化し，
実はその境界は非常に曖昧であって，パワーはディスコースの中で（言説的実
践を通して）社会的な現実となる。したがって，人々のアイデンティティー
は，人の心が感じる心理的な傾向ではなく，社会関係の中で言葉を介して形
成される。これは，社会心理学を中心としたアイデンティティーとは異なる。

　私は授業で「**社会人**」というディスコースを取り上げ，それについて学生
が考えることのできる機会を設けているが，一般的に新入社員研修などで，
「学生」と「社会人」は対比され，その違いが語られ社会人たるものが躾けら
れる。学生は行政や産業界からの「社会人基礎力」なるものを要望され，プ

第 I 部
組織ディスコース研究の基礎

レゼン能力を鍛え，即戦力化を進める。これらは言説的実践そのものであり，アイデンティティー形成である。これがフーコー派のアプローチであり，**power = knowledge**（パワー＝知）というポスト構造主義的パラダイムをもとに，規律型権力の装置，アイデンティティー形成，アイデンティティー・ワークなどが分析の鍵となる（第 8 章，第 10 章参照）。

(2) ディスコースとポスト構造主義, ポスト・モダニズム

多くの ODS は（明言をしてなくとも）社会構成主義を土台としているが，同時にポスト構造主義的立場やポストモダニズムをパラダイムとして共有する（バー, 1997）。前に述べたフーコーの視座は，一般的にポスト構造主義やポストモダニズムと位置付けられる。ではこれらの視座は，どのような特徴があるだろうか。ディスコースの視座は，これらのパラダイムの中核と符合する。これら 2 つのパラダイムは重複するところも多く，しばしば混同されることがある（Alvesson, 2002）。ポスト構造主義とはフランスを中心とした社会哲学者が推進したパラダイムであり，その代表者は，フーコーに加えジャック・デリダ（Jacques Derrida），ジル・ドゥルーズ（Gilles Deleuze），ジュリア・クリスティヴァ（Julia Kristeva）などがいる。この視座のポストとは拒否するという意味ではなく，「後に登場してつけ加わる」ことを意味している（バー, 1997）。構造主義を完全に否定しているわけではないので，バー（1997）の表現は的を射ているが，さらに言うならば，構造主義の「限界を乗り越える」という側面を持っている。この視座には，次のようないくつかの特徴がある。

まず，ポスト構造主義は社会構成主義の主張と同様に，言語を，人を構築する重要な場と見ている。また，どのように言語が現実を構成するかを考察している。もう 1 つの特徴は，'truth claim' という真理の主張について疑念を呈することである。これも前述と重なるが，真実は文化や時代によって異なるという，相対主義的傾向がある。関連するが，さらなる特徴として，ポスト構造主義は，科学主義を批判し，科学も知の 1 つの様式であると考える。すなわち真実へ近付けるのは科学であるという姿勢を批判し，科学も 1

つのディスコースであるとする。確かに科学とは西洋のキリスト教的コンテクストで発展した知識の形態であり，そのディスコースが近代において支配的となったと考える。

このような特徴がポスト構造主義に共通するところであり，それぞれの思想家の特徴，例えばデリダであれば，「**脱構築**」という概念が大きな影響を与えている。この概念は，とくにポストモダニズムの特徴と考えられる傾向がある。デリダは，これまでの西洋哲学がその主張する本質に最大の関心が集まることを批判し，そのような安定的に意味が見えなくなっている部分を再度読み解くことを試みる。つまり「脱構築」はテクストを他の並列的意味などを踏まえ，再度オルタナティヴな理解を構築する試みである。それはポストモダニズムの特徴であり，本質主義の否定につながる。

例えば，「泣かないの，男の子でしょ！」というディスコースを耳にすることがあるが，これを気にとめる人は少ないかもしれない。このディスコースに見られるように，脱構築では‘男性的社会’とはどのような本質を持っているか，その本質探しに対する批判を行い，‘男らしさ’などを否定する。別の例で言えば，‘シングルマザー’というディスコースは，ノーマル・ペアレント（一般的な親）と対比させられ，シングルマザーが特殊であり，男と女の親がそろっていることが当たり前であるという意識が本質化する。脱構築はこれに対し，時代背景や文化的側面から別の読みを与えていく（Gabriel, 2008）。

脱構築とは，このようなテクストの開かれた読みを進めることであり，古典的なテクストなどにも応用される。脱構築概念は，組織研究やマーケティングの実践においても応用可能であろう。キルダフ＆ケリマン（2012）は，バーナード（Chester Barnard）の『経営者の役割』を脱構築する。脱構築的な読み方はディスコースを安定させ，本質的な意味を措定させることを否定し，過度に単純化する読み方を問題視する。したがって，「解釈」が著者の意図を汲むことを重視するのとは異なり，そのテクストが生まれた時代の社会的コンテクストや文化的コンテクストを考慮し，テクストの他の重要な意

第Ⅰ部
組織ディスコース研究の基礎

義について解明していくのである。

　ポストモダニズムの大事な主張は，デリダの脱構築に代表されるように，**「本質主義」への批判**が根底にある。そして，物事の本質を前提として，それに依拠する姿勢に対して懐疑的である。物事を本質的な意味に固定させる閉じたテクストを批判し，それを乗り越える姿勢がポストモダニズムにある。これと並行して，近代の合理性についても懐疑的な姿勢をとる。近代では合理的であることが良いことであり，それは客観的真理を把握する論理や科学的な方法を信奉することにつながる。

　日本語の「合理」[13]とは，理にかなっていることだと解釈できるが，これが日々の当たり前になっている近代に対して，ポストモダニズムは反省を促している。また，合理的な考え方によって得られる正しい知識がより良い世界を作っていくという啓蒙の考え方に，限界を示す。繰り返しになるが，合理性や正しい知識というものは，時代背景や政治的コンテクストによって異なるディスコースであり，むしろ啓蒙という知の形成を言説的実践の点から検討するべきと考える。このように，本質主義と合理性に対する反省がポストモダニズムの特徴[14]と考えられ，ODSにも大きな影響を与えている。さらにビジネスの実務や組織コミュニケーションの日常においても，本質主義や合理性に強く依存することの危険性や限界を検討すべきである。

(3) ディスコースと関係の深い視座

　ODSがフーコーやポスト構造主義などの影響を受けているのは，どちらかというと組織における批判的なアプローチの研究が中心である。ODSは，主流派経営学理論が光を当てていない側面である組織の周辺化された問題を取り上げたり，近代で当たり前となっている経営主義について批判的に研究したり，企業が暗黙の了解としていた社会的現実を問題化する。アイデンティティーやヘゲモニー，イデオロギーという批判的概念によって，経営の隠れた問題について分析が行われる。本章で紹介した以外にも，ラクラウ（Ernesto Laclau）のディスコース理論はポスト構造主義の視点を含み，CDA

のアプローチにも応用されている。フランクフルト学派の批判理論も大きな影響を与えている。これ以外に，ジャック・ラカン（Jacques-Mare-Emile Lacan）の精神分析理論をもとにしたディスコース研究もある。

批判的アプローチとは異なり，問題のある組織を積極的に変革しようとするポジティヴな変革アプローチも多い。ガーゲンは社会構成主義の対話的側面を重視し，関係的アプローチを積極的に展開して組織開発と変革を実践する。このポジティヴな変革を推進するパラダイムとして，アメリカン・プラグマティズムやローティーに代表されるようなネオプラグマティズムが影響を持っている。また北米を中心に，制度化の視座が大きな力を持ってODSにも影響を与えている。Strategy as Practice という概念が組織戦略論において影響力を持ち，これもまたODSとの関係が強まっている。ブルーノ・ラトゥール（Bruno Latour）などが提唱するアクターネットワーク理論は，ディスコース的視座と親和性も高く，ODSに積極的に応用されている。これらの視座はメタ理論としての側面を持っているが，その一部は，他の章で分析の理論として紹介する。

注

1)　一部のディスコース・アプローチは，組織ディスコースという大きな括りに入れられることに拒否感を持っている。本書では，最も広義な意味でODSをとらえ，多くのアプローチを包摂していく。

2)　しばしば，インタビューの引用を読むことが中心の発表が，ヨーロッパの学会でも行われている。言葉に注目するだけでは，ディスコース研究の有効性を発揮することはできない。

3)　アルベッソンらの挑発的な批判は，大きな問題を投げかけた。とくにディスコースの方法論について高度な議論が，ODSの指導的研究者との間で交わされた。彼らの対話をぜひ読んでいただきたい（Alvesson and Kärreman, 2000, 2011b, 2011c, 2013；Bargiela-Chiappini, 2011；Iedema, 2011；Mumby, 2011；Hardy and Grant, 2012）。

4)　2019年8月17日に開催された Japanese Standing Conference of Organizational Symbolism（JSCOS）の立ち上げパネルディスカッションにおいて，同様の発言をしたところ，パネリストの1人，アルベッソンや会場の参加者からも賛同があり，この言葉の意義が再検討されるべきことが共通の認識となっている。

5)　実証主義的なODSもあるが，それは言葉を従属変数や独立変数の1つとみなして因果関

第 I 部

組織ディスコース研究の基礎

係をモデル化するアプローチであり，これまでもすでに研究が行われてきた。言語論的転回が意図するのは，このようなアプローチとは異なる研究方法である。

6) この点で象徴的な出来事は，「STAP細胞事件」であろう。科学とはいかに政治的であるか，研究所の人間関係や，研究組織とステークホルダーである行政，メディアとの関係など，研究者が多様な関係性の中で研究に従事していることがよくわかる事件であった。

7) 「羅生門」は芥川龍之介の小説であるが，黒澤明による映画『羅生門』（1950年）が有名である。映画版が示した，殺人について3人が語る異なる現実は，羅生門的現実として現代社会においても示唆的な言葉である。これを主題的に取り上げた『語りと騙りの間』を参照。

8) これは社会言語学をもとにしたCDAだけではない。フーコーやラクラウ派の方法を含めた多くのディスコース・アプローチは批判的なパラダイムから研究しており，批判的なODSと言える。

9) 清宮（2014）は，このような組織の情報操作や偽装を，組織へゲモニーとして考察する。

10) ディスコースにおいては語られた言葉だけでなく，このような絵画もテクストであり，意味を中心に包括的に考えることが求められる。しかし私たちの世界では，本物（たった1つの真実）は何かを考える傾向がある。

11) 日本教育の別な例で言えば，学校では校則を守ることが絶対であり，校則は真理である。疑うことなくルールを守ることを強調し，ルールを守る子供が良い学生であるとして，学生は学校という制度化された教育システムの中で躾けられてきた。ルールという言説が，管理する側からどのように作り出されてきたかを疑うことのない学生は，学校にとって「とても良い学生」であろう。それは現在の産業界のコンプライアンスでも同じであり，ルールは絶対であるが，しかし法律を破らなければ，すなわち裁判に負けなければ，不正を犯してもいいだろうという不祥事が相次いだ。「法律すれすれであれば多少悪いことをしても大丈夫」という意識を秘かに生み出している。会社に勤める人であれば，組織の真実がどのように生み出されてきたか，簡単に思い出されることであろう。会社のルールがどのように作り出され，それを守るということがどのような意味を持っているか，ここにメスを入れなければ不祥事はなくならない。

12) 本書では，パワーとカタカナ表記するときは，フーコーの規律型権力，power = knowledge（パワー＝知）を意味する。

13) 合理性は全知全能の神，すなわち絶対知であるというヨーロッパのキリスト教的伝統から発展する。その真理を理解できる理性を持った人類は，合理性を持って真理を追究することが可能であると前提する（生松・木田，1996）。

14) ポストモダニズムは，モダニティーとは何か，プレ・モダニティーとは何か，その位置づけなどについて議論するが，日本における近代ともまた異なり，本書の目的にはそぐわないため言及を避ける。また，ポストモダニズムは，社会科学よりむしろ文学や芸術に強い影響があり，一連の運動と考えることができる。

第4章
組織ディスコースの研究方法

学生：エコロジーを組織ディスコースの点で研究する時，仮説はどうなりますか？　例えば，「エコと名前を付けた方が消費者の信用を高め，最終的に消費を促進する」という仮説はどうでしょう。

先生：がんばったね！　でも無理して仮説を立てる必要はないんだ。組織ディスコースの研究は，仮説を立ててそれを理論的に証明するという組み立てを好まない。ディスコースは，証拠ではないからなんだ。社会的現実を構成するディスコースを分析するのは，複雑な社会現象をより意義ある形で理解し，問題解決するためなんだ。だからリサーチクエスチョンを作り，秩序立てて分析することを好むんだよ。

学生：では，データを集める必要はないんですか？

先生：何かを実証しようとするデータを集めるのではなく，現実を構成する，ディスコースとしてのテクストを集めるんだ。データと呼んでいるけど，従来の実証主義とは異なる意味で使われているんだ。

学生：では，客観的なデータや証拠に基づく研究ではないのですか。

先生：そうとも言えるね…。組織ディスコースによる研究は，「エコ」言説のようなテクストによって構成される，社会的現実を紐解く作業なんだよ。

学生：それで，研究の正しさが証明できるのですか？

先生：その考え方自体が，「科学」というイデオロギーにすでに洗脳されていると思わないかい？　正しさは，証明できるか？　それは客観的で，普遍性のある真実を前提とするものだよね。それはむしろ，時代や社会・文化に依存するものだ。研究にとって大事なのは，妥当性であり，誠実で一貫性のある研究姿勢なんだ。

第4章の重要概念

先行研究，リサーチクエスチョン，意味，ギャップ・スポッティング，方法論的問題化，ポジショニング，機能主義，解釈主義，批判的フレーム，構造化，操作化，一次データ，二次データ，トランスクリプト，フィールドワーク，観察，参与観察，深層インタビュー，フォーカスグループ，ライフストーリー，スピーチ，会話，マルチレベル・マルチメソッドのアプローチ，記述的コーディング，トピック・コーディング，分析的コーディング

第 I 部
組織ディスコース研究の基礎

　本章では，ディスコース視座に基づいた研究方法を概観し，研究への取り組みからテクスト・データの収集，そしてディスコース分析の実際を考察する。これまでの章で議論してきたように，ディスコース視座に基づく研究は伝統的な実証主義的研究とは異なる点が多く，方法論的な違いから組織ディスコース研究（ODS）の意義が認められないことも多い。ODS には常に，「組織論の標準的プラットフォームへの挑戦」（ガブリエル，2012, p.115）が伴う。ODS は方法論を持たないわけではないし，それを軽視しているものでもない。客観性に依拠していないため，別の言い方でいえば実証主義的な標準に落とし込めないため，より一層研究方法を適切に，また明確に示さなくてはならない。多様な ODS のアプローチがあるため，それらが共有する社会構成主義的メタ理論を理解したうえで，それぞれの特徴を持ったアプローチにおいて，どのようにして適切な研究を行うかが重要である。

　本章でははじめに，研究の関心をどのようにして研究の問いかけに結び付けるかを検討する。そのうえで妥当性（validity）のある研究と適切な方法を行うため，実証主義とは異なる手続きとしてのポジショニングを中心に考察する。そして，ODS のデータ収集と分析を考え，その実例を検討する。

1 研究への関心と問題意識

　突然であるが，卒業生と会うと「先生，学生時代もっと勉強しておけばよかった」と，社会人になってから勉強の必要性を感じることを話してくれる。会社に入り組織やビジネスの難しさに直面すると，あらためて好奇心や問題意識が沸き上がり，勉強したいと思うものである[1]。私たちはもっと早くから問題意識を持って，社会現象に注目したり，日ごろのニュース報道などに関心を向けるべきである。自分自身の直接的な経験や他者のストーリー，社会における多様なテクストから得た（共同主観的）知識をもとに，自分が前提にしていることに対して疑うことから研究は始まるといっていい。つまり，

第4章
組織ディスコースの研究方法

自分自身とそのコンテクストを反省することが研究の出発点であり，有効な研究プロセスなのである。

大学や大学院，また学会においてさえも，興味深い研究が少なくテーマに多様性を失い，研究の質が低下していると感じることが多い。テーマや研究方法に，挑戦的に取り組むことなく危なげのない研究に終わるのは，現代の社会科学の危機とも言える。Alvesson, Gabriel and Paulsen（2017）はとくに近年のこのような状況を危うく感じ，あえて挑発的に研究者の取り組み姿勢を批判する。彼らは近年の社会科学において，研究の質が低下傾向にあるばかりか，社会的な価値や意味のない研究意義の薄い論文や出版物が氾濫し，今日の研究は研究業績やキャリア保身のために行われていると断罪する。今一度「なぜ研究するのか」「良い研究とは何か」を考えなくてはならない。研究方法論を考えることは，研究のためのデータ収集と分析方法のテクニックを学ぶだけではなく，この疑問に対する答えを考え続けることである。

(1) 組織ディスコース研究の先行研究

ディスコース・アプローチに限らず，研究テーマを定めることは最も大事なスタートであり，研究の独自性が現れる最も意味ある思考プロセスである。その思考の中で研究のアイディアはどこから来るのかということ，それは研究者の身の回りのディスコースに他ならない。研究を行う行為主体（研究者）の関係性とコンテクストを，ディスコースの視座から考えることが大事である。その意味でも，また一般的な研究プロセスとしても，研究アイディアの源の1つは**先行研究**の考察である。

ODSにおける先行研究を概観することは，本書においてもとても大事な研究プロセスと言える。本書ではその一例として，ヨーロッパにおける組織研究の重要な学術誌の1つである *Organization Studies* を取り上げ，2005年から2018年の14年間に発表されたODSの研究論文を抽出した。ディスコースやナラティヴ，ストーリーテリングの手法や概念を使った研究は，理論的なものから経験的研究まで，137件の論文[2]があった（補遺参照）。**表4-**

91

第Ⅰ部

組織ディスコース研究の基礎

□ 表4-1　組織ディスコース研究のキーワード1
（*Organization Studies* 2005-2018）

discourse	62	legitimate（macy）（mation）	14	leadership	9
organization（al）	45	resistance	14	metaphors	9
identity（fication）	33	social	13	method（ology）	9
narrative	30	critical	12	academic	7
theory（retical）	24	strategy	12	construction	7
analysis	23	change	11	corporate	7
institution（al）（zation）	23	history	11	emotion	7
power	22	manage（ment）	11	entrepreneur（ship）	7
work	19	communication	10	knowledge	7
rhetoric	18	sensemaking	10	politics（cal）	7
				practice	7

1と表4-2は，それらすべての論文の全キーワードを，頻出回数で示したものである。どのような特徴があるか検討しよう。

　各論文のキーワードのセクションにある重要単語数は，合計で1189語であった。多様なキーワードが示されている。一般的には，頻出度の高い語を見ることが最初のステップである。上位の10語のうち，例えばdiscourseという単語が62回示されていた。これはごく自然なことで，キーワードを調べたこの調査は組織のディスコース研究について焦点を当てているので，organization（al）やnarrative，theory（retical），analysis，method（ology），rhetoricなどはあまり大きな意味を持たない。

　研究テーマの独自性や多様性に結び付くキーワードとして注目するのは，identity / identificationである。ODSの1つの方向性は，アイデンティティやアイデンティティ・ワークに関連する研究成果である（第10章参照）。キーワード間のネットワークや関係性はこの表4-1では示されていないが，アイデンティティという概念が何と結び付けられているかが大事である。

92

第4章
組織ディスコースの研究方法

□ 表 4-2　組織ディスコース研究のキーワード 2
（*Organization Studies* 2005-2018）

6 ～ 4回
age, employ（ee）, framing, gender, media, public, study, text（ual）, crisis, disciplinary, field, Foucault, Lacan, national, profession（al）, relation（ship）, research, subject（ivity）, translation, visual, (socio) materiality, control, creative（ivity）, ethic, ethnography, globalization, hegemony, industry（ial）, inquiry, language, process, qualitative, realism, technology（ical）, time

3回
action, affect, boundary, culture, decision, dialogue, economy, idea, innovation, masculinity, micro, modernity, movement, object（ification）, principle, psychoanalysis, resource, responsibility, restructuring, routine, routine, space, story, temporal

2回
account, appropriation, authentic, autonomy, body, bureaucracy, career, case, civil, climate, concept, dialectics, diversity, domination, environment, ethnomethodology, fantasy, genealogy, intersectionality, Laclau, managerialism, market（ing）, military, modality, order, paradox, performativity, place, polyphony, regulation, report, representation, symbolic, transfer, transformation, women

　137 件の研究を概観すると power や resistance, また emotion, entrepreneurship などのテーマに結び付くことが多い。さらには形容詞の social や critical という語も注目されるべきで，これらは ODS の特徴を示している。アイデンティティ研究にも関連するが，ODS の 1 つの方向性は経営や組織の社会性であったり，既存の経営組織への批判的またはオルタナティブな視座の模索である[3]。ODS は，ヨーロッパ的組織研究の特徴である批判的視座がとても強い。このような方向性において，社会変革（change）や組織への抵抗（resistance）[4]，パワー（power）への着目は特徴的であり，日本の組織研究には欠落している領域であろう。

　さらにもう 1 つの領域として，gender, diversity など，ヨーロッパの複雑な民族性や性差の問題がある。これは ODS が批判的視座を向ける重要な領域である。日本においてジェンダーやダイバーシティは，人的資源管理の研究領域で行われることはあるが，この問題を扱う視座は日本のアプローチと

第Ⅰ部
組織ディスコース研究の基礎

ODS のそれとは異なり，ODS ではマイノリティに関する多様な問題をアイデンティティに焦点を当てながら，ポスト構造主義の視座から批判的考察を加える。

批判的アプローチだけではなく，組織変革を建設的に推進するテーマも多様に広がる。企業家精神（entrepreneurship）やリストラ（restructuring）は，その例である。その中でも institution / institutional / institutionalization というキーワードは，組織研究においてブームを見せている新制度学派組織論とディスコース・アプローチの関連の強さを示している。2018 年に「Uses of the Past in Organization Studies」という特集が組まれ，新制度派組織論の歴史的な視座が議論され，'rhetorical history' という概念によって，レトリックの言説的側面が応用されている。

ODS におけるキーワードの分類から傾向を考察したが，最も大事なポイントは，キーワードがとても広く分散している点である。図4-1 が示すように重複しないキーワードが380語あり，研究のユニークさを象徴している。ODS では研究も1つのディスコースであると考え，諸研究の相互言説性や間テク

■ 図4-1 組織ディスコース研究のキーワードの多様性

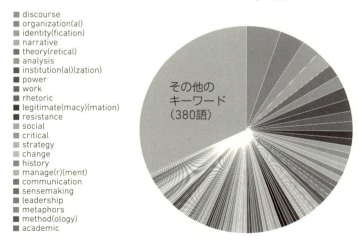

第4章
組織ディスコースの研究方法

スト性を考慮する。つまり中心化するテーマばかりではなく，周辺化，多様化する研究テーマも，それらは現実を構成するディスコースとして大きな意味を持っていると考える。研究の多様性はとても重要であり，テーマの独自性は研究の質を高める1つの側面である。表4-1，表4-2にあるキーワードと補遺の文献リストにあるキーワードを参照のうえ，独自性があり意義のある研究テーマについてぜひ検討してもらいたい。

(2)研究についての問いの質的向上

研究テーマが明確でないにしても，おぼろげに研究する方向性が見えてきたとき，次に大事なステップは的確なリサーチクエスチョン（RQ）を構築することである。研究過程の中で最も大事なことは，研究関心を的確に言語化したRQを構築し，それを軸としてリサーチデザインを発展させることである。つまり，研究はRQに始まり，RQに終わるといっていい。リサーチデザインは基本的にRQに依存し，RQに対して最も効果的で効率的なデータ収集や分析方法が検討されねばならない。そして最終的には，RQに対してどのような答えが導き出せたか，議論を展開するものである。このような研究のプロセス全体の中でRQは軸となるため，組織ディスコースのアプローチにとっても，RQの言語化は研究の特徴を引き出す重要な考察である。

ODSの入門書ともいえるPhillips and Hardy（2002）では，RQを生み出すのに唯一ベストな方法はないと前置きしておきながら，次の4つのポイントを考察することが大事であると指摘する。1つ目は「研究者の哲学」であり，自分自身がどのようなパラダイムに依拠しているか，その哲学的背景を考えることである。2つ目は，「研究の目的」を考えることであり，先行研究に対してどのような目的を持っているか，今一度振り返る必要がある。理論的発展を目指すか，オルタナティブな方法論的な提案を示すのか，研究成果を社会変革への一助として提起するかなど，研究領域における自分の研究の位置付けと目的を検討することが大事である。3つ目は，「理論的影響」を考えることである。研究者によってはデータやフィールドを重視して，理論的

95

第Ⅰ部

組織ディスコース研究の基礎

な影響や理論発展について関心が薄い研究になる場合がある。逆に抽象的理論が強い場合，理論的議論を重視するために，必要最低限な例示で済ませる研究もある。理論をどのような形で研究し発展させるかは，目的と関係付けられる。4つ目は「貢献」であり，先の3つをすべて結び付けて，どのような貢献が可能かを考えることである。社会的に意義ある研究にするには，RQにおいてこれらの点を検討する必要がある。これらのポイントは，以下のように要約できる。

　　　＜良いリサーチクエスチョンのためのポイント＞

　　　　● あなたの研究を支える研究哲学は何か？

　　　　● あなたの研究目的は何か？

　　　　● あなたが適用しようとする理論的影響は何か？

　　　　● あなたは何をどのように貢献しようとしているか？

　　　　● リサーチクエスチョンをどのように言語化できるか？

(Phillips and Hardy, 2002, p.67)

　研究方法の議論をするとき，良い研究を行うという点において，伝統的な定量研究や一般的な質的研究と重なるところは多い。しかしそれぞれの特徴を Phillips and Hardy（2002）をもとに比較すると，**表4-3** のようにまとめることができる。RQ を組織ディスコースのアプローチにすることで，他の研究方法との違いを明確にすることができる。つまり同じ研究テーマやトピックであったとしても，研究への問いの立て方によって異なる研究となるのだ。とくにディスコースのアプローチにおいては，他の質的研究との違いとなって表れる。

　Phillips and Hardy（2002）ではグローバル化を例にして，3つの研究方法の違いを RQ の立て方として示しており，その例において伝統的な量的研究と質的研究はある点で共通している。それはグローバル化というディスコースを所与のものとし，これを前提として研究を始める点である。「グローバル化がどのように世界の資本市場に影響したか」という RQ を立てたとき，量

第4章
組織ディスコースの研究方法

□ 表4-3　方法論の比較

	量的研究	一般的質的研究	組織ディスコース研究
目的	真理追求，予測	現象の理解と説明	意味形成の解明，暴露，意味の再構成
テーマ	因果関係，影響関係	構造把握，意味理解	正当性，アイデンティティー，知＝パワー
手法	統計解析	民俗学的分析，ナラティヴ分析，会話分析	会話分析，ディスコース分析，レトリック分析
データ	数量データ（経済，社会，心理）	観察記録，スピーチ，報道記事など，記述データ	会話，スピーチ，ストーリー，歴史文書，オンラインの記述など
前提・方法例「いじめ」	「いじめ」の発生件数 いじめと自殺の因果関係を検証「いじめ」を前提	「いじめ」があったか？ 「いじめ」どのように行われたか？アンケートや聞き取り 「いじめ」言説を前提	「いじめ」言説を前提としない：そこでどのようなコミュニケーションがあったか，いじめにまつわるディスコースに焦点を当て，意味形成に注目する

的研究であれば，世界各地の株式市場の連動を各種の経済指数で示すことができるだろう。質的研究であれば，これまで世界市場に組み込まれていなかった第三世界のとある村においてフィールドリサーチを行い，そのコミュニティにおける国際化の影響に関して観察することができるだろう。ディスコースのアプローチは，このRQそのものを反省し，‘グローバル化’というディスコースを所与のものとせず，ディスコースそのものについて研究の目を向ける。従ってビジネスや組織の特定の問題が，どのようにグローバル化というディスコースと関連して社会的現実を生み出しているかを考察する。

　例えば「‘教育の国際化’に向けて，大学教育における言説がどのように変化したか」，大学におけるグローバル化にかかわるディスコースについて，分析を行うとする。グローバル化言説を所与とすることは，社会的現実のある側面がそのようにネーミング（言語化）されることで，特定の考え方や特定の意味を付与することになる。私はよく，‘いじめ’のディスコースを例にす

97

第 I 部
組織ディスコース研究の基礎

る。複雑な社会現象を簡単な因果関係によって理解することは困難であり，'いじめ'を独立変数または従属変数として考えることは，見ているようで見えていない複雑な現実に対して，特定の見方や意味を付与するものである。職場においても教育現場においても，そこ（いじめ問題と言語化される周辺）で起きているコミュニケーション過程そのものに着目しなくてはならない。職場のいじめを研究するとき，いじめに似たような言葉の関係に着目し，例えばそれが'組織の不条理'と言語化されるテクストを言説的な生成過程として研究するべきである。学校内で「いじめがあったか」どうか，組織において本当に「パワハラがあったか」どうか，その認定に焦点を当てることは，問題を隠ぺいするディスコースにつながりかねない。

ディスコースのアプローチは，問題のネーミング化（言語化）が社会的現実を構成するため，そこにこそ着目するのである。組織や社会において関係する人々が問題に対してどのように言語化するか，そのプロセスに焦点を当てたRQが，組織ディスコースの特徴である。

(3) 方法論的問題化の視座

質の良い研究をするためには優れたリサーチデザインを考えねばならない。Alvesson and Sandberg（2013）は，研究関心と先行研究をもとに十分に推敲したRQを生み出すために，**方法論的問題化**（problematization）[5]を提起する。一般的に社会科学では，研究テーマに関する先行研究を丹念に行い，それらを概観すると同時に，研究の方向性や論点などを分類整理する。その考察の結果，まだ研究が十分でない領域や研究が未発達なトピックを探し出し，研究を補完して研究全体を充実させることが期待される。研究の薄いところ探し出し，未だ研究不十分である状況を根拠にして研究トピックを設定し，先行研究からRQを導き出すことが一般的と考えられている。この研究の空白地帯または隙間を探して研究するアプローチを，アルベッソンは**ギャップ・スポッティング**（gap spotting）と呼び，現在の研究の質の低下と意味のない研究業績の氾濫の原因の1つと指摘する。研究者自身の身近なコンテクスト

を反省することなく，先人の研究領域の補完的研究を行うことが多く，無難な研究に陥ってしまう……。これは欧米ばかりではなく，日本においても同じであろう。Alvesson and Sandberg（2013）は，この研究姿勢に対して方法論的問題化を提起し，現存する理論にチャレンジする形で研究を発展させることを提案する。ギャップ・スポッティングが手薄な領域を補完する形で研究発展させることを目的とするのとは，異なるアプローチである。

ODS は方法論的問題化を推奨するものであり，自明としていた理論的仮説を疑うこと，そしてそれにチャレンジすることを重視する。方法論的問題化は研究者自身のコンテクストを反省することであり，**表 4-4** にあるように，5 つの点で自らを振り返ることで方法論的問題化が行われる。1 つ目は，特定の学派や学閥に共有されている無自覚な前提に捕らわれていないか，先行研究や自分の研究を考えることである。2 つ目は，現存の先行研究に根付いている特定のテーマについてのより広いイメージを持つことであり，テーマを多角的に見ることの重要性である。3 つ目はパラダイムの検討であり，先行研究の根底にある存在論・認識論・価値論の前提について検討することが，極めて重要である。なぜなら先行研究に対するパラダイム的なチャレンジこそが，最も大きな学術的転換であるからだ。これこそまさに，ODS が伝統的

□ **表 4-4　研究における方法的問題化**

1	学派・学閥 　特定の学派や学閥に共有されている無自覚な前提
2	ルート・メタファー 　現存の先行研究に根付いている特定のテーマについての広いイメージ
3	パラダイム 　先行研究に根付いている存在論的，認識論的，方法論的な前提
4	イデオロギー 　先行研究に根付いている政治的また倫理的前提，ジェンダーに関する前提
5	フィールド 　特定のテーマが，異なる学派・理論的立場を超えて共有される前提

出所：Alvesson and Sandberg（2013）.

第Ⅰ部
組織ディスコース研究の基礎

な経営学にチャレンジし，社会心理学を中心とした組織コミュニケーション研究に対して行っている大きな方向転換であり，パラダイムを問題化することに他ならない。4つ目は，先行研究に根付いているイデオロギー的前提を問題化することが求められる。これはとくに主流派である研究者が陥りやすく，自分たちの研究が標準であるという無自覚な前提のうえで研究を行ってしまうことにつながる。また研究が，経営管理をする側のイデオロギー的前提にあることに無自覚である場合も多い。さらに，男性というジェンダー的前提やアメリカ中心主義的前提，英語話者中心主義的前提などを疑う[6]ことなく研究に臨んでいる。最後に，フィールドに関する問題化が指摘される。1つの概念やテーマが異なる学派から共通して利用されるとき，同じ名称の概念でありながら学派独自の理解や意味を持っていることに無自覚で，他者も同じ意味であると思いこんでしまう前提である（次節の「事例」という言説を参照）。学派が異なるようにコンテクストが異なれば，同じ名称の概念や事象であっても意味が異なる可能性を考慮し，問題化の目を向けることが求められる。

Alvesson and Sköldberg（2017）は，問題化を含めた研究方法論における研究者の反省的姿勢を強調する。それは次の節で考察するように，ODSにおける研究の妥当性を担保するためにも必要な研究方法である。

2 組織ディスコース研究の適切さ

組織研究に限らずどの領域においても，方法論的に異なるパラダイムの研究を理解するのは難しい。学術研究の進展は言説的な弁証法のプロセスであり，そこには支配的なディスコースが形成され，暗黙裡の知識が研究者のパラダイムとして浸透する。ある研究領域の学術誌に投稿するとき，パラダイムのギャップに対して査読者は異なる研究方法に違和感を表明する。組織研究においても実証主義で研究を行うことが前提とされているため，ODSを支

第4章
組織ディスコースの研究方法

える社会構成主義的アプローチは異端とみなされる。

例えば査読者が,「社会構成主義的アプローチが,なぜこの研究で必要なのか」と問うとき,そこには実証主義的研究が一般的であるという意味が潜んでおり,実証主義的手続きが整っていない研究は社会科学として認められない,という示唆である。つまり研究は客観的であるべきであり,データはRQに基づく母集団からのサンプリングを明確に表示し,研究者の主観的判断やバイアスを入れてはならないという前提をもとに,ディスコースのアプローチに対する違和感を示すのだ。学術研究における支配的ディスコースができあがっており,実証主義的アプローチであることが正しいというディスコースに対して,ODSは挑戦していかねばならない。このセクションではODSが適切な研究であることを示すため,実証主義とは異なるパラダイムの正当性と妥当性を確認していく。

(1)組織ディスコース研究の妥当性（validity）

社会構成主義的アプローチが発展してきた心理療法の世界においても,まだまだ学会における異端状態は強いようである[7]。組織研究においても,質的研究をすることがすでに大きなチャレンジであり,観察を通じた現実の解釈にしろ語られたテクストの解釈にしろ,解釈に基づく研究は主観的であるとみなされることが多かった。しかしインタビューや観察について,解釈を中心に研究するアプローチが,主観的であるとか観念論的であるなどというというラベルの貼付は無意味である。

伊藤（2009, p.10）は,アメリカの企業においてフィールドワークを実施し,「錯綜するミクロな諸活動を記録にとどめ,それを解釈の対象とすることで,当事者でさえ気づかないような重層的な実践構造を発見することを目指す」と解釈アプローチの意義を主張する。この解釈において大事なのは**意味**であり,意味の客観的理解というものはなく,また意味そのものには主観性も客観性もなく,理解は常にコンテクストに依存する。従ってフィールドワークの解釈的アプローチは,主観と客観の二元論的図式を前提としない（伊藤,

101

第Ⅰ部
組織ディスコース研究の基礎

2009)。ODS でもフィールドワークは重要な研究方法であり，解釈は常に共同主観的であると考え，フィールドにおける内部者的視点からテクストの意味を解釈し，社会的現実に対して有益な洞察や理解を提示することを目指す。

このようなフィールドワークを行い，事例として描き出された解釈主義的研究と，経営学の論文に多くある「事例研究」とは異なる点を，伊藤（2009）は指摘する。これは重要な主張であり，多くの ODS においても事例研究という表現をするが，パラダイムの違いから事例の意味が大きく異なる。事例研究と呼ぶ経営学の一般的なアプローチは，事例を「理論を検証するためか，理論構築に向けて仮説を発見するためのデータ」（伊藤，2009，p.8）として扱う。つまりここにおける事例とは，実証を目的とする証拠としてのデータであり，それゆえに事例の数が多い方が良いという言説が生まれるのだ。また事例はある意味客観的であり，研究者の主観の入り込むことがなく，バイアスがないということが前提とされている。しかしこれは，ODS を含めた解釈を中心とするアプローチとは異なる意味で，事例という言説が扱われている。解釈主義的アプローチにおける事例は，現場における解釈が深められていく過程の記述であり，社会構成主義的に言えば，内部者的理解から生まれたことによる社会的現実の再構成を記述したものである。事例は決して，証拠ではない。

フィールドワークにおける観察とは，証拠を探し出すデータ収集活動ではない。フィールドは目の前にある現実を理解可能にしてくれるテクストである。その理解がさらなるフィールドの理解を深め，フィールドワークにおけるテクスト理解は向上する。同様なポイントは，インタビューによるリサーチにも言える。フィールドワークの中には公式や非公式のインタビューが含まれるが，インタビューにおいても，積極的な対話から理解を深め，相手が無自覚であったような語りが産出される。第5章で示すように，研究者は無知の姿勢（あなたについて何も知らないので教えてもらいたい姿勢）を持ってインタビューに臨み，双方の協働によって作り上げられる語りの相互作用である

第4章
組織ディスコースの研究方法

ことを重視する。ODS のインタビュー調査は，証拠探しのための聞き取り調査ではない。仮説の実証を目的としていない ODS にとって，証拠は必要ない。

　組織ディスコースの研究の質を高めるためには，より客観的になるのではなく，むしろ研究者と研究の対象となる人々との関係性を向上させることが必要である。社会的現実を構成するディスコースに関して，一貫性のある方法でテクストを産出することができるかが，研究方法のカギとなる。従って ODS の方法論的妥当性は，研究目的と研究の問い（RQ）が，テクストの収集と分析それぞれの一貫性において[8]適切に連動しているかを評価するべきであり，客観性は ODS を評価する基準とはならない。

(2)研究方法論上のポジショニング

　これまでの議論をもとに，組織ディスコースのアプローチと実証主義的研究のアプローチを方法論的な視点で比較すると，表4-5 のようにまとめることができよう。方法論的議論において，実証主義的視座からしばしば投げかけられるもう1つの疑念は，「解釈を分析の軸とする研究は，研究者が持っている先入観や主観性が解釈に反映するのではないか」という指摘である。

□ 表 4-5　実証主義的研究と組織ディスコース研究の方法論的比較

	実証主義的研究	組織ディスコース研究
認識論	・データの客観性を前提 ・データは研究者から独立している ・言語は媒介	・相互主観的，共同主観的 ・言語が認識に影響する ・言語が関係を作る
存在論	・現実は客観的である ・真実は人間とは関係なく外在する ・真実は普遍性を持つ	・多元的現実を認める ・現実は言語活動を通じて社会的に構成される ・普遍的真実を否定：真実は人々によって作られる，真実は限定的である，あるいは物語的真実の重視
価値論	・研究者の中立性を重視 ・価値自由が前提	・研究者の恣意性は免れない ・研究者の立場を明確にするポジショニングを重視

103

第Ⅰ部

組織ディスコース研究の基礎

実証主義的研究が求めるように理論の一般化を目的とするのであれば，研究者の主観や判断によって結論が変わることになり，データへの偏った見方は，組織研究の方法論的標準から許されないものである。しかしODSは，研究者の恣意性は免れないことを最初に前提とする。

その理由の1つは，研究者の価値中立性には限界があるという根拠である。研究者は多様な関係性の中で研究を行うため，たとえ無自覚においても，研究者のコンテクストがリサーチデザイン全体に反映されるのである。方法論的問題化において言及したように，研究者自身の反省的態度が研究にとって重要である。もう1つの理由は，批判的アプローチが強いODSでは，自分たちの政治的立場を強く押し出し，あえて権力や社会的問題に対して批判と変革を促していくからである。とくに批判的ディスコース分析（CDA）の研究者は，自分たちの政治的立場を明確にして批判することが妥当であると考えている（第7章参照）。むしろ研究者の研究の立場が偏っていないという方が不誠実であり，中立的であると前提することは，研究者が自分自身の関係性に対して無自覚であると考える。CDAに顕著なように，ジェンダー問題や民族的少数派の問題，組織のハラスメント問題，組織を取り巻く多様な問題に対して批判することを目的とするため，中立的であることを前提とせず，研究者の哲学的土台や政治的信念を明確に表明することこそ大事と考える。

このような理由からODSでは，自分の研究への立場，研究対象との関係性，解釈や分析の時の哲学的土台を明示することが，ポジショニングとして重要となる。これを示すことで，研究方法論上の価値論における研究妥当性を担保することになる。

3 組織ディスコース研究の方法論的ステップ

組織ディスコース研究を行うとき，研究方法論を考えるうえで推薦するのは，プリチャード（Craig Pritchard）らの論文である（プリチャードほか, 2012）。

特に初めてディスコース研究を行う人たちに推奨したい論文であり、また ODS をすでに始めている研究者にとっても、自分の研究をより洗練させるためには、とても大事な文献である。プリチャードらは、デンジン（Norman K. Denzin）とリンカン（Yvonna S. Lincoln）によって示された質的研究の 5 つの選択ポイントをもとにして、ODS の 5 つの選択ポイントを示した（デンジン＆リンカン, 2006）。

デンジン＆リンカン（2006）の 5 つのポイントは、質的研究を行う際に示唆となる重要なものであり、これと対比することによって、ODS の意義が明確に示される（**表 4-6**）。さらに重要な点は、この論文が強調する「研究者自身のコンテクストを振り返る」という、反省的な姿勢である。質的アプローチにしろ量的アプローチにしろ、研究者は自分自身や研究する立場を常に内

□ 表 4-6　5 つの方法論的ステップ

	デンジン＆リンカン（2006）	プリチャードほか（2012）
局面1	多文化主体としての研究者	自らの位置付け： 自らのコンテクスト、自分の周辺のディスコースの内省
局面2	解釈パラダイム： 理論的パラダイムとパースペクティヴ	理論的フレームの選択： 実証的（機能主義的）、解釈的、批判的、構造化
局面3	研究の戦略： 探求の戦略と解釈パラダイム	研究の戦略：リサーチデザイン 研究の問いの操作化 データ収集の構想
局面4	経験的資料の収集と分析の方法	テクストの産出と分析の方法： 「ディスコース」の定義 テクスト・データの収集 テクストの解釈： 会話分析、ナラティヴ、レトリック、CDA、ポスト構造主義（フーコー、ラクラウ、ラカン）
局面5	解釈および表現の技法、実践、政治性	研究テクストの公開： 公的なテクストの刊行 （伝統的な学術誌での発表や書籍の刊行） 公式ではないテクストの発表

第Ⅰ部

組織ディスコース研究の基礎

省し，倫理や道徳の面から振り返るだけでなく，研究の方法論的スタンスを明確にし，それを論文のうえにおいても明示することが大事である。プリチャードらは，この反省的態度を次の5つの方法論的ステップ（局面）に示すことで，明確化を試みる。

(1) 選択ポイント1：自らの位置付け

プリチャードほか（2012）は，研究者の最初の振り返りであるポジショニング（前節と同じ意味），つまり「研究者が研究者自身を見つめるコンテクスト再帰的理解」（p.338）を展開する。これらの内省は極めて重要であり，「私の場所を理解し，私の立場を選択することがその後の研究の実践の特徴」（p.341）を示すことになる。

最も大事な内省は，すでに自分が進もうとする大学や大学院の選択，師事する教授の選択など，研究トピックや研究調査の選択の際すでに始まっている。これをきちんと内省せずに，無自覚に自分の研究の独自性やユニークさを追求することは，研究者としての危険なスタートと言える。例えば私自身，なぜそれまで勤めていた組織を辞め，30歳を過ぎてまでアメリカの大学院に進学しようとしたのか，これはまさに大事な内省的問いかけである。さらに，博士課程の進学に際し経営学，産業組織心理学，組織コミュニケーションのいずれかを選択するのに検討した際には，多様な振り返りを行った。またアドバイザーの教授との関係性から，どのような博士論文制作が可能か，自分の目指す研究を内省しながら戦略的判断を行った。このように自分自身のコンテクストを考えることは，研究者自身の成長にも欠かせないプロセスであり，研究自体に大きな影響を与えている。

研究に際して，トピック選択はどのようなコンテクストにあるか考えることは重要である。しばしば耳にするのは，組織のジェンダー問題を男性が研究していいのか，また，組織のマイノリティの問題をマジョリティの人種が研究していいのかなどの疑問である。このような問いかけ自体は大事であるが，自分自身もジェンダーという現実を構成している一員であり，共存関係

にあることを自覚しながら取り組むことで，研究の可能性を限定するものではない。

さらに，補助金の問題がある。研究者にとって研究補助金はとても魅力的であり，大学間の競争が激しい今日（教育・研究がマーケットの中で商品化する環境の中で），大学からも補助金の獲得を強制される。そのとき，補助金を提供する組織に対して，どこまで第三者的に対応できるだろうか。また，スポンサーとは異なる意見を提示するなど，どこまで公正で倫理的な視座に立てるであろうか。日本の大学院は縦のつながりが強く，その大学院からのネットワークが就職にも影響していることは当然である。これらのことは，みなわかっているが，研究の表に出てこない，研究者の現実的な組織または制度的コンテクストであり，これらも研究に影響をもたらすだろう。

さらにプリチャードほか（2012）は，物理的なコンテクストである研究室の場所や地域なども，研究に影響すると指摘する。確かにそうである。私の所属する大学は福岡市にあり，地域的な限定や特徴が出てくる。福岡の地元の中小企業経営者と勉強会を開催したり，地元の企業を取材させていただくなどの機会もあり，このような地域のつながりも研究者のコンテクストであろう。

このように研究者は多様なコンテクストの中にあって，自分自身をニュートラルな立場にすることは，不可能に近いほど困難である。自分が置かれている環境や条件について充分な検討を行い，研究者の関係性を緻密に内省することが大事である。そしてポジショニングは思考上のプロセスだけでなく，このようなコンテクストを明示することが肝心であり，オーディエンスを念頭に置きながらポジショニングを論文の中で示さねばならない。

(2)選択ポイント2：理論的フレームの選択

第2の選択ポイントは理論フレームの選択であるが，別の言い方をすれば，これはODSにおける理論スタンスまたはパラダイムについて考えることである。第5章以降において，ODSが依拠する基本的パラダイムと重要概念が

第Ⅰ部
組織ディスコース研究の基礎

考察されている。自分の研究関心と目的，自分自身の内省を通して，理論的フレームを選択しなくてはならない。

　この選択作業は，多様な組織ディスコースの方法を分類し，自分の研究に最も適切な理論を検討する作業と同じである。プリチャードほか（2012）は研究の目的をベースに検討し，主に実証的，解釈的，批判的なスタンスの3つを例示している。Heracleous（2006）は，機能的，解釈的，批判的，構造化的なアプローチの4つの枠組みに分類している。プリチャードほか（2012）とHeracleous（2006）は，多くの点で共通するところがある。最初の**実証主義**または**機能主義**は，ディスコースを変数の一部として研究するものであり，ディスコース的パラダイムとは異なり，言語的要素を機能的な説明モデルの中に組み込む研究の方向性である。**解釈主義**は多くの学派が含まれるが，フィールドワークなどを中心に，テクストの解釈に重点を置く研究の方向性である。このフレームの目的は現象の理解であるが，**批判的フレーム**は変革と解放を目的とする。ともに方法論的に解釈的アプローチであることは共通するが，批判的フレームはパワー関係に対して批判的な視座を持ち，CDAやフーコー派，ラクラウ派，ラカン派は批判的志向が強い。最後にHeracleous（2006）が指摘する‘**構造化**’は，近年大きな流れになっている批判的実在論（critical realism）や新制度派組織論を含めるものである。この新しい流れは，解釈的または批判的フレームに含めることは可能であるが，これらを収めるには大きすぎる流れとなっている。

　この選択ポイントは，自分の研究はどのようなスタンス（パラダイム）に依拠するかということを，しっかりと考えることである。しばしば研究の中に，パラダイムの混乱や一貫性の欠如が見られることがある。例えば学会発表などでときおり見かけるが，研究者自身は解釈的アプローチをしていると言うのであるが，実証主義的ディスコースを使いながら，実質的には機能主義的な説明フレームをとっていることが指摘される。パラダイムについて固定化することを勧めているのではなく，自分が依拠するパラダイムについてしっかりと検討し，少なくとも1つの研究プロジェクトの中で，パラダイムにお

第4章
組織ディスコースの研究方法

ける一貫性を保つ必要がある。さもないと，リサーチクエスチョンと研究方法の関係が不安定になるからである。これは研究者として，とても大事な選択ポイントである。

(3)選択ポイント3：リサーチデザインの戦略

このステップにおいてデンジン＆リンカン（2006）が示唆するのは，経験的研究を行うに際して，どのような資料またはデータを収集するかについて考えることである。実証主義的なジャーゴン（専門用語）で言えば，**操作化**（operationalization）の検討が最初に行われなければならない。ある概念や問題を研究するために観察したり，インタビューしたりするとき，その概念自体を直接理解するのは難しいことが多い。そのような複雑な研究の際に，概念や問題を分解し，（実証主義的には測定可能な）理解可能な言語にしていく過程である。例えば'組織文化'を研究するとき，この概念自体がとても複雑かつ抽象的で直接的な理解が難しいので，それを操作化して，'神格化'のストーリー，'タブー'のストーリーなどについて理解することが，組織文化を理解することにつながる。このような操作化が，ODS においても重要となる。第8章で見るように，フーコーの統治性の概念を研究するために，'言説的装置'という概念に操作化が行われ，これについて理解を深め研究する。適切なデータを収集するために，操作化が慎重に検討されねばならない。

次に関連して考察すべきは，データ収集の方法である。理論フレームの中には，研究方法に特徴を持つものもあるため，何をディスコース理論とするかによって，その方法は大きく変わってくる。例えば，フーコーの系譜学的なアプローチをとる場合，データ収集の戦略は，歴史的な記録に焦点を当てる。他にも特徴を持ったアプローチとしては，エスノメソドロジーを軸にした会話分析のアプローチは自然発生する会話を，エスノグラフィーを軸としたフィールドワーク研究は観察をもとにしたフィールドノーツを，ナラティヴ理論をもとにした組織のストーリーやライフストーリー研究はインタビューを解釈のテクストとしている。さらに帰納法を徹底したグラウンデッ

109

第Ⅰ部
組織ディスコース研究の基礎

ド・セオリー[9]では，データ収集にしても戦略的なインタビューの一貫性が大事となる。理論フレームの選択と同時に，研究のデザインを左右する方法論上のアプローチを検討しなくてはならない。

(4) 選択ポイント4：データの収集と分析

このステップで大事なのは，戦略的リサーチデザインと操作化に基づくテクストの創出である。本章のこの後で，テクストについて今一度言及するが，ODSのデータ（テクスト）は幅が広い（**表4-7**）。これは，どのようにディスコースを定義するかに依存する。フーコーが組織研究に大きな影響を与え，ディスコースは狭い範囲の言語活動にとどまらず，知識という形式を含めた，広い意味での研究を射程に収めるようになった。従って，第2ステップにおいて解釈の対象としてのテクストは，**一次データ**のような観察やインタビューから得られるテクストから，**二次データ**のような歴史的な記録，新聞記事や企業情報，インターネット上の情報やSNSまで含まれる。どのようなテクストが適切であるかは，研究関心やRQ，そして理論的フレームに照らして決めることができる。フーコーの系譜学的理論を強調する場合，歴史的な記録などが重要なテクストとなる。CDAは新聞記事や公の記録，議事録などが多く利用される。ナラティヴやストーリーテリングのフレームワークでは，インタビューが多く使われている。しかしODSは実証を目的としたインタビューではなく，前述した事例理解のためのインタビューであり，聞き取りの数の多さは研究の質と直接関係はない。むしろ研究の目的とRQに照らして，適切な事例を構成するテクストという意味で，インタビューの質が評価されるべきである。このようにODSにおけるデータは，第1～3の選択ポイントをもとにして，最終的には適切なテクストが産出されねばならない。

ディスコース分析は，ディスコースデータにおける内容的特徴よりも，テクストにおける意味に焦点を当てる。観察やインタビュー，または二次データの中にあるテクストの意味的特徴や，意味の生成と変化に大きな関心があ

第 4 章
組織ディスコースの研究方法

□ 表 4-7　ディスコース・アプローチとテクストの種類

テクスト		レトリック	CDA	ポスト構造主義			ナラティヴ		会話分析	言語行為
				フーコー派	ラクラウ派	ラカン派	ナラティヴ	ストーリー		
文書	歴史的テクスト	○	○	◎	○					
	制度, ルール	○	○	○	○	○				
	企業広報・情報	◎	◎	◎	○	○				○
	ビジネス・マーケティング	◎	◎	○	○	○				
	記録, 議事録	◎	◎	○	◎	○				
	新聞記事, ニュース	◎	◎	○	◎	○				
	SNS	○	○	○	○	○	○			○
	ブログ, ホームページ	○	○	○	○	○				○
	写真, 絵画, アート, モニュメント	○	○		○	○				
観察	フィールドノーツ	○	○		◎	◎	◎			
	フォーカスグループ	○	○		◎	○	○			
	インタビュー	○	○		◎	◎	◎	○		
	ライフストーリー	◎	○		◎	○	◎	◎		
	スピーチ	◎	◎		○	○	○	◎		◎
語り	会話	○	○					○	◎	◎

111

第Ⅰ部

組織ディスコース研究の基礎

る。身近なコンテクストや社会的，文化的，歴史的コンテクストに基づいて意味に注目する。テクストに表れる表象について，レトリックを考察したり，社会言語学的考察を加えたり，ストーリーの分析を行うことがディスコース分析である。

(5) 選択ポイント5：研究テクストの公開

最後に，研究の成果をどのように公開するかも考えねばならない。研究の結果をその方法的プロセスとともに報告することは，研究者にとって創造的かつ政治的なプロセスである。デンジン＆リンカン（2006）が公的テクストと呼ぶ学術論文，学位論文，プレゼンテーション，パフォーマンスであるが，ODSも一般的にはこのようなアウトプットを念頭に置いている。多くの研究者コミュニティがこれを情報の源としているため，研究の公開先をこのようなフィールドに向けることは，研究者の倫理であり知識の公的な貢献といえる（プリチャードほか，2012）。

しかし問題も多い。定量分析が主流となる学術誌に提出することは，大きな努力が必要となる。方法論的な違いからODSの意義が認められないことも多く，組織研究の学術誌の標準的プラットフォームとどう向き合うかが大事となる。つまりこれが政治的なポイントでもあり，実証主義的で量的研究が支配的な学術誌にODSの論文を掲載することは，大きなチャレンジである。パラダイムを共有していない査読者との対話過程は，通常以上に骨の折れる過程である。ODSは，ヨーロッパの学術誌である *Organizational Studies* や *Human Relations, Culture and Organization* という媒体において，多く提出されている。日本においては残念ながら，学会系の学術誌では適切に審査を受けることが難しい状況である[10]。従って，従来の学術誌への投稿を試みるとき，ODSの論文は少し化粧をして（厚化粧になるときもあるが），組織研究の学術誌の標準的研究論文の型にはめ込んでいかねばならない。それは学術論文の用語の踏襲であったり，論文のスタイルなどである。

'リサーチクエスチョン' や 'データ収集'，'分析' などは，典型的な

第4章
組織ディスコースの研究方法

ジャーゴンである。また先行研究のレヴューや研究方法，分析，考察などの論文の構成も，踏襲されることが多い。しかし，ディスコースのアプローチは創造的であり，この枠にあえて収める必要はない。もっと自由で，オルタナティブな公開方法もあるだろう。例えば，ネット上の論文発表やワークショップなどの形式が考えられる。またODSの多くは組織における社会的問題にアプローチしているため，企業へのフィードバックやコンサルティング，または政治的な活動などにも結び付く。型にはまらないような公開方法もまた，大きなチャレンジである。ODSの研究発表については，創造性と政治性とを巧みに使いながら，辛抱強く対話する姿勢で臨まねばならない。

4 ディスコース・データの収集：テクストの産出

ここで今一度，ODSにおけるデータとは何か，どのような特徴を持っているのか，そして適切なテクスト・データの入手方法について検討する。

(1) テクストの種類

組織ディスコースのテクストは，多種多様である。なぜなら，複雑な社会的現実を構成するのは，多声的なディスコースであるからだ。それは関係性のもとで生み出される人々の語りに限らず，過去の歴史的文書から最近の記録，建造物や広告映像まで，多様である。表4-7は，ODSで分析されるテクスト例の一覧である。これが示すようにODSの多様なテクストは，書かれた文書というテクストと，語られたり観察されたことによるテクストに大きく分けられる。前者は一般的に，二次データとして補助的に扱われ，例えば，機能主義的な事例研究で使われる資料となる。これに対し後者は，一次データとして，一般的な定性的研究の重要なデータとなっている。

はじめに，多様な文書や建造物等の人々が生み出した人工物であるが，これはODSにとって社会的現実を構成する重要なテクストである。歴史的文

113

第Ⅰ部
組織ディスコース研究の基礎

書とは，フーコーが考古学的アプローチや系譜学的アプローチによって知の変遷を描き出したように，古文書や歴史的な記録のことである。図書館や博物館，美術館などの歴史的な記録が保管されている施設には，貴重なテクストが豊富にある。フーコーが性という知の歴史や監獄の機能の歴史的発展を調べたように，古文書や記録は知を形成する重要なテクストである。同様にルールや制度も，テクストとみなすことができる。これは明文化された制度もあれば，慣習となっているような暗黙のルールも含まれる。組織文化の研究では，このようなテクストが重要であることは周知であるが，これを言説的なテクストとして見るということがODSの特徴である。制度やルールは人々に対して，その行為を方向づけ遂行性を持つ（パフォーマティヴな）ディスコースであり，パワー関係の中にある発話とみなすことが可能である[11]。

さらにインターネットを中心としたデジタル社会の中，企業に関する情報はますます豊富になっている。アナログな時代では企業情報を，経済雑誌などの発行物や，企業自体が発行する年次報告書やレポートによって収集した。しかし今，企業のホームページを見れば，異なるオーディエンスにそれぞれに合わせた情報が提供されている。例えばIRという投資家向けの情報，消費者や関連するステークホルダー向けの情報などが，豊富に発信されている。ホームページだけではなく，スマートフォン時代の昨今，より簡単に情報にアクセスできる，いわばスマホ向けSNSが重要なツールとなっている。このようなコミュニケーション・テクノロジーの発展に伴い，それぞれのコミュニケーション・チャネルに有効な，特徴ある情報が社会に共有されているが，これらはすべてテクストとして解釈の対象となる。新聞などの記事も重要なデータであるが，これは企業事例や事件を知る手がかりとしてではなく，これらのテクストが現実を構成するディスコースとして意味があり，1つのデータとして分析されるのがODSの特徴である。

さらに組織研究としてはまだ数が少ないが，写真や絵画などのアートもテクストとして可能である。モニュメントなどを含め，人々の間で共有化された集団的記憶を形成する，大事なディスコースとして研究可能である。

第4章

組織ディスコースの研究方法

　研究対象者へのインタビュー調査や，研究対象となるフィールドでの観察を中心としたデータ収集は，一般的に一次データとして理解される。研究者が直接行う観察や聞き取りなど，分析の対象となる資源を生み出す。または収集することは，伝統的な質的研究においても ODS においても，重要な研究方法である。またインタビューするトピックや観察するテーマなども，ODSと伝統的な質的アプローチで大きな違いはないかもしれない。しかし，従来の質的研究のアプローチと異なるところも多い。インタビューや参与観察などの方法はそのままで，より積極的に対話を重視したテクストの生成を行うことが，重要な違いとなる。社会構成主義の観点から考えれば，インタビューや参与観察などを通じて得られるテクストは，研究者と情報提供者との間の協同構築による，社会的な現実の構成の帰結である。研究者の，よりアクティヴなインタビューアプローチが特徴的である（ホルスタイン＆グリアム，2004）。

　例えば，私が約5年という歳月をかけて度々訪問している東日本大震災の被災地では，仮設住宅で暮らす方々と次第に信頼関係が生まれ，毎回「また来ました！」「来てくれてありがとう」というような挨拶から始まり，話を伺う。ここにおいて第三者的な関係で聞くことはできず，時に同情的な傾聴や，ストーリーを引き出すために積極的な傾聴を行っていた。これらはデータ収集であると同時に，また情報提供者との対話のプロセスでもある。ODS の目的が，複雑な現象のより深い理解，また内部者的視点からの理解（証拠探しの目的ではなく）であるため，このように積極的なかかわりを持った対話は，むしろテクストの質を高めると考える。現場で語られる物語的真実（第5章参照）が，それぞれの社会的現実を生み出しているのであり，ODS が求めるデータは，組織の問題を構成する多様な物語や語りについて考察可能とするテクストである。

　これはグループのインタビューにおいても同様である。**フォーカスグループ**も重要な方法であり，そのグループの会話は，個人のインタビューとは異なる長所と短所を持つ。**ライフストーリー**というテクストも，近年活発に使

115

第Ⅰ部
組織ディスコース研究の基礎

われるテクストである。インタビューを通じて，対象者の人生の一部を語ってもらうことで，企業家精神やジェンダーなどのアイデンティティが分析可能となり，個人の人生ストーリーがデータとなる（第5章参照）。さらにODSでは，スピーチをデータとする。あるオーディエンスを前に話をするスピーチは，インタビュー形式のような相互行為はないが，重要なテクストとしてODSのデータとなる。例えば有名なスティーヴ・ジョブズの，スタンフォード大学の卒業式での**スピーチ**は，企業のリーダーとして分析することが可能である。清宮ほか（2009）は，従業員との協調的関係の構築に至った経緯について，中小企業の勉強会における社長のスピーチを分析した。本書では取り上げていないが，会話もODSが取り組むテクスト・データである。

(2) リサーチの場と複合的なテクストの収集

前節において考察したように，ODSの基本的リサーチデザインの戦略を考える中で，リサーチの場（research site）や研究対象を定めなくてはならない。Phillips and Hardy（2002, p.70）は適切なリサーチの場について，「リサーチの場（対象）は，興味深い結果を生み出すような特徴を持っているか」が大事であるとする。自分の研究関心は，どのようなリサーチの場において実現可能か，これはディスコースのアプローチに限らず重要な考察である。ODSの特徴は，複雑な社会・組織現象を社会的現実として考えることが出発点であり，リサーチの場として最適な場であるか，または効率的にディスコースデータを得られるかは，重要な検討事項である。

たとえ最適であっても，データとしてなかなか得られないようなこともある。例えば，不祥事事件の企業担当者にインタビューするということは，極めて困難である。これは質的研究の悩みである。しかし不祥事研究について，不祥事企業とのインタビューができなくとも，別の方法でテクストを集めることは可能である。研究目的のもとに概念の適切な操作化を行い，不祥事という社会的現実を構成するディスコースを探らなくてはならない。裁判記録であったり，新聞の取材記事，企業の発信する報告書，記者会見における会

第 4 章
組織ディスコースの研究方法

社側と記者のやり取りなどはテクストとして分析の対象となりうる。つまり最善のデータ収集でなくとも，オルタナティブなテクストを考えることが大事なのである。

　研究関心のある組織現象や，問題を社会的に構成するディスコースは，たった1つではない。むしろ複合的なディスコースによって構成される社会的現実は，多面的なテクストを見つけ出すことによって，複雑な現象の理解にとって有益となる。実証主義的なトライアンギュレーションとは異なるが，マルチなレベルにおいてデータ収集し，複数の分析方法によって行われる多元的な研究は，ODS の研究の質を高める（ブロードフットほか，2012）。ODS のいくつかの研究は，フィールドワークを通じた観察やインタビュー，文書記録などをもとに，事例という社会的現実を分析する。ブロードフット（Patricia Broadfoot）たちはこれを，「研究に対する対話的志向」（ブロードフットほか，2012, p.311）と呼び，言説的実践の異なるレベルと異なる場所を考察することを提唱し，社会的現実の動態を構成する瞬間を異なる次元と異なるレベルでデータ収集し分析する（マルチレベル・マルチメソッドのアプローチ）。ブロードフットほか（2012）はその中で，ブロードフット自身の博士論文の研究を例に出して，その多元的研究を紹介する。遺伝子カウンセリングにかかわる，医療専門家とその患者の対話を第一のデータとし，この医療現場での参与観察を第二のデータ，そして専門家へのインタビューを第三のデータとして，3種類のテクストを用意している。それらの中で医療の語り，患者の語り，クリニック（病院組織）の語りという，マルチレベルの分析を実施している。それにより「臨床的関心対商業的利益，生物学とバイオグラフィーの関係性，知識の必要性と神秘さの維持，そして最後に組織化された職業としての医療の分断といったような，絡み合った言説的な撚糸によって編まれた1枚のタペストリー」（ブロードフットほか，2012, p.329）を作り上げていると帰結する。このように単一のデータ収集と分析方法ではなく，多様なディスコースから織りなされた多元的現実を，複合的なデータ収集を通じて得られた複数のディスコース分析によって探求することも可能である。

第Ⅰ部

組織ディスコース研究の基礎

　ODS における研究の実践は，研究関心と目的によって，戦略的に研究方法が検討されるべきである。例えば CDA やレトリックなど，ディスコース・アプローチ自体に大きな特徴を持っているため，データ収集の方法も戦略的に選択される。新聞記事を多用する方法やインタビューを中心に研究する方法など，第5章以降，それぞれのディスコース視座を考察する際に，その方法的側面も合わせて議論する。ここでは適切なデータ収集について，Phillips and Hardy（2002, p.75）の以下の要約を確認しておきたい。

　　＜適切なデータ収集のためのポイント＞

- どんなテクストが，研究の対象を構成するのに最も重要であるか？
- どんなテクストが，（研究目的における）最も強力な行為者によって生み出されているか？また最も効果的な手段（チャンネル）を通じて発信されているか？さらに最も多くの受け取り手によって解釈されているか？
- 上のようなテクストの中で，分析が可能なものはどれか？
- 上のようなテクストの中で，分析の実現性が高いものはどれか？
- これらのテクストをどのように抽出するか？
- このデータ収集の選択は，その適切さをどのように説明できるか？

(3) データ収集の技術的特徴

　一次データの収集としては，伝統的な質的研究と形式的にはほぼ同じである点はすでに言及した。近年は質的研究における方法論への注目も高まり，これらに関する専門書／研究書は豊富になってきている。組織研究の中にも，このような質的研究の優れた文献があり，したがって敢えてここでページを割くことをせず，これらを参照していただきたい（田尾・若林, 2001; 佐藤, 2002; デンジン＆リンカン, 2006）。ここではディスコース分析のために，特徴的なポイントについて簡単に言及する。

第4章
組織ディスコースの研究方法

①インタビュー

インタビューが質的研究の大きな柱であることは明確であり，ODSにおいても中心的なテクスト生成の方法である。表4-7においてもわかるように，ほぼすべてのアプローチで使われている。とくにODSの中心的テーマである，アイデンティティとアイデンティティ・ワークについて取り組む際に，インタビューは効果的である。なぜならインタビューによって，本人でさえ無自覚でいるようなアイデンティティが浮き彫りになり，多様な言説的形成を通じてアイデンティティの意味が示唆できるからである。アイデンティティは，人々の精神の中にあるのではなく言説的に形成されるのであり，対話的なインタビューは，アイデンティティ形成を理解するのに役立つ。

インタビューは誘導的な質問を行い，自分の研究の結果に都合の良い回答を引き出すことではない。インタビューによるデータ収集の形式的方法は，定性研究で一般的な'深層（in-depth）インタビュー'と大きく変わらないが，重点と焦点が異なる。ODSでは，対話者との信頼関係の構築をもとにしながら，よりアクティヴなインタビューが求められる。さらに，語られた言葉とその意味を中心に置き，内容そのものに焦点を当てるわけではない。内容以上に，気がかりなキーワードのような言葉に注目しながら会話を発展させる。社会的現実がどのように言葉によって構築され，その意味と内容が理解されるかが鍵となるため，インタビューの対話的な構築過程が大事となる。つまり，関心のある聞きたい内容や項目を事前に用意して，それを聞いたことでインタビューは終了ではない。対話による理解がまた次の理解のための質問を生み出し，対話が発展するのだ。その場の即興的な相互行為から会話が発展するプロセスにおいて，特定の言説に注目しながら対話を進める。聞き取りの最中も，分析と解釈をしながら次の質問へと進むのであり，相互の関心と協力をもとにしたアクティヴなプロセスである。

Alvesson（2011）はODSが採用する他のインタビューとの違いを，以下のリストのように示唆している。

1．その文脈でのインタビュー：そこで何が起きているかの記録

119

第Ⅰ部

組織ディスコース研究の基礎

2．状況をフレーム化する：話の筋を確立や継続としてのインタビュー

3．主体を調整する：アイデンティティ・ワークとしてのインタビュー

4．答弁を生むルールや資源に従ったり調整する：文化的スクリプトの応用としてのインタビュー

5．道徳的ストーリーテリングとプロモーション活動：印象操作としてのインタビュー

6．利益とパワーの文脈での語り：政治行動としてのインタビュー

7．答弁を生み出すための言語の使用：真実を生み出す場としてのインタビュー

8．インタビューイーを構成する言語：ディスコース力の競技としてのインタビュー

　上のリストでは数が進むにつれて，よりODSのインタビューの要素が強くなる。それとは逆にリスト1は，典型的な質的研究のインタビューを代表しており，データとしてのインタビューである。実証主義的な研究方法では，「データは仮説を支持した」というディスコースによって論文を展開，仮説検証また論理的実証を目的として，インタビューデータが集められる。ODSの中でもときおり，言説が証拠であるような論理展開を見受けるが，ODSにおいてインタビュー結果は証拠ではない。これと異なるのは3が指摘するような，インタビューとは，二者間の相互行為がアイデンティティ・ワークとして認識されるということである。7が指摘するように，実はインタビューイーは真実の語り手や情報提供するだけではなく，何かをなすために言語を使っているのである。つまり語られた内容が本当に真実かどうかに焦点を置くのではなく，そのように語ることで何か（説得や要求，命令）を成し遂げようとする言語に，より強い関心がある。ここにこそ，ODSにおけるインタビュー調査の意義がある。8が示唆するのは，ポスト構造主義的アプローチの関心を示すものである。それは自由な個人の語りではなく，社会的に構成された経営や組織の関係性における，主体の表現に焦点を置いている。そしてそれ

第 4 章
組織ディスコースの研究方法

■ 図 4-2　インタビューの多様性

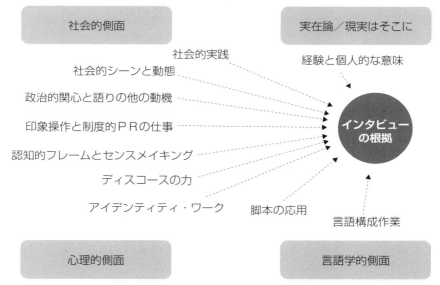

出所：Alvesson（2017）より筆者訳。

は，フーコー的なディスコース（言語や社会的実践によって形成された知の体系）が個人を形成する点を考察するのであり，インタビュイーのアイデンティティとその語りを生み出させているディスコースを，インタビューにおいて垣間見る。インタビューはこのように，多様な目的や焦点の差異があり，Alvesson（2011）は図 4-2 のように整理する。

②フィールドワーク

フィールドワークは ODS の多くのアプローチで取り入れられ，とくにポスト構造主義的アプローチでは，現場におけるパワー関係を**観察**するために，研究者はフィールドに入っていく。ODS に限らず，フィールドワークは典型的に次の 4 つの段階に分けて考えることができる。それは，第一段階のフィールドへの参入，第二段階の観察と記録，第三段階の観察された事象の

第 I 部
組織ディスコース研究の基礎

分析と解釈，そして第四段階の観察結果をまとめるプロセスである（田尾・若林，2001）。一般にここで行われる観察は，**参与観察**と呼ばれる方法であり，すでに言及したように，内部者になって観察することである。完全にコミュニティの内部の人間になることはできないが，現場に入って人間関係を構築し，その中で見えている事柄や内部者から見えた現象の理解を記述していくことである。このフィールドの観察の中には，公式や非公式なインタビューも含まれる。最終的にはエスノグラフィーとして，フィールドで経験・観察したことを‘厚い記述’にしていくのである。

観察は研究者の目を通して行われるのであり，ビデオカメラによって記録されるジャーナリズムの目的とは異なる。従って，フィールドを観察する際に書き留める‘現場メモ’と，これをもとに記録をまとめる‘清書版のフィールドノーツ’がある（佐藤，2002）。定性分析は観察した‘記憶’を分析するのではなく，このフィールドノーツをもとに考察される。従って ODS の点で注意しなくてはならないのは，現場メモにおいて，人々のディスコースを書き留めておくことである。観察のポイントとしても，現場の語り，人々が話す言葉や言説に注目して観察し解釈・理解を深めるべきである。私が東日本大震災の被災地でフィールドワークを行ったとき，コミュニティの人々の語りに注目して観察した。とくに訪問の初期は，「来てくれてありがとう」などの言説やボランティアへの感謝のディスコースと，ボランティアやコミュニティの外の人たちとの関係やネットワークを大切にするという，絆のディスコースを観察した。現場メモにはこのときの自分たちの気持ちなどを含めて，観察を書き残しておく。よりディスコースに焦点を当てた観察のメモの作成が，大事となる。

③会　話

インタビューやフィールドワークは，研究者がテクストの構成に参加している点で共通しているが，研究者がテクストの産出に直接関与しないテクストの収集もある。その代表は，エスノメソドロジーが中心的に展開する「会

話データ」であり，このデータにおいて会話分析が行われる。表4-6が示すように，会話データは一種特殊であり，会話分析において最も徹底した形で分析・考察される。例えば警察の無線や裁判記録，会議室での会話，夫婦や恋人の会話など，自然発生的に起きている会話を録音し，それを文字と記号によって極力忠実に，トランスクリプトとして再現するという方法である。会話分析の方法については，日本でも社会学に多くの文献があるので，そちらを参考にしていただきたい。組織研究においては，サービスにおける日常性について，寿司屋のカウンターで交わされる対話を分析する山内（2015）の研究があり，会話分析による組織研究の1つの方向性がここに示された。

　会話データの収集はインタビューと異なって，研究者の直接的な介入が極力少ない点で長所と短所があり，また限界もある。研究目的に適切な会話データの収集は，自分の研究したいテーマや関心と，そのリソースとなる自然な会話をどのように入手するかという点において，極めて難しい課題である。

④文書データ

　ODSが扱う従来の質的研究と異なるデータの側面は，発話されたデータにこだわらない点である。表4-6が示すような多様な文書が，ODSのテクストとして解釈可能なデータとなる。CDAに代表されるように，新聞記事や公の記録文書など，書かれたデータは1つのテクストとして，ODSの研究の枠組みを広げる。フーコーのディスコース分析は，言説的に形成される知の体系としてのディスコースを焦点とするため，とくに文書を中心に分析する。フーコーが彼の後期に発展させた系譜学は，歴史的記録をもとに知という言説を分析した。またフーコーの影響下にあるODSは，企業や産業界が発信する文書を分析の対象として，その統治性や戦略の正当性などについて考察する。

　企業の資料など，すでに文書は経営学の‘事例研究’において使われているが，これとは異なることを，2つの点で確認したい。1つは，先のフィー

第Ⅰ部

組織ディスコース研究の基礎

ルドワークの事例で議論したとおり，従来の事例研究では仮説検証や理論構築のための事実の１つとして，事例をサポートする材料であることだ。しかしODSの文書データは，そこに書かれてあるテクストが重要であり，そのディスコースを通じて１つの社会的現実が形成されると考える。従って歴史的文書や記事，記録文書にある文言そのものが重要であり，テクストとして分析データとなる。もう１つの点は，テーマが従来の事例研究とは異なり，１つの知の体系としてのディスコースに焦点を当てることが多いということだ。ハーディーとマグワイアは，DDTという殺虫剤のディスコースを探求した（Maguire and Hardy, 2009; Hardy and Maguire, 2010）。日本では第二次世界大戦後，しらみの駆除として使用されたことで有名であるが，農薬として使われるこの薬のリスクについて，ディスコースの視座と制度的ロジックの視座から分析した。

　このように文書だけをテクスト・データとするときは，１つの経営システムや技術体系などの知＝パワーを分析の焦点としており，従来の経営学的事例研究とは異なるテーマとアプローチを行っている。ただしフィールドワークの一部として，インタビューや観察とともに，企業情報や社史などの文書データが取り入れられることは多い。

5 ディスコース分析

(1) 予備的分析とデータ化

　データ収集とその分析は独立した作業に見えるが，実はODSにおけるインタビューやフィールドワークにおいて，この２つは同時作業の側面がある。例えばインタビューでは積極的に対話する過程において，常に相手の答えに対して解釈を推し進め，さらなる理解を深めていく。フィールドワークにおいても同様であり，観察によるデータ収集と分析は同時に行われ，質の高い

テクストの産出がなされる。量的研究ではそれぞれの作業は独立し，データ収集が行われた後，そのデータを分析する。ここに大きな違いがあり，繰り返しになるが，実証を目的として客観性を重んじる量的アプローチではむしろ，独立させることによって研究の質を上げる。しかし，ODS によるインタビューやフィールドワークにおいての分析は，データではなく理解を深めるテクストの産出として，データ創出の重要な一部となる。実際のところいくつかの発見や気付き，アイディアや脱構築が，このデータ収集においてもすでに起きている。これは，その後の分析を進めるうえでもマイナスとなるものでなく，解釈と理解を深める多様な可能性を示唆するものである。

　分析はデータの収集プロセスにおいても行われるが，しかしこれはいわば予備的分析と言えるだろう。その後インタビューや観察のフィールドノーツは丹念に文字化され，分析としてテクストの解釈を実施する。この文字化された資料を**トランスクリプト**と呼び，これをもとに分析の作業が行われる。文字起こしも大変時間のかかる作業であるが，これをデータとして整理する作業も大きな役割を持っている。ODS は複雑なトランスクリプトを必要としない。章末にあるトランスクリプトは，中小企業の社長の講演をデータ化したものの一部である。インタビューであれば，インタビュアー（研究者）とインタビュイー（研究協力者）の対話のやり取りは，どちらが何を話したかが分かるような台本スタイルのトランスクリプトを必要とする。複雑なトランスクリプトを求められるのは，会話分析である。台本スタイルだけではなく，対話の間の時間を秒単位で表示したり，会話が介入してきたタイミングが示されたりする。会話分析にとってこれらは，現象の大事なリアリティの再構成の方法である。組織ディスコースの分析は，これほどまで緻密なトランスクリプトを必要としない。トランスクリプトの左側に番号が表示されているが，これは分析の補助のための＜行番号＞である。特に共同研究する時は，テクストの場所を示す記号として役立つ[12]。

　同様に，フィールドノーツもデータ化して，分析しやすい状態に行番号をつけるなど，スムーズに情報共有できることが望まれる。CDA やフーコー派

第Ⅰ部

組織ディスコース研究の基礎

の研究方法をとる場合，インタビューなどの一次データだけでなく，二次データを分析の中心的テクストとすることもある。また，一次データとともに二次データを使いながら，複合的なディスコースをもとにした事例分析することも多い。とくに複数の研究者で研究するときは，文書などはパソコンで情報共有できるようにしたり，また写真などの画像も電子データ化して整理する必要がある。これらもまたフィールドノーツと同様に，分析しやすいよう行番号などをつけてデータ化するのがいいだろう。

近年，購入しやすい価格で定性分析用のソフトが市販されているが，ソフトはあくまで補助手段でしかない。定量分析の統計ソフトとは異なり，定性分析用ソフトは自動的に結果を示すものではない。私もヨーロッパで広く使われている Nvivo というソフトを使うが，データを整理したり，分類したテクストを一度に見ることができるなど，利便性が高いので利用する価値はある。しかしあくまでも分析の補助ツールであり[13]，テクストの解釈は自分自身で行うことを念頭に置かねばならない。

(2)内容分析との比較

質的データは，組織ディスコースの研究だけでなく，伝統的にエスノグラフィーや内容分析として研究されてきた。ディスコース分析が脚光を浴びたのは，これまでの質的研究に対するオルタナティブなアプローチを示したからである。とくに内容分析が，方法論的に実証主義的傾向をぬぐい捨てきれないことがあり，批判的視座の研究方法として限界を示していた。**表4-8**では，内容分析とディスコース分析の特徴を比較した。

内容分析を広い意味で理解すると，ディスコース分析も内容分析的な側面がある。しかし伝統的内容分析の特徴は，テクストの内容的特徴を客観的または体系的にとらえようとすることである（プリチャードほか，2012）。また，内容分析の特徴には本質主義的側面があり，この点がODSとは大きく異なる。つまり内容分析には，見たり聞いたりして得たデータには真実が含まれていて，これを＜内容的な特徴＞によって分類整理することで，データの本

第4章
組織ディスコースの研究方法

☐ 表4-8　内容分析とディスコース分析の比較

	内容分析	ディスコース分析
データ収集	インタビュー，フォーカスグループ，参与観察，メディアからのデータ収集	よりアクティヴなインタビュー，フォーカスグループ，参与観察，歴史的文書や記録の収集，メディアからのデータ収集
データの種類	インタビューなどのトランスクリプト，フィールドノーツ，メディア（新聞など）のテキスト，SNSを含めたオンライン上のテキスト	会話，インタビューなどのトランスクリプト，フィールドノーツ，メディア（新聞など）のテキスト，SNSを含めたオンライン上のテキスト
分析の目的	・テクストが内容的にどのように分類できるか ・テクスト内容にある真実を導き出す	・社会的現実が構成される過程の理解 ・何がどのように語られたか ・意味形成の理解と解釈
分析の特徴	・語られた（書かれた）内容は真実であることが前提 ・テクストの内容に焦点を置く ・コーディング・スキームをもとにした緻密なコーディング ・複数の分析者によるコーディングの精緻化	・語られた（書かれた）内容が真実であることを前提としない ・テクストの言語使用，内容よりも表象の意味に焦点を置く ・コーディング・スキームはあまり使わない ・創造的で自由な解釈が高く評価される＝分析者の恣意性は当然
データ収集の関係性	・第三者的関係 ・研究対象として知的なリソース ・客観的に聞き出す関係	・よりインタラクティヴ，協力的 ・社会的現実を再構成しる協力者という関係 ・アクションリサーチ的アプローチでは，データ提供者以上の存在

質部分にある真理または問題の原因を抽出すること前提としている。ディスコース分析は内容的特徴よりも，テクストにおける意味に焦点を当てる。観察やインタビュー，または二次データの中にあるテクストに＜意味的特徴＞を見出す分析であり，意味の生成と変化に大きな関心がある。内容と意味は相補的であり，その点でディスコース分析は内容についても分析解釈するが，最も大きな関心は身近なコンテクストや社会的，文化的，歴史的コンテクストに基づいて，語られた言葉の意味に注目するのである。従ってODSにおいて，ディスコース・データに真実が含まれているという前提はとっていな

127

第Ⅰ部
組織ディスコース研究の基礎

い。何が語られ，どのような言語や知識に社会的関係性が表象されているか
が，最も大きな関心である。顕著な例としては，語られたテクスト間の表象
関係を考察し（間テクスト分析），アイデンティティとパワーの社会関係を議
論する。複雑な組織の問題を社会的現実として検討することは，それを形成
するディスコースの意味を解釈しなくてはならない。第8章で見るように，
CDAはディスコース・タイプとして，意味を中心にディスコースを分類す
る。内容分析は，テクストの内容的特徴を解釈し，コーディング・スキーム
を使ってテクストを分類する。

　このようにディスコース分析が重視するのは，テクストの中にある言語や
知識について，意味を中心にそのパターンや規則性などの特徴的な意義を見
出すことである。これらのテクストに現れる表象について，レトリックを考
察したり，社会言語学的考察を加えたり，ストーリーの分析を行うことが
ディスコース分析である。多様なディスコース分析にはそれぞれの視座に重
要な概念があり，これらをディスコースの意味的特徴を理解する根拠とする。
例えばフーコーの規律型権力という概念によって，テクストに表れた表象の
意味をパワー関係として理解するのである。複雑な現象を理解するのに有効
な概念を，ディスコース視座は多く提供している。それらは多様なディス
コース視座に横断的なものもあれば（とくにポストモダン的側面として），それ
ぞれ特徴を持った概念もあるため，詳細はそのアプローチを見なくてはなら
ない。本書の後半では，組織ディスコースの概念的特徴を軸にして，ナラ
ティヴやストーリーテリングのアプローチ，組織レトリック分析，CDA，ポ
スト構造主義的分析を紹介する。

(3) コーディングと分析

　ディスコース分析を始めるにあたり，コンピュータのソフトやアプリケー
ションを使って自動的に分析ができるものでないことを，確認しておきたい。
ディスコース分析は，テクストに何か意義のある発見をする創造的なプロセ
スであり，決して機械的に発見できるものではない。またCzarniawska

（1998）が指摘するように，唯一ベストな解釈方法があるわけではないのだ。したがって研究者の哲学や共同主観的視座が，解釈のよりどころとなる。Phillips and Hardy（2002, p.79）は，以下のようなガイドラインを示唆する。

　　＜データ分析のためのポイント＞

- どのように自分はこのデータを分析するか？
- どんな種類のデータを用意しているか，ミクロかマクロなデータか？
- どんな種類の概念（カテゴリー）がデータから導きだせるか？
- それらの概念（カテゴリー）は自分のリサーチクエスチョンに関連しているか？
- これらの概念（カテゴリー）を説明し，そして正当化できるか？
- 最終的に何を知り得ることができたか？

　最初のポイントである「どのように分析するか」は，2つの側面がある。1つは，CDA やレトリックのように，分析の方法とプロセスに特徴があるので，その手順やステップに沿って解釈することである。もう1つの側面は，ディスコース分析の視座に関係なく，質的データの解釈の際に一般的に行うコーディングという方法によって進める分析である。これについてはこの後に示すが，前者については本書の第5章以降にある，それぞれの分析視座を参照してもらいたい。またディスコースがミクロかマクロであるかという点も，大事なポイントである。第3章でスモール d ディスコースとビッグ D ディスコースを示したように，それぞれのアプローチではデータの種類と分析視座が異なる。スモール d は，会話やインタビューなどのテクストの解釈に重点を置くアプローチであり，ビッグ D は，歴史や文化的コンテクストという，社会的な条件や時間的空間的な環境を考慮するアプローチである。スモール d の典型は会話分析であるが，本書では取り上げていない。レトリックやナラティヴ，ストーリーテリングなどは一般的にミクロ分析に焦点を置くが，社会的コンテクストを考察するビッグ D は，フーコー派などのポスト構造主義的アプローチに多く見られる。リサーチデザインを検討する際，す

第Ⅰ部
組織ディスコース研究の基礎

でにデータについてはスモールdかビッグDかを考慮しているはずであるが，これについて確認する必要がある。

　テクストの解釈を概念化に結び付けるステップが，研究における最重要な考察であり，最終的な発見であったり結論を導く議論となる。第1章のDJポリスの例では，「サポーターの皆さんのチームワーク」「皆さんのチームメイトであるサポーター」「フェアプレイのチーム，日本代表のサポーターにふさわしく」というディスコースに着目し，これにアイデンティティという概念を当てはめることが分析となる。この時のDJポリスの誘導は渋谷の若者たちの，'日本代表のサポーター'というアイデンティティを巧みに使ったレトリックであると分析することができる。フーコーの概念として第9章において，アイデンティティとアイデンティティ・ワークを考察しているが，ディスコース視座の重要な概念を理解することが必要である。

　しかし実証主義のように，先に仮説としてアイデンティティ・ワークを理論化した概念モデルを設定するのではない。まずすべきはテクストに向かい合うことであり，そのテクストから，研究関心である社会的現実や問題がどのように構成されるかを解釈するのである。この解釈作業の後に，理論化が生まれる。テクストの解釈に型はないが，まったくの白紙状態でテクストに臨む方法と，インタビューやフィールドワークにおける内部者としての視座から理解する方法があるだろう。また，頻出度が最も大きな言葉に注目するのは1つのアイディアであるが，常にそれが効果を持っているとは限らない。テクストを読む際，RQである自分の関心を常に念頭に置きながら表象を理解することも大事である。DJポリスの例では，若者が警察と対立するのではなく，どのようにして協力的行動に転じたかに関心があった。警察官が呼びかける'日本代表のサポーター'というディスコースによって，若者の行動がコントロールされる糸口を見つけたのである。総じて，テクストをしっかりと読むことが最も大事な解釈であり，機械的にキーワードを探すのではなく，テクストに表象される意味を読み解く創造的なプロセスである。

　質的研究の多くが行うコーディングも，ODSにおいては有効である。コー

ディングは，テクストにある表象を内容や意味において記号化していくもので，膨大なテクストから，特徴があり意味ある情報を絞り込むプロセスと言える。具体的には，テクストの上にマーカーで印をつけるような作業である。

リチャーズ（Lyn Richards）は，3種類のコーディングを紹介する（リチャーズ，2009）。第一は，**記述的コーディング**である。これはテクスト内にある属性的側面について記号化するもので，例えばテクストに現れた企業の従業員数や資本金などについて記号化し，グループ化するものである。第二は**トピック・コーディング**であるが，これはテクストを内容によって分類整理することを目的とした，記号化の作業である。自由回答方式のアンケートを，これによって分類整理することができる。清宮（2009）は不祥事に関する質問票による分析を行い，3種類の状況における行動について質問し，回答者の回答を3つの内容によって分類した。内容的なカテゴリー化は，①不正と思われる行動に対して毅然と行動する，②自分の行動について躊躇する，③仕方なく受け入れてしまう，という大まかな3種類に分類できた。それぞれを対立的な語り，回避的語り，協調的語りとして，とくに不正を受け入れてしまう回答に焦点を当てて分析した。これらはコーディング・スキームという，解釈のための指針を示したガイドラインをもとに進める。上の例で言えば，協調的語りとしてはどのような表現を含めるか，その一覧を示すことである。コーディング・スキームを決めることで，内容上の分類をある程度機械的に区分することはできる。しかし大事なことはテクストに向き合い，意味あるコーディング・スキームを作るための解読作業である。社会的現実を構成するテクストを多角的に解読し理解することは，ODSの特徴として大変重要である。

リチャーズ（2009）の示した2つのコーディング方法はODSにも応用可能であるが，ディスコースの視座にはもう1つの，**分析的コーディング**が最もふさわしい。なぜならこれは，「意味についての解釈や省察から生じるコーディング」（リチャーズ，2009, p.129）だからである。記述的およびトピック・コーディングは，膨大なテクストの情報を減少させる方法であったが，分析

第Ⅰ部

組織ディスコース研究の基礎

的コーディングは情報量を削減することを目的とするのではなく，内容や意味の点で，意義あると思われるテクスト部分を記号化することである。

　これは例えば，気になるディスコースについて印をつけ，そこに自分のアイディアやコメントを書き込むなどの作業であるが，ある意味この作業は，解釈の時に行う自然な行為であろう。ミクロなテクストを分析するときも，常にコンテクストからその意味を理解しなくてはならない。テクストに最も身近で状況的なコンテクストから，社会的・歴史的コンテクストまで，考慮しながら意味を探っていく。

　私は東日本大震災の被災地で，多様な「喪失のディスコース」に遭遇した。例えば「人に会えば誰々が亡くなった」とか，「うちは津波に全部持っていかれたよ」などという喪失のディスコースがあった。そのような喪失のディスコースを理解する中で，「冗談を言って笑わせるような雰囲気ではなかった」というディスコースに着目し，「沈黙化」というラベルをつけ，＜避難所の空気が人を沈黙化させる＞というコメントをつけた。このような理解やその解釈をコメント化する作業を，丹念に続けることが大事である。これらの解釈は，ディスコース視座の重要概念と結び付けられ，例えば＜被災者＞をアイデンティティとして概念化し，議論を発展させる。コーディングはあくまでも補助的作業であり，大事なことは，自分の哲学や関心をもとにテクストを読み，複雑な現象を構築するディスコースを意味の点で理解することにある。

(4) ディスコース分析の例

　本章の最後に，ディスコース分析の実際を例として示したい。日本語の研究実績が少ないため，ここでは私が過去に行った分析の一部を簡単に紹介する。私が大学院生と行ったディスコース分析であるが，「協調的労使関係の社会的構成」というタイトルで論文発表している（清宮ほか，2009）。これは福岡県中小企業家同友会が主催し，2004年から3年間ほど私が関与した，会員企業の経営者の勉強会における会員企業の社長のスピーチを分析したものである。社長の講演は勉強会の冒頭で行われ，そのあとグループ討議を実施

し，私が座長として議論の方向整理やコメントを行った。コンテクストや背景情報は論文を参照していただき，ここではディスコースの分析に焦点を当てる。

　論文では4人の社長の講演を取り上げ，経営者と従業員の関係をコミュニケーションの視点で考察した。データの種類としてはスピーチであり，インタビューのような相互行為は含まれていない。この講演を録音し文字起こしを行い，トランスクリプトを作成した。4つのスピーチはともに同じテーマで，経営者と従業員の協調的関係づくりのプロセスについてである。第5章で見るように，ストーリーテリングにおいて，物語のプロットという話の筋を丁寧に追わねばならない。

　表4-9はスピーチの1つであるC社[14]の社長の講演のプロットであり，約1時間のスピーチの流れを確認する。C社の社長は，最初から万事すべてうまくいっていたのではなく，人が集まらず，共同求人会で質問されたことが大きなきっかけになり，自分自身を反省することになったと語る。他の社長も大きな流れとして，必ず一度大きな挫折や経営のどん底状態を経験し，そこからどのように立ち直るかについて語るプロットである。A社の社長は組合との対立，B社の社長は信頼していた経営幹部の突然の退職，D社の社長は経営のおごりから危機を迎えたストーリーを示した。このストーリーからは様々な研究が可能であるが[15]，清宮ほか（2009）の論文では，同団体の基本的指針が示されている「中小企業における労使関係の見解」からの学びをもとに，従業員との協調関係がどのように構築されたかに焦点が当てられている。そこでテクストの解釈で着目したのは，経営者としての自分自身の振り返りと社員への眼差しである。これらを社長へのフレームと従業員へのフレームとして，テクストを分析した。つまり社長や従業員というディスコースを解釈するための，社会的な知識の枠組みとして概念化され，それが会社の危機の前と後で大きく変わった点に着目した。

　作業としては，**トランスクリプト(B)**で示したように，分析的コーディングを行い，意義あると思われたテクスト部分について，マーカーでハイライ

133

第Ⅰ部

組織ディスコース研究の基礎

□ 表4-9　スピーチのプロット

1	『労使見解』の基本的考え方 ・労使問題全国交流会での学び
2	経営指針の成文化；どうやって社内に浸透させたのか ・C社の「ガラス張りの経営」の方針 　①社員が，経営計画書を理解できるようにする 　②経営計画書を皆で読み，会社の全体像をつかむ 　③一緒にやることにより，社員同士で全体感を持つ ・共同求人会 　①「社長の夢はなんですか？」 　②経営理念・会社の将来像を語る 　③一生懸命聞いてくれた！ ・社長質問会 　①匿名で社員に質問させる 　②社長から社員へ返答 　③社員の疑問，不満に応える ・社内研修 　①新入社員と既存社員に研修を受けさせる 　②初級・中級・上級・幹部ごと ・経営指針の成文化，まとめ 　①社長：計画的になる 　②社員：会社のことに対して自主的になる
3	人間尊重の企業づくりを実践 ・就業規則の設定 　①社員にとってわかりやすい内容 　②質問会の開催 　　　⋮ 　⑧社員の人生への理解

トを行う。ここでは，「経営者っていうのは・・・」と自分自身を振り返っているテクストに，大きな関心が払われた（12〜14行）。C社の社長は，「自分でやっていることがやっぱり一番正しい」と言及する。4人の社長に共通していたのは，起業した直後，また会社の危機を迎えるまでの社長自身について，その傲慢な姿勢があったことを認めている。例えば，「経営者だという厚化粧」というようなメタファーが示されている。また論文は，「経営者の我の強さ」「経営に対する思いの強さ」という表現を指摘する（清宮ほか, 2009, p.83）。

　これらのテクストが表象する意味として，まず傲慢な社長という過去の自

第4章
組織ディスコースの研究方法

◇ 引用 4-1　A 社社長

・・・もう寝られんような苦労をしましたんですけれども。それがね本当にね，自分の浅はかさだなぁというように気づいたのは，やっぱり本音で話をしてね，そうして企業を残していかなあかんなぁと。そのためには君らの力がいると。昨日まで，もう敵やった。しかし敵やと言っておったら企業潰すんだから，もう今日から俺は思いを変えてね，君らと一緒にね，手を組んでやりたいんやと。それをやらんならもう，つぶさなしゃぁないなぁと話ししたらね，その私が一番嫌っていた（組合）幹部がね，ぽろっとね，目に涙を浮かべながら，「私たちは初めからね，経営者とけんかするつもりはさらさらないんや」と。「そっち側からね，やっぱり色々な目で見られるから，やっぱり手段上戦わざるおえないんだ」と言うてね，震えるようにね，手を出してきた時に私は，その手を握って。今でも忘れませんけどね，あぁ～なんて間違いをしてきたんだろうなぁと，という後悔の念をその時持ったんですけれども。

出所：A 社社長のスピーチより作成。

分への振り返りがあり，会社の危機や，社長としての自信の喪失の後，社長と従業員というディスコースについて再フレーム化（reframing）が起きていることが指摘される。例えば引用 4-1 のようなものを示し，該当する言葉やフレーズについての理解と意味を語り直すことが求められる。そうすることで複雑な社会現象を読み解いたり，自明視していた概念を脱構築することが可能となる。

　引用 4-1 は A 社社長の再フレーム化が語られた瞬間であり，組合との対立がピークに達し，その後に起こった和解について，語り手自身も興奮する中で語られている。従業員を，組合幹部として経営の「敵」と意味付けていた……，そんな過去を後悔するくだりが描写されている。この後，従業員は敵ではなくパートナーという，対等の関係性を強調する意味付けとして語られている。この再フレーム化は，厚化粧を落とした経営者の顔であり，社員と家族のために企業運営をする意識変革が起きている。これは，同団体が推進するガイドブック「労使見解」を媒介とした学びの帰結であり，組織学習

135

第Ⅰ部

組織ディスコース研究の基礎

と理解することも可能である。対等の関係性の構築は，社長の再フレーム化がその道を開いたのである。ディスコース分析は，理論的自明視にチャレンジすることを，大きな目標としている。経営者と従業員の関係は，マルクス的な資本対労働という構造的関係としてとらえることもできるが，アイデンティティや再フレーミングを通して，協調的な関係が様々な社会的関係の中で可能である点が示されている。ディスコース分析の1つの例として，参考にしてもらいたい。

　ここでは，このような分析が可能であるという一例として提起したが，ま

◆ トランスクリプト（B）C社社長のスピーチ

「人間尊重の企業づくり」〜学びの実践こそ同友会〜

　〜　中略　〜

1　その上で会社の社会的存在意義，言い換えれば何のために.. 何を目指して
2　経営をしているのかを.. お社員がよく理解し納得して.. 仕事をしていくこと
3　です。つまりみんながやりがいを持って仕事をすることが何よりも大切であ
4　り，それが同友会で言う.. 経営指針の確立につながるわけですと。まあ最初
5　にちょっと.. う：：七面倒くさいh ことをちょっと述べさせていただきまし
6　たけども。あの同友会のこの冊子の中にですね，だいたい.. な書いてある中
7　で，ちょっと.. そのここに書いてます抜粋したんですけど，まずここんと
8　ころがその労使見解の.. 一番多分言ってるポイントになるんじゃないかなと
9　思っています。それでまその.. 一つ目のですねその.. 経営者自身が経営指針
10　を正していくことっていうこと，これはやっぱり，そのよく我々もやります
11　けども，その経営者になるとなかなか部下の人たちとあまり言いませんよね，
12　なかなか。そうするとやっぱり，いう言う人がいないと.. なかなか.. 経営者っ
13　ていうのは自分がやってることがやっぱり一番正しいんだって思い込んでし
14　まいますから，まそういう意味では同友会の.. 中でよくやる，経営体験の交
15　流っていう，やっぱりこうやって同友会で皆さんとお互いに.. こ.. 会員同士
16　で.. やっぱり交流することが.... 自己チェックにもつながりますし。まそうい
17　う意味で多分.. こう同友会が必ず経営体験の交流をやりましょうということ
18　の.. もちろん学ぶ場でもありますけども，まこういう形で自己チェックをし
19　ていくことで，経営指針を正していくっちゅうことにもつながるんじゃない

第4章
組織ディスコースの研究方法

20　かなと思ってます。.... それから二つ目に，この.. 人格を尊重しっちゅうの
21　が.. ま今日のテーマにもなります人間尊重の企業作りということになると思
22　いますけども。.... それからま三つ目に先ほど言いました.. 経営指針の成文化
23　ということ.... これが.. 労使見解は同友会が発表した30年の中で，経営指針
24　成文化運動へとこの労使見解が.. ま発展していったっていうことに.. え：なっ
25　ているようです。まそういうことで，まずその.. お：経営指針ていうものに
26　ついての.. 少しまたお話を.. させていただこうと思ってますけど。その前に
27　ですね，もう一つあの：去年：8月にあの.. 労使問題全国交流会っていうの
28　がありまして，え：そこの.. 私行かなかったんすけど.. 富山のやっぱり同友
29　会誌にも載ってましたけども，そのときにあの...（ちゅうとうきょう）の明
30　石会長の中で.. ちょっとあのう.. ま読まれた方もあるかもわかりませんけど
31　も，ただし理解しておかなくてはならないことは.. 労使とは基本的には利害
32　があん.. 相反する関係にあることを.. 認識すること。そのことを前提にして
33　初めてより密の濃い労使の信頼関係を作っていけると。いうことでその労使
34　付帯とか.. 労使の協調とは言っても.. 基本的にと当たり前のことですけど
35　も.. お経営者と従業員ちゅうのは.. 立場が違うわけですから。そこんところ
36　はきちんと理解しておかないと。なんとなく.. うそれがあいまいになってし
37　まって.. 労使協調だからお互いに一緒にやろうねという h.. 責任までに一緒
38　にとか.. いろんなことがその.... ううあいまいになってしまったんでは.. これ
39　またおかしくなるわけですから.. 多分明石会長の方もそこんところは明確
40　に.. 労使って言うのは当然利害で言えば確かにいろんな意味で.. 給与をいた
41　だく方と.. うう支払う方の立場の違いは当然あるわけですから.. ここんとこ
42　ろをきちんと理解しておこうということは.. おっしゃってました。

ず分析の方法やプロセスを理解してもらいたい。唯一の絶対の方法はないと
言うが，参考とするものがないと実際の研究や分析がしにくいかもしれない。
その意味で参考にしていただき，ぜひ自分自身のディスコース分析を行って
もらいたい。

第Ⅰ部

組織ディスコース研究の基礎

注

1) 私はそのような卒業生に，その気付きを大事にするように声をかけ，好奇心を推進するような自己啓発を勧める。学ぶことは大学で終わりではなく，むしろ職場において向学心は高まり，退職後も続く人生の喜びであると考える。

2) ODS に関する書評は含まれていない。

3) ODS の大きな方向性については，Phillips and Hardy（2002）や Grant et al.（2004）のイントロダクションが参考になる。

4) 特に日本において，組織の resistance は着眼点として薄いと考える。多くは対立・コンフリクトの問題として検討されているかもしれない。組織の日常をあらためて見てみれば，抵抗（resistance）は職場の様々なディスコースとして表れている。例えば私の個人的な経験であるが，同期入職の友人が，試用期間終了時点で解雇が決まった。組織としては手続き上の問題はないと言うが，大きな失敗もなかった同僚の突然解雇を目の当たりにした私は「組織の不条理」を感じて，いろいろなところに相談に行き問題解決活動を行った。しかしこれは＜抵抗＞活動と解釈できる。人事部から逆ににらまれ，上司からも厳しい忠告を受けた。「若気の至り」として闇に葬られたストーリーであり，若さゆえに正しい判断ができないと処理されたのだ。このような組織の不条理に対する抵抗の事例は日常にあふれており，組織内のパワーや政治的力のせめぎあいがあるなかで，従業員は上司や組織上層部に対して批判や抵抗する。パワーと抵抗は重要な組織ディスコースであり，組織のトータルな民主主義を目指す ODS の方向性から積極的に研究されるべきテーマである。

5) この考え方は，フーコーの問題化の視点から派生している。本書の第8章で，私たちの日常における当たり前や暗黙の了解を疑うことを，広い意味での「問題化」と規定しているため，ここでは研究方法に限定する意味で，「方法論的問題化」とする。

6) 組織ディスコースも，英語話者の前提であったり，欧米中心主義的イデオロギーの前提があることを認める。しばしばヨーロッパの研究者と方法論的問題化について語るとき，CMS におけるキリスト教的前提を議論したことがある。CMS にしろ ODS にしろ，組織研究におけるアジアの視座は，欧米研究者が陥っているイデオロギー的前提に対して，問題化を投げかける立場として期待されている。

7) Taos 研究所の25周年記念学会において，社会構成主義に基づく研究を行っている心理療法の研究者と交流を持ったが，実証主義が学会の主流であり，多くのチャレンジを必要とすると話していた。

8) この一貫性は，データ収集の一貫性と，分析の一貫性それぞれにおいて検討すべきである。また同時にデータ収集と分析の関係においても一貫性や適切さを考慮しなくてはならない。

9) 通常，ディスコース・アプローチはグラウンデッド・セオリーと距離を置く。グラウンデッド・セオリーは ODS の主要な方法ではなく，むしろ質的研究の中でも帰納法的手続きを厳密化するため，より科学的アプローチに近い。しかし ODS の一部の研究者は，このアプローチを積極的に取り込み，方法論的に統合する試みもある（Fairhurst and Putnam, in

138

第4章
組織ディスコースの研究方法

press）。

10) Japanese Standing Conference of Organizational Symbolism が2018年に発足し，ODSの論文などを歓迎する方針である。しかし研究の国際化を念頭に入れているため，英語による論文に限定されている。

11) ラミス（Charles Douglas Lummis）は，彼の著作『増補 憲法は，政府に対する命令である』の中で，憲法をディスコースとしてとらえ，憲法が持つ発話行為の重要性を議論している（ラミス，2013）。組織のルールばかりか，憲法から始まり，商法や労働法などの法律もディスコースととらえることが可能である。

12) ワードのようなコンピュータ・ソフトを使ってトランスクリプトを作成する場合，＜行番号＞の作成は簡単である。ワードでは，'ページレイアウト'の機能の中に，'行番号'というアイコンがあり，これを'連続番号'とすることで＜行番号＞が自動的に左側に現れる。従って番号を打ち込む必要はまったくない。

13) データマイニングの機能などは含まれている。

14) C社は中小企業ながら，'新入社員の入社したい企業'として近年大きく注目され，九州のテレビでも取り上げられる企業になっている。

15) 例えばこのストーリーから，組織学習のポイントも見えてくる。協調的関係は組織学習を通じて，組織が変革した姿の一側面と言える。

139

第 II 部

組織ディスコース研究の様々なアプローチ

第Ⅱ部では，組織ディスコース研究の各論とも言える，その重要なディスコース研究の，4つのアプローチに焦点を当てる。

　1つは，ナラティヴとストーリーテリングのアプローチで，第5章において議論する。ナラティヴとストーリーは，概念的に重なるところも多く，本書では共通点をもとにするが，差異についても考察する。最も重要な点である物語的な真実が，実証主義的な普遍的真実と異なる点，またマスターナラティヴという概念が考察される。ナラティヴセラピーなどの，実践からの示唆についても考える。最終的には，関係的リーディングや対話型組織の推進など，組織の建設的実践に寄与するアプローチを紹介する。

　2つ目は，第6章において，組織レトリックを議論する。これは，コミュニケーション学の伝統的レトリックであり，その古典から現代的なレトリックまでを考える。とくに大事な点は，レトリック状況のとらえ方であり，より動態的で対話的なレトリック分析について考察する。組織内外で応用できるアプローチであり，危機管理のようなテーマからアイデンティティまで，幅広く研究の可能性を示している。

　3つ目は，第7章において，批判的ディスコース分析（CDA）について議論する。ヨーロッパの組織研究は，この視座をいち早く取り入れ，組織内外の多様な問題に応用した。CDAは，言説のイデオロギー的性質に着目し，ディスコースの中における秩序や権力について考察する。CDAの分析方法として，間テクスト分析やディスコース・タイプ，ジャンル分析などを紹介する。

　4つ目は，ポスト構造主義に焦点を当て，3人の現代思想家の視座に基づいたディスコース研究を示す。第8章において，ミッシェル・フーコーの概念である，統治性や主体性について考える。とくに，アイデンティティとアイデンティティ・ワークについて議論する。第9章においては，エルネスト・ラクラウとジャック・ラカンに焦点を当て，前者の強調するアーティキュレーションと，ヘゲモニーについて考察する。後者の大事な概念である大文字の他者をもとに，アイデンティティについて考察する。

第5章
ナラティヴとストーリーテリング：組織の語りと対話

学生：エコロジーについて，ビジネスや企業の社会貢献活動として実践している
　　　ような行動を研究したいときは，どうなりますか？

先生：確かに，そのようなビジネスの実践もあるよね。環境問題を体験しなが
　　　ら学ぶことを目的とした旅行は，エコツーリズムと呼ばれたりして，注
　　　目を浴びているね。

学生：同じエコロジーでも，マーケティングのエコではなく，社会貢献とビジ
　　　ネスの連動を研究してみたいです。

先生：そのように，実践している人のストーリーに注目するといいんじゃない
　　　かな。私が以前，フィールドワークした被災地の漁師さんは，ブルー
　　　ツーリズムと命名して，自然の美しさと海の恵みを体験するプロジェク
　　　トを立ち上げていたよ。

学生：そこにはきっと，興味深いストーリーがありそうですね。

先生：その通り。実際のところ，このプロジェクトが人と人とのつながりから
　　　始まったというストーリーで，とても示唆に富むものだったんだ。

学生：それが先生の言う，「物語的な真実」ということですか？

先生：そうだね。その人の語るストーリーの中にある真実で，普遍的な真実と
　　　は異なる。そして大事なのは，そのストーリーを引き出すような対話で
　　　あり，知らないことをもっと聞きたいという姿勢なんだ。考え方や生き
　　　方を大きく変えた出来事についての物語を聞いているだけで，本当に興
　　　味深く，ここに科学的証明の必要はまったく感じないんだ。自分の仮説
　　　を実証する，証拠を見つけるための聞き取りではなく，語る人すら気づ
　　　かない，ストーリーの中の真実を構築することにあるんだよ。

第5章の重要概念

ナラティヴ，ストーリーテリング，プロット，マスター・ナラティ
ヴ，ドミナント・ストーリー，物語的知識，ローカルな知識，物語
的真実，語りに基づく医療，ナラティヴ・ベースト・メディスン
（Narrative Based Medicine：NBM），ナラティヴ・セラピー，未だ
語られていない物語，問題の外在化，語り直し，アンテナラティヴ，
語りの共同体，物語の共同体，ライフストーリー，ライフヒスト
リー，オーラルヒストリー，関係的リーディング，関係化のプロセ
ス，ダイアローグ組織，対話型組織，オートバイオグラフィ

第Ⅱ部

組織ディスコース研究の様々なアプローチ

　本章ではスモールｄディスコースと呼ばれるいくつかのアプローチの中から，ナラティヴ・アプローチおよびストーリーテリング・アプローチを中心に考察する。フーコー派や批判的ディスコース分析（CDA）は，組織のパワー関係や社会問題について，社会的や歴史的なコンテクストから批判的に考察することを主眼とする。これに対してスモールディスコースのアプローチは人々の日常の発話に着目し，ミクロの相互行為の中に社会構造やパワー関係を見ていく。

　本章で焦点とするナラティヴのアプローチは，多様なディスコース研究の中核的視座となっている（Thornborrow, 2012）。ナラティヴとストーリーには共通性も多く，多くの論点については基本的にナラティヴ・アプローチとして紹介する。また，ストーリーテリング・アプローチの特徴について，Boje（2001）のストーリーテリングの視座とライフストーリーのアプローチなどを考察する。最後に，社会構成主義というメタ理論から発展させた，現実レベルで実践するナラティヴセラピーや関係的（リレーショナル）アプローチを紹介し，ダイアローグを重視した組織研究を模索する。また本章で紹介するアプローチは研究や分析手法としてだけではなく，実践を重視した側面を持っていることが特徴であり，これらの言説的実践を考察する。

Ⅰ　ナラティヴ・アプローチの基本

(1)ナラティヴの基本的考え方

　テレビや映画の‘ナレーション’や‘ナレーター’という言葉は馴染みがあるが，日本人にとってナラティヴという言葉は一般的ではないだろう。ナラティヴは，narrate という動詞の名詞形および形容詞形である。narrate は物語る，もしくは順序立てて話をするという意味である。したがってナラティヴ（narrative）は，日本語では物語や談話と訳される。ナラティヴは組織

144

第5章
ナラティヴとストーリーテリング：組織の語りと対話

の日常において，極めて重要である。組織のコミュニケーションといえばホウ・レン・ソウ，すなわち報告・連絡・相談とよく言われるが，これらはすべて会話であり，組織内のコミュニケーションはこのような対話で物事を進めるのである。

　組織は語りの過程を通じて形成されると言っても過言ではない。組織の語りを重視した研究アプローチは概ね，ナラティヴやストーリーテリングの研究枠組みとして考えられる。ナラティヴの研究視座は，社会構成主義を基本的な枠組みに置きながら，ナラティヴによる社会的現実が構成されるプロセスにおいて，ナラティヴの創造的な側面，遂行的な力，またナラティヴを通して組織の意味を理解することなど，組織内外のコミュニケーションの向上に大きく貢献する。組織研究におけるナラティヴやストーリーテリングは，伝統的視座とは異なる視点，つまり組織の多様な課題に，広い意味での「語り」の視点から光を当てるものである。

　物語研究は，ナラトロジーという物語論として古くから研究されている（増田，2013）。増田は Adam（1984（1999））の物語論から，次の6つの物語の特性を指摘する。①諸事件の契機，②テーマの単一性，③変換される述語，④事行，⑤物語の因果関係，⑥最後の評価（教訓）である。ナラティヴ・アプローチを組織研究に展開した草分け的研究者である Czarniawska（1998）は，ナラティヴには3つの要素が必要であると言う。それは，①元々の状況／事態，②行為や事柄，そして③状況の結果である。したがってディスコース研究の他のアプローチが言説として認めるような，1つのシンボルマークやネーミング，象徴的なモニュメントなどは，狭義のナラティヴとして認められない。話されたものや書かれたものの違いはとくにないが，大事なのは Czarniawska（1998）が示した3つの要素であり，それは‘話の流れ’とも言える。ナラティヴの概念では「**プロット**」と呼ばれるものであり，日本語に訳せば話の「筋」である。このプロットは，時系列をもとに構成するのが最も簡単な方法である。子供の作文に顕著なように，起きた事柄順に並べていくのだ。しかし，これは理想的な話の流れではなく，帰結や感想，教訓の

145

第Ⅱ部
組織ディスコース研究の様々なアプローチ

ようなものが含まれるのがナラティヴである。またレトリック手法と同様に，何らかのロジック（論理的な構成）が展開されていることで，相手の理解を促進させる。このように，ナラティヴは人々の語りを中心に，語る人との関係性の中で形成されるプロットの展開に着目するものである。

組織研究のナラティヴ・アプローチとは，組織が語り・ナラティヴを含んでいるという見方ではなく，「組織それ自体をナラティヴとして見ること」(Gabriel, 2008, p.195) である。広義のナラティヴとしてのコミュニケーションこそが，その制度的枠組みを作っているということが強調される。組織があるからナラティヴやコミュニケーションがあるのではなく，コミュニケーションが組織の特徴を作っていると考える[1]。ナラティヴの視座はこれまで議論してきたディスコースと同様に，物事が実態として存在するという考え方に異を唱え，現実とは人々の間で起こるコミュニケーションがあってこそできる共同制作物と考える（野村, 2010）。社会構造や役割は，言葉のやりとりから発生した二次的なものである（アンダーソンほか, 2013）。このようなナラティヴのアプローチは社会構成主義の基本的枠組みの中で発展し，ベイトソン（Gregory Bateson）のダブルバインドの視座が取り込まれ，臨床心理における理論と発展につながった（宇田川・間嶋, 2015）。ディスコースの他のアプローチと共通する部分も多く，「言語論的転回」の中核をなすアプローチとして，独特の発展と特徴を持っている[2]。

ディスコース研究の他のアプローチと比較したときナラティヴ・アプローチの特徴が光るのは，より積極的に身近な問題の解決に取り組む姿勢である。CDA やフーコー派組織ディスコース研究（ODS）を代表とするように，多くのディスコース・アプローチが組織のパワーや不公平性などに関する批判的な視座をとるのに対し，ナラティヴ・アプローチは（もちろん批判的視座を持つ研究もあるが），目の前の困っている人々に手を差し伸べる姿勢が特徴である。ヨーロッパとの違いと言ってもいいが[3]，アメリカ的プラグマティズムの影響が考えられる（宇田川・間嶋, 2015）。

宇田川（2015）はナラティヴ・アプローチの 2 つの特徴のうち，1 つはナ

146

ラティヴを媒介としながら組織がどのように流転するかというプロセスを研究するもので，これはディスコースのアプローチと共通するところが多いと指摘する。そしてもう1つの特徴は，「語る行為を通じた変革の実践」に関する研究であるとする。後述するように特にこの点は，ナラティヴ・セラピーを中心とした実践，また医療分野でのナラティヴ・ベースト・メディスンの展開に見ることができる。この2つ目の特徴は，ガーゲンたちが展開する理論と実践の橋渡しという努力にも表れている。彼らを中心とするTaos研究所[4]は理論と実践をつなぐという側面を重視し，ナラティヴ・アプローチを実践し，社会構成主義のメタ理論的特性をナラティヴの実践理論に発展させている。

メアリー・ガーゲン（Mary Gergen）とケネス・ガーゲンは「批判から協力へ」と主張する（Gergen and Gergen, 2004）。これまでの科学主義的・実証主義的な学術研究の大きな力に対する批判と，さらにはヨーロッパのポストモダン的批判から脱却し，より建設的で実効性のある実践を重視し，その基本としてのダイアローグ，つまり対話を重視した実践と協働を主張している。増田（2013）は，ナラティヴ・アプローチが社会科学の中で受容される一方，多様性が同時に起きていることを指摘する。したがってナラティヴ・アプローチにも，幅広い研究と実践があることを前提として考えていくことが必要である。

(2) 組織とナラティヴ

Gabriel（2008）によると，組織研究における近年のナラティヴ・アプローチの隆盛には，**表5-1**が示すように，ナラティヴ形式の知識，コミュニケーション，アイデンティティの3つの理由と研究領域がある[5]。

1つ目の研究領域は，ナラティヴ形式の知識，あるいは**物語的知識**（narrative knowledge）である。とくにこれはコミュニティの中で共有される知識として，実生活や職場の関係性のカギとなる。物語的知識は，社会構成主義が強調する頭の中にある知識ではなく，関係性の中にある知識である。し

第Ⅱ部

組織ディスコース研究の様々なアプローチ

☐ 表5-1　ナラティヴ・アプローチの主題と研究領域

主題	ナラティヴ形式の知識	コミュニケーション	アイデンティティ
理論的視点	・ローカルな知識 ・物語的真実 ・ナラティブの遂行性 ・コミュニティ	・相互理解 ・説得と影響の行使 ・関係性の重視（ステークホルダー）	・ナラティヴ的アイデンティティ ・自らをどのように語る ・個人から集団的まで ・アイデンティティ・ワーク
建設的アプローチ	EBM，ナラティブ・セラピー，戦略的実践，倫理的実践，組織学習	コーポレート・コミュニケーション，医療サービスの向上，関係的リーディング	職業，企業家，経営者，対立や葛藤
批判的アプローチ	不公正，不平等，貧富の格差，ネオリベラリズム，正当化	企業ブランド，CSRや社会貢献	組織のパワー，ジェンダー，LGBT，民族的少数派，エリート

たがって，物語的知識は科学的知識とは異なり，知識の一般化や普遍性を求めない。むしろ職場や地域社会の改善や発展に結び付くことを目指した，**ローカルな知識**である。「ローカルな知識と複数の現実という認識はセットになって」（野村，2013，p.103）おり，科学も一つの物語であり，ローカルな知識と同等で多様なナラティヴの1つである（野村，2010）。

　科学的とは言えないが，専門家でない素人が日常の言葉で日々の生活を語る物語形式は，ローカルなコンテクストの関係性において納得性があれば（make-senseすれば），科学的真理以上の**物語的真実**が含まれる。後述するように，支配的なナラティヴである科学には限界があることは当然であり，むしろ科学では説明の難しいローカルな知識に実用性や有効性，効能がある。医療の例はよく知られており，西洋医学という科学的なアプローチでは限界がある病に対して，ローカルな知識として，漢方を代表とするようなオルタナティブな医療が有効になることがある。このような物語的知識は科学的な真理や証明では説明する必要がなく，物語的真実があることに意味がある（野村，2010：2013）。普遍的で万能な知識よりも，現場のローカルな知識の有効

第5章

ナラティヴとストーリーテリング：組織の語りと対話

性に注目が集まり，ナラティヴ形式の知識は重要性を増してきた。その知識は，フォーマルなものは職場で作った手順書やマニュアルなどであり，インフォーマルなものは人間関係の中にある。

　1つの例として，東日本大震災からいち早く事業を復活させた2つの企業をあげる。私たち（清宮，増田）が取材したこの2社は，地震に備えた事業継承計画（Business Continuity Plan：BCP）というリスクマネジメント手法をマニュアルにした成功事例である。現場で試行錯誤して1年以上もの時間をかけてつくりあげたBCPは地震へ対応するものであったが，実は津波による災害にも応用可能なものであった（Kiyomiya et.al., 2013；増田ほか, 2014）。この2社はいずれも本社の社屋が津波の被害を受け，紙のマニュアルは当然流されてしまった。しかし1年以上かけて作り上げたBCPは従業員の中でナラティヴ形式の知識として機能し，震災発生時以降，全従業員が臨機応変，流動的で迅速な行動をとることができた。経営トップからのお仕着せのマニュアルではなく，職場の情報共有と協同のプロセスをもとに作られたローカルな知識は，震災の復興においても有意義なものとなったのだ。その理由は，BCPマニュアルが現場のボトムアップによる，インフォーマルな物語的知識を土台としていたからだ。インフォーマルとフォーマルの形式的な壁は曖昧であるが，時としてインフォーマル形式は，語り継がれる形でコミュニティの中に典型的に表れる。オーストラリアのアボリジニの知識の継承はその一例で，彼らの知識は語り継がれることによって伝統となった。語り継がれる知識は，まるで家庭内で代々伝わる肉じゃがレシピのように，家族の中でも組織の中でも，物語的真理を土台とするナラティヴ形式の知識として有効となる。

　2つ目の研究領域は，コミュニケーションである。これは組織レトリックと同様な背景を持つ。コミュニケーションの1つの重要な要素は，多様な関係性における説得と影響である。ステークホルダーとのダイナミックなナラティヴは，組織コミュニケーションやコーポレート・コミュニケーションのカギとなる。また組織コミュニケーションの近年の研究は，ヘルスコミュ

第Ⅱ部
組織ディスコース研究の様々なアプローチ

ニケーション（健康や衛生管理，医療・介護組織や医療サービスに関するコミュニケーション研究）という領域において活動することが多く，医療組織や医療サービスについて多くの研究が進んでいる。ナラティヴはその重要な研究方法となる。

　3つ目の研究領域はアイデンティティの形成であり，個人のアイデンティティからグループや組織，民族やジェンダーなど，多様なアイデンティティがナラティヴのダイナミクスを通して形成される。'私は誰か'というアイデンティティについての研究は，他のディスコース視座においても重要な研究テーマとなっている。ナラティヴの視座にとっても，自分自身をどのように語るかは極めて重要なアイデンティティ研究となる。したがって，社会心理学的アプローチのアイデンティティではなく，自らをどのように語るかというナラティヴによるアイデンティティ形成が研究の焦点となる。

　Gabriel（2008）が指摘するナラティヴと組織研究の3つの領域は，関連していることも多い。またODSにおいてナラティヴのアプローチは，他のディスコース・アプローチとの関連が強いため，明確に視座を分けることに重点を置くのはあまり意味がなく，むしろ重複し影響しあっていることは自然なことである。ナラティヴの視座は，複雑な組織現象を理解し，組織の社会的現実の意味を考察するうえで，欠かせないアプローチとなっている。

(3) グランド・ナラティヴ

　ナラティヴのアプローチは他のODS同様に，ポストモダン的影響が大きい。それは普遍的価値に対する疑問や懐疑の芽生えである（野村，2010）。従来の普遍性を強調する支配的なディスコースを「大きな物語」といい，学術的には**マスター・ナラティヴまたはグランド・ナラティヴ，ドミナント・ストーリー**とも呼ぶ。これに対し「小さな物語」は，人々の日常のコンテクストにおいて経験を通して語られる。この大きな物語と小さな物語の関係を理解することが，1つの大きなカギになる。

　マスター・ナラティヴとは，その時代やその文化において，支配的で当た

150

り前の知識である。例えば，現代社会において，科学的に思考し客観的な判断ができることがいいことである，などは一般常識的なディスコースである。東京オリンピックを成功させるために，国民はおもてなしの精神を持ち，心を1つにしなくてはならないというような言説は，大きな物語である。このような，多くの人々によって認められたディスコースの影にそれとは異なる声があり，切実でローカルな物語が生まれている。マスター・ナラティヴを上からかざして（つまり上から目線で），そうでない小さな物語を排除する。学術研究の例で言えば，科学的な方法論を踏襲せず社会構成主義的アプローチをとると，学術論文として学会誌に認められず却下される。「オリンピックは反対」だと言えば，何か白い目で見られたり排除されたりする対象となる。つまり，マスター・ナラティヴが正しく，その他の小さな物語は価値のないものと扱われるのである。国際化や高齢化，LGBTなどのジェンダーや，人種や民族の多様性を持った職場……。これらのように社会が複雑化し，組織現象もより困難な問題が発生する現在，'大きな物語－小さな物語'の関係を再検討すること，つまりは大きな物語を脱構築することが求められるようになった。

　この小さな物語は，ナラティヴの「遂行的な（performative）」力をもとにしている。語るとは行動することであり，ナラティヴは関係性に対してパフォーマティヴな影響が現れる。ナラティヴを研究することによって，現状に対する抵抗であったり，異なる物事の味方であったり，代替案を生み出す創造的力を持って，マスター・ナラティヴとは異なる別のストーリーの創造性と可能性を示唆している。オルタナティブなナラティヴとして物語的真実に注目し，ジェンダーやダイバーシティの問題などで周辺化される人々が語るとき，対話を通して小さな物語を発見したり創造したりすることは，今後の組織において重要となろう。

第Ⅱ部
組織ディスコース研究の様々なアプローチ

2 ナラティヴ・アプローチの方法

　組織内外のコンテクスト，また職場で語られる多様なナラティヴに着目し，これを分析するとはどのような研究方法であろうか。野村（2010, p.56）は次のように言う。「大化の改新も関ケ原の戦いもコミュニケーションの中では真実ではなく，物語です」。組織を構成する物語やナラティヴを分析することは，基本的にこれらをテクストとして解釈することである。その点で他のディスコース・アプローチと方法的に共通する点が多い。ここからは，フーコー派のODSとは異なる点，とくにナラティヴの研究アプローチの特徴を，次の2つの点から考察しよう。

(1)ナラティヴの理解と記述

　フーコー派のODSと比べナラティヴ・アプローチは，より組織がナラティヴによって社会的に構成される側面を研究の焦点とする。その組織研究のナラティヴ的特徴について，Czarniawska（1998）は以下の4つを指摘する。
　①組織研究は，組織のストーリーを集めること
　②組織研究は，組織の日常を物語の創造として概念化すること
　③組織理論を物語の読解（解釈的アプローチ）として概念化すること
　④学問上の内省は，文芸批評の形式をとる

　まずは①組織研究は組織のストーリーを集めることである。その集め方であるが，組織のナラティヴは組織についてフィールドワークすることで，多様なストーリーを集めることができる。したがって，テーマとの妥当性を検討したうえで適切なフィールドを定め，事例研究するという方法が一般的である。組織文化論の定性的アプローチでは，組織内外で語られるストーリーを集め，その文化的特徴を示した。フィールドワークは，組織の関係性の中に入り込み，その内部の立場から観察やインタビューなどを通じて組織のナ

ラティヴを集める主要な方法である。どのようにナラティヴが社会的現実を構成するか，組織化のプロセスを観察しながら，それを構成するナラティヴの断片を集める。例えば，ジェンダーの社会的現実がどのように組織化のプロセスにおいて作られているか，職場におけるゴシップ的ストーリーが集められることもあるだろう。このように，組織研究におけるナラティヴ的特徴として，特定の社会的現実を形成する職場や，組織内外のストーリーを集めることが挙げられる。

　②組織研究は，組織の日常を物語の創造として概念化する。その際は職場や組織の日常性に目を向け，人々が暗黙としている自明の理に焦点を当てることが重要である。例えば，職場の女性の仕事に関するドミナント・ストーリーに目を向け，またその陰にある小さな物語との関係を概念化する。組織メンバーが日々過ごす日常は，現実の社会的構成にとって最も重要な場であり，そこにこそ大きな問題が横たわっているのである。そこで，組織の日常性と自明性，当たり前化（ノーマル化）などについて，例えば，‘女性管理者’とか‘企業家’‘二代目経営者’などのアイデンティティの視点で概念化する。組織の明示的な問題や課題よりも，普段から気になっているが曖昧にしている問題，組織にとって良いか悪いか一見わかりづらいグレーな側面，そのような組織の日常性における曖昧さ（equivocality）に関する概念化が，組織研究のナラティヴ的特徴と言える。

　③組織理論を，物語の読解（解釈的アプローチ）として概念化することは，④にも関連するが Czarniawska（1998）曰く，ナラティヴの組織研究はテクストの解釈とテクストの産出というプロセスであり，これが表裏一体となっている。したがってここでは，収集した組織のナラティヴをテクストとして読むことが分析となる。この分析作業の目的は，概念化や考察につなげるため，組織のナラティヴを理解することである。多くの社会科学者はこの過程にバイアスが入って，研究者個人の主観や思い入れが客観的な理解を妨げると考える。しかしナラティヴのアプローチは解釈における客観性について反省し，解釈の適切性を肯定することからはじめる。第4章で示したように，

第Ⅱ部
組織ディスコース研究の様々なアプローチ

　組織ディスコースの解釈的方法は相互主観的な視座にあり，純粋に一個人の私的な解釈ではなく，社会的なプロセスを通した物事の見方である。ナラティヴ分析における解釈の妥当性を検討する必要はあるだろう（Czarniawska, 1998）。しかし，科学的に検証する必要はない。それは科学的なものではなく，関係的なものであるからだ。したがって解釈は私的なものではなく相互主観的な視座として妥当性を持った解釈でなければならない。

　Czarniawska（1998）は，解釈の3つの段階を示している。第一に，テクストを細かく説明するステージである（explication）。収集したテクストがどのようになっているか，その詳細を示す必要がある。第二は，説明の段階（explanation）である。ここではテクストを分析する目的のため，テクストについて推論的な探索を行い，意味付けることが重要であり，どのように現実がテクストに関係しているかを説明する。第三は，探索の段階（exploration）である。ここは新たなテクスト創造の段階になる。これまでテクストを読者として分析的に読んでいたが，次は著者として第2ステージの理解を再構成しなくてはならない。この段階で，読むことは常に書くことの表裏一体であることが示される。またフィードワークで養われた関係性をもとに，ローカルな視点から理解することが重要である。それは，フィールドの現場というコンテクストから意味を考えることである。この解釈や分析における発想に決まりはない（Ricoeur, 1981, p.211）。むしろ自由な発想による解釈は（私的な発想という意味ではなく），研究の独自性であったり新規性につながるものである。

　④学問上の内省は，文芸批評の形式をとるということは，統計学的結果をもとに考察するのではないため，科学的方法とは異なり，ある種文学的であることを意味する。つまり，解釈をもとにした議論が必要である。ナラティヴ・アプローチにおける妥当性は，科学的な真実を発見するための手続きと照らし合わせるのではなく，ナラティヴとナラティヴのせめぎ合いによる議論を通して獲得される。このようにナラティヴの分析は，解釈と記述のプロセスを通して有効な知識が概念化され，また読者と筆者の弁証法的関係から

第 5 章
ナラティヴとストーリーテリング：組織の語りと対話

知識が発展する。Czarniawska（1998）は，「会話としての科学」を主張する。彼女の主張は，引用を通して科学的な知識の集積が行われることを示唆している。さらにこれを発展させて言うと，組織内外のナラティヴは理解と分析を通して新たなナラティヴを生む。つまり，研究発表も1つのナラティヴであり，引用や学術的ダイアローグは社会科学の発展となる。ナラティヴの視点から，科学とは対話であると主張できるだろう。

(2) 無知の姿勢

　ナラティヴ分析は，分析を行うテクストそのものに向かい合うための研究者の姿勢がはじめに問われることになる。研究者はしばしば上から目線で，専門家として自分の方が知識を持っているというような態度で研究対象者に向き合うことがある。つまり「自分の仮説が正しいか，その証拠を見に来た」「データさえくれればあとはこちらで研究します」という態度である。ナラティヴ・アプローチで最も重要なのは，研究者と研究対象者との関係性である。実証主義的な客観性を求めることはないので，第三者的に研究者が振る舞う必要はない。インタビューにしろ観察にしろ，証拠となるデータを得ようとする姿勢は，ナラティヴ・アプローチではない。相手との対話から生み出されるストーリーに，どのようなプロットが生まれるかに関心があるからこそ研究するのであろう。

　研究者は専門家で対象者は素人という関係は同等であって，専門家の方が知識を持っているというのは誤りである。ナラティヴ・アプローチが大切にするのは「無知の姿勢（not-knowing）」であり，素人こそが物語的真実を語ることのできるその人として，研究者には謙虚に聞く姿勢，相手を尊重する姿勢が求められる。例えば臨床心理の領域では，クライアントこそ専門家という姿勢を持つ。クライアントがどのように思ってきたのか，どのようにしてその煩わしさによって人生を制限されていたか，その生きづらさは何かということなどは，クライアント自身が専門家である（野村, 2010）。

　専門家と素人は専門性が違うだけで同等であるはずが，専門家というネー

155

第Ⅱ部
組織ディスコース研究の様々なアプローチ

ミングが使われることによってパワー関係が形成されてしまう。科学も1つの物語であり，患者の人生も1つの物語であるという前提に立ち，研究者も研究対象者も対等の関係を持つべきである。そして相手の持つ物語的真理を聞く態度，何も知らないから教わるのだという無知の姿勢が，極めて重要となる。野村（2010, p.57）は次のように言う。「これはテクニックというよりも，本当に相手を理解したいと思ったときに自然に生まれる姿勢であり，スタンスであり，構えのことです」。野村が提起する無知の姿勢には，次の特徴がある（野村, 2010, p.58）。

①相手に対して語るというよりも，'相手とともに語る' ということ
②使う言葉は専門用語ではなく，日常の言葉（ローカルな言葉）を使う
③早すぎる理解に走らない，つまり '理解の途上' にとどまる

実は，私が南三陸町の震災現場の復興過程をフィールドワークするとき，相手から情報を聞き出すデータ収集のテクニックとしてのナラティヴ手法を意識することはなかった。被災して苦しむ人々を前にしたとき，この人たちに何か貢献したいという感情が，自然と「無知の姿勢」に結び付いたからだと思われる。実際，私の好奇心と関心は，この人たちから多くを学びたい，そして何よりこの町に立ち直ってもらいたい，という一心から発生していたため，自然に相手とともに語る姿勢になり，この姿勢を忘れずに過ごすことができたのではないだろうか。被災した方々の気持ちを完全に理解し，すべてを知り得ることはできない。だからこそ常に理解の途上にいることができ，訪問するたびに新しい発見を求め，理解を深める姿勢を持つことができた。すべてわかってしまったという一種傲慢な気持ちは，被災したコミュニティを理解するにはあまりにも早計であり，③の指摘するところである。対象者とコンタクトをとったことで何かしらの本質を得たという思いから，すべてを理解したかのごとく錯覚するのは誤りである。被災者のナラティヴから '本質' を得ようとすることは，小さな物語が展開する物語的真理を理解不可能にしてしまうだろう。

アンダーソン＆グリーシャン（2013, p.52）は，「理解とは，あるゴールに達してしまうことでは決してなく，むしろ理解の途上にとどまることである」と言う。仮設住宅を訪問したとき，自治会長さんが私に「先生，おばあちゃんたちの言っていることわからんでしょう。笑っていればいいんですよ」と言われ，ホッとしたことがある。実は，強い東北訛りを，聞き取れないことも多かったのだ。何度聞きなおしてもわからないときは，笑ってうんうんとうなずいた。そして次第に，おばあちゃんたちから東北弁を教わったり，怖かった経験や悲しい経験を聞いたりするようになった。変化する町をもっと知ろうという姿勢でフィールドワークに取り組むことは，訪問するたび新たな理解を広げ，そしてそれを深めてくれた。ローカルな言葉とは，決して方言を話すことではなく，コミュニティの関係性に入ることなのである。「研究のためです」と言って，おばあちゃんたちに専門家面をして話を聞くことは，無知の姿勢ではない。友として語り話を聞く姿勢こそが，社会構成主義的視座に基づくフィールドワークである。さらに言えば，無知の姿勢は研究時だけではなく，職場や家庭の中でも使えるのだ。職場の上司，部下，同僚との間の無知の姿勢は，効果的に良い関係性をもたらすであろう。また，親として子供との関係性を考えるとき，無知の姿勢はきっと互いの理解に役立つに違いない。

3 ストーリーテリング・アプローチ

(1) ナラティヴとストーリー

ナラティヴとストーリーについてはこれまで区別せず，大まかな点で同義として扱ってきた。しかし，この2つのそれぞれの概念を，より厳密に分ける研究者も少なくない。とくにストーリーテリングのアプローチを唱道するBoje（2001）は，**アンテナラティヴ**という概念を導入することで，story と

第Ⅱ部
組織ディスコース研究の様々なアプローチ

narrative の違いを明確にする。同様に，増田 (2013) はこの区分を日本語に移行し，story を‘物語’，narrative を‘語り’として区分する。増田 (2013) によると，ante と post という 2 つの接頭語は対比関係にあり，ポスト構造主義に見られるように，post は‘後の’とか‘次の’という意味である。

　これに対し ante については，Boje (2001) は 2 つの意味を示唆している。1 つは being before，もう 1 つは a bet である。前者は接頭語としての，‘前にある’という意味である。この点から antenarrative とは，ナラティヴの前の段階を示唆している。後者の a bet は，賭け事に参加するために事前に支払う掛け金のようなもので，個人分担金の意味である。これは語る人々の中で，事前に共有する何かを示唆している。つまり，前者は物語る (narrate) 前の状況を示唆し，後者は物語るための場所の存在を示唆していると言える。そして story は物語る前の状況であるとしてアンテナラティヴとみなし，narrative は post-story として区分している。したがってストーリーは出来事や事件であり，語る以前の状況の理解を示唆する。そして，ナラティヴはこれに話の筋を付けたり，話の一貫性を付けたり，ストーリーラインを作ったりすることである。

　増田 (2013) は日本語における区分について検討し，野口 (2002) の事例を示しながら，**語りの共同体**について考察する。野口 (2002) の示すナラティヴ・コミュニティとしての共同体は，同様の悩みや問題を抱えている人々が集まり，自由な語りを生み出す場を提供している。増田 (2013) は次のように指摘する。「このグループは参加者の語りによって維持される共同体という性質を持つ。つまり，語りの共同体とは，新たな語りを生み出すことで維持される共同体ということである」(増田, 2013, p.107)。これに対し**物語の共同体**とは，これに参加する人々の間に共有される物語を持った，1 つの特定な集団であると言える。物語の共同体は語りの共同体と相補的であり，「‘語り’が‘物語’を確固たるものにしていき，‘物語’が‘語り’を促進するということ」(増田, 2013, p.107) である[6]。ナラティヴがナラティヴを生み出すという考え方によって，物語と語りの関係としてのより明確な言説関係のモ

デルが示され，ナラティヴのダイナミックな言説の展開と創造的発展が分析可能となった。

Boje（2001）は組織研究におけるアンテナラティヴの分析方法として，次の8つの方法を示している。それは，①脱構築分析，②グランド・ナラティヴ分析，③ミクロストーリア分析，④ストーリー・ネットワーク分析，⑤インターテクスチュアリティ分析，⑥因果関係分析，⑦プロット分析，⑧テーマ分析である。Boje（2001）はアンテナラティヴへの着目にこだわり，このような分析方法を提示した。その理由は，近年の研究がナラティヴ（post-story）の分析に傾倒している点に警鐘を鳴らすためである。確かに近年，語られた内容を紹介する研究が多く，アンテナラティヴとナラティヴの関係や，その連続的動態について光を当てる傾向が薄れている。ディスコース研究の最も大事な意義は，ディスコースの長期・短期的なダイナミズムであり，アンテナラティヴの視座は有益である。

(2)ライフストーリー

近年盛んになっているナラティヴの研究方法に，「ライフストーリー」研究がある。ライフストーリーは個人の人生，生涯，生活や生き方についての口述物語である（谷，2008）。コミュニケーション学の中にも広がってきているが，社会学，文化人類学，心理学，歴史学における方法として発展してからまだ歴史が浅い。一般的には，インタビューによって個人の経験的語りが録音され，トランスクリプトが作成され，1つのまとまった語りとして再構成されたテクストが研究資料とされる。人々の生の声で語られるストーリーを，その人生の一局面についてのインタビューにより引き出す研究方法である。この方法では，組織における生活や日常性について語られる中で，経済や政治性，パワー関係などの社会性が日常性に影響することを明らかにできる。また後に見るように，経営者のキャリアチェンジや企業家の苦労，波乱万丈な経験が語られることによって，組織研究の多様な論点が議論可能である。

類似した概念として，「**ライフヒストリー**」研究がある。ライフヒストリー

第Ⅱ部

組織ディスコース研究の様々なアプローチ

も個人の人生にかかわるストーリーであるが，時系列に構成される点が特徴である。また口述資料に限らず，自伝や日記など個人の歴史を語るものの断片によって構成される。また「オーラルヒストリー」研究は，異なる側面を示している。インタビューによる口述資料をもとにするのは同様であるが，語られる内容は自分自身の生活に直接関係するものでなく，歴史的な出来事や事件などである。大化の改新も関ケ原の戦いも真実ではなく，物語であるという野村（2010）の指摘通り，語られることによって現実が社会的に構成されるのである。これらのライフストーリー的アプローチは，とくにインタビューを使う点で，組織研究との方法的な親和性も高い。しかし重要なのは，インタビューが相互行為である点であり，語り手と聞き手の関係に考慮が必要である。インタビュアーは聞き手として配慮を傾けるだけでなく，語り手の気付かない側面を引き出せる積極的な対話を心がけるべきである（第4章参照）。

4 ナラティヴ・アプローチの実践

　社会構成主義はメタ理論としてだけでなく，実践との架け橋を強く希求する。それは，科学的真理や普遍的な理論を求めるのではなく，困窮する社会的現実に対しての貢献を目的とするからである。ガーゲン（2004）は，研究自体も社会的実践であるとするが，他のディスコース・アプローチと比べて，ナラティヴ・アプローチがより積極的にフィールドにおいて実践できることを大きな貢献であると考える。ガーゲンはいくつかの実践のフィールド／方向性を示しているが，ここでは簡単に3つの実践の方向性を紹介する。

(1)ナラティヴ・ベースト・メディスン

　医療の領域では，ナラティヴという言葉は組織研究より馴染みがあるようで，すでに多くの本が出版されている。この領域では，ナラティヴ・アプロー

第 5 章

ナラティヴとストーリーテリング：組織の語りと対話

チは研究への姿勢や方法よりむしろ，実践の手段となっている。その1つは，**ナラティヴ・ベースト・メディスン**（Narrative Based Medicine：NBM）と呼ばれ，それは「**語りに基づく医療**」への関心とその実践である。私たちが病気になったと思って訪問する病院は，一般的にはエヴィデンス・ベースト・メディスン（Evidence Based Medicine：EBM）である。前者と後者の関係は，ディスコース視座と科学主義／実証主義の関係とパラレルしている。後者のEBMは，私たちは日常的に接しているのでわかりやすいだろう。EBMとは，根拠に基づく医療である。つまりは科学的根拠をデータ（証拠）として医療が施されることを指し，医師は例えばレントゲン写真というデータを一種の証拠として医療診断を行う。あるとき私が右の臀部から足先までの強烈な痛みを覚え病院に出向いたところ，まずは撮影されたレントゲン写真をもとに診断が下され，薬が処方された。その後も症状が治まらず，次はMRI（磁気共鳴断層撮影法）を撮影し，さらに精密な検査が行われ，そのデータをもとに診断がなされた。一般的な医療はこのようにして，わからないことや改善されない部分をより細かく調べて証拠を見つけ，それをもとに診断が下される。ある程度原因がわかるまで数種類は検査を行い，徹底的に証拠を集めるのが現在の科学的医療であり，EBMである。

　毎年冬に流行するインフルエンザも，科学的予測と検査をもとにワクチンが生成され，診療が行われる。これらのアプローチは効果的であり，実際これによって多くの人々は病を予防，克服している。しかしEBMのポイントは，医師の仕事が検査結果というデータをもとに病気を判断し，それに名前を付けることが主となるという点だ。古く「あの先生はぶっきらぼうだけど腕がいい」という会話を耳にしたことがあるが，ぶっきらぼうな医者がおしゃべり好きだという話は聞いたことがない。この会話に見られるように，昔から医師の腕，つまり仕事ぶりは専ら，コミュニケーション能力よりデータを駆使し，明言できるか否かで見極めをつけられることが多々あった。徐々に変化してきているとはいえ，現代でも，EBMにおいて患者との対話は，診断を伝え説明するという副次的な仕事となっている。

第Ⅱ部
組織ディスコース研究の様々なアプローチ

インフォームドコンセントという言葉があるが，これは大きな手術などで医療処置の同意が必要なとき，医師が患者と合意形成を行うことを意味する。ここには対話が伴うが，現実は，医師と患者というパワー関係のもと，ある意味医療裁判対策という目的の合意形成であるという解釈もできる。

これに反し，NBMを簡単に言えば，対話を重視した医療である。医師や患者というそれぞれの語りはそれぞれの真実性を持つという前提から出発する（野村，2010）。医療現場はコミュニケーションから成り立っているが，専門家としての医師の判断が大きな物語となり，患者の小さな物語は軽視されがちである。疾病やけがの問題が明らかであればよいが，生物医学からの根拠だけでは不十分な場合，医師の語りはパワーとなって，患者が物語的真理について語る機会を奪ってしまう。

医療現場は日々の患者対応や医療情報，医療技術の革新などと格闘しながら医療サービスを進めているため，コミュニケーションは疎かになってしまいがちだ。より患者に寄り添った医療サービスが望まれる現代において，対話を重視した医療はとくに，慢性的な病気への対応や，過疎地域での高齢者医療においては重要な要素となる。

NBMのアプローチは，マーケット競争を勝ち抜くために対話するのではない。「患者さま」言説に代表されるような，医療サービスの商品化（医療マーケットにおける資本主義的物象化と転倒性）とは異なる。患者に寄り添う姿勢とは，無知の姿勢を医師と看護師が持つことである。乳房を摘出した乳がん患者の精神的なケアが見落とされる医療現場のケースを耳にしたことがあるが，「患者さま」と敬称で持ち上げること以上に，患者の語る真実を理解しようとする医療従事者の心構えが大切である。それぞれの疾病ごとに診断と処置が細分化され，類似した疾病に対する手術などをまるで工場のように施術していく大規模病院が何より患者に寄り添うことを優先できるかと考えると，なかなか難しいと思われる。EBMの視点では，病巣を摘出すれば健康体に戻るという前提の医療が優先的に実施されるからである。

前述のEBMが目的とするのは，病気という問題の根源を見つけてこれを

第5章

ナラティヴとストーリーテリング：組織の語りと対話

根絶する「問題の解決」である。しかし NBM においては，患者に寄り添いながら心身の健全化が目的とされるので，病気の原因を突き止めそれを処置しただけでは終わらないのである。NBM は，問題を解決しないまでも，「問題の解消」につとめ，場合によっては病気と共存しながら，問題の解消を行う。これは，組織の諸問題についても応用できる視座である[7]。個人間の対立，製造や営業などの部門間の対立，企業合併による組織文化的な齟齬など，多様な組織のコンフリクトについては，対話をベースとして問題の解消について実践しなくてはならない。そのためには対立する双方が，無知の姿勢になって寄り添う必要がある。

(2)ナラティヴ・セラピー

もう1つのアプローチは，ナラティヴ・セラピーである。これに関してはすでに多くの著作が出版されているので，専門的に研究する場合はそれらを参照していただきたい（モーガン，2003；野村，2013；マクナミー＆ガーゲン，2014；ホワイト，2018）。ナラティヴ・セラピーは，心理療法における実践である。この領域でもまだまだ科学的なアプローチが強く，セラピストの仕事は，人々が報告する問題の原因を探し出し，それを取り除き治療するという‘医療モデル’であり（ガーゲン，2004），前述の EBM と同様のアプローチである。したがってセラピストはガラスの向こうから観察し，科学的見地からドミナントなストーリー（またはドミナントなプロット）を描くのが通例であったが，ナラティヴ・セラピーの視点はこれを逆転させることに効果があると気が付いた。

Andersen（1992）は，ガラスの向こう側のセラピストたちの会話をクライアントが聞くという逆転を行った。面接室と監察室の関係を逆転させたことで，新しい語りが生み出され変化が始まった，と報告している。ナラティヴ・セラピーの出発点は，従来までのアプローチの反省から発生し，関係性を重視した方法で，社会構成主義が提唱する心理療法に大きく関係している。ガーゲン（2004, p.250）は，次のような伝統的な科学的療法と異なる特

163

第Ⅱ部
組織ディスコース研究の様々なアプローチ

徴を示している。

①意味に焦点を当てる

②セラピーは共同構成である

③関係に焦点を当てる

④価値に対して敏感になる

①のポイントはまず，原因−結果という因果関係を考えないということから始まる。セラピストに特定化された原因と結果は，多くのストーリーのうちの１つでしかないのであり，より大切にすべき点は，どのように意味が構成されるかということである。別の言い方をすれば，クライアントの心の状態を探ろうとするのではなく，その人がどのように自らを意味付けているかに関心を持つべきである。つまり，クライアントがどのように語り自らを意味付け，問題を意味付けているかというストーリーに着目すべきである。

②のポイントは，クライアントとセラピーが共同で構築することを強調した点である。Co-construction という言葉がしばしば使われるが，ストーリーは勝手に生まれるものではなく関係性の中で生まれるのであり，異なる（または対立／競合する）二者間の共同（協働）構築過程に着目しなくてはならない。セラピストの専門家的知識によるパワー関係を作るのではなく，無知の姿勢が大事である。

③のポイントは，「個人が参加している関係のネットワークを探求することが最も重要」（ガーゲン，2004, p.251）と考えることである。従来のセラピーは，クライアントの個人の心理状態に強い関心を持つものであったが，'心'ではなく'関係'に関心をシフトすることが重要とされる。これは知識が頭の中にあるのではなく，関係的な産物であるという視点と同じである。

④のポイントは，セラピストの立場表明の重要性を示唆する点だ。従来のアプローチと異なり，セラピストの価値中立性はありえないと考える。例えば，異性愛こそが正しく，同性愛に対して否定的な見解を持っているセラピストは，同性愛者のクライアントを理解するとき中立であることは困難と考

164

える。'スタンドポイント・セラピー'[8]という，セラピストの政治的立場や価値観を積極的に明言するセラピーが活発になっている。これによってクライアントとセラピストの間に，さらなる対話が生まれる。ここに示されたような立場は明らかにこれまでのセラピーの方法とは異なり，ナラティヴ・セラピーの土台となっている。

　具体的なナラティヴ・セラピーの実践は，大きく2つのポイントとして考えることができるであろう。1つは，「未だ語られていない物語 (not-yet said)」という概念に代表される。つまり，対話を通じた多様なナラティヴの広がりという点である。これまでのディスコース視座の基本となっているポリフォニー，多声的性質はナラティヴ・セラピーにおいても基本であり，オルタナティブ・ストーリーを生み出すことがセラピーの核心となっている。ナラティヴ・セラピーにおいては，クライアントが「人生や日常生活において思考や行動様式で心理的に支配されている一種の信念体系」（増田, 2013）を，ドミナント・ストーリーまたはドミナント・プロットと考える。セラピーに来る人は自分の心の中に違和感や問題を感じて，それを治療することによって心の病を回復しなければならないと考え，そのような治療−回復モデルが1つのドミナントなプロットとしてクライアントの信念を支配している。

　図5-1が示すように，多様な語りが可能でありながら特定の話の筋（プロット）に固執し，そこから抜け出せないということがある。このストーリーに支配されることから解放されることが大事であり，そこでオルタナティブな物語が必要になる。オルタナティブ・ストーリーは，代わりになるストーリーであれば何でもいいわけではない。クライアント自身が生きていきたいと認めるような，人生に沿ったストーリーでなければならない。したがってセラピストは，「人々の直面している問題の影響を絶つうえで人々の援助となるような，アイデンティティについてのストーリーを会話の中に探り出し，創造すること」（モーガン, 2003）に焦点を置く。野村（2010）は，Gadamer（1989）の「未だ語られていないことの無限性」という考え方を土台とし，どんな会話にも「未だ語られていない物語」があると考える。どんなことも語りつく

第Ⅱ部
組織ディスコース研究の様々なアプローチ

■ 図5-1　ドミナント・プロット

出所：モーガン（2003）を筆者が一部加工。

すことはできない，自分自身を語る最適な言葉を見つけ出そうという努力に際限はないのだ。

　ナラティヴ・セラピーのもう1つの革新的ポイントは，「**問題の外在化** (problem externalization)」である（ガーゲン，2004）。従来の方法では，クライアントの問題（例えば「私の抑うつ」，「私の無気力」，「私の敵意」）が個人の内部にあると想定されるが，オルタナティブなストーリーの創出過程を通して，問題を外在化する。つまり「問題をその人の「自己」から切り離して考えるようになることが，語り直しの重要な一歩」（ガーゲン，2004, p.254）となる。ここでは，モーガン（2003, p.35）の以下のナラティヴから説明しよう。
　a）　私はうつっぽく，どこへも出かけたくありません。
　b）　私はやる気がなく，何をするにも気力がわきません。
　c）　私は心配性です。何か新しいことをするときはいつも不安になります。

　これらの例は，職場の会話としてもよくあるナラティヴであろう。これら

第5章
ナラティヴとストーリーテリング：組織の語りと対話

は問題がすでに内在化しているという信念，つまり問題を本人の一部として自分の中にあるというドミナントなナラティヴが語られていると考える。ナラティヴ・セラピーではこれに耳を傾けながら，人を問題から切り離す対話を通して外在化を試みる。a）のナラティヴに対しては，「私はうつである」の代わりに，「うつが外に出かけることを難しくしているのですね」とか，「問題が力を持っているときは，あなたにやる気がないと思わせるのですね」という外在化の対話を試みる（モーガン，2003，p.35）。外在化の1つの方法として，問題に名前を付けるという手法もある。「あなただったら，この問題をなんと呼ぶでしょうね？」というように，問題がすでに自分の中にあるという信念を外在化するために，問題にネーミングすることがカギとなる。c）のナラティヴについて言えば，「不安か心配という名前は，あなたにとってしっくりきますか？それとも何か別によい名前を思いつくまで，〈それ〉と呼んだ方が簡単でいいでしょうか？」という対話を通じで，問題を外在化する。このようなナラティヴの実践は，家族療法などを中心とした心理療法の世界だけにとどまらず，より広い領域（例えば教育）にも発展の可能性が示される（ガーゲン，2004）。

(3) 関係主義的対話組織論

理論と実践をつなぐ試みは，社会構成主義の基本的なスタンスである（ガーゲン，2004）。この考え方は，Taos研究所という組織の創設によって具現化が試みられている。Taosのネットワークにはセラピストなどが多いが，企業コンサルタントも多く参加している。2018年に開催された25周年記念研究会において，ガーゲン夫妻は「関係理論（relational theory）」を発展させて実践と結び付けることを強調した。またHersted and Gergen（2013）は*Relational Leading*を出版し，組織コミュニケーションにおけるリーダーシップの領域について，実践的な視座を提供している。これは，『ダイアローグ・マネジメント：対話が生み出す強い組織』というタイトルで，日本の読者に読みやすく翻訳されている。まさにこのタイトルが示すように，対話を重視した組織

167

第Ⅱ部
組織ディスコース研究の様々なアプローチ

化が経営の基本である。ビジネス関連の文献においても，**ダイアローグ組織**とか**対話型組織**などの表現が多くある（ボーム，2007；中原・長岡，2009；ブッシュ＆マーシャク，2018）。このような状況は，対話のコミュニケーションが経営やビジネスにおいてカギとなることが示唆される。

Hersted and Gergen（2013）はリーダーシップの領域に焦点を当て，**関係的リーディング**（relational leading）を強調する。従来の社会心理学が焦点を当てるリーダーシップは，コミュニケーションのスキルや個人の能力として議論されることが多かった。ガーゲンらは関係性を重視するアプローチで，協力と協働を推進するダイアローグを強調した。関係的リーディングは「個人の性格ではなく，活動である」（Hersted and Gergen, 2013, p.30）。それは常に関係化のプロセスの中にあり，意味が産出され，維持され，そして変化するコミュニケーション過程の中で実践される。そして，ダイアローグこそが組織の日常性の中核となって，**関係化のプロセス**を進展させる。その意味で，コミュニケーションは相互に意味を作る過程であり，継続的な調整プロセスである。

対話はしたがって，その内容に焦点を当てるよりも，対話の過程に意義がある。なぜなら対話の目的は経営‘管理する’ことではなく，‘相互理解の推進’にあるからだ。経営組織論のリーダーシップは，コントロールすることや影響を与えることに比重がある。しかし，関係的リーディングは関係性を重視し，協力関係の向上を目指した相互理解を目的とし，対話を通じてそれに近付こうと努力する。そのためにはナラティヴ・セラピーのアプローチ，とくに問題の外在化や無知の姿勢，協働構築の姿勢を職場内で展開することが求められる。このアプローチは，伝統的な組織論の課題に対して有効と考えられ，組織文化，組織変革，対立や葛藤，チームワーク，創造性とイノベーション，コーチングなどのコンテクストで，関係的リーディングが議論されている（Hersted and Gergen, 2013）。ナラティヴの視座をベースに，対話とコミュニケーションのプロセスを重視したアプローチは，公平や公正を発展させ，組織のデモクラシー関係を推進する新たな方向性である。

第 5 章
ナラティヴとストーリーテリング：組織の語りと対話

5 ナラティヴ・アプローチの可能性

　ナラティヴの視座をもとにした組織研究は，多様ながらもいくつかの傾向が見られる。章末の**文献表①**には，2000年以降の組織研究領域におけるナラティヴ・アプローチとライフストーリーのアプローチの例を示している。テーマとしては，ナラティヴによるアイデンティティ形成を理論的な土台とする研究が多い（No.1, 4, 6, 7, 8）。とくに企業家や経営者の語りやライフストーリーをインタビューするものが多く，企業家精神や経営者のアイデンティティ，またはアイデンティティ・ワークについて分析している（No.1, 2, 4, 6, 7, 8, 9, 10）。これらは，キャリア開発，キャリア・チェンジなどのテーマや，企業家や経営者の日常についてのナラティヴ分析である。

　このように，ナラティヴのアプローチは組織管理やビジネスの推進・戦略などのテーマが多く，フーコー派をはじめとする他のディスコース・アプローチが，アイデンティティ研究をパワー関係やヘゲモニーに結び付け，批判的に分析するのと異なる方向性を示している。文献表①における批判的研究として，言説装置という概念を使って金融危機以降の銀行家や金融政策者のナラティヴを分析する研究が，1つの批判的アプローチとして例示されている（No.5）。またNo.7のように，エスニック・アイデンティティが，ビジネス，とくに女性の企業家に影響する点をナラティヴにおいて探求するのは，批判的アプローチの一側面と言える。

　テーマの中には，戦略とストーリーテリングの関係に着目する研究もある（No.3）。ストラテジー・アズ・プラクティスの研究は，経営組織論の中で大きな注目を浴びているが，ストーリーテリングの視点からこれを探求する。これはストーリーテリングやディスコースの遂行性（パフォーマティヴィティ）にパラダイム上の背景を持っていると考える。同様に，語りの遂行性の特徴は文献表①にない日本の研究実践であるが，戦略だけでなく組織の倫理においても有意義であり，宇田川・間嶋（2015）と宇田川（2017）は，組織の倫

169

第Ⅱ部
組織ディスコース研究の様々なアプローチ

理を規範的アプローチや批判的アプローチと異なるオルタナティブなディスコースとして，ナラティヴを土台とした生成する組織を提起する。

前節で紹介したナラティヴと実践がかかわるテーマであるが，ナラティヴ・セラピーや NBM を応用した研究は，組織論の直接的なテーマとしては見られない。しかし，ナラティヴと経営教育の点では，*Management Learning* という学術誌を中心に，その教育実践が紹介されている（No.8）。ストーリーテリングは，組織学習としての有効性を持っていることが示され，ナラティヴの遂行性が学習の側面と結び付いている事例が示された。

文献表①には入れていないが，Gabriel and Connel（2010）は，日本の連歌をもとにした（上の句と下の句の）協同ストーリーテリング（collaborative storytelling）を提示し，学術面でのナラティヴ的協同を主張する。日本のナラティヴ形式に着目する点はユニークであり，日本的なディスコース・アプローチにも大きな可能性を示している。このように，組織研究におけるナラティヴおよびストーリーテリングのアプローチは，組織開発やキャリア開発，企業家活動，組織戦略や倫理，経営教育と組織学習などに，研究の目が向けられている。

理論的には，ナラティヴとアイデンティティの関係が主軸となっているが，No.4 の研究のようにセンスメイキングとストーリーテリングの関係も重要である。Weick（2012）は，センスメイキング，組織化（オーガナイジング），そしてストーリーテリングの3つの概念の繋がりを重視し，これら3つが解釈的分析理解を強固にすると示唆している。研究方法としては，Czarniawska（1998）はフィールドワークによる観察とインタビューをインタラクティブに併用するナラティヴの収集を推奨するが，あまり多くない。伝統的なフィールドワークによる研究方法は，No.3, 8, 10 に見られる。No.10 は，Czarniawska が 10 ヵ月にわたり企業家と行動する形で（平均週 10 時間），経営幹部の採用や，起業にあたっての法的手続き，クライアントとの交渉の場面をフィールドワークした。No.8 はオランダの緩和ケアの現場に入り，研修プロジェクトを通じて多様なナラティヴを集める。研究の事前準備としてインタビューを

第5章
ナラティヴとストーリーテリング：組織の語りと対話

取り入れ，その後の研修にストーリーテリングを通じたワークショップを行っている。No.3も同様にワークショップを実施し，それをフィールドワークの対象とする研究方法をとっている。これはNo.10に見るような，現場の実際を見て理解する伝統的なフィールドワークとは異なり，研究者が研修を設定する形でフィールドを用意するか，あるいはフィールドそのものを創造する形で研究が行われている点がユニークである。これは自然発生している生の現場を見るという観点よりも，特定の状況設定の中で'どのように語られるか'に焦点を当てたフィールドワークを重視し，ナラティヴを共同構築するためのストーリーテリング的な研究方法と言えるだろう。

　ライフストーリーでは，経営者や企業家のアイデンティティやキャリア開発にかかわるインタビューのアプローチが多い。No.7が主張するように，ナラティヴ的研究方法におけるインタビューは，社会構成主義的な側面を重視する。つまりインタビューの聞き手と語り手の相互行為の過程を重視し，相互言説的に構成される現実として考えられるべきである。しかしながらライフストーリーのアプローチには，内容が人生や生活について取材するものであれば，ライフストーリーのアプローチとみなしている向きもある。インタビューの内容が，語り手の組織や職場の生活にかかわるものであればいいというわけではなく，インタビューにおける共同構築的側面を十分考慮して研究に臨むことを忘れてはならない。同様に，**オートバイオグラフィ**のアプローチは，単なる経営者の自伝分析になってはならない。つまり経営者の語った内容の分析だけでは，極めて浅い内容となるであろう。このアプローチは出版された自叙伝をもとにするため，データとしては比較的入手しやすいが，手記などの付随するテクストを含めながら，ナラティヴのテクストとそれらのコンテクストをきちんと考察の対象に入れなくてはならない

　ナラティヴやストーリーテリングのアプローチはまだまだ発展途上であり，理論的にも方法論的にも多くの可能性を秘めている。

171

第Ⅱ部

組織ディスコース研究の様々なアプローチ

注

1) この視点が強調されるアプローチとして、組織コミュニケーション研究では、組織のコミュニケーション的構成、あるいはコミュニケーション構成組織（Communication Constitute of Organization：CCO）について積極的な研究が行われている（Brummans et.al., 2014）。器としての組織が先にあるのではなく、ナラティヴやコミュニケーションがあってこそ組織が生成するという考え方である。

2) 研究者によっては、ナラティヴ・アプローチをより広くとらえ、ディスコースを狭い意味のアプローチとして、フーコー派を中心とする CDA に限定することもある。本書では組織ディスコースという傘のもと（アンブレラ概念として）、ナラティヴを1つの特性を持ったアプローチとして取り上げる。

3) 2018年11月7日の Taos 研究所の年次大会において、メアリー・ガーゲンがこの点をヨーロッパとの違いとして言及していた。

4) Taos Institute のホームページを参照（www.taosinstitute.net）。

5) 増田（2013）は、Rhodes and Brown（2005）を紹介しながら、次の5つの主題を提示する。それは、①センスメイキング、②コミュニケーション、③ポリティクスとパワー、④学習と変革、⑤アイデンティティである。

6) これに類似した概念は、他のディスコース・アプローチにも見ることができる。組織レトリックで紹介している、危機状況（exigency）がレトリックを導くという、レトリック状況もこの考え方に近いと考える。CDA では、相互言説性に story-narrative 的な類似のフレームを見ることができ、再コンテクスト化はアンテナラティヴに近いと考える。

7) これは政治に言えることであろう。例えば日本と中国の間がとても冷え込んだ時期があった。両国の間に存在する島にそれぞれの言語で名称設定し、どちらも領有権を主張した。問題の解決は、どちらが古くから所有して今日に至ったか、その古文書を紐解いて証拠集めをするしかない。しかしこれはどこまで遡ることができるかわからないし、証拠集めの鼬ごっこになる可能性が高い。医療のように、病巣である島そのものをなくしてしまうという極端なことはできない。この問題が浮上する前は、いわば問題の解消状態にあったわけであり、「解決を棚上げ」していた。問題解決ではなく、問題の解消を目標に対話を重ね、協力しながら解消方法を共同構築するしか方法はない。

8) これは研究方法論における「ポジショニング」と同様である。こうすることで、研究者は読者と対話の道を開くことができる。

172

第 5 章

ナラティヴとストーリーテリング：組織の語りと対話

文献表① ナラティヴ／ストーリーテリングおよびライフストーリーの研究

No.	タイトル（著者、出版年）	トピック／理論／アプローチ	研究方法
1	Not Lost in Translation: Managerial Career Narratives and the Construction of Protean Identities (Wolf, 2018)	プロテウス・キャリア（変幻自在なキャリア）、キャリア・チェンジ、個人的な価値観と動機、ナラティヴ、アイデンティティ理論、経営のアイデンティティ、構築主義的グラウンデッド・セオリー	ライフストーリー・インタビュー：29名の異なる背景を持つ専門家（大きなキャリアチェンジをした経験を持つ人）
2	Convincing the crowd: Entrepreneurial Storytelling in Crowdfunding Campaigns (Manning and Bejarano, 2017)	クラウド・ファンディング、企業家精神、イノベーション、企業家的ナラティヴ、キャンペーン、ナラティヴの分類	マルチプルケース：54のクラウド・キャンペーン、ビデオ・メッセージ：MBAの学生対象のインタビュー：コーディング・スキーム：量的分析も含む
3	Strategy as Storytelling: A Phenomenological Collaboration (Küpers et al., 2013)	企業の戦略決定過程、ストラテジー・アズ・プラクティス、ワークショップ開発、ストーリーテリングの実践、現象学的調査、理論的・方法論的な貢献	事例：1日のストーリーテリングのワークショップにて、インストラクターの役割と参与観察
4	Sensemaking, Storytelling and the Legitimization of Elite Business Careers (Maclean et al., 2012)	ビジネス・キャリア、エリート、正当性、センスメイキング、ストーリーテリング、ライフヒストリー	インタビュー：16名のビジネスエリートにライフヒストリーを聞く、5段階の分析過程
5	Bankers in the Dock: Moral Storytelling in Action (Whittle and Mueller, 2011)	金融危機後の金融言説、言説的心理学、エスノメソドロジー、会話分析、言説装置、ミクロな言語学的分析	事例：2件の金融言説、銀行の公聴会のナラティヴ、イギリス財務委員会の答弁（4名の財務官僚）、2つのプロット
6	Narrative, Life Story and Manager Identity: A Case Study in Autobiographical Identity Work (Watson, 2009)	経営者のアイデンティティ、ナラティヴ、アイデンティティ・ワーク、現実の社会的構成、ナラティヴの創出	オートバイオグラフィによる事例：Leonard Hiltonの自叙伝と12ヵ月の参与観察

173

第Ⅱ部

組織ディスコース研究の様々なアプローチ

7	Reflections on the Narrative Approach: Dilemmas of Power, Emotions and Social Location While Constructing Life-Stories (Essers, 2009)	複数のアイデンティティ、モロッコとトルコ出身の女性企業家、アイデンティティ形成、ライフストーリー・ナラティヴ、研究者と研究対象者との共同構築、パワー形成	ライフストーリー・インタビュー：移民の企業家ネットワークやスノーボール方式のインタビュー対象者の選出
8	Learning by Telling: Storytelling Workshops as an Organizational Learning Intervention (Abma, 2003)	ストーリーテリング・ワークショップを通じた組織学習、集団的・関係的プロセス、アイデンティティ、対話	事例：教育実践の事例報告（オランダの緩和ケアの14ヵ月のプロジェクト：準備としてのインタビュー、ワークショップ、レポート）
9	Between the millstones: A Narrative Account of the Vulnerability of Middle Managers' Storying (Sims, 2003)	中間管理職、プレッシャー、語りとオーディエンス	4人の語り：語りの解釈（孤独、危険性、脆弱性）
10	Storied Business: Typology, Intertextuality, and Traffic in Entrepreneurial Narrative (O'Connor, 2002)	ハイテクの企業家、企業家精神の語り、民族誌的方法、グラウンデッドセオリー、ナラティヴ、ストーリーテリング	事例：10ヵ月のフィールドワーク、ナラティヴ・タイプ

第**6**章

組織レトリック

学生：「エコ」というのは，メッセージになるのでしょうか？

先生：その通り。多様なエコ言説があるけど，それはメッセージと考えられるね。

学生：メッセージとディスコースは，同じ意味でしょうか？

先生：そうだね。ディスコースの一つの形態であり，考え方だよ。メッセージは，コミュニケーションの重要概念であり，聞き手であるオーディエンスに対して，何らかの影響を与えるレトリック的なディスコースと考えられるね。

学生：最近はSNSによって，興味深いメッセージはすぐに拡散しますね。それだけに，「エコ」に関するメッセージも，SNSから取り出すことができそうです。

先生：良い着眼点だね。現代では，レトリック状況をどのように規定するかが重要となってきている。例えば，SNS上で，おもしろい現象に対して「これってエコだね」と言えば，本当にエコなのかの証拠云々ではなく，社会的現実を作るメッセージとして人々に影響し，拡散するんだ。

学生：それって，すごく面白い考えですね。どのように命名するかによって，現実の状況が規定されるから，メッセージに力があるように思えるのですね。

先生：メッセージはその意味で，中立性はあり得ない。必ず，メッセージを発信する側の戦略や，発信者が気づかないような偏見やバイアスなどが，意味づけられている。

学生：組織が発信する情報は，マーケティングにしろ，危機管理にしろ，ほとんどがレトリック的なメッセージであると言っても過言ではないということですね。

先生：そうなんだ。その意味でエコ言説は，レトリック的な視点で考えることが可能だね。

第6章の重要概念

修辞学，組織レトリック，メッセージ，エトス（ethos），パトス（pathos），ロゴス（logos），三角ロジック，帰納法，演繹法，三段論法，話し手，状況，タイラノール事件，危機管理，オーディエンス，ステークホルダー，レトリック状況，緊急事態，レトリック分析，評価的な読み方，批判的読み方，メッセージの非中立性，組織防衛のレトリック，制度的ロジック，アイデンティティ

第Ⅱ部
組織ディスコース研究の様々なアプローチ

　本章では，日本語で「**修辞学**」と訳されることの多い「レトリック」の手法を組織ディスコースの１つとして紹介し，その意義・有効性について，組織に関するコンテクストの中で考察する[1]。これまでレトリック研究は経営学や組織研究よりも，一般的に政治的なスピーチの分析やディスカッション，ディベートなどの議論に関する領域で理論的発展がなされてきた。一方レトリックは，分析アプローチとしてこれまでも組織研究に利用されてきたが，近年は組織にかかわるメッセージ（組織の内部や外部に発信されるメッセージ）の増大につれて，より一層組織研究に応用されるようになった（Hoffman and Ford, 2010）。とくに組織コミュニケーションの研究領域において，「**組織レトリック**」と呼ばれるアプローチが活発に議論されている（Ihlem and Heath, 2018）。私たちを取り巻くビジネスや企業活動，政府や公共組織が発信するメッセージや情報は，極めてレトリカルである。自然災害，事故や事件，不祥事対応などもレトリックである。私たちは知らず知らずにレトリックを使って，消費者やクライアントという‘オーディエンス’に良い影響やプラスのイメージ，最終的には説得すること（例えば，「この車を購入しよう」などという最終意思決定）をもくろみ，戦略的なメッセージや情報を繰り出している。

　私たちを取り巻くビジネスや組織が発信するメッセージや情報は，限りなくレトリカルである。そもそもレトリックとは，「メッセージ創造の生産物や実践」（Hoffman and Ford, 2010, p.3）と定義される。とくに修辞学と訳されるレトリックは，人を騙す話術のような否定的なイメージがあり，これまでビジネスにおけるメッセージ創造やその解釈に応用されることは少なかった。組織をコミュニケーションの視座で見たとき，組織ほどメッセージを大量に社会に発信している主体はないと言ってもいい。個人のブログやツイッター，インスタグラムも影響力はあるが，企業や公共組織が発信する情報やメッセージはSNSに限らず，テレビやラジオ，新聞や雑誌という広範なメディアを通じて，レトリカルに戦略的なメッセージが作り出され発信されている。

　本章では，その基本的概念を古典的なレトリックの基本構造を紹介することから始まり，社会的コンテクストを考慮に入れる現代的レトリックまでを

第6章
組織レトリック

概観する。そして，組織コミュニケーションにおけるレトリック的アプロー
チの研究事例を考察し，組織レトリックの将来的方向性を検討する。

1 組織とメッセージ

　冒頭に示したように，組織のコミュニケーションにとってレトリックはと
ても重要な手法であり，それはメッセージの作り手の立場からも有意義であ
る。それと同時に，メッセージを分析的に理解するという受け手（オーディエ
ンス）にとっても大切な方法である。この作り手と受け手の双方にとって，
メッセージの作成や情報の出し方が極めて戦略的であり，なおかつ大変日常
的であることが理解できる。私たちは無自覚に，このような戦略的なメッ
セージの発信を，日々のコミュニケーションの中で行っている。典型的なも
のとして，組織の外部に発信するようなメッセージや情報，例えばCMや広
告メッセージなどがすぐ頭に浮かぶだろう。しかしそれだけではなく，組織
内部の人間関係において，例えば上司に対するプレゼンや，取引先への説得
などにも応用される。
　また別の側面として，メッセージの性格についても考慮が必要である。CM
のような広告におけるメッセージは，コピーライターという専門家が効果的
なメッセージを作り上げる。しかし広告は言葉のメッセージだけでなく，印
象深い写真やイラスト，デザインであったり，その商品をイメージするタレ
ントであったり，CMなどの動画であればナレーションや効果音，音楽など，
これら1つひとつの選択も極めて重要なレトリックである。
　私のゼミ生の1人は，化粧品のネーミングについて分析したことがある。
ほとんどがカタカナ英語の商品名が並ぶ中，漢字ネーミングのユニークさが
光った。商品名を決めることは，その売れ行きを左右するということがわか
る。有名な話であるが，アメリカの自動車会社がNovaとネーミングした車
をイタリアに輸出しようとしたが，まったく売れなかったことがある。Nova

177

第Ⅱ部
組織ディスコース研究の様々なアプローチ

という名前が悪かった。実はイタリア語でNovaとは，動かないという意味だったのだ。英語でイメージするところの超新星の輝きをネーミングしたNovaであるが，当然のごとくイタリアでは，まったくその意味が通じなかった。また私がデトロイトの日系自動車関連企業の関係者に聞いた話であるが，Cが頭文字に来るネーミングの車はヒットするというジンクスがあるそうだ。

> 読者の皆さんも，Cの付く車の名前をいくつも上げることができるだろう。ここで皆さんに，簡単な課題を出してみよう。日本の自動車会社を1社選び，その会社が生産している最高級車，SUV，スタンダードな乗用車，ファミリーカー，軽自動車，これらについて，そのネーミング，テレビCMのメインキャラクター，音楽，メッセージについて，比べてみてほしい。インターネットで調べればすぐ情報は手に入るはずだ。

商品のネーミングや広告キャンペーンにレトリック手法が有効であるのは明らかであるが，さらに組織変革においてもまた有効である。組織開発の1つの手法でもあるコーポレートアイデンティティ（CI）は90年代にとくに広まったが，一般的には社名やそれに伴うロゴの変更を通じて，社内と社外に対するイメージチェンジをもくろむものである。社名やロゴが新しくなり対外的なイメージが変わるだけでなく，社員の意識変革をも推進する試みである。

国際化の流れの中，多くの日本企業の社名がカタカナに変わっていった時期がある。その代表例はソニーであり，以前の社名は東京通信工業㈱であった（1958年に変更）。名称をソニーに変更したことによってより国際的イメージが強まり，日本の企業だとわからない外国人もいる。このシンボリックなアプローチによる組織変革の手法においても，レトリックは有効である。KFCというファストフードチェーン企業がある。世界で初めてフランチャイズ方式をとった企業であるが，これは日本でも馴染みのある「ケンタッキー・フライド・チキン」という会社であった。1991年に名称をKFCに変更している。なぜ社名を変えたのだろうか。その理由の1つに，その当時あった健康

志向というマーケット環境の変化がある。アメリカ人にとって，英語表記の 'フライド' は油で揚げることを指し，健康的ではないイメージが強い[2]。他に理由はあるにせよ，このマーケットの環境（本章でのちに説明するレトリック状況）によって，KFC は CI を展開することになったと言える。

　社名や商品名は，組織が歴史的な言説的過程によって作り上げてきた表象であり，極めて重要なメッセージである。CI は単に名前の変更ではなく，企業理念などを新しくし，組織の文化そのものを変革する意図がある。そのためにレトリックが大事なツールとなるのである。

　このように，組織のコミュニケーションや情報・メッセージ戦略をレトリックの観点から考察し，また組織実践するアプローチを「**組織レトリック**」として，定義づけておきたい。

Organizational rhetoric is the strategic use of symbols by organizations to influence the thoughts, feelings, and behaviors of audiences important to the operation of the organization.（Hoffman and Ford, 2010, p.7）
「組織レトリックは組織を運用するにあたり，重要なオーディエンスの考え方やフィーリング，行動に影響するような，組織によるシンボルの戦略的利用である」

　この定義におけるキーワードは，「シンボルの戦略的利用」という点にある。上司の発話に始まり，社長のブログ，テレビ CM，企業理念，社内報のメッセージなど，企業のあらゆるシンボル活動はレトリックとして機能し，レトリカルな分析が可能である。それによって，イメージを変えたり良い印象を与えたりできることから，組織の戦略的なメッセージ活動は企業の目的達成のために行う組織のディスコースと言える。つまり，企業の言説的実践がレトリックとして，重要なオーディエンス（消費者やクライアント，取引会社，従業員，組合など）やステークホルダーに，多かれ少なかれ一定の影響を与えるのだ。それは株価にも影響するであろうし，消費者の行動を通じて商品の売れ行き，ステークホルダーとの信頼関係，会社の信用度やブランド・

第Ⅱ部

組織ディスコース研究の様々なアプローチ

イメージ，企業レピテーション（評価）に反映される。Hoffman and Ford (2010) は以下のように，組織レトリックの4つの目的を示している。

① レトリックが効果的であったかどうかを評価する，またはどのように効果的であったかを評価する。

② 組織が提示するそのものによって明らかになったものは何か，組織が掲げて主張する価値は何かを理解する。

③ 社会における組織の一般的な役割と権力を理解する。

④ 組織レトリックの理論を発展させること。

ビジネスと組織の活動において，SNS や ICT（情報通信技術；Information and Communication Technology）の発展が大きな位置を占める現代社会において，組織レトリックは，メッセージを発信する側から極めて有効で意味ある手法であり，同時にそれを批判的に読み解く分析手法としても重要となっている。

2 伝統的レトリックの基本構成

先の定義を見て，レトリックとは悪く言えば，印象操作ではないかと思う人もいるだろう。多かれ少なかれ人も組織も，自覚的あるいは無自覚的にかかわらず，良い印象を与えようとして自身を繕っている。それは決して悪意ではなく，ごく自然な行為である。レトリックがあまり好ましくないと思われていたのは，話術で人を欺き印象操作するという誤解によるものだ。

現代の日本社会，とくに教育と産業界において，プレゼンテーションなどの発信力というコミュニケーションを重視するとき，レトリックは必然的に重要となってくる。しかしこれは，人を騙す話術や交渉術を磨くことを目指すのではない。組織がより良い印象や評価を得るだけでなく，より広く人々の理解を得るための戦略的な言説的実践である。真実は，話し方や伝え方に関係なく理解できるものでない。真実であっても，話し方によって理解の仕方が変わるし，同意する気持ちは大きく異なる。より広い理解は，複雑な組

第6章

組織レトリック

織の関係性の中でとても重要なコミュニケーションである。したがって，レトリックが目指す1つの方向性は，多様性が強まる社会と組織において，より広い理解を促進する方法を向上させるという言説的実践だ。

また逆に見ると，虚偽もまるで真実のように伝えることができる。あるいは，虚偽と真実の曖昧な境界の理解を議論によって深めるのも，レトリックの目的であろう。真実を伝えているふりや，真実を語るというディスコースの背後に隠されたパワーや政治的関係性が，レトリック分析によって明確にすることができる。つまり，言説的実践の政治性やパワーの問題が見えてくる。したがってレトリックのもう1つの意義は，批判的なアプローチによる組織のパワーの問題を解明することである。このレトリックという手法の基本的フレームワークを，まずはその古典から探っていく。

レトリックと言えば，ギリシア時代にさかのぼるが，まず思い浮かぶのがアリストテレス（Aristotelēs）のレトリックである。教科書にも紹介されているアリストテレスは，ギリシア哲学者として誰もが一度は耳にしたことのある名前であろう。彼が示した議論の立て方に，レトリックの基本的枠組みを見ることができる。議論において自身の主張を立証していくには，つまり相手を説得するには，**エトス**（ethos），**パトス**（pathos），**ロゴス**（logos）の3つからレトリックを構成する。**表6-1**に概略を示したが，それぞれを詳しく見てみよう。

エトス（ethos）：これはオーディエンスに対して，個人的信頼（personal credibility）を築くものである。つまり，メッセージを発信するその人の魅力や人間性などが，相手を説得する大きな要因となるような要素である。説得力のあるエトスの特徴として，知性（intelligence），性格（character），善意（goodwill）の3つがあげられる。個人のレベルで言えば，'知性'がある（と思われる）人が言えば，説得力が増すことがある。例えば患者が，「＊＊大学の医学博士だからこの診断はきっと間違いない」と，当然のように信じるというようなことだ。医学の学位のない友人に「それはきっと盲腸だよ」と言われるより，何倍もの説得力がある。医師や弁護士，ビジネスコンサルタン

181

第Ⅱ部

組織ディスコース研究の様々なアプローチ

□ 表6-1　古典的なレトリック

	エトス（ethos）	パトス（pathos）	ロゴス（logos）
説得の方法	人格にアピールする，個人的信頼を築く	感情にアピールする	論理を使う，ロジカルな意思決定を示す
個人の側面	知性，性格，善意，カリスマ性	恥ずかしさ，恐怖，怒り，憤り，憐れみ	ロジックの展開；推論や論拠，データ，三段論法，演繹法と帰納法
［個人の例］	高い知識レベル，表彰，資格，学歴，経験，人間関係，など	効果的な感情的表現，美的効果	議論，プレゼンテーション能力，交渉力
組織の能力	組織能力，組織の信頼性，技術力，組織の評判，ブランド力	アイデンティフィケーション，帰属意識，	組織の正当性，組織の社会性と信頼，
［組織の例］	社会貢献やCSRの取り組み，株価，マーケットシェア，企業ランキングなど	マーケティング，CM戦略，イメージアップ，記者会見	戦略決定，組織変革や技術革新，不祥事対応，危機管理・危機対応

トなど，エトスを利用したい者は自分の学位を証拠として表象化するため，例えば出身大学の卒業証書を部屋の壁にかざり，信頼性を高めようとするであろう。

　また‘性格’がその人の魅力として，説得力をより高めることがある。たとえ良いことを言っていたとしても，その性格のために説得力を持たないということがあるが，その逆もまた然りである。「私の上司，最悪。すぐキレるし，えこひいきだし」などという会話は，日常にごくありふれている。あなたの先輩や上司はさて，いかに。リーダーシップを考えるときによく使われるカリスマ性という言葉があるが，これもレトリックの観点から考察することができよう。その人がこれまでしてきた善行がその人の持つ‘善意’として示されるとき，発言には説得力が増す。知性，性格，善意はそれぞれ密接に関係しているので完全に切り離せるものではないが，我々が説得力のあるスピーチやメッセージを発信するときに，大変重要な要素となる。

　組織のコンテクストで，エトスはどのように考えることができるであろう

182

か。組織のコンテクストでも，人と同様に性格や知性，善意に類似する事柄がある。例えば従業員を大切にする会社，従業員の意見を積極的に採用する会社の**組織文化**は，組織における会社の性格とも言える。技術力のある企業は，ある種企業の知性を証明しているとも言えよう。社会貢献や CSR（Corporate Social Responsibility：企業の社会的責任）活動に積極的な会社は，その善行をもとに社会的信用を得るだろう。Cheney and McMillan（1990）が指摘する「企業の人柄（corporate person）」として，組織を人のように擬人化することができる。企業が人のように，いろいろなコミュニケーションチャネルを使いながら，多様なメッセージを発信しているかのようである。21世紀以降，企業活動の多くがこの側面を重視して，「組織の信頼性（organizational credibility）」を発展させようとしている（Hearit, 1995）。とくに企業の評判（corporate reputation）や企業ブランド化（corporate branding）という戦略に代表されるように，会社のイメージアップや社会的信頼，イメージの向上を通じた会社のブランド化に力を入れている（Baumlin and Scisco, 2018）。

パトス（pathos）：これは，オーディエンスの感情に訴える方法である。相手の心を揺さぶるようなメッセージや何らかの象徴を示すことで，話し手の狙いを達成することができるのだ。アリストテレスはその例として，恥ずかしさ，恐怖，怒り，憐れみ，憤りなどをあげており，これらがどのような状況で使われることが効果的か考えることが有効である。

簡単な例を言えば，子供が何かねだるときに大泣きしてぐずると，親はしばしば「仕方がないなー」と言いながら，子供の欲しいものを買ってやる場合がある。子供は大人に，言葉による論理（ロジック）で買ってほしいと要求するのではなく，泣くことを含め，親の感情に訴える行動によって目的を達成するのである。親の気持ちからすると，「仕方がないなー」のディスコースには，「かわいそうだな」という意味が発生し，親の感情に訴える憐れみのパトスが使われている。国家レベルでは，近隣諸国の軍事的脅威を煽ることで，自国の軍備増強を推進する。歴史的に見ても，また現代においても，恐怖と

第Ⅱ部
組織ディスコース研究の様々なアプローチ

いうパトスを使うことで，国家は国民に対して，軍備を拡張する説得力を増幅させることに成功する。

　組織のレベルにおいては，どのような形でパトスが使われているだろうか？車の CM や広告を見ると，高級車の場合，機能性のディスコース以上にパトスの表象がうまく使われている。例えば，音楽や美しい風景などの映像技術を使いながら，「なめらかな走り」や「走ることの喜び」のような，感情に訴えるディスコースを見つけることができる。このようにして広告にはパトスが多様に使われ，消費者の購入動機に対して感情的に訴えかけてくる。

　アイデンティフィケーション（identification）[3] という概念があり，自己同一性と訳されることが多いが，これに訴えることもパトスの1つと考えられる（Hoffman and Ford, 2010）。アイデンティフィケーションは，ある種組織への帰属意識を強くすることであり，これは例えば自分の会社や大学，サークル，スポーツチームなどの組織・グループとの強い連帯感とみなすことができる。

　それでは，組織への同一化や帰属意識，連帯感に強くアピールすることで，何が達成できるのだろうか。また，どのようにしてオーディエンスにアピールすることが可能であろうか。これは，サービスや商品の販売視点で考えると，ロイヤルカスタマー，リピーター，お得意様，常連客というディスコースに表されるような，特定の商品ブランドと客自身のつながりを強く意識させる戦略と言える。スターバックスは典型的な例であろう。多くのファンやリピーターは自分のためにカスタマイズされたドリンクを楽しみ，カフェの雰囲気，ロゴの入ったマグやグッズに強い愛着を持っている。たまに来る客よりも，頻繁に利用するリピーターを大事にするディスコースが展開されている。とくにスターバックスの例は，この企業が理念として当初より打ち出している，エコロジーや企業の社会性に共鳴する客も多い。その組織の提案する価値観に共鳴することがアイデンティフィケーションの1つの特徴であり，現代的なパトスの利用の一例と考えられる。

　ロゴス（logos）：これは日本でもロジックと呼ばれるスキルで，論拠や推論，論理的思考を使ってオーディエンスを説得する方法である。アリストテ

レスは効果的な議論の方法について，遠い昔すでに，今でも有効な基礎を示している。今日最もポピュラーな議論の方法は，三角ロジックと言われる主張・結論，証拠・データ，論拠の3つの側面を明確に示すアプローチである。

　主　張　・　結　論：自分が最終的に訴えたい立場，立証しようとする主張
　証拠・データ：主張を支持するために使う事実，結論を導く事実
　論　　　　　拠：なぜデータが主張・結論と結び付くのか説明

この3つの要素は図6-1が示すように，まずは述べたい主張や結論を示し，それを裏付ける事実・データを提示し，その根拠となる説明をするという構造である。これはトゥールミンのTモデルと呼ばれるもので，議論の基本である。さらに，この基本を補強する以下の3つの要素を加えて議論構築すると（図6-2），主張とその議論は強くなる。

　裏付け：議論の論拠を強化するバックアップの考え
　限　　定：主張はある条件下では真実ではない（無効である）という例外や
　　　　　　結論を制限する限定事実
　条　　件：結論が成り立つための留保条件

これらはディベートや議論のときに重要な考え方であり，レトリックを論理的な説得と考えるときに，最も一般的な推論の基本モデルである。論理的な話の進め方は，一般的にまず①主張を述べることである。とくに，3つの

■ 図6-1　三角ロジック：議論のT-モデル

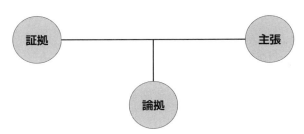

― 185 ―

第Ⅱ部
組織ディスコース研究の様々なアプローチ

■ 図6-2　議論の基本構成

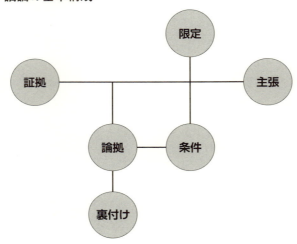

種類を明確にして主張することが大事である。その3つとは㋐事実，㋑価値，㋒政策である。㋐事実は，出来事の発生という事実そのものが存在するということを強く主張し，分類，原因など客観性を主張する。㋑価値は，評価，意見，価値観，重要性，優先順位など，自らが主張する見解や解釈を主張する。㋒政策は，問題を解決するための具体的方策など，政策的な提案を主張する。そして②証拠で主張をサポートする。つまり，主張単独では論理的ではないため，その主張を支持するデータや情報によって証拠を示すことが求められるのである。さらに③理由付けする。つまり，証拠が主張をサポートするという根拠・理由を示す。最後に④自分の議論を要約し，まとめる。つまり，最後にもう一度自分（冒頭）の主張を述べ，さらに証拠が強く結論を支持していることを述べる。とくに政策の場合，メリットがデメリットを超えていることを再確認する。これが大きな論理的な話の流れである。

　ここでもう1つ大事な論理的思考が，**帰納法**と**演繹法**による立証の方法である。帰納法は，具体的な例や事実を積み重ね，最終的により一般的な帰結を示す方法である。具体例による推論（つまり十分な例の数，適切さ，典型的，

■ 図6-3　議論のT-モデル：三段論法

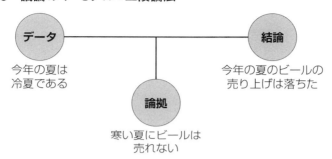

また関連性の問題），類似性をもとにした類推による推論，そして原因がどのように結果をもたらしたかの適切さを示す因果関係による推論が，帰納法を組み立てる論理的な特徴となる。

演繹法は帰納法とは流れが逆で，より一般的ですでに受け入れられている考えをもとにして，具体的に特定の結論を示す方法である。すでにアリストテレスによって，演繹法の推論の進め方は「**三段論法**」という形が提示されている。三段論法は以下のような進め方で推論する。

　大前提：動物は必ず死ぬ・・・・・・・・・より一般的な命題文
　小前提：人間は動物である・・・・・・・・特定の，限定的な命題文
　結　論：したがって，人間は必ず死ぬ・・・最終的に主張したい結論

また大前提はある種の理論であり，小前提はデータ，そして主張する結論となる。例えば図6-3のように，「今年の夏のビールの売り上げは落ちた」という結論には，その大前提として，「寒い夏にビールは売れない」という論拠があり，「今年は冷夏である」という小前提が示される。

ロゴスは今日まで最も広く受け入れられてきたが，日本は文化的にあまり議論を好まないとみなされ，レトリックのような議論をすることを避ける傾向があると考えられていた[4]。しかし，近年は日本でも，産業界からの強い要請として，プレゼンテーションや議論ができる人材が求められている。論

第Ⅱ部
組織ディスコース研究の様々なアプローチ

理的な思考やプレゼンテーション能力として，ロジカルな議論の組み立ては とても有効である。クライアントに自分たちの新商品や新たなサービスを説 明するとき，具体例やデータを使ってその商品やサービスの有効性や優れた 点を説得することは，まさにロゴスによる説得と言える。

　組織のレトリックにおいて，ロゴスの領域が最も重要となるのは，**組織の 正当性**を示す状況である。組織の正当性とは，組織が遭遇した重要な場面や 事柄において行った意思決定がいかに適切であるか，その判断の正しさを示 すことである。例えば危機対応の記者会見で，その対応の正当性を明確に主 張できるかは，極めて大事となる。ここにおけるロジックの展開によっては むしろ，社会的信頼を失墜することになるからである。

　近年，企業や大学，政治組織の不祥事事件における対応で，成功している とは言えない事例が多くある。また企業の戦略的な意思決定は，多くの場合 組織変革を伴うような状況において，その正当性が求められる。例えば，組 織が1つの生産部門を撤退する，または売却する，アウトソーシングするな どの意思決定の正当性を，組織は多様なステークホルダーに対して，適切 に説明する必要がある。組織の再編成，つまり部門間の統廃合については， 組織の外部だけではなく，組織内部においても十分な説明が必要であろう。 また，新しいICTを導入する，新しい人事評価制度を入れるなど，ビジネス の重要な局面すべてにおいて，組織の正当性を示すロゴスが必要となる。

　そこで大事なのは，このようなロジックは個人のスキルではないこと，む しろグループによってどのように効果的な正当性を生み出すことができるか ということである。これはグループの意思決定の問題である。現実の意思決 定は，組織内の政治的な人間関係や権力，派閥問題などが正当性のロジック に影響することが多い。私の個人的な経験であるが，危機管理委員として危 機対応のためのグループの意思決定に参加したとき，それぞれの担当役員や 事務職員の協力的な働きによって，効果的で適切な判断が行われたことがあ る。これは，個人のロジカルな意思決定ではなく，組織メンバーの建設的で 誠意ある議論の過程を通じて，理論的に言えば協調的な社会的構成のプロセ

スによって，組織の正当性が作り出された結果である。組織の社会的信頼や企業の社会性がますます重要になる現代社会において，組織のレベルにおけるロゴスの側面はより重視されることであろう。

3 現代的レトリック手法

　古典的または伝統的レトリックとはすでに過去のもので，今ではあまり使われてない，という意味ではない。古典的なレトリックは今でも使われ，有効である。しかし近年のレトリックへの注目は単に，パトス・エトス・ロゴスによる説得のスピーチ力の向上ではない。企業を取り巻く環境が複雑になり，高度成長期にはあまり大きな経営課題としてみなされなかったような側面，例えば危機管理や社会貢献，CSR といった企業の多角的な評価を考慮しなくてはならなくなった。そのような状況下，組織はメッセージの最大の生産者となっているということ，そして組織の価値を高め，また企業や商品・サービスのブランディングを構築するには，多様なメッセージを戦略的に発信し，社会的信頼を強化し，より高い評価を得なければならない。このような現代的なコンテクストが，組織レトリックがますます注目を受ける所以である。

(1)メッセージの特性

　そこで重要になってくるのは，メッセージやスピーチの中身・内容以上に，メッセージのレトリカルな関係性である。メッセージの送り手にしろ受け手にしろ，このメッセージの関係性を考慮することが極めて重要である。この関係性は次の 4 つの要素を持っている。それは，①話し手，②状況，③オーディエンス，④コンテンツである。組織からのメッセージは誰が作ったにせよ，組織という 1 つの人格のように，メッセージの実際の作り手個人を超えて，組織という代表された話し手となる。ビジネスにおいての営業教育の中

189

第Ⅱ部
組織ディスコース研究の様々なアプローチ

でよく言われることは，たとえ1人の担当社員の提案であったとしても，それは会社を代表しての提案になる，ということだ。それほど責任を持って営業しなさい，という意味が込められている。

組織と個人の関係にあって，個人の発する言葉はしばしば，個人的な（パーソナルな）メッセージではなく，組織としてのメッセージとなる。もちろん，個人的な会話もあるだろう。この個人と組織との関係性は物象化され，組織ディスコースは個人という人格を超えた表象となる。よって，①話し手を注意深く見る必要があるのだ。

②状況については，より深い考察が必要である。状況が話し手に語らせるというモデルは，状況が外的または独立した環境として影響を及ぼし，話し手に語らせるという因果関係，または動機づけの構図となる。しかし後に見るように，目の前で起きている事柄を限定し名付けることで，その状況自体を構築するという考え方がある（本章で後に説明する‘レトリック状況’を参照）。メッセージの内容や語りの論理構造は，その状況との関係性の中で分析しなければならない。

③オーディエンスについては，古典的なレトリックにおいても重視してきたが，組織レトリックではより複雑なオーディエンスを想定しなくてはならない。その1つは，組織の内と外の関係性である。例えば企業理念というメッセージは，誰をオーディエンスと想定しているだろうか。従業員でもあり，消費者や投資家でもあるだろう。21世紀になって重要な概念となった**ステークホルダー**（利害関係者）という考え方は，初期のストックオーナー，つまり株主を重視した経営と情報戦略からはじまったが，多様なステークホルダーを考慮するとなると，消費者や従業員，労働組合，地域社会なども重要なオーディエンスとなる（猪狩ほか，2008）。例えば，大学組織の危機管理を考えるとき，学生や保護者，学生を送り出す高校，就職先の企業，卒業生とその同窓会，文部科学省や地域の行政組織，そして大学周辺の地域社会など，多様なオーディエンスが想定され，メッセージとの関係性を検討しなくてはならない。

第6章

組織レトリック

　最後は④コンテンツであるが，これについては内容や構成という意味ではなく，メッセージの性質を検討する必要がある。Cheney and McMillan（1990）は5つの次元において，そのメッセージの方向性を考慮する重要性を指摘する。それは①公式—非公式，②個人的—非個性的（公的），③公的—私的，④一般的—個別限定的，⑤外的—内的である。このようなメッセージの特質を考慮することは，内容的側面の戦略的構成とともに，レトリカルなメッセージの重要な検討材料である。

(2)レトリック状況

　状況とメッセージの関係は，さらに深い検討が必要である。先に述べた①話し手，②状況，③オーディエンスとは，レトリックを取り巻くコンテクストであり，すべてのメッセージはこのような関係性の中で形成される。現代のレトリックは**レトリック状況**（rhetorical situation）との密接な関係の中で検討されるが，レトリック状況には2つの異なる代表的な視座がある。1つはビッツアー（Lloyd Bitzer）の外的環境としてのレトリック状況の視座であり（Bitzer, 1968），もう1つはヴァッツ（Richard Vatz）の社会構成主義的なレトリック状況の視座である（Vatz, 1973）。

　Bitzer（1968）の視座は状況の「外的環境モデル」で，状況がレトリックをもたらすという考え方である。**図6-4**が示すように，社会的または物質的な状況が話し手に影響を与えるのであり，話し手から独立した状況が，効果的または適切なレトリックを規定していくと考える。ビッツアーはレトリック状況を，人，出来事，対象などが複雑に関係する**緊急事態**（exigence）であると定義付け，この事態を大きく変えていく必要性や，意思決定や行動に影響を与える状況と考える。ここでの「緊急事態」は，人が目の前で倒れたというような緊急性ではなく，あるべき姿ではない状況，望まれる方向とは異なる状態，そして多様な要素が複雑に絡みあって生まれているという点が重要である。したがって，単純な図式化をすれば，緊急事態を中心としたレトリック状況が，組織のメッセージを生み出すということになる。

191

第Ⅱ部 組織ディスコース研究の様々なアプローチ

■ 図6-4 レトリック状況の2つの側面

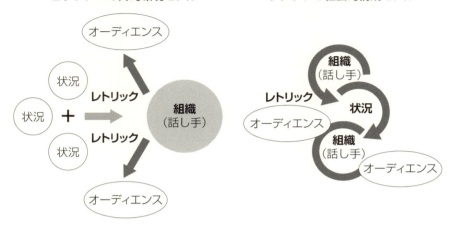

　例えば多くの不祥事は，その意味で緊急事態になるだろう。これに対応する企業・組織のメッセージは，何か組織にとって都合の悪いことから，組織を防衛しなくてはならない事態のもと，組織の社会的信用と評価を回復するためのレトリックを生み出さなくてはならない。ビッツアーはこれに加え，オーディエンスと制約という要素が，大きくレトリックに影響すると考える。オーディエンスは言うまでもないが，このレトリック状況でいう**制約**（constraints）は，考え方や態度，イメージ，関心，動機など，広い意味でのコンテクストである。これには常識的な習慣や，過去の経験，同様の事件の対応などが強く影響する。

　2018年8月に発覚した，東京医科大学の不正入試事件であるが（裏口入学及び女子の受験生に対して一律の減点を行った），これに対して大学は記者会見を開くなどして，メディア対応を行った。まさにこれが，レトリック状況から生まれた組織レトリックである。文部科学省からの指示もあり，すべての医科大学が内部調査を行い，同様の不正や得点の操作が他の大学でも見つかって，一様に謝罪を行い，修正合格など，それぞれの大学は対応を急いだ。こ

第 6 章
組織レトリック

の状況下，2018 年 12 月，順天堂大学は同様の入試不正問題を報告し，その理由として，「女子は男子より精神的な成熟が早く，コミュニケーションの能力が高いため，補正を行う必要がある」と考えていたと理由の一部を説明した。この組織レトリックは，レトリック状況に対して適切なディスコースであっただろうか。不祥事だけでも社会的信用は失うが，その対応によっては回復が不可能なほどの社会的信用の失墜となってしまう。このように不祥事を含めた危機的状況が，ビッツアーのレトリック状況であり，これに対応するレトリックは重要な組織ディスコースである。

　ビッツアーが提起する状況とレトリックの関係に異を唱える Vatz（1973）の視座からは，'状況がレトリックをもたらす'のではなく，'レトリックが状況を意味付ける'と考える。この考え方が大切にするのは，状況の「意味」である。意味は現前の状況の中に，話し手から独立して客観的に備わっているのではない。ヴァッツは，意味は生み出されるものであり，レトリックがどのようにその現象をセレクトし，そのセレクトした事柄に対して，どのように名付けるかによって形成されるとする。このセレクションとネーミングの 2 つの側面が，レトリック状況を意味付けると主張する。

　この視座は，組織ディスコースが共有する社会構成主義の基本的考え方と同じである。社会的現実は，ディスコースによってそれを理解することが可能であり，特定の意味として規定される。目の前の現象に対して名付けることで意味付けするのである。この意味付けこそが，レトリックである。そのあとはその意味付けに従い，自分のメッセージを戦略的に構築できる（図 6-4）。

　1 つの例は，一般的に**危機管理**の成功事例として評価される，ジョンソン・アンド・ジョンソン社の薬品（**タイラノール**；風邪や腰痛などの際に服用する一般的な鎮痛剤）への毒物混入事件である。1982 年に，シカゴ周辺でタイラノールを服用し，7 名の命が奪われた事件があった。この時同社がとった危機対応はとても高く評価され，その後の株価の復活と社会的信頼の回復につながった。タイラノール関連の全製品のリコールの迅速さ，その後の再発防止策（特に薬の密封容器の開発）の有効性と迅速性，さらに事件発生当初からメ

第Ⅱ部
組織ディスコース研究の様々なアプローチ

ディアと協力して危機管理広報を行ったことなどが，高く評価されたのだ。その理由は，米国政府医薬品局やFBIがリコールに賛同しなかったにもかかわらず，この会社の企業理念である「我が信条」をもとに消費者第一の判断を行い，リコールに踏み切ったという背景にある。このリコールによって回収された薬の中に，同じ毒物が見つかったため，回収したことによって救われた命があったことが証明された。また，通常であれば敵対関係にあると思われるマスコミから協力を得て，薬の回収と廃棄を一緒に呼びかけたこと，また情報を集中管理して，1日に数回の記者会見を開く情報共有を図った。

　しかしヴァッツのレトリック状況の視点から分析すると，この危機状況を〈犯罪〉とネーミングして意味付けし，自社の誤りを転嫁したレトリックと言える。つまりこの時のレトリックはヴァッツの社会的構成モデルであり，当時の広報担当役員がこの事件を，「これは犯罪である」と明言したディスコースがまさにレトリックであり，己の取り巻く状況を自らが規定した例である。反省的に考えてみれば，この事件は明らかに，毒物を簡単に混入できるような薬の簡易包装が問題であり，企業のリスク管理の欠如が原因と考えられる悲劇であった。しかし，組織レトリックは，この悲劇の現実の中のある側面をセレクトし，毒物混入を‘犯罪’とネーミングしたことによって，この現実の意味に大きな方向性を与えた。それは組織のリスク管理の欠如という側面を周辺化し，犯罪と名付けることで責任を犯人に向けさせ，むしろ〈企業は被害者である〉という意味を強める形となった。これにより，オーディエンスからの同情を得ることもできた。この例のように組織レトリックは，セレクトとネーミングの言説的プロセスを通して状況を規定し，その後のメッセージを戦略的に提起することである。

4 レトリック分析：2つのメッセージの解読法

　本章ではこれまで，組織成員や組織が発信する多様なメッセージを，レト

第6章
組織レトリック

リックとしてディスコースの戦略的創出とみなした。消費者として日常生活を送る際，また労働に従事して組織に関与する際，ビジネスにおいても日常においても多様なメッセージに直面し，その意味や隠された意図を考えなくてはならない。組織から氾濫する情報とメッセージを，人々はそれぞれのコンテクストと社会的なコンテクストの中で理解しようとする。つまり，レトリックを考えることは研究者の立場だけでなく，実務家や消費者の立場においても意義あることである。

　例えば，ビジネスの実務において効果的なセールストークを考えたり，新商品キャンペーンがうまくいったかどうか戦略上の効果を判断し，次の戦略のための改善策をとることができる。さらに消費者の立場からも，企業のマーケット依存の商品販売に対する厳しい目を持つことにつながり，それは健全なビジネスを見抜くための大きな知的財産となる。また研究者の立場にとって，従来とは異なるディスコース・ベースの戦略論の分析が可能であり，ソーシャルネットワークの時代における情報戦略や企業の事例分析に有効となる。総じて，氾濫するメッセージをどのように分析するかは現代社会において必須であり，組織レトリックはその分析ツールとなるのだ。組織のメッセージがどのように発信され，レトリック戦略がどのように展開されているかを分析することは，レトリック状況やその他の要素を考慮しながら，メッセージとそのコンテクストとの関係性について，分析的に意味を解釈する作業である。このメッセージを‘読む’作業こそが，定性的データにおける解釈，すなわち**レトリック分析**である。それには，2つのレトリックの読み方がある。**評価的な読み方**（evaluative reading）と**批判的な読み方**（critical reading）である（Hoffman and Ford, 2010）。

(1) 評価的な読み方のアプローチ

　レトリック分析の1つは評価的な読み方であり，メッセージのレトリカルな効果を分析的に解釈することである。つまりこの読み方の目的は，メッセージの発信者の意図・戦略がどのように達成されたか，そのレトリックの

195

第Ⅱ部
組織ディスコース研究の様々なアプローチ

効果を評価することが目的である。発信者自身にとっては重要な振り返りであり，メッセージの効果を検証しながら今後の改善につなげることができる。発信者以外にとっても，広告やキャンペーンの効果測定の重要な一側面となる。

　評価的な分析の読み方の基本は，次のプロセスを検討することである（Hoffman and Ford, 2010）。①レトリック状況と戦略を比較する。ビッツアーが提起する緊急事態，オーディエンス，制約について考えを掘り下げ，組織を取り巻くコンテクスト（マーケットと環境や文化的背景など）とともに，組織の戦略目標と比較しながら考察する。②メッセージや表象などを好意的な読み方で（懐疑的な読み方ではなく），メッセージ発信者が意図するオーディエンスにおいて，感情面や信条，考え方，価値に対して良い影響を与えることができたか解釈する。とくに次の質問について考える。このメッセージや，表象におけるレトリック戦略（目的）とレトリック状況は何か？メッセージ発信者はこのレトリックを通じて，オーディエンスにどのように感じてもらいたいか，どのように考えてもらいたいか？③レトリック状況が求めるものにうまく合致したか，あるいはこうしたらもっとうまく行ったかもしれないという結論を導き出す。

　ここで演習として，自分の大学がどのような広報戦略をとっているか，大学のホームページ，SNS，テレビCM，その他の媒体における学生募集を目的としたレトリックを考察してもらいたい。首都圏や地方では，コンテクストも大きく異なるだろう。ライバル校の状況はどうだろうか。レトリック状況を詳しく考察し，そのうえで適切なオーディエンスに向けて，効果的なメッセージが送り出されているか評価してもらいたい。メッセージ戦略が適切であったか，評価的読み方で振り返えってもらいたい。

---

(2) 批判的な読み方のアプローチ

　もう1つのレトリック分析は，批判的な読み方である。組織がレトリック

第6章
組織レトリック

を通してどのように権力を生み出し，またレトリックがパワーとどのように
かかわっているかを分析的に解釈することである。つまり，ある社会的状況
において特定のイデオロギーが台頭して，他の考えを排除したり周辺化した
りすること，特定の考え方が合理性を持ちそれが当たり前となることについ
て，分析的解釈を行う。先の評価的な読み方は，組織のメッセージや表象に
ついて肯定的立場，あるいは組織の側に立脚した解釈を行った。しかし批判
的な読み方はこれと立場を逆にし，組織と権力の関係を批判的に，明るみに
出すことを目的としている。伝統的な組織研究の多くが経営主義的な視点を
無自覚に前提とし，例えば経営効率などのイデオロギーを自明視するが，こ
れ自体を生み出すレトリックに目を向けることが批判的な読み方のアプロー
チである。

　組織はしばしばメッセージ戦略により特定の事柄に焦点を当てることで，
何かを隠したり曖昧にしたりしている。例えばテレビCMで，我が社はコン
プライアンスを重視していると主張する企業があるが，それを文字通りに信
じるのではなく，光を当てていないところに何があるか（実は労働条件の点で
ブラック企業である）を考察することに意義がある[5]。批判的な読み方を通じ
たレトリック分析によって，組織のイデオロギーや企業ヘゲモニーに対して
批判的に分析することを研究目的とする。

　この立場の前提となる考えは，「あらゆるメッセージと表象は，決して
ニュートラル（中立的）であることはない」(Hoffman and Ford, 2010, p.109) と
いう**メッセージの非中立性**である。言葉が中立的でないと聞くと，驚く学生
が多い。正確に言えば，どのように言語を使うかという言語使用は，中立で
はありえないという前提である。第7章や第8章で示す，言語の持つイデオ
ロギー性と類似する。どんなメッセージにも，発信者の意図が含まれる。そ
れが無自覚であったとしても，メッセージの中立性はありえない。多かれ少
なかれメッセージや表象は，意図とバイアスを持っている。発信したメッ
セージが，中立であるとかバイアスがないという方が不自然であり，むしろ
そこに何かを隠し持っていると見られることもある。

197

第Ⅱ部
組織ディスコース研究の様々なアプローチ

　批判的な読み方のアプローチには，他に関連する3つの前提がある（Hoffman and Ford, 2010）。1つは，組織成員は必ず何かを選択するということだ。公正であるとしながらも，何かを選択するとき，自覚的にも無自覚にしても，自分の意図が含まれる。2つ目は，組織成員の声は多かれ少なかれ一定の影響を持っているということだ。組織成員の声とは，日常的なビジネスや会議，ディスカッション，SNS やブログの語りなどであり，そのすべてにおいて何かに影響をあたえる（可能性がある）。3つ目は，組織の声はいつも明確であるとは限らず，意図や意味が見出しにくい場合があるということだ。このように，組織のディスコースが中立的であるという前提について懐疑的になること，組織ディスコースが極めて政治的な過程を通じて形成されるということに気付くことが出発点となる。

　批判的な読み方のアプローチは，2つのステップで考える必要がある。①文字通りに好意的に読むのでなく，対抗的な読み方（メッセージの意図の裏側を読む方法）によって，メッセージや表象を解釈する。メッセージの読み方は1つでなく，解釈は多様であり，評価的なアプローチとは異なる読み（代替的な読み）を試みる必要がある。その際注目すべきことは，特定のレトリックの中で当たり前となっている点は何かに目を向けることである。本書で繰り返し述べているが，当たり前になっているディスコースにこそ，レトリックの批判的解釈の目が向けられるべきである。常識とは異なる読み方をすること，または通例化している読み方を疑い代替的な理解を模索することが，最初のステップである。②そのうえで，権力（パワー）についてのレトリック分析に結論を導く。現代社会においても，まだまだ露骨な差別や嫌がらせのような行為が組織の内外にあり，そのような上司や同僚などの組織ディスコースは，レトリック分析のターゲットである。しかし現代社会はより一層複雑で，明らかな差別や抑圧は表に現れないかもしれない。例えばセクハラやパワハラというディスコースによってカテゴリー化された迷惑行為は，これらの言葉が導入される以前から職場に存在していた。これらは単純な個人の問題というより，組織の権力構造やフーコー的規律型権力に根差した問題であ

ることが多い。パワーとこれに関連する組織問題が見えにくいため，レトリック分析がこれらを明るみに出すことは大きな意義がある。

　例えば「組織防衛」や「組織の発展」のために行うディスコースは，ビジネスにおいて無自覚に日常化して，企業経営者や投資家の立場に立っていることが多い。**「組織防衛」のレトリック**に示される例として，コスト削減の最も安易な方法としての人件費削減，つまり労働力の削減という戦略がある。企業はこれを「リストラ」という言葉を使って，戦略として実施する。「リストラ」とは，restructuring（構造的変革）という欧米の組織変革の１つの手法であり，経営者の立場に立ったネーミングである。経営者は組織防衛というレトリックの中，リストラという経営立て直しの看板（表象）のもとに，人員削減を実施する。日本の産業史においてもこのようなディスコースは一般的であり，その昔は「合理化」という言葉を使っていた。解雇は合理的な手段であるという（解雇の正当性を示唆する）ディスコースで，経営の立て直しが行われる。解雇される側，つまり従業員は，「リストラされる」かもしれないと怯え，解雇は組織防衛という戦略上不可欠なディスコースとなる。組織防衛のために犠牲は止むを得ないというレトリックは，良くも悪くも支配的ディスコースとして日常化していく。

　批判的読み方は，組織防衛とリストラというディスコースの中に読むことができるレトリックに光を当て，そこにある権力関係を議論しなくてはならない。ヴァッツが提起するレトリック状況に依拠して分析すれば，組織現象は客観的なものでなく，状況の特定の選択（特定の光の当て方）とそのネーミングが，権力を持っている立場の人々によって行われていることが明らかとなる。何がどのようにして一般化され日常化されるか，その中に権力（パワー）がどのように関係しているか，その言説プロセスのイデオロギーとヘゲモニーに目を向けることが，批判的読みの大事な側面である。

　Giddens（1979）によると，**イデオロギー**（第７章参照）の３つの形態に注目すべきである。①一般化のレトリックであり，ある特定の組織やグループの関心が，組織全体やより一般化した関心を代表するようになっていないだ

第Ⅱ部
組織ディスコース研究の様々なアプローチ

ろうか。②転化のレトリックであり，矛盾する言動がどのように翻訳されて意味変化するか，または特定の言説にのみ注目し，それ以外は無視するという言説プロセスはないだろうか。③当たり前化のレトリックであり，今起きていることがごく自然なものとして扱われ，それを変えることができなかったり，それを変えることはできないかのように思わせていないだろうか。

またヘゲモニー（第9章参照）についても，レトリックから分析することは有効であり，パワーとその抵抗の関係に目を向ける点で大きな意義がある（Mumby, 1997）。多様なディスコースが可能な中，どのようにして特定のディスコースが中心化して，その社会的現実を理解する意味を確定しているだろうか。フーコーの規律型権力というパワーの考えは集団内の合意形成に際して，特定のグループの正当性が合意の中心となり，その他の人々のディスコースは周辺化される。多くの組織メンバーはそれに従順に飼いならされ，抵抗のディスコースは沈黙する（させられる）。例えば秘密の共有は，組織の中でとても大きなヘゲモニーとなる。秘密が共有される過程の中で，何らかの言説的実践を伴いながら，それを共有している人々はメンバー（内部者）で，共有していない人はメンバーではない（外部者），というグループ化と排除の構造が形成される。

典型的な事例は，2001年に発覚した三菱自動車のリコール隠しである。三菱自動車品質保証部が，リコールを伴うような重大な故障記録を当時の監督官庁の運輸省に提出せず，その資料をロッカールームに隠していたという事件である。その際，重大な故障の記録の書類には，アルファベットのHの印がつけられていた。それは，‘秘匿’とか‘秘密’の頭文字のHということであった。これを共有している人々は共犯関係にあり，そこから抜け出ることはグループからの排除を意味し，最終的には会社からの排除を意味する。この秘密の共有構造は内部告発で明るみになったが，このリコール隠しは30年以上続けられていた。これは，この企業の持つ組織文化だけでは説明できない。秘密共有によるヘゲモニーが抵抗を抑え込み，現状の変革ができないことを当たり前にしたのだ。このHはフーコーのパノプティコンとして表象

第 6 章
組織レトリック

化され規律型権力となり，この表象を中心に組織のレトリックが機能し，組織のヘゲモニーを実践した（Kiyomiya, 2006）。批判的読み方のアプローチは，組織の権力（パワー）にかかわる問題を分析する手段として有効であると言える。

5 ODSにおける組織レトリックの可能性

　レトリックは組織ディスコース研究（ODS）の1つの重要なアプローチであるが，実務家にとっても大きな意義があるということが，特徴であろう。第8，9章で見るように，ODS の他のアプローチは分析としての意義と役割を持つが，実務に直接応用されることはない。レトリックは，企業の広報や実務家のリーダーシップにも関係する。レトリックはリスクマネジメント，クライシスマネジメント，CI，組織アイデンティティ，広報，マーケティングなど幅広く応用が可能であり，1つのスキルとして大きな意味を持つ。

　分析としては章末の**文献表**②が示すように，いくつかの特徴を持っている。この表は，レトリックを分析手法として使っている近年の研究の一部である。特徴としては，制度的変更や組織変革におけるレトリック，リーダーシップとレトリック，広報のレトリック戦略などが中心的テーマである。ジャーナルにおける特徴もあり，*Organization Studies* などのマネジメント系ジャーナルは，組織変革や制度変更のレトリックおよび**アイデンティティ**の問題が主流となっている（No. 1, 2, 3, 4, 9）。これに対し *Management Communication Quarterly* はコミュニケーション系の研究誌であり，広報やリーダーシップというトピックが多い（No. 5, 7, 8）。

　理論的には新制度学派的組織研究と親和性が強く，その中でもとくに制度的ロジックとレトリックを結び付ける傾向がある[6]。**制度的ロジック**とは，社会的に構築され，文化的表象の歴史的なパターンや実践であり，組織構造や個人によって意味付けられる信念や価値，前提などである（Thornton and

201

第Ⅱ部
組織ディスコース研究の様々なアプローチ

Ocasio, 2008；Ocasio et al., 2017)。文献表②の中にも，マーケット・ロジックとコミュニティ・ロジックの関連がレトリックの視座から考察され，レトリックを制度的ロジックの理論的土台とすることで，新制度学派の視座とディスコース的アプローチの融合性を可能にする。新制度学派がプロセスを強調するとき，レトリックはディスコースの過程，とくに弁証法的なプロセスとして制度化におけるレトリカルな展開を示すことができ，組織変革を**正当性**の点で有効に分析することが可能となる（No. 1, 2, 3, 4, 6, 8, 10）。**正当性のレトリック**は社員や消費者，ステークホールダーへのポジティヴな影響（いわゆる説得）というレトリック的伝統の上に立っている。

　論文の構成を見ると，伝統的な論文の書き方を踏襲する研究が多い。つまり，先行研究などの文献レヴューに始まり，データ収集と分析について語る方法論，結果と考察という形式であり，とくにインタビューと観察によるデータ収集に関する言及は注意深く記述される。典型的な質的分析は，No.10 の論文に見るように，明確なコーディングスキームを示す形で，分析のプロセスが明示される。研究方法論としては，ほとんどが１つか２つの事例を扱うケーススタディで，特定のコンテクストにおいてその事例が行うレトリック戦略に焦点を当てる。そのケースがどのように構築されるかは様々であり，ここに研究者の最大の工夫とチャレンジがある。１つの方法は，事例の対象から直接データを得る方法である。例えば No.10 と 12 は，事例をインタビューと観察などのフィールドワークから構築した。また別の方法は，事例対象から直接得るのではなく，二次的データを中心に，そのケースにまつわるテクスト，つまりプレスリリースや Web ページなどオンライン上のテクストや，チラシやポスターなどの配布資料，またテレビのインタビューというテクストを分析の対象としている。

　日本の組織研究においても新制度学派のアプローチは盛んになってきているが，このようなレトリック分析を土台としたものはまだ少ない。制度変化やアイデンティティ形成が言説的産物であり，相互言説的なプロセスから形成される側面を理解することで，関係性とパワーについて描くことが可能と

なる。レトリックは制度学派の研究，とくに制度的ロジックの研究には欠かせない分析アプローチとなることは間違いない。また組織レトリック研究のテーマとしては，アイデンティティ形成と変化，多重のアイデンティティなどについても活発であり，社会心理学的アプローチとは異なる言説的アプローチからアイデンティティ形成を考察することを可能にする。

　大事なポイントは，集団としての同一化を形成する過程が，説得の重要なもう1つの側面と言える点である（柿田，2006）。つまり，フーコー的な規律型権力が生まれる言説的装置が言説的相互作用を通じて形成され，第1章の「dj ポリス」の例のように，アイデンティティが説得性や正当性を高めるのだ。コミュニケーション的伝統のレトリックとして，組織の広報やマーケティングの研究，そして危機管理やイシューマネジメントは，今後とも重要な研究領域となるであろう。とくに日本における不祥事とその対応は事例としても多く，組織の社会性とパワーの問題として研究する意義がある。不祥事を経営学の視点で研究するとき，企業倫理におけるコンプライアンス，また危機管理やガバナンスの問題として，事例を経営の失敗や管理上の誤りと見るのが一般的である。しかし，コミュニケーション学のアプローチであるレトリックの視点からは，これを関係性とパワーの問題として考えることができ，組織のイデオロギーやヘゲモニーの問題として，不祥事の必然性を批判的に考察する。不祥事の事例を組織の管理上の失敗や誤りとすることこそがレトリックであり，組織ヘゲモニーの言説的プロセスとして考えることができるのである。レトリックのアプローチの可能性は多様であり，周辺化されている組織問題への研究領域拡大が期待できる。

注

1)　レトリックには特有のジャーゴン（専門用語）があり，聞きなれない言葉使いによる説明が難しさを増している。ここではなるべく日常的に使う言葉を使い，簡素化する形で説明する。

2)　KFC の顔となっているカーネルサンダースおじさんであるが，アメリカのテレビ CM で

第Ⅱ部
組織ディスコース研究の様々なアプローチ

登場する彼は，日本の人形のイメージより痩せているので，マーケティングにおける異文化ギャップを感じさせる。

3) 組織論の中では identification と identity は，似ているが異なる概念として考えられている。先行研究では前者は，定量的に測定できる組織の同一性を強調している。

4) この主張が正しいかは，本章の目的から逸脱するため割愛する。日本人は対立を好まないとか議論が苦手だというディスコースは，これまで繰り返されてきた。またレトリックというアプローチには，西洋の知識の発展という歴史的背景があるのも明らかである。しかし，日本的な‘レトリック’を考える研究者もいる（橋本ほか, 2000）。

5) 21世紀に入り企業の倫理性が非常に重視された背景には，後を絶たない企業の不祥事があった。しかし，不祥事が急に21世紀になって増加したわけではない。産業界がコンプライアンス（法令順守）の重視というディスコースを発信することによって，むしろ見えなくなっている部分がある。私は学生に半分冗談，半分本気で次のように言う。企業がコンプライアンスを重視していますと強調するときは，裁判に負けないための戦略をとっていますという意味で，実は裁判にならない程度（または負けない程度）であれば悪いことをしてでも業績上げろ！というメッセージを隠しているのだ，と。

6) 本書では，新制度学派を大きく取り上げる予定はない。新制度学派の組織論は今世紀に入って最も大きな組織論上の視座になっているが，幅広いアプローチがあるため，その一部は批判的実在論と結び付き，ディスコース・アプローチに近い方法論的視座を持っている。近年の研究には，Greenwood et al.（2017）にその多様な研究が集められている。

文献表②　組織レトリックの研究

No.	タイトル（著者，出版年）	トピック／理論／アプローチ	研究方法
1	Legitimacy Under Institutional Change : How incumbents appropriate clean rhetoric for dirty technologies (Patala et al., 2019)	制度的変化におけるレトリック，エネルギーの政策転換、正当性とレトリック	ケース：ヨーロッパ電気供給会社34社のプレスリリース：英語テクスト（2014-15）
2	The Vlaams Belang : The Rhetoric of Organizational Identity (Moufahim et al., 2015)	極右団体のレトリック戦略、社会的・政治的状況との関係、倫理的問題、レトリカル・ブレーム、組織アイデンティティ	ケース：The Vlaams Belang という極右団体（ベルギー）が発行した各種のテクスト（2004-07）
3	Charismatic Leadership and Rhetorical Competence : An Analysis of Steve Jobs's Rhetoric (Heracleous and Klaering, 2014)	カリスマ的リーダーシップとレトリックの関係、スティーヴ・ジョブズ、意味の社会的構成、古典的レトリック	ケース：3テクスト①供述書。②デビュー、③ウォールストリートジャーナルの議論
4	The Rhetoric of Institutional Change (Brown et al., 2012)	制度的変化におけるレトリック、老人介護、制度的変化の正当性、古典的レトリック	ケース：テクスト：老人介護と公平性に関するオーストラリア上院議員の委員会答申
5	Building Social Capital Through Rhetoric and Public Relations (Taylor, 2011)	パブリックリレーション、組織内外の対話、社会資本	ケース：ヨルダンの複数のNGO
6	On Barnyard Scrambles : Toward a Rhetoric of Public Relations (Ihlen, 2011)	産業界と気候変動、レトリック状況	ケース：ノルウェーの石油会社
7	Self-Regulatory Discourse : Corrective or Quiescent? (Coombs and Holladay, 2011)	自主規制：政府の規制の予防措置、自主規制のディスコース、イシュー・マネジメント	ケース：①ゲーム開発企業（アメリカとヨーロッパ）②広告会社（アメリカとニュージーランド）

第Ⅱ部
組織ディスコース研究の様々なアプローチ

8	Rhetoric, Climate Change, and Corporate Identity Management (Frandsen and Johansen, 2011)	コーポレート・アイデンティティ 新制度学派：新しいルールを採用する翻訳者	ケース：自動車会社のCI（プジョー，フォード，トヨタ）
9	Multiple organizational identities and legitimacy：The rhetoric of police websites (Sillince and Brown, 2009)	組織アイデンティティと正当性。警察のwebページ レトリックと正当性	43の警察隊（イングランドとウェールズ）のWebページ コーディングの信頼性を考慮
10	Institutional Field Dynamics and the Competition Between Institutional Logics：The Role of Rhetoric in the Evolving Control of the Modern Corporation (Green et al., 2008)	企業コントロールのレトリックの変化：経営者資本主義ロジック vs 投資家資本主義ロジック 1978-98 制度的ロジック	ケース：対面インタビューと電話インタビュー，計71社 内容分析：コーディング
11	Developing the Political Perspective on Technological Change：Through Rhetorical Analysis (Symon, 2008)	技術革新 技術の社会的構成	ケース：公共団体（イギリス），観察とインタビューなど，4年間のフィールドワーク
12	In Search of Subtlety：Discursive Devices and Rhetorical Competence (Whittle et al., 2008)	TQM，品質向上活動における対立，変革への抵抗 組織レトリックにおける矛盾の役割	ケース：雇用促進団体（イギリス），30人のインタビュー，観察（5ヵ月間）
13	Rhetorical Strategies in Union Organizing：A case of labor versus management (Brimeyer et al., 2004)	労働組合による組合員の勧誘。組合員の低下傾向 扇動のレトリック	ケース：組合側からの勧誘と経営者側の対抗策に関する資料（パンフレット，チラシ，ポスターなど）

＊特別な注意書きがない限り，分析方法はレトリックが使われている。

第 **7** 章
批判的ディスコース分析

学生：先生のお話によく出てくる「批判」とは，どのような意味でしょうか？
批判的ディスコース分析という手法は，何を批判しているのでしょうか？

先生：「批判」という言葉を，マイナスに捉えている人が多いね。でも，英語の critical という言葉は，重要とか決定的という意味もあるし，調べてみると「未来につながる点で重要」という意味も含まれているんだ。

学生：確かに「批判」と言うと，マイナスな意味で捉えてしまい，少し怖気づきます。批判的ディスコース分析は，何か過激なイメージがありました。

先生：ディスコースはイデオロギーの要素があり，つまり，意味が特定化されて支配的になるとき，そこには権力やパワーの問題が発生する。人はそれをあまり意識せず，当たり前と思うものなんだ。批判的とは，このような権力や政治性について指摘することであり，それに無自覚なことに対して，反省を促すことなんだよ。

学生：相手の悪口を言ったり，政治的に過激なことを言ったりするということではないのですね。

先生：そう。あくまでも，将来の社会をよくするために，建設的な対立と健全な変革を目的とするもの。問題に対して見える化という言葉をしばしば耳にするけど，批判の立場は，問題化し，疑問視することが大事ということだね。

第 7 章の重要概念

社会言語学，テクスト分析，批判的姿勢，批判的実在主義，反省的な問題化，言語のイデオロギー的性質，間テクスト性，学際的研究，イデオロギー，エピステーメー，支配のプロセス，言説の形成，ディスコース・オーダー，ディスコース・タイプ，場面的コンテクスト（situational context），間テクスト的コンテクスト（intertextual context），社会的プロセス，社会的構造，専門家のディスコース，グローバル化，結晶化（クリスタル化），読み替え（翻訳），プロセス概念，ジャンル分析

第II部

組織ディスコース研究の様々なアプローチ

　本書の1つの柱となっているテーマは，経営学的な伝統的アジェンダとは異なる方向性として「経営と組織の新たなアジェンダ」を求めることにあり，批判的ディスコース分析（CDA）はその点で，大きな役割を果たしている。CDAは特にヨーロッパの組織研究に大きな影響を与え，重要な位置を占めてきた。私が例年参加しているヨーロッパの経営学と組織研究の学会（CMSとEGOS）では，CDAは中心的な方法論の1つである。これらの研究テーマは組織におけるジェンダーや人種問題，差別，パワー，不祥事など，組織論における社会的なものが多く，その多くはCDAを使っていた。すなわち近年の組織ディスコース研究の隆盛の1つは，CDAの組織研究への応用が大きな要因と言える。

　CDAは言語学，とくに**社会言語学**が土台であるため，社会問題に関する丹念なテクスト分析が行われ，それを取り巻くコンテクストと歴史的なコンテクストを常に関係づけながら考察が行われる。データの多くは文書であり，新聞記事，企業や政府，公共組織の発表する文書や表象，インターネット上の記述をテクストとして分析する。CDA自体は組織研究を目的としているのではなく，より広い社会問題をターゲットとして取り上げている。日本におけるCDAの成果はメディア研究の領域など少しずつ増えてきているが（大原，2007）まだまだ少なく，ましてやCDAの組織研究への応用はほぼ皆無である。つまり，批判的アプローチとジェンダー問題をはじめとする組織の社会的テーマはこれまで，日本の経営組織研究の射程に入っていなかったのだ。

　本章では主にCDAの基本的考え方や分析方法を概観し，そのうえで組織ディスコース研究においてCDAがどのように貢献できるかを議論したい。

I　CDAの背景と基本的考え方

　CDAそのものはレトリックや他の分析方法と同様に，最初から組織研究のために開発された概念ではない。ここでは組織研究に応用されるCDAの原

型，つまり社会言語学における CDA の基本的視座と研究方法を検討する。CDA は，社会言語学の中でも批判的言語学（critical linguistic：CL）をその源流として，ヴォダック，ヴァン・デイク（Teun van Dijk），フェアクローたちが，批判的言語学を社会的また政治的な側面に応用したことによって始まった。CL から CDA の発展プロセスについては，ヴォダック（2010）に示されている。CDA の発展には，先の 3 名を中核とする研究グループの存在が大きい。伝統的な科学的アプローチが行ってきた理論発展のプロセス（つまり，個別の実証主義的研究の蓄積によって理論が発展する方法）とは異なり，研究者が協力して行ったプロジェクト推進のような発展経緯を持っている。それはとくに社会批判を目的とし，言語研究の最終的なゴールを「言語論理の追求ではなく，言語分析による社会問題の提起，解決の助長におくことが，この分野における一番の特徴」（大原・スコット，2004，p.134）と考える。

　社会的視座とその批判的な特徴は，本章の CDA を理解するための中心的なポイントとなる。ヴァン・デイク（2010，p.134）は CDA とは何かという問いに対し，「一定のアプローチを指すのではなく，学問を行う上での一つの—批判的な—見解」であるとした。CDA は社会問題に焦点を置き，客観的中立性を強調するのではなく自らの政治的姿勢を示しながら，批判的な姿勢を持った分析を目指している。ヴォダック（2010，p.11）は，「言語の中に現れた支配，差別，権力，そして管理という，目に見えるだけでなく，不透明な構造上の関係性を分析」する研究であると明言し，権力，歴史，**イデオロギー**が研究の焦点であると主張する。またカメロン（Deborah Cameron）は，ディスコースが持つ**隠された問題**（hidden agenda）を明らかにし，ディスコースの持つイデオロギー的側面を批判的に考察することを CDA の目的とみなしている（カメロン，2012）。これがヨーロッパの組織研究者に大きな影響を与えたといえる。

　ヨーロッパの組織研究の学会（特に EGOS）では，CDA を中心としたディスコースのアプローチを応用することによって，組織がかかわる社会問題についての批判的な研究や，社会的問題の解決・改革を示唆する研究が多く発

第Ⅱ部
組織ディスコース研究の様々なアプローチ

表されている。しかし日本の組織研究において，CDA が主に根差している（古典的マルクス主義ではなく[1]）ポスト構造主義やポストモダン的視座をもとにした批判的な取り組みは，ほぼ皆無に近い。これこそが，日本の組織研究における盲点であり弱点である。日本の多くの研究は，組織の社会的問題を積極的に取り上げることなく，無自覚に研究トピックの選択肢の中から，これらの社会的な課題を欠落させてきた。ここに研究者の日常性の問題が存在する。研究者も人の子。より市場価値のある業績を求め，つまりはネームバリューのある大学や研究組織に受けの良い研究を選択している[2]。**テクスト分析**という解釈のプロセスは「必然的に選択的」（フェアクラフ，2012, p.18）であり，CDA にとって，また CDA を使って組織を研究するアプローチにとって，自分自身の立場を明確にすることは，**批判的姿勢**を前提とする第一歩となる。そのために自らが研究テーマとして何を選択するか，その自覚と反省的姿勢が大きな鍵となる。

　この視点は，研究方法論的特徴と強く関係する。CDA にとって社会問題にかかわるテクストとコンテクストの解釈が分析であり，つまり CDA の研究アプローチは，批判的な解釈プロセスに依拠する。マイヤー（Michael Meyer）の指摘によると CDA は，方法論上の議論において，とくに研究の価値論において，2 つの点で特徴づけられている（マイヤー，2010）。1 つ目は，先験的な価値判断を持たない研究を行うことは不可能であるということ，2 つ目は，事前に構築された経験カテゴリーを何も使わず，純粋に経験的データから知見を得ることはできないということだ。これらの主張は研究において，研究者が個人的な恣意性を持って分析するということではない。極端な議論かもしれないが，研究テーマやトピックの選択そのものがすでに個人的な関係性の中にあるため，研究における客観性や中立性を強調することはできないのだ。また CDA が '解釈' を主要な方法とする以上，完全にニュートラルな立場に立つことを明言することはできないし，研究者が中立であると明言したり前提としたりすることは不誠実であり無自覚すぎると考えている（第 4章参照）。

ヴァン・デイク（2010, p.134）は，次のように述べている。「CDA はそれ自身が持つ社会政治的な立場を否定せずに，逆に，明確に定義し，主張している。つまり，CDA はバイアスがかかっているのであり，そして，それを誇りにしている」。実証主義的な価値論が重視する「価値判断の自由」とは異なる視座であり，科学的アプローチを信じていた（無自覚に前提としていた）研究者にとっては受け入れがたい考え方であろう。しかしヴァン・デイクはバイアスのある解釈（研究者に都合の良い恣意的な解釈）を奨励するのではなく，研究者自身の政治的立場や解釈の立脚点を明確に示すことが研究方法論上重要であることを示している。それはまさに，研究者自身の反省が必要であり，研究者の姿勢そのものを**反省的に問題化**することが重要であると主張する。そして方法論上重要なのは，その反省的姿勢を明確に示すことによって，多くの実証研究が素通りしている研究方法の価値論を明確にすることであり，これこそが CDA の特徴である。

　価値論上の方法的特徴を述べたが，存在論と認識論的特徴の補足として，CDA は広い意味での社会構成主義に含まれることを認めている。多くのCDA は**批判的実在論**（critical realism）の立場を表明している（フェアクラフ，2012 ; Fairclough, 2005）が，そのことはポストモダニズムのアプローチがしばしば陥る極端な相対主義に対する批判的立場を示すものである。フェアクラフ（2012）は，社会構成主義の多くが観念論的傾向にあると批判する。社会構成主義は，非常に広い意味で理解されており，多様なアプローチがある。その中で，CDA は他の構成主義的なアプローチに比べ，より厳しい方法論的な一貫性や厳密性を堅持しようとする。フェアクロー（2008, p.3）に従えばCDA は基本的に，「**言語のイデオロギー的性質**」が現代社会科学の重要なテーマとなるべきと考えるが，「パワーがただ単に言語の問題だと私が言っているのではない」と主張している。つまりこれは，言説によって社会的現実が構成されるという社会構成主義の枠組みにおいて，言語がすべてであるような視座はとっていないことを示している。社会構造などの目に見えていない何かと，目の前に現れている言説（日常の言語使用）の関係に着目し，後者

第Ⅱ部
組織ディスコース研究の様々なアプローチ

から前者は理解可能であることを明示している。したがって，CDA はテクストについての綿密な分析を行うが，それは言語学的な追及ではなく，言説が持つ社会性とイデオロギー性を分析するものである。

CDA におけるディスコース分析は言葉の研究を超えて，間テクスト性というテクストとテクストとの関係，またテクストとコンテクストとの関係を分析することよって，権力や差別のような社会問題が単に言葉によって構成されている現実ではなく，その構造的側面を考察する。他の社会構成主義に比べても，例えば資本主義という社会構造の問題に，研究の焦点が多く集まっている。組織の多くの問題も組織内だけの問題ではなく，資本主義という社会構造や文化的構造の関連付けを重視する。この点を考えると CDA は言語学という枠組みを乗り越え，より学際的な方向性を目指して（ヴァン・デイク，2010），広い意味での社会科学に発展しようとしている。批判的実在主義とその延長である学際的なアプローチの重視は，CDA のもう 1 つの重要な特質である。

これらの特徴は，CDA がどのような背景で発展してきたか，つまり理論的枠組みの源流を見ることでより明確となる[3]。多くの CDA 研究者は言語学的な土台を持ちながら，ミッシェル・フーコーとルイ・アルチュセール（Louis Pierre Althusser）という 2 人の哲学者・思想家の影響を受けている（Fairclough and Wodak, 1997；Cooren, 2015）。アルチュセールはマルクス主義の伝統を受け継ぎ，ネオ・マルクス主義と呼ばれる視座から多くの批判的研究を行っている。フーコーはすでに述べたように，マルクス（Karl Marx）の影響はあるものの，ポスト構造主義の視点から批判的な活動を行っている。2 人の思想家は理論的にも異なるが類似性も多く，CDA の基本的な考え方，とくに批判的視座の柱になっている。その類似性は，**支配のプロセス**（process of subjection）である（Cooren, 2015）。アルチュセールは「イデオロギー」という概念を使って，支配のプロセスとその実践を考察する。フーコーはギリシア語の知識という意味の「**エピステーメー**」を提起して，**真実の体制**（regimes of truth）を議論した。つまり類似点は，人々が真実として当たり前とする暗

第7章
批判的ディスコース分析

黙裡の常識や，その日常的実践に焦点を当てること（フェアクロー，2008）を
CDAの基本と考え，イデオロギーやエピステーメーという知の源流を批判的
な視座の柱として議論するところである。フーコーはそれを歴史的な形成過
程として，言説的形成（discursive formation）を考察する。これは，CDAが重
視する歴史的コンテクストの分析に大きく関係する。またイデオロギーの概
念が強調するのは，不可視性である。イデオロギーが形成されると，それは
人にとって当たり前となり，つまり暗黙裡の常識となるため，実践する行為
主体にとって無自覚で見えないものとなる。CDAはこのイデオロギーの形成
とその不可視性を告発することを目的として，テクストと歴史的コンテクス
トの関係を考察するのである。

　組織研究にとってこのような視座から何が得られるのか，疑問に思う人も
多いであろう。しかし，とくに組織文化の研究にとってこれはとても素直な
流れであり，無自覚的な組織の実践や暗黙裡の常識形成は，組織文化研究の
質的アプローチがストーリーや意味に焦点を置く帰結として当然のことであ
る。組織不祥事の問題はとくにこの点でディスコースとの関係が大きく
（Kiyomiya, 2012），日本の組織において形成される暗黙の知識／イデオロギー
が，経営者の指示なくとも組織のために偽装や情報の隠ぺいなどを行うディ
スコース装置となっている。CDAが組織とそのコミュニケーションの研究に
どのように応用できるかを常に念頭に置きながら，その分析方法を理解しな
くてはならない。

2 CDAの分析視座

　CDAは他の組織ディスコース研究のアプローチに比べ，規範的な研究方法
を推進し，方法論上の厳密性を強調する。すなわちデータ収集から分析と考
察までのプロセスを厳しく見ることによって，一部の社会構成主義的な研究
が陥る過度な相対主義を避け，普遍的ではないが限定的な因果関係を示そう

213

第Ⅱ部
組織ディスコース研究の様々なアプローチ

■ 図7-1　テクスト，相互作用，コンテクストとしてのディスコース

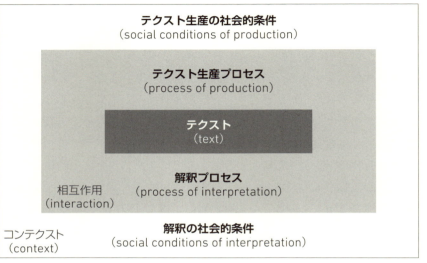

出所：フェアクロー（2008, p.29）。

とする。分析方法の最も重要な特徴となるのは，テクストとコンテクストの関係に焦点を当てることであり，それは図7-1が示すような3つのレベルのそれぞれについて厳密に分析することを強調しながら，最終的にはこの3つのレベルを総合的に検討していくことである。

　フェアクロー（2008, p.25）は，ディスコースを社会的実践の一形態としての言語とみなし，3つのポイントを言及している。第一に「言語は社会の一部分であり，社会の外側にあるものではない」。第二に「言語は社会的プロセス」である。第三に「言語は社会的に条件付けられたプロセス，つまり社会の他の部分によって条件づけられたもの」である。総じていえば，言語は社会から独立しているものではなく，言語と社会には密接な関係がある。言語と社会は相互に関係し合い影響を与え，言語と社会の間には「外的な関係ではなく，内的かつ弁証法的な関係がある」（フェアクロー, 2008, p.26）と考えられる。ここではとくに，社会と言語の弁証法的関係という点が大事である。

214

第7章

批判的ディスコース分析

■ 図7-2 テクスト，相互作用，コンテクストの概念関係

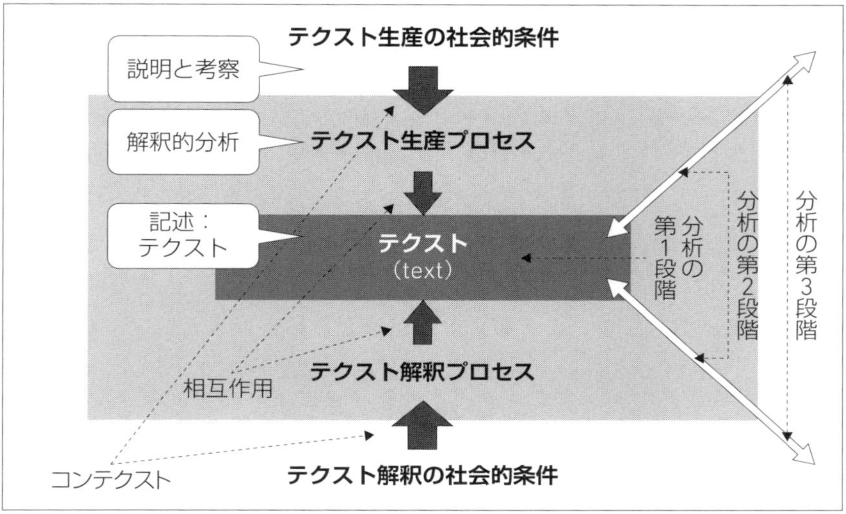

テクスト生産の社会的条件

説明と考察

テクスト生産プロセス

解釈的分析

記述：
テクスト

テクスト
（text）

分析の第1段階

分析の第2段階

分析の第3段階

テクスト解釈プロセス

相互作用

コンテクスト

テクスト解釈の社会的条件

出所：フェアクロー（2008）を筆者が加工。

社会と言語の相互的影響関係の静態的／構造的側面だけではなく，言語への社会的影響に加え，言語が社会を構築する動態的プロセスを考察することが大事である。社会と言語が双方向に葛藤することによって，常識やエピステーメー，イデオロギーが構築されるプロセスが，弁証法的な関係と言える。したがって CDA が重視する研究方法は，テクストを分析することに専念するのではなく（つまり表現上の言語学的な分析だけでなく），社会的条件との関係に注目して考察する。研究者の眼前にテクストが現れた直接的な条件，つまり「場面的コンテクスト」と，社会や文化という制度的コンテクストの分析を重視するのである。

　図7-2は，フェアクロー（2008）のオリジナルの概念図を説明用に加工したものである。この概念の構図は，中心部に「テクスト」が配置され，これを生み出すテクストの「生産プロセス」と，それを理解する「解釈プロセス」が示されている。この側面は，ミクロな私たちの日常的言語活動が主な焦点

215

第Ⅱ部
組織ディスコース研究の様々なアプローチ

である。日常的な言語活動とは，テクストを生み出し意味を形成するコミュニケーション過程のことである。このプロセスにおいて行為主体とそれにかかわる人々のテクストを理解する解釈のプロセスが同時並行に行われ，弁証法的な意味の形成と解釈の過程が展開される。この概念図におけるテクストは多様な表象であり，家庭や会社の会話から，SNSやネット上の表象，多様な記述文書など，日常生活の中で言語化されるあらゆる表象である。フェアクロー（2008）は，テクストという用語を広い意味で使用し，書かれたテクストと話されたテクストの両方に対して使っている。そしてテクストはディスコースの一部であり，なぜならそれは相互作用のプロセス（コミュニケーション）の'産物'であるからだと提起する。したがってテクストの分析はディスコース分析という相互的な分析過程の一部であり，ディスコース分析はテクスト生産と解釈のプロセスを分析しなければならない。

　そこで，図7-2の内側の四角の左隅にある相互作用が大事となる。この相互作用は日常のコミュニケーションのことであり，行為主体の実践プロセスがテクストの生産と解釈という構図を形成する。つまり，この視座から見るコミュニケーションは，精神状態の傾向やパターンなどの心理的な静的側面ではなく，意味の生産と変化のダイナミックなプロセスを重視している。したがって表象としてのテクストは，相互作用というコミュニケーションプロセスと一体化して現象化し，意味の形成と解釈がなされている。ディスコース分析は（狭い意味での談話分析ではなく）まさにコミュニケーションプロセスそのものを分析するのであり，表象を生み出す生産プロセスの痕跡を分析すると同時に，テクストがキューとして意味を示唆する解釈のプロセスを分析する。スモールdディスコースの様々な研究は，CDAの視座からはテクストの分析とそのコミュニケーション過程の分析として位置付けられる（Cooren, 2015）。

　さらに外枠の左隅にある「コンテクスト」と示された次元では，ミクロなプロセスに加え，テクストを生み出す社会的な条件を考慮する。つまり，テクストという表象が現象化する制度的背景，歴史的背景，文化的土壌などが

第 7 章
批判的ディスコース分析

検討の対象となる。したがって組織論において組織にかかわる表象は，決してその場面の文脈だけでなく，制度，歴史，文化などの背景を考慮しなくてはならない。拡大して言えば組織のあらゆる問題は，これにかかわる直接的な関係性だけではなく，問題が根差しているより広い背景的コンテクストという関係性を考えなくてはならない。このことは，テクストの生産的側面だけにとどまらない。テクストが解釈されるのも，同様な社会的条件の文脈で行われる。時代が異なれば解釈が変わるのも，このような考え方によって説明できる。

　ディスコースの視点に戻れば，テクストの生産と解釈を綿密に分析する**スモール d ディスコース**に対して，社会的背景を中心としたコンテクスト・レベルの分析は**ビッグ D ディスコース**の分析と言える（Cooren, 2015）。CDA はテクストとコンテクストの弁証法的関係を重視して，テクストとその意味の生産と解釈をミクロとマクロの両方から分析することが特徴的である。第 3 章でも述べたように，会話分析や言語行為分析はスモール d ディスコースを中心に研究される。フーコー派の分析がビッグ D ディスコースを重視するように，多くの研究アプローチがミクロかマクロのいずれかを重視する傾向にある中で，CDA はその両方を強調する。歴史や文化のような緩やかに変化する文脈，それはギデンズの組織化的側面を持ち，意味形成に影響する。CDA の多くは，資本主義や新自由主義経済をコンテクストとして分析し，例えば「グローバル化」について考察を行っている（フェアクロー＆トーマス，2012）。

　CDA の視座からはディスコースとは単にテクストのことではなく，意味の構築過程を中心としたミクロの中にマクロがあり，マクロの中にミクロがあるという入れ子構造のコミュニケーション過程を示そうとしている。ミクロ―マクロ論争の長い歴史に答えを出すように，ディスコースにおいてミクロとマクロは一体化しており，切り離すことができないと考える研究者が多い。この考え方を，フーコーの理論を土台とした「**ディスコース・オーダー**」と呼び，特定の**社会的構造**や**文化的構造**というある種の秩序が言語テクストの中に存在する点を重視する。

217

第Ⅱ部
組織ディスコース研究の様々なアプローチ

1つの例であるが，病院に行って医師や看護師などが「患者さま」と呼称するのを聞き，違和感を覚えたことはないだろうか。医療を提供する側は医療をサービスとして商品化し，それを提供する相手として患者に「さま」を付ける。つまりお客様と同一視するような呼称として，「患者さま」ディスコースが生まれた。これは，新自由主義的言説が世の中に強まり‘勝ち組’や‘負け組’などのディスコースの例に見るように，マーケット競争との関係性の中で意味付けされた言説が世界にあふれているコンテクストの一例である。医療を提供する側の問題だけでなく患者の側も，自分がお金を出して医療サービスを受けるという認識，つまり‘お客様は神様’であるかのごとく傲慢であったり，強気な態度をとっているケースを見受けることもある。これは「患者さま」言説が繰り広げるディスコース・オーダーの一端であり，この分析から医療サービスが物象化され，商品化されていることが議論されるべきであろう。

CDA においてディスコース・オーダーを見出すことにより，人々の日常言語の中にマクロなコンテクストを形成する言語化がある。このマクロの構造的な側面を利用して言語化する過程は，日常言語が社会秩序に依存していることと同時に，社会そのものが形成されていることを示す。後に示すように，CDA はディスコースのタイプを解釈する中で，このディスコース・オーダーを考察する。日本の組織研究においても，ミクロ―マクロを一体化した分析を可能にし，歴史的・文化的な文脈との関係で現象化する組織の問題点を射程に入れている点で，CDA の潜在的貢献または発展の可能性はとても大きい。

3 CDAの分析ステップ

CDA は書かれたテクスト，とくに政治的な領域のテクストを分析するが，組織研究においてはどのようなテクストが研究のデータとなるのだろうか。

CDA を使った多くの研究は章末の**文献表**③が示すように，インタビューや観察などの一次データよりも Web ページやブログ，または配布資料や新聞などの書かれたテクストが分析の中心となっている。例えば，文献表③の No.1 の論文は，サステナビリティに関するユニリーバの事例分析であるが，データとしてはユニリーバが配信している YouTube 動画を分析する。他にも経済や経営の専門誌や新聞，社史や企業のホームページ，社長のブログなど幅広いテクストが分析の対象とされている（No. 4, 6, 7, 10, 11）。また事例分析でその事例を構成するのは，書かれたテクストだけでなく社員や経営者のインタビューなど，話されたテクストから事例が描き出されることも多い（No. 2, 3, 5, 8, 9, 11, 12）。アプローチによって個人のインタビューよりも，フォーカスグループによるデータ収集も分析の対象となる。トピックは多様であるが，組織におけるジェンダー問題，セクハラ問題，またいじめ問題など，特定の社会的現実が形成されるテクストに注目する。第 4 章でも述べたが，適切なテクストの収集は，CDA においても大前提となる（データの種類や収集については第 4 章参照）。

そこでテクストの分析に移るが，フーコー派のディスコース分析はテクストの言語的特徴の分析に細かな注意を払わない。これに対し CDA は，テクストをディスコース分析の中心と位置付けている（フェアクラフ, 2012）。そしてテクストの分析だけにとどまらず，ディスコース・オーダーとの往復行為を解釈し，相対的に持続可能な構造化の動態を考察する。したがって，図 7-2 の概念構図が示す 3 つのレベルは，分析の視座だけではなく分析のステップにも関係する。第一段階のテクストの詳細な分析から始まり，多様なコンテクストとテクスト分析の関係を解釈する第二段階，そして第三段階ではより構造的なレベルの継続性と変化，例えば資本主義におけるグローバル化や新自由主義への変化などを考察する。

CDA では一般的に，3 つのレベルに伴った 3 つのステージを分析のステップとして明示している。このステップは分析の順序を示す手順であると同時に，CDA が発表する研究論文の構成にもなる。実際 3 つのステージは，独立

第Ⅱ部
組織ディスコース研究の様々なアプローチ

した段階というよりは，異なる分析レベルが相互に影響している。3つのステージは記述（テクストの形式的特性に関する分析），解釈（テクストと相互作用の関係性に関する分析），説明（相互作用と社会的コンテクストとの関係分析）である（フェアクロー，2008）。

(1)記述：テクスト分析

最初のステージは，「記述」である。このステージは先の3つのレベルの中心にあったテクストの分析であり，その記述だ。本書ではこのレベルの分析を，「記述：テクスト分析」とする。フェアクローは**表7-1**のような問い（表の左側）を提起する形で分析を進めるが，その基本構成は①語彙，②文法，③テクスト構造の3つの側面からテクストを解釈・分析する。

①語彙については，ある特定の単語がどのような意味を持っているか，フェアクロー（2008）は3つの価値について分析を行う。彼の3つの価値は経験的価値（experiential），関係的価値（relational），表現的価値（expressive）であるが，これら3つをつなぐ連結的価値（connective）を最後に付け足す。表7-1が示すように，語彙の意味を考察するときには，その内容的側面，関係的側面，主体的側面から分析することを示唆する。

□ **表7-1　形態的特徴；経験的価値・関係的価値・表現的価値**

価値の特徴	意味の次元	構造的効果
経験的 (Experiential)	内容 (content)	知識／信念 (knowledge/belief)
関係的 (Relational)	関係 (relations)	社会的関係 (social relations)
表現的 (Subject)	主体 (subjects)	社会的アイデンティティ (social identities)

出所：フェアクロー（2008, p.137）を筆者が一部修正。

第 7 章

批判的ディスコース分析

　　例えば「リストラ」という外来語（もともとは restructuring という組織
変革の手法を示す言葉）が，日本の経済社会の中でどのような意味〈内容〉
を持つか考えてみる。組織経営の観点からはコスト削減という意味を持つ
であろうし，従業員の視点からは解雇という意味を持つであろう。〈関係
的〉な意味はこの言葉を使って現実化する関係性の再生産であるが，経営
者と従業員の関係的意味について考察を加える，つまり企業のサバイバル
やパワーの問題を示唆する。そして，リストラという単語が使われる文脈
における〈主体〉について意味を検討すれば，従業員解雇の経営側の正当
性が示唆される。このように組織研究の中でも特定の単語に焦点を当て，
そのテクストを分析することが有効である。

②文法も同様であり，3つの価値の観点から文法的特徴を検討する。主語—
動詞の文法関係や特定の形容詞の使い方，体言止めなど，文法の専門的な
分析というわけではなく，一般常識レベルの文法知識をもとに経験的価値，
関係的価値，表現的価値について解釈していく。

　　例えば，主語 − 述語関係から「どのようなタイプのプロセスや関与者が
支配的か」「動作主は，はっきりしているのかどうか」などを問いながら，
テクスト分析を行う。組織の複雑な問題は動作主がはっきりしていないこ
とが多く，とくに後者の問いは大事である。これは文法が示す関係的価値
においても同様であり，例えばリストラという事例について言えばそれは
まさしく「神の声」であり，企業と従業員の関係的意味が見えにくくなっ
ている。神の声に抗えない従業員は否応なく従い，それが必然のように解
釈させられるのだ。テクストの中で従業員解雇の正当性は，わかりにくい
関係性（誰が誰を解雇するか）を曖昧な形で漠然と示される。このような文
法的特徴を見つけ出すことがテクストの解釈であり，文法レベルの分析で
ある。

③テクスト構造においても，さらに同様の特徴を見出す。ここでは単語や文
法を見てきたデータとしてのテクストの全体構造を，文と文の関係に焦点
を当てながら分析する。このレベルの分析は，文と文の関係を見出すこと

221

第Ⅱ部
組織ディスコース研究の様々なアプローチ

であり，連結的な価値を分析することになる。それは文章間のレトリック
を読み解くものである。

　例えばリストラを示す社内文書を解釈し，どのように正当化がレトリカ
ルに組み立てられ，従業員を中心とした組織内部やマスコミを含めた組織
外部のオーディエンスに対して説得的に，またナチュラルに文が組み立て
られるか考える。

　ここで示された，フェアクロー（2008）のテクスト分析に関する問いかけ
は社会言語学的な緻密さを持ち，これに準拠しながら分析を進めることは恣
意的な解釈を避けることにもつながり，極めて重要である。しかし同時に，
量的分析とは異なり解釈という分析はとてもクリエイティヴなプロセスであ
り，分析の型にはまった解釈はその自由な発想を妨げることにもつながる。
統計的解析を中心とするアプローチは，回帰分析や ANOVA などの統計学的
な型に落とし込まねばならないが，テクスト分析は型にはまらない自由な発
想を大事にしてよいはずだ。なぜならそれは，研究も1つのディスコースで
あるからだ。しかし，他のディスコース分析と異なり CDA はとくにテクス
トの緻密な分析を重視するため，これらの社会言語学的な問いの枠組みを大
事にする。

(2)解釈的分析

　第二のステージは「解釈」と呼ばれ，テクストと相互作用の関係に焦点を
当てる。つまりテクスト生産と解釈のコミュニケーションプロセスを，テク
ストとその意味構築の関係に焦点を当てて解釈するステップである。質的研
究における分析は，量的なものと異なり，研究者の解釈が基本である。さら
に，CDA においても批判的視座をもとにテクストとコミュニケーションの関
係が解釈される。言語学がテクストの分析に焦点を置くのに対して，CDA は
テクスト分析をコンテクストの分析と結び付けるのが特徴である。

　CDA の解釈の基本は，**再コンテクスト化**と**間テクスト性**である。第2章で

222

第 7 章
批判的ディスコース分析

述べたように，ディスコースは次のディスコースを生み相互言説性があるため，それらの間テクスト性に着目するのである。その基本的考え方が，再コンテクスト化である。再コンテクスト化は，「一つの社会的実践の要素を，別の社会的実践の中に置くことである」（フェアクラフ，2012，p.49）。前者を後者のコンテクストの中に位置付け，そのプロセスの中で特定の仕方で変容する姿を分析する。それは，テクストがいつも他のテクストとの間テクスト的関係にあることの相似形であり，テクストは別のテクストと関係付けられていることを意味する。

　そこでフェアクロー（2008）は，**場面的コンテクスト**（situational context）と呼ぶ，テクストが生み出され解釈されるその現場のコンテクストから分析する。これは直近でミクロなコンテクストに留意しながら，テクストとの関係を解釈する方法である。これと同時にこの段階では，**間テクスト的コンテクスト**（intertextual context）と呼ばれる，相互言説性を生み出しているコンテクスト，つまりテクストが次のテクストに受けつながれるコンテクストの側面から分析する。これは場面的コンテクストより大きな文脈を考慮し，社会制度や文化，歴史性などマクロなレベルのコンテクストとの関係で，テクスト関係について解釈する。

　まず場面的コンテクストは，次の4つの問いに代表される視点で分析する。それは，①何が起こっているのか，②誰が関与しているのか，③どのような関係なのか，④生起していることの中で言葉が果たす役割は何か，という視点である。①は活動，トピック，目的に区分でき，内容について分析を深める。②と③は密接に結び付いているが，②は主体，③は関係を解釈する。④は言葉と同時に，コミュニケーションのチャンネルを考慮する。これらはそれぞれ**表7-2**が示すような対応関係で，ディスコース・タイプと関連付けられる。**ディスコース・タイプ**とは，社会的実践としてのディスコースの中の1つのタイプとして，ディスコース・オーダーが現象化する特定の場面的コンテクストを類型化する。フェアクロー（2008）の例で言うと，警察の事情聴取という場面的コンテクストが特定化され分類化されるとき，これはディ

第Ⅱ部
組織ディスコース研究の様々なアプローチ

☐ 表7-2 場面的コンテクストとディスコースタイプ

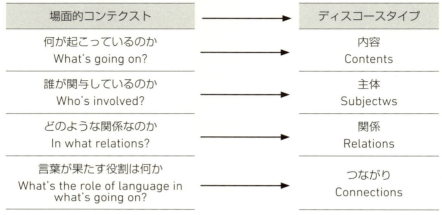

出所:フェアクロー(2008)を筆者が加工。

スコース・タイプと言える。つまり、社会制度としての治安維持というディスコース・オーダーの1つの要素であり、言説的実践において現象化するのである。

また間テクスト的コンテクストの解釈とは、あるテクストが生産されるときどのような連続性があるか、そのテクストが算出されたり理解される際に、どのようにコンテクストが再コンテクスト化されるかの前提関係を解釈する。とくにそのテクストにおける、キューサインのような言説を分析する。この解釈は、歴史的視点からテクストとディスコースという社会的実践を分析することを重視し、テクストを他のコンテクストと関係付け、とくに歴史的コンテクストとの関係を考慮する方法である。結論的にフェアクロー(2008)は、次の3つの視点を確認する。

①コンテクスト:関与者[4]が場面的コンテクストと間テクスト的コンテクストに、どのような解釈を与えているか。

②ディスコース・タイプ:どのようなディスコース・タイプが利用されているか。

③違いと変化：質問①と②に対する答えが関与者によって異なるのか，さらにその連続的な相互作用の中で変わるのか（フェアクロー（2008, p.197）を筆者が一部修正）。

(3) 説明と考察

　第三のステージは，説明と考察である。この説明段階での目的は，「社会的プロセスの一部として，ディスコースを描くことであり，それによってディスコースがどのように社会構造によって決定されるか，そしてディスコースが，構造を維持したり変えたりしながら，構造に対してどのような再生産的影響を累積的に及ぼすのかを示すこと」（フェアクロー，2008, p.198）であり，そのための議論を行うことである。ここでのキーワードは，**社会的プロセス**と社会構造である。社会的プロセスとは，テクストが別のテクストを生み出したり影響したりする過程，つまり社会的実践としてのディスコースの過程ある。これまで述べてきた間テクスト的関係性が，社会的プロセスに反映されている。また CDA が主なターゲットにしている社会的構造は，パワー関係である。この 2 つの関係は，ギデンズの'構造化'の概念と同様に，社会的プロセスが構造を構成し，構造が社会的プロセスの言説的実践に関与することを示す。

　次のセクションで紹介するフェアクロウ＆トーマス（2012）は，グローバル化という大きなパワー関係を見ることで，資本主義という社会構造を考察する。パワー関係は社会的レベルではジェンダーの社会構造であったり，所得格差や人種差別の構造であったり，経済から文化，政治的構造まで多様である。このような社会レベルの構造は組織にも影響があり，例えば社会レベルで起きているジェンダー問題は，組織の中にも必ず現れている。したがって組織研究においても，これらの大きな社会構造とともに，組織におけるパワー関係が考察されなければならない。社会的過程と社会的構造の相互的な影響関係が考察されることで，詳細なテクスト分析をもとにした社会的なレベルの分析が行われたことになり，ミクロからマクロまでの包括的な分析と

第Ⅱ部

組織ディスコース研究の様々なアプローチ

なる。

　この説明が焦点とするのは，社会的プロセス，つまり社会的実践としてのディスコース過程をどのように解釈するかである。また場面的コンテクストの解釈によるディスコース・タイプおよび間テクスト的コンテクストの解釈をもとに，議論しなくてはならない。ここで CDA が議論の中核に据えるのは，‘イデオロギー’である。イデオロギーは多様に定義付けられているが，ここで言うイデオロギーとは，「社会集団において人々の思想や行動を根底的に制約している観念体系のこと」（大原・スコット，2004，p.159）である。フェアクロー（2008，p.2）では，パワーと密接に結び付いた常識の想定であり，「現存の社会関係やパワーの相違を当然と考える通常のありふれた行動様式」を指す。また別のところで，イデオロギーは「権力，支配，搾取の関係を確立し維持することに関与する世界の諸相の表象」（フェアクラフ，2012，p.303）であると主張する。権力は（とくに開発国においては），抑圧―被抑圧というような明示的な形で現象化することは少なく，日常の言説におけるイデオロギーによってパワー関係を構成する。

　このようにして CDA は，イデオロギーによってパワー関係が生産され維持される社会的プロセスをディスコース過程に見る。したがって，組織研究においては，**組織化のプロセス**におけるイデオロギーを分析し，職場や組織の日常を通して実行される言語のイデオロギー性を批判的に考察する。

(4) グローバル化の例

　ここで，フェアクロウ＆トーマス（2012）の「グローバル化のディスコースとディスコースのグローバル化」という論文について紹介する。この論文では大前研一の『ボーダレス・ワールド』（1994）をテクストとして，コンサルタントという**専門家のディスコース**の果たす役割，**読み替え**（**翻訳**）によるディスコースの弁証法的発展，とくにそこにおける**結晶化**（**クリスタル化**）に焦点を当てている。この論文において記述・テクスト分析は，グローバル化というイデオロギー性を持った言語がレトリックとして働いていることを，

第 7 章
批判的ディスコース分析

テクストの記述に従って解釈した。ディスコースとそのカウンター・ディスコースの関係が，間テクスト的コンテクストとして分析される。ここに「読み替え（翻訳）」というテクストの生産と，テクストの再コンテクスト化が表れる。また場面的コンテクストとして，大前研一という関与者（このテクストとの関係では著者）とテクストとの関係が綿密に考察された。当時はコンサルタントの時代と言われ，企業コンサルティングがもてはやされたという背景がある。専門化のディスコースは，力強く社会的プロセスに影響する。例えば，グローバル化以外のすべては何らかの「病気」とされ，ことごとく非難の対象とされる。また「絶好のチャンス」というメタファーを使い，グローバル化こそ企業マネージャーがビジネスに成功をもたらす機会であると意味付ける。

　Oswick（2001）の批判を使いながら，前向きなユートピア的言説が，グローバル化について代替的な批判的言説を排斥していることを示した。この弁証法のプロセスが支配的ディスコースを形成し，周辺化するディスコースを排除していく。これを「結晶化（クリスタル化）」のプロセスと位置付けるが，クリスタルというメタファーが示すように，グローバル化の特定のバージョンのみが輝き（新自由主義的な市場競争の推進），その他のバージョン（例えば，貧富の差の拡大としてのグローバル化）を暗闇化することや，支配的になった言説への執着や倒錯を意味している。

　このようにテクストとコンテクストの関係が分析された後，大前のテクスト生産との関係で，グローバル化の構造と社会的プロセスの関係が考察される。グローバル化に関する多様で大量のディスコースの産出は，グローバル化のディスコースを再コンテクスト化し，ビジネスの成功に結び付けようとする実業家やビジネスマンたちによって読み替え（翻訳）られ，社会的実践として新たなディスコースを生み出している。大前の著作は，他のテクストを可能にする。間テクスト性を通じて，処方箋的テクストに対するニーズを強める。企業にとっては，「ベスト・プラクティス」というディスコースが示すように，組織における経営行動を作り上げるためのグローバル化ディス

227

第II部
組織ディスコース研究の様々なアプローチ

コースの読み替えが行われる。これが組織化の中で反映される，ディスコースの社会的プロセスである。

この論文を通して，結晶化と読み替えという2つの概念が強調された。ここでは実体としてのグローバル化ではなく，**プロセス概念**としてのグローバル化が考察された。社会的プロセスである言説的実践が結晶化を生み出す過程は，**組織化 (organizing)** においても重要である。組織研究においては組織内外でのメッセージにおいて，グローバル化のディスコースがどのように読み替えられ，ある特定の戦略や改革という結晶化をもたらすかということを見るのが，重要なディスコース分析となる。社長やキーパーソンのメッセージは，テクスト（SNSやブログ，社内報やメール，会議の発言，インタビューなどを通じて得られるテクスト）として解釈される。ディスコース・タイプは，間テクスト的コンテクスト（企業の場面的コンテクストと社会的レベルの経済環境というコンテクスト）に照らして分析されるべきであろう。グローバル化を実体的概念とみなすのではなく，プロセス概念（または関係概念）と考えることは，'組織'ではなく'組織化'の観点から大きな意味がある。

組織や職場の日々のセンスメイキングにおいて，グローバル化のようなディスコースが翻訳されていくプロセスは，ビジネスの課題や組織の問題を，異なる観点から見ることを可能にする。例えば，ジェンダー概念も社会学的な性差という意味ではなく，ジェンダー化というプロセスと考えることができる（第11章参照）。アッシュクラフト（2012）は（en）gender という概念によって，組織や職場において'ジェンダー'が生み出される言説的実践を批判的に考察する。清宮（2014）は'商品化'概念を提起し，アイデンティティの商品化を不祥事の言説的実践のプロセスとして考察する。

不祥事を組織化において発生するプロセス概念として考察することは有効であり，そこにおいて商品化をプロセス概念とすることは可能である。これはガバナンスやCSR，またはCS（カスタマー・サティスファクション）など主要な経営概念を，プロセス概念の視点から，言説的実践の過程として考察することになり，極めて有益と考える。CDAは職場の問題を批判的に考察する

第7章
批判的ディスコース分析

ことにおいては当然ながら優れたアプローチと言えるが，これを変革のディスコースとして，問題解決するための組織開発のアプローチとすることも可能であり有効である。

4 CDAにおけるジャンル分析

　CDA ではしばしば，ジャンル分析というアプローチが使われる。CDA も様々なアプローチがあり，ミクロなテクスト分析から大きなコンテクストの分析までの包括的な基本のフレームワークは共有するが，個々の分析においては分析方法のユニークさが，それぞれの研究で発揮される。その中でもCDA の多くが利用するアプローチが，ジャンル分析だ。ジャンル分析はCDA にとどまらず，レトリックや他のディスコース分析においても利用される。ここで一度，ジャンル分析について確認しておこう。

　ジャンル分析は，テクストを分析する方法の１つである。ジャンルは「社会的出来事における行為および相互行為の仕方の，とくにディスコース的側面を指す」（フェアクラフ，2012, p.100）。また別のところで Fairclough（1995）は，ジャンルを，特定の社会的活動に連動する特定の言語の使用と定義する。図7-3 の例が示すように，行為の領域とそれに連動する固有の言説的な側面を，ジャンルとして概念構成する。テクスト分析において，この行為とディスコースとの連動関係を解釈しなくてはならない。出来事の連鎖にはそれぞれのテクストの連鎖があり，そこにジャンルが含まれる。したがって複数のテクスト間の関係を，行為と連動するジャンルで分類することになる。そこで①ジャンルの連鎖の分析，②特定のテクストにおけるジャンル混合の分析，③特定のテクストにおける個別ジャンルの分析の順番で進むことが求められる。

　まず①「ジャンル連鎖」であるが，これは規則的につながりのあった異なるジャンルのことで，図7-3 の例で言えば，行為の領域における〈立法のた

第Ⅱ部

組織ディスコース研究の様々なアプローチ

■ 図7-3　ジャンルの構成図

行為の領域					支配の領域
立法のための政治的手続き	世論形成と自己呈示	党内部の共通見解の発展	政治広告，マーケティングとプロパガンダ	政治の執行	政治の執行
ジャンル					
● 法律 ● 法案 ● 修正案 ● 議員の演説と貢献 ● 条例 ● 勧告 ● 規定 ● 指針 ● など	● 報道発表 ● 記者会見 ● インタビュー ● トークショー ● 会議での講演と貢献 ● 記事，本 ● 記念演説 ● 就任演説 ● など	● 政党綱領の公表，声明，方針演説 ● 党大会での演説 ● など	● 選挙綱領 ● 選挙運動中のスローガンと演説 ● 告知 ● ポスター ● 選挙パンフレット ● ダイレクトメール ● ちらし ● など	● 決定（承認／却下） ● 就任演説 ● 合同文書 ● 大臣／長官の演説 ● 議会での質問に対する政府の回答	● 決定（承認／却下） ● 就任演説 ● 合同文書 ● 大臣／長官の演説 ● 議会での質問に対する政府の回答

談話の話題1	談話の話題2	談話の話題3	談話の話題4	談話の話題5	談話の話題6

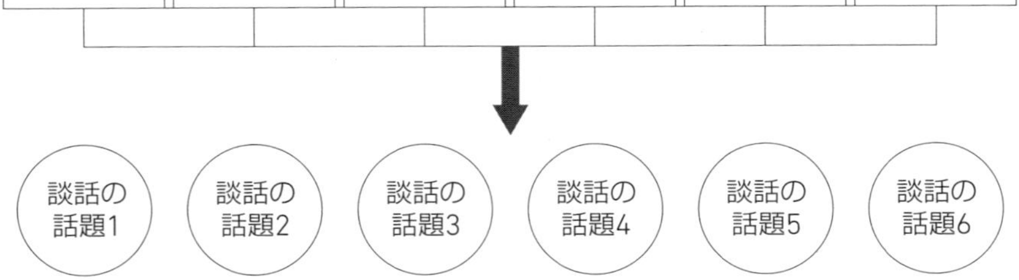

出所：フェアクラフ（2012）。

めの政治手続き〉という活動と，それぞれ法律や法案，また〈世論形成と自己呈示〉という活動に，報道発表と記者会見という異なるジャンルが解釈できる。このディスコースの連関関係，つまり間テクスト性が検討される。そしてジャンルの変化は，異なったジャンルがどのように結び付けられるかという点での変化であり，図7-3の例で言えば，ジャンル分析による決定や就任演説と法律や法案というジャンルの違いが，〈立法のための政治手続き〉から〈政治の執行〉という行為の変化に解釈される。また，新しいジャンルは

230

いくつかの既存のジャンルを結合して発展するため，社会変化の一部となる（フェアクラフ，2012）。

②「ジャンル混合」であるが，テクストには単純なものと複雑なものがあり，複雑なテクストは1つのジャンルだけにとどまらない。図7-3の例で言えば，政治広告の動画は，個人のスローガン，党の声明，指針など複数のジャンルが含まれる可能性がある。ジャンルの混合はテクスト間に見られる相互言説性であり，その混合の分析によってテクストを社会変化の中に位置付け，テクストの生産における創造的な働きを明らかにする（フェアクラフ，2012）。

最後は③「個別ジャンル」の分析である。1つのジャンルを詳細に解釈すると，ハーバマス（Jürgen Habermas）の概念をもとに，行為者間の相互理解をベースとする**コミュニケーション的行為**と，成果の達成を第一義とする**戦略的な行為**に分類し得る（ハーバマス，1985）。そしてディスコースは生活世界において，より目的志向的なジャンルへと向かう傾向があり，生活世界の植民地化として分析できる。つまり，戦略的な行為がコミュニケーション的行為を従属させてしまう傾向が，個別ジャンルの分析によって理解できる。

例えば，精神的な不安などを相談するためのセラピー的なディスコースが，人事考課などの面接に応用される点を指摘する（カメロン，2012）。確かに人事考課だけでなく，一時期とても流行したカウンセリング手法の応用やコーチングというものは，日本における典型的な例としてジャンル分析が有効であろう。またより明確な例としては，先の医療組織における日常のディスコースの中に「患者さま」という新自由主義的ディスコースが使われているように，マーケットディスコースによって医療現場の日常が植民地化されていると考察することができる。職場や組織の現場のディスコースについて，ジャンル分析し批判的に議論することを通じて，より良い環境への変革に結び付けることができるであろう。

第Ⅱ部
組織ディスコース研究の様々なアプローチ

5 組織研究におけるCDAの可能性

　本章の冒頭にも言及したが，CDA はヨーロッパとオセアニアにおける組織研究において，極めて大きな影響を与えた。学会発表や学術誌の多くの論文に，CDA が方法論として示されている。ディスコース分析が 1 つのブームになったのは，CDA の影響といっても過言ではない。批判的社会言語学が言語学の枠組みを超えて，**学際的な社会科学の研究**にディスコース分析を提示したのは，大きな貢献である。優れた研究成果が存在する一方，テクストとコンテクストの関係性を丁寧に分析できていない研究もある。ディスコースまたは特定の言葉を取り上げ批判的に研究すれば，それが CDA であるかというと，そうではないということを確認しておきたい。

　方法論的な特徴は，カメロン（2012, p.204）の指摘が最も端的に言い表している。CDA の基本は「特定のテクストまたは一連のテクストの中に規則的なパターン（語彙，文法，呼び方，他のテクストとの間テクスト的関係，ジャンルなどが含まれる）を見つけ，次にそのパターンの解釈，つまり意味とイデオロギー的重要性を提示すること」である。緻密なテクストの分析とコンテクストの分析との関係が鍵となるのであり，批判的であれば CDA ということにはならない。

　このような特徴を持った CDA がどのような研究を行っているか，近年の研究成果を見てみよう。文献表③は CDA を使った近年の研究であるが，ここでは次の 3 点を指摘したい。

　1 つ目は，CDA の多様性が持つ他の理論との融和性と学際的性質である。カメロン（2012）は，CDA の唯一の正統派バージョンというものはないと指摘する。前述の基本構成はあるものの，多様なアプローチがある。それは別の言い方をすると，他の理論とどのように結び付けるかが大事であり，そこが研究の個性になるという点である。

　例えば，CDA と制度化の理論やアクターネットワーク理論（ANT）との融

合性だ。No.8 の論文は，ANT を使い，プロジェクト・マネジメントにおける意味構築が人という行為主体に限らず，多様な物質性を媒介としながら言説的実践が行われているプロセスを CDA から考察する。この観点はとくに，CDA が社会構成主義においても，リアリティを強調する批判的実在論をとるため（Fairclough, 2005），社会構造に関する考察が強い（No. 1, 2, 4, 6, 7, 12）。同様に，ブルデュー（Pierre Bourdieu）の実践理論やギデンズ（Anthony Giddens）の構造化理論が使われる（No. 3, 11）。

　2 つ目は，CDA はディスコースのプロセス的な側面，つまり相互言説性のダイナミクス（清宮, 2015）を重視するので，組織化の過程を分析し考察することにおいて有効であるという点である。ここで言うプロセスとは，制度改革や組織変革による before-after のような，A 点と B 点での違いを比較するという単純な図式ではない。ディスコースが次にどのようなディスコースを生み出し，さらにどう変化したかという相互言説性の過程に着目し，再コンテクスト化や間テクスト性を分析し，意味の変化やコンテクストの変化を考察しなくてはならない（No. 4, 7, 12）。ディスコースは社会的過程として考察するため，組織化における制度化の理論と密接に関係付けられる。

　しばしば制度化に関する研究の中には，社会変化のプロセスについての考察が抜けていることがあるが，相互言説性という動態的プロセスと制度化は大変緊密な関係がある。活発な議論が行われている制度派組織研究であるが，CDA はその分析方法において，制度化の組織化をディスコースの視点から描くことが可能である。

　3 つ目は日本のコンテクスト，日本の組織研究における CDA の可能性である。とくに CDA による日本の組織におけるイデオロギー研究である。文献表③が示すトピックは極めて多様であり，差別やいじめという問題からアイデンティティ，戦略，リーダーシップ，ソーシャルメディア，CSR やサステナビリティなど幅広い。いじめのような明らかな問題は批判の対象としやすいが，組織における合意形成や正当性の中にあるパワーの問題などは，批判的側面を見失いがちである。

第Ⅱ部
組織ディスコース研究の様々なアプローチ

　この点でCDAの批判的側面は，組織を振り返るうえで極めて重要な視座である。日本の組織的コンテクストには様々なイデオロギーがある一方で，これに関する批判的研究は少ない。コーチングをはじめQC（品質管理：quality control），TQM（総合的品質的管理：total quality manegement）などの経営手法はイデオロギー的側面を強く持っており，しばしば結晶化・クリスタル化される。それは安全神話が典型的な例で，もっと批判的研究があってよいものだ。安全は物象化し，クリスタル化のもとで盲目化し，相互言説性が生み出す神話化へと変化する。情報の隠ぺいや偽装などの不祥事でも同様に，イデオロギーは組織文化として定着し，日常化またはルーティン化していく。日本の組織研究は，職場のイデオロギーをディスコースの視点で分析することで，研究者の対場から問題化を提起すべきである。そのことが健全な批判となり，それを建設的な変革に結び付けることが可能となる。CDAによる研究者の立場からの問題化は，組織の現場レベルでの問題化を誘発し，建設的な対立と健全な変革への実践的可能性を秘めている。

注
1)　経営学の領域で古典的マルクス主義による批判は伝統となっているが，ポスト構造主義的視座からの批判はまだまだ少ない。
2)　これは研究者のアイデンティティが市場価値によって歪められている，あるいは偏向している点で，研究や教育のマーケット化と考えられたり，研究者のアイデンティティのコモディティ化（commodification）と考える。
3)　CDAは，グラムシ（Antonio Gramsci）のイデオロギーの概念やラクラウのヘゲモニー，またブルデューやギデンズなどの影響を受けるがこれらについては，適切な文脈でその都度紹介する。
4)　関与者という表現はフェアクローが意図的に使っているもので，分析者ではない。テクストを生み出す本人，例えばニュース報道のレポーターや新聞記事の記者，エッセイなどの執筆者などが想定されるだろう。他にも意味を算出するためにかかわっている人間は，関与者と言える。

文献表③　批判的ディスコース分析の諸研究

No.	タイトル（著者，出版年）	トピック／理論／アプローチ	研究方法
1	Voiceless but Empowered Farmers in Corporate Supply Chains：Contradictory Imagery and Instrumental Approach to Empowerment (McCarthy et al., 2018)	持続可能性，世界規模のサプライチェーン，農業従事者のエンパワメント，批判的実在論，仮想的持続可能性，辺境化とパワー構造	ケース：ユニリーバ，22のビデオ動画（YouTube）
2	The Power of Diversity Discourses at Work：On the Interlocking Nature of Diversities and Occupations (Zanoni and Janssens, 2015)	ダイバーシティー（ジェンダー，障碍者），パワーダイナミクス，職業的実践のディスコースと非ディスコース	ケース：自動車会社（ベルギー）58人の準構造化インタビュー，参与観察，内部資料
3	Human Resource Management Practitioners' Responses to Workplace Bullying：Cycles of Symbolic Violence (Harrington et al., 2015)	職場のいじめ，管理監督者，人的資源管理（HRM）の実践，ブルデューの実践の理論，象徴的暴力のサイクル	インタビュー：17名のHRM担当者が参加：14人の個人インタビューと3人のグループインタビュー
4	Legitimacy Struggles and Political Corporate Social Responsibility in International Settings：A Comparative Discursive Analysis of a Contested Investment in Latin America (Joutsenvirta and Vaara, 2015)	対立する投資先への正当化，国際環境下のCSR，CSRの政治的アプローチ，言説的正当性	ケース：フィンランドの海外投資会社，パルプ工場（ウルグアイとアルゼンチン）プレスリリース，3つの国の新聞のテクスト
5	On the Force Potential of Strategy Texts：A Critical Discourse Analysis of a Strategic Plan and its Power Effects in a City Organization (Vaara et al., 2010)	「戦略」「戦略化」というテクスト，戦略プラン，ジャンル，パワー	ケース：フィンランド南部の新市長と市幹部による戦略，37人の政治家や市幹部職員のストーリーテリング的な準構造化インタビュー
6	Gendered Ageism and Organizational Routines at Work：The Case of Day-Parting in Television Broadcasting (Spedale et al., 2014)	性差別（女性差別），年齢差別（高齢者差別），「若々しさ」のディスコース，正当性，組織のルーティン，職場の抑止	ケース：BBC（イギリス）の公判結果の公式報告書

7	Tools of Legitimacy : The Case of the Petrobras Corporate Blog (Barros, 2014)	新たなソーシャルメディア，企業のブログ，企業の正当性　言説的闘争，Eデモクラシー	ケース：ペトロブラス（ブラジル石油公社）の日々のブログ．ブラジルの新聞3社の記事
8	Discourses of Ambition, Gender and Part-time Work (Benschop et al., 2013)	野心の意味，雇用の多様化（正規・非正規，ジェンダー），男性的職場　性差化の実践，不平等，ヘゲモニー	フォーカスグループ：6グループ：2つの企業から構成（35名：10名は課長以上，25名は非正規），1社は女性中心の健康管理業，もう1社は男性中心の金融業
9	The Ethics of Conscious Capitalism : Wicked Problems in Leading Change and Changing Leaders (Fyke and Buzzanell, 2013)	リーダーシップ・エシックス，組織の緊張と複雑性，「意識の高い資本主義（Conscious Capitalism」　組織正義，マインドフルネス，リーダーシップ研修　＊2つの分析手法（構築主義的グラウンデッドセオリーとCDA）	ケース：経営コンサルタント会社のリーダーシップ研修．16人のコンサルタントに準構造化インタビュー，100時間の参与観察，Webページなどのテクスト
10	'Othering' Older Worker Identity in Recruitment (Riach, 2007)	反高齢者差別の法制化（イギリス），年齢差不平等　社会構成主義的ベテラン社員のアイデンティティ形成	ケース：Foodmall（スーパーマーケット），高齢者の積極的採用のキャンペーン，推進の文書
11	Defining the 'Public' in a Public Healthcare System (Contandriopoulos et al., 2004)	健康管理組織，職場における「大衆（the public」の定義　ブルデュー，対象化と物象化，社会的構成物	ケース：ケベックの健康管理システム：98件の仏語のテクスト（64件のインタビューと34件の観察ノート），引用部分のみ英語に翻訳
12	Technologizing Discourse to Standardize Projects in Multi-Project Organizations : Hegemony by Consensus? (Räisänen and Linde, 2004)	プロジェクト・マネジメント，多重プロジェクト組織，新官僚主義的プロセス　アクターネットワーク理論，ヘゲモニー，パワー	ケース：PROPSの8人から，15年前の開発ストーリー（準構造化インタビューによる）

＊特別な注意書きがない限り，分析方法はCDAが使われている。

第8章
ポスト構造主義的アプローチ（1）：
フーコー派組織ディスコース

学生：フーコーのポイントが，よくわかりません。エコロジーの研究は，フーコー的には，どのように研究できますか？

先生：フーコーの有名な考え方は，知識＝パワーという連動を示すこと。つまり，エコロジーというディスコースが，どのようにしてパワーになるか，その歴史的経緯や文脈を，考察することなんだ。

学生：エコロジー言説のパワーとは？

先生：例えば，経済効率や利益優先であれば，公害を出してもいいから，とにかく稼いでしまえばいい。しかし，エコロジー言説が拡散し定着すると，単純に利益が出れば何をしてもいいわけではなく，日本の1970年代にあったような，企業の社会的責任や，最近のエコロジーという考え方にたどり着く。これらのディスコースによって，地球環境を優先する価値観や知識が，支配的となっていくんだ。

学生：フーコーが監獄の歴史を研究したように，その知識の形成過程を歴史的に分析することでしょうか？

先生：うん，そういう方法も有効だね。エコロジーという知の変遷を，系譜学的に考えること。他にも研究できるね。例えば，マーケティングにおける「エコ」に関するディスコースを，特定の条件下において収集し，エコ言説のパワーについて分析することも有効だね。

第8章の重要概念

問題化，建設的な批判，言説的構成，言説的諸関係，フーコー効果，統治性（governmentality），新自由主義（ネオリベラリズム），（言説的）装置，ドレサージュ（dressage），主体性（subjectivity），アイデンティティ，アイデンティティ・ワーク，言説性

第Ⅱ部

組織ディスコース研究の様々なアプローチ

　組織研究は学際的な領域であり，心理学から経済学まで，近接領域から理論や概念を借りてくることはしばしばある。組織ディスコース研究（ODS）においても同様であり，社会理論からの影響の中でもとくに，ポスト構造主義において組織研究の影響は大きい。本章と第9章では，ODSにおけるポスト構造主義的なアプローチの基本的な概念フレームワーク，方法論的アプローチなどについて概観する。

　すでに第3章でODSにおけるポスト構造主義の意義や影響を述べたが，ここではより詳細に，組織研究におけるポスト構造主義によるディスコース分析を考える。具体的には，ポスト構造主義と評価される3人の思想家，ミッシェル・フーコー，エルネスト・ラクラウ，ジャック・ラカンを取り上げ，彼らが提起する概念を使ったODSの特徴を考察する。本章では，フーコーに焦点を当て，フーコー派と呼ばれるアプローチのODSを中心に考察し，第9章では，ラクラウとラカンの視座からODSを考察する。

1 フーコー派組織ディスコース研究

　組織研究にディスコース理論が広がり発展したのは，フランスの社会哲学者ミッシェル・フーコー（*1926-1984*）の理解が深まったことによる。フーコーの理論は難解なことで有名であり，Burrell（1988）が指摘する通り，フーコーについての理解がまだまだ未成熟な中，1984年にフーコーが死去した。1980年代，フーコーはすでに世界的に強い影響力を持っていた。私自身も，1986年に出版された『性の歴史』についてノートをとりながら読み進めたが，非常に難しかった。ヨーロッパの組織研究の中では，Clegg（1987）やBurrell（1988）が早い時期からフーコーに着目し，これを組織研究に応用することを試みていた。組織研究において，フーコー的視座の魅力は何であろう？Burrellたちの提案から10年，ヨーロッパの組織研究において，これほど影響力のある視座となっていくことには驚きであった（McKinlay and

第8章
ポスト構造主義的アプローチ（1）：フーコー派組織ディスコース

Starkey, 1998）。ヨーロッパの学会で，日本ではフーコーは読まれないのかと尋ねられたことがある。日本の社会学的領域で影響力のあるフーコーであるが，組織研究や経営学の中でフーコーは読まれていない，というのがそのときの私の答えであった。日本の組織研究においてフーコーの意義がより広く理解されることを，本章の目的とする。

　Burrell（1988）らの提起が，組織研究における最も早いフーコーへの着目であった（Curtis, 2014）。Burrell（1988）は，フーコーの前期と後期の研究の違いに着目した。Heracleous（2006）もこれを踏襲する形で，フーコー派組織ディスコース研究を前期後期と分けて考察した。彼らは前期を，『知の考古学』を代表とする「**考古学的概念としてのディスコース**」と位置づけ，後期を，『性の歴史Ⅰ：知への意思』に代表される「**系譜学的概念としてのディスコース**」と位置付けている。多様なODSでフーコー概念が応用されるのは，後期の視座に強調されるパワーの問題であり，前期より批判的志向が強いパラダイムであった[1]。次のセクションでは，前期のフーコーを中心に，とくに方法論的な視座としてのフーコーを検討する。さらにこれに続けて，批判的視座が強いフーコーの諸概念について考察する。

（1）ディスコース方法論としてのフーコー的視座

①フーコー的問題化の視座

　なぜ組織研究にフーコーなのか？フーコーが受け入れられる背景の1つには，経営組織論の近代的アプローチの問題，つまり**経済合理性**のような近代の前提に限界が生じており，フーコーの視座はその点を追求する視座を提供するからだ。つまり現代組織の多様な問題は，その近代的前提である合理主義や資本主義的前提の経営主義という自明の理に根差している点にあり，フーコーの方法論的視座はこの前提を再検討することを提起するものである。別の言い方で表現すると，経理や人事管理などの企業経営の特別な知識が問題なのではなく，またコンサルタントや経営戦略の専門的な知識でもなく，私たちがビジネスや組織の経営において当たり前としていた常識，人々の日

第Ⅱ部

組織ディスコース研究の様々なアプローチ

常的な自明の理にこそ問題が根差しているのである。例えば現代経営において，効率性が良いことは当然であり，CS（顧客満足：カスタマー・サティスファクション）の向上は当たり前であり，コスト削減は自明の理であった。しかし，これらの日常的な自明性にこそ現代の組織や経営の問題が根差しているのであり，なぜこの点が軽視されたかを反省するために，まずその自明性を疑うことこそがフーコーの方法論であり，これを「問題化」と呼ぶ。

ディスコース分析やディスコース的アプローチの研究を行うとき，問題化は出発点となる。**表 8-1** は，私が 2014 年に参加した「カプリサマースクール（Capri Summer School）」[2] という，イタリアのカプリ島で開催される若手研究者と博士後期課程生を対象とした，定性研究の方法論セミナー（1 週間）の中で示されたフーコー的問題化の視座である。はじめに大事なことは，＜人が真実の生産に関与することによって，自分自身や他の人々をどのように支配する（影響を与える）か＞である。これは知の考古学からの大きな帰結であり，これが示唆する着眼点は，真実が客観的に人々の営みの外にあるのでは

□ 表 8-1　フーコー的「問題化」の視座

> ➢ 問題は，人が真実の生産に関与することによって，自分自身や他の人々をどのように支配する（影響を与える）かにある。
> ➢ なぜ，特定の時点で，また特定の状況の下で，ある現象が疑問視され，分析され，またどのように関係付けられるのか。つまり，なぜまたどのようにして，特定のことが問題化され，そうでないことがあるのか。
> 　　例：狂気，犯罪，性
> ➢ 世界には初めから問題として当たられたものはない；異なる形の問題化でしかない。
> ➢ 発見されるべき本質などはない。
> ➢ 問題化すべきは，現実という問題の中心が空洞化した状況に答えが与えられることについてである。
> ➢ 問題化の形式はない。今ある状況を捉えなおす反省的方法である。
> ➢ 問題化はいつもある種の創造過程である。
> 　　・・・ディスコースが世界を作るのである。
> 　　・・・ディスコースは実践である。

出所：カプリサマースクール（2014）。

第8章

ポスト構造主義的アプローチ（1）：フーコー派組織ディスコース

なく，人々が営む生活の中の日常的な知が形成されることによって，人々を支配・管理するという点である。後に見る＜知＝パワー＞のアプローチの一側面がここにあり，真実を生み出すという実践としてのディスコースを，自分自身を含めた関係性の中で検討することが問題化である。

さらに＜特定の時点で，また特定の状況下で，ある現象が疑問視され，分析され，またどのように関係付けられるのか＞。特定の事柄が問題化され，それ以外が問題化されないのは，真実という中心化の装置に惹かれる力と，その反対に取り残され辺境化されて消え去る知識が表れるからである。それは歴史的な流れの中で行われるのであり，特定の知識／ディスコースが取り上げられるのは，政治的な葛藤やパワーの中に問題があるのだ。日本ではとくに，明治時代の近代化の中で多くのディスコースが生まれ，それまでの古来のディスコースは辺境化し，あるディスコースは消滅してきた。

私は学生に問題化を意識してもらうため，自分たちを取り巻くいくつかの常識に内在する疑うことのない自明性に対して，あえてチャレンジする機会を提供した。例えば，なぜ1週間は7日なのだろうか，なぜ1年間は12ヵ月に分割されているのだろうか。学生たちは，この先生はなぜそんなことを言うのかと訝しがるが，それもそうであろう。なぜなら現代の私たちにとって時間というディスコースは，疑うことなど思いもよらないほど自明性がある概念であるからだ。

しかし，時間概念を少し反省的に振り替えればわかるように，日本が現在のグレゴリオ・カレンダーを採用する前は，太陰太陽暦を使っていたのだ。これは，太陽暦の方が客観的に正しいことが証明されたので，12ヵ月のグレゴリオ・カレンダーにしたわけではない。1872（明治5）年に時法が不定時法から定時法に改定され，そして太陽暦が用いられるようになったのだ（池田，2006；2015）。古くは「丑三つ時の鐘が鳴った」などという表現があるように，1日という時についても独特の時間的観念があった。これは日の出と日の入りをもとに1日を昼と夜に分けるというものであり，時を知らせる鐘によって時間が共有されるため，極めて曖昧な区分であった。時間が均等に分

241

第Ⅱ部
組織ディスコース研究の様々なアプローチ

けられていたわけではなかったが，これは農業を中心としていた日本の社会と文化に都合がよく，当時の人々にはそれが至極当然のことであった。しかし日本の「近代化」という名の西洋化によって，均等に測定された時間とそれに沿って生活するという基本が，「時間」という新しいディスコースの導入と定着（太陰暦を無効にして，それに代わって近代的時間が生活を支配する過程）を通じて，形成されるようになった（池田，2006）。

その浸透には，学校教育が大きな役割を果たす。時を正確に測定し，効率性を中心とした時間概念を形成，時計時間による人間関係の管理が，教育制度のもと自明化されるに至ったのである。そして時を均等に刻む正確性が重要となった「近代的時間」は，ビジネスや経済の活動と密接に結び付いた。テイラーシステムや動作研究に見るような初期の経営管理手法は，近代的な時間と密接に関係していた。時間と組織の関係性という研究テーマは重要でありながら，このような自明性が現代ビジネスと組織においても暗黙裡の知識として内在化し，研究者はこの点に着目することがなくなった。フーコー派ODSは，この自明性に焦点を当て，そのディスコースの問題化を通して，ディスコースの形成がパワーと歴史的な産物であることを示唆するものである。

さらに疑念視すべきは，「現実という問題の中心が空洞化した状況に答えが与えられること」である。これは，問題の本質が原因不明という中心が空洞化した状態で，その空洞（原因）に答えを入れ込む行為そのものに対し疑念的な問いかけを持つ，ということだ。その典型的な例は，日本の経営学や組織経営の現場で強調される，「見える化」ディスコースである。透明性を高くして問題を見えやすくする「見える化」によって得た答えこそが本質主義の限界であり，問題の中心に答えを入れ込む形で，その他の複雑な現象を周辺化する。「見える化」によって，複雑なパワー問題はますます見えにくくなる。見える化によって現れる知識は表面的であることが多く，逆に「見える化」のディスコースがパワーを生み出し，また「見える化」がパワー関係を温存する装置になっている可能性すらある。「見える化」できることには当然

限界があるが，限界があることを批判するのではなく，「見える化」そのもの
が経営の装置として，組織のヘゲモニーや商品化するアイデンティティの問
題を見えなくすることについて，フーコー派は問題化していく。自明性の中
で可視化が困難な組織現象，とくに複雑な関係性の中で構成される社会的現
実は，フーコー的「問題化」の視座によって取り組むべきことを示唆する。

②フーコーのディスコース概念

　次にフーコーのディスコース概念について，その特徴を考察する。
Heracleous（2006, pp.83-86）は，'考古学時代'のフーコーの視座は「**建設的
な批判**」のディスコース・アプローチとみなし，以下のような5つのポイン
トを指摘する。

①言説的構成に属する発言の集合体としてのディスコース

②ルールに拘束された実践としてのディスコース

③アーカイブ（記録文書）において特定化される実践としてのディスコース

④主体のポジションを決定するような総体としてのディスコース

⑤客体を構成する実践としてのディスコース

　①の大事な点は，「**言説的構成**」という考え方である。発言や意見など多様
なステートメントは，緩やかで散漫に現実を構成する。これは後に示すラク
ラウのディスコース理論の核にもなっている，**言説性**（the discursive）の考え
方である。私たちの発話や意見は時間や論理でつながるものもあれば，とり
とめのないものもあるため，基本的に発話の連鎖に規則性を前提とすべきで
はない。しかし，この発話の散漫な連鎖に対して中心化や周辺化することに，
フーコー派の関心はある。従ってディスコースの前提としては，一見散漫な
連鎖が言説的構成という現実を作り上げることを土台とする。また①の中に
はもう1つの重要なポイントがある。このステートメントというのは，オー
スティン（John L. Austin）やサール（John R. Searle）の言語行為論の発話と基
本的に同じであり，言語は行為であり，発話は発話をひき起こすという考え

第Ⅱ部
組織ディスコース研究の様々なアプローチ

方だ。言説的構成は，言語行為的な発話の連鎖と考える。ディスコースはその意味で集合体と考えるべきで，1つの発話行為は別の発話を生むという連鎖に意義がある。

フーコーは，1つのステートメントではなく，言説的構成の内的関係や相互依存関係，言説的構成を取り巻く環境やコンテクストなどを分析する。社会言語学の伝統を持つ批判的ディスコース分析（CDA）がテクスト分析を重視する点とは異なり，フーコー派はディスコースの関係性を重視する。しかしCDAの社会的実践という側面は，フーコーの影響を受けている。具体的には現実の構成という点で，社会構成主義的側面や散漫な連関という，ラクラウのディスコース分析の言説性などを共有しているものである。

②の特徴は，ディスコースはルールにしたがうという側面があることを示している。これは，ディスコースの構造主義的な側面といえよう。言説的実践は言語のルールやシステムという構造的存在によって，影響を受けているのだ。Heracleous（2006, p.102）は，「目的達成のために主体的に構成する資源としてのディスコースよりも，主体の決定論的側面としてのディスコース」が強いと考察している。ただし，①と②が相補的である点が大事である。つまり，ステートメントや発話が行為であり実践である点と，構造主義的な決定論的側面が共存することを，フーコーの視座は持っている。

③は，アーカイブ（記録文書）において特定化される実践という点である。フーコー自身が研究したディスコースデータは，インタビューなどではなくみな歴史的な記録文書であった。記録文書によって固定化されることは日本においてなじみ深いものであり，その代表的一例は会議の議事録である。良い意味でも悪い意味でも，人々はこれに拘束される。議事録は単に会議の証言や決議事項について記録しているだけではなく，それ以上の意味と機能を持っているということだ。すなわち1つの言説的装置として，記録を振り返ることで関係する人々がそれをよりどころとしたり，類似した検討事項について過去の記録を調べる形で人々に影響を与えたりするということだ。

記録文書的ディスコースを発展させて議論すると，語られたディスコース

244

第8章
ポスト構造主義的アプローチ（1）：フーコー派組織ディスコース

は多かれ少なかれ，関連するコンテクストにおける次のディスコースを規定したり影響を与えたりする。とくにそれが書記されて記録化されると，その正当性や公的力と合わさり，関係するコンテクストの実践が特定化される。放たれた言葉が一瞬のうちに消え去っていくのに対し，記録化されたディスコースは後から見ることが可能であり，より強いパワーとなる。議事録以外にも，類似した機能を持つ記録文書というディスコース装置は職場や日常生活の至るところにあり，人々の実践を規定する力を持っている。一度自分の身の回りにあるそのような記録文書的なディスコースを探してみると，より理解が進むであろう。

④は，主体とその関係性の問題である。主体は歴史を作る重要な力を持っていることを前提としたうえで，その主体の立場（ポジション）は，先行する関係のシステムによって影響を受けていると指摘する。ディスコースとはそのような関係のシステムを内在するものであり，ディスコースによって主体のポジションが影響を受けるのだ。しかしこれは単純に特定のディスコースによってすべてが決まるかのようなディスコース決定論を示すのではなく，その総体が重要である。ディスコースは，主体の立場を限定する役割と同時に，現実を構成する遂行性を持つ。

最後のポイント⑤は，現実を構成する側面を強調する。ディスコースは単なる象徴とみなすべきではなく，現実を生み出す実践とみなすべきと提案する。これはいくつかのディスコース理論が，記号的または象徴的側面を強調するのと異なり，'言説的諸関係'に影響されながら実践として現実を構成するからである。この関係性の生産・再生産こそが重要である。組織内の上司部下，同僚，取引先との関係，一見仕事には直接関連がないと思われる恋愛相手や家族との関係など，社会的な関係性が複雑に絡んでいる中で，ディスコースは常に，実践化のプロセスを通して対象化し現実化する。

Heracleous（2006）によると，フーコーのディスコースは第5章で示したような，発話を中心としたストーリーやナラティヴのアプローチとは異なり，知としてのディスコースに焦点があり，ディスコースの実践という現実化・

第Ⅱ部
組織ディスコース研究の様々なアプローチ

対象化によって歴史が形成される言説的構成に着目する。特に前期の考古学時代においては、パワーと批判の観点より知とディスコース、社会的諸関係が考察される。しかしヨーロッパの組織研究者は、後期の系譜学時代における批判的アプローチを多く使いながら、組織の批判的研究を実践する。

(2)組織研究におけるフーコー効果

　社会科学におけるフーコーの影響は大きく、これまで言及したようにヨーロッパを中心とした組織研究では、分析概念にフーコーの提起する視座を取り入れることがとても多い。このような多領域におけるフーコーの相互影響関係を「**フーコー効果**（Foucault effects）」と呼んでいる（Raffnsøe et al., 2019; Mennicken and Miller, 2014）。確かにそう呼ばれるほど、組織研究へのフーコー理論の浸透は拡大している。EGOS や CMS などのヨーロッパの学会では、'新制度派' 関連の組織概念に続いて、最も多く耳にする概念群の 1 つである。フーコーの視座が持つ難解さのために時間はかかったが、諸条件の下、今日のような理論的隆盛を見たのであろう。フーコーの理論そのものに大きな影響力があったのは言うまでもないが、おそらくそれ以上に、組織研究者がどのようにフーコー理論を理解し応用したかということが、フーコー効果を作ったと言える（Raffnsøe et al., 2019）。つまり、フーコー効果はフーコー理論そのものだけではなく、組織研究者やアカデミズムのコンテクストや経済・経営的コンテクストの中で、言説的プロセスを通して共同構築（社会的に構成）されたものなのである[3]。

　その 1 つは、組織研究における新たな批判的視座としての役割であった（Raffnsøe et al., 2019）。伝統的なマルクス的アプローチをもとにした労働過程理論（Labor Process Theories）や、ハバマスたちのフランクフルト学派の批判理論をもとに発展させた批判的組織理論が、1990 年代後半にかけて陰りを見せていた。これら「批判的アプローチの理論的および実証的な限界に対する効果的な治療薬」（Raffnsøe et al., 2019, p.11）として、フーコーの諸概念は有効に機能したのだろう。その後の批判的な組織研究は、ポスト構造主義的

なフーコーの批判的アプローチ，とくにフーコーの後期（系譜学時代）の概念に依拠するようになった。

Raffnsøe et al. (2019) は組織研究における「フーコー効果」に関し，*Organization Studies* に掲載された諸論文を歴史的に概観し総括した。彼らは，フーコー効果には4つの柱があると指摘する。第一は「規律と規律型権力」，第二は「ディスコースにおける政治性への着目」，第三は「統治性」，そして第四は「主体性，真実／倫理と自我への対応」である。確かにこれらは学会発表や論文で頻繁に取り上げられる理論であり，フーコー理論の代表的概念である。第一の柱はすでに第3章において，5 (1)「フーコーのパワー概念」で紹介している。また第二の柱は本章の先のセクションにおいて，「フーコーのディスコース概念」で考察している。そこでこれらフーコーの初期の概念は，ここでは割愛する。第三の柱である「統治性」と第四の柱である「主体性」については，これらがどのようにODSに関係するかが重要となる。そこでこれらの概念を焦点に考察すると同時に，フーコーの重要な概念の中から「装置」概念と「アイデンティティ・ワーク」のアプローチを取り上げ，これらを結び付けて考察する。それぞれの概念は，当然ながら密接に関係しているため，どのようにフーコーの個別概念を関連付けてテクスト解釈するかがODSのポイントとなる。

①統治性と装置

フーコー前期の考古学時代の構造主義的色彩の濃さから脱して[4]，**統治性** (governmentality) を中心としたフーコーの議論は，とくに系譜学時代と呼ばれる後期に顕著であり，次に言及する主体性の議論とともに，統治性は後期フーコーの中心的アプローチとなっている。統治性も難解な概念であり，ストレートに頭に入ってくるとはなかなか言い難い。フーコーのこの概念の矛先は，新自由主義的資本主義（いわゆるネオリベラリズム）に向けられている (Martin and Waring, 2018)。そしてその狡猾なシステムに立ち向かう分析概念を提起するとき，シンプルな理論ですべてを描くというアプローチには限界

第Ⅱ部
組織ディスコース研究の様々なアプローチ

があり，どうしても複雑な概念構造となるのだ。フーコーが対峙しようとするネオリベラリズムは，単純な需要と供給によるフリーマーケット，つまり「神の見えざる手」によって価格が決まるシステムとは異なり，積極的に企業や国家，コンサルタントが介入していながらも，見えざる手による自由競争，フリーマーケットによって決定したという合理性を主張してくる。

　ネオリベラリズムは，フリーマーケットという，権力的には中心に何もなく（近代以前のように権力者による強制的権力の行使ではなく）自由で公平な競争によってあらゆる物事が決定される，まるで理想のシステムのように見えるかもしれない。そしてネオリベラリズムは単に経済だけでなく，広く社会の一般的な決定原理になりつつあった。フーコーの統治性は，ネオリベラリズムのような権力の中心がない社会でいながら，実はパワー関係が強く表れているという社会構造を批判的に考察する分析概念として考えることができる。

　統治性とは「制度，手続き，分析や考察，計算，そして戦略などによって生み出される合奏曲のようなもの」（Foucault, 2007, p.108）であり，パワーの一形式である。唯一の中心があるわけではなくむしろ複数の中心があり，パワーが意味を生み出している。それは行政的な介入や企業の戦略，実践のプロセスなどを巻き込んだパワーの形である（Martin and Waring, 2018; Rose and Miller, 2008）。統治性の概念的特徴の1つは，統治性を合理的と考える，一種の合理性というロジックにある。ネオリベラリズム的な合理性はその例であり，ネオリベラリズムのディスコースは，日常の家庭生活から職場，政治や学校教育，病院などの公共性の強いサービスにも，意思決定の1つとして合理性を主張，展開している（後述する‘自己責任’ディスコースはその典型である）。つまり，統治性は物事を統制するための考え方であり，実践方法であり，同時に，フォーマルでありつつもインフォーマルな構造を持っている。これらが織りなす合奏曲として考えられ，統制のための具体的な装置の全体的連動であり，知るという実践の複雑な総体といえる（Jackson and Carter, 1998）。

　統治性によって見えてくる現代社会の特徴は，より巧妙な管理システムで

第8章
ポスト構造主義的アプローチ（1）：フーコー派組織ディスコース

ある。統治性は逸脱（deviance）をコントロールすることを目指し，次のような効果をもたらす（Jackson and Carter, 1998）。

- ルールに対する服従を強制する
- 人の振る舞いを管理する
- 真実という言説的なロジックによって正当化される
- ルールに従わない行動は逸脱とみなされる
- 逸脱は怖いものと思わせる

このようにして，人々は自ら進んで管理の罠に飛び込みながら，そこにおける居心地の良さに安堵するのである。従って管理された人間という表現は的確ではなく，管理の仕組みの中に自ら身を委ねていると言える。そして人々は，逸脱行為を許せる範囲に限定する。企業や学校，教会，家族という制度化した組織の中で，逸脱は封じ込められる。これらの組織は言説的実践という経験を通じて，受け入れられない行動は何かを知り，受け入れられる行動を理解する場となる。それによって妥当な人間を演じることが可能となり，自己管理できる人間を育て上げるのである。世の中はこのような妥当な人々によって健全化されると同時に，調教されるのである。

フーコーの概念にある**ドレサージュ**（dressage）という馬術の調教を意味する言葉でたとえられているが，人々は統治性の社会の中で安心を得ると同時に，ドレサージュされているのである。別な言い方をすれば，人々は安全な危険を楽しむことで，調教されていることになる。Jackson and Carter（1998）は，3つのレベルでドレサージュが進むことを示す。第一のレベルでは，決められた時間に決められたところに提出するというルールのように，几帳面な労働行為が行われる。第二のレベルでは，管理者によって求められるとき，行動の修正と操作が行えること，つまり，組織合理性としての行動変容が可能になる。第三のレベルは，労働が持つ本能的な価値として，仕事を進めるようになることである。これらは日本語で言う「組織人」として当たり前であり，その意味で「組織人化」が進むことこそがドレサージュとなる。

249

第Ⅱ部
組織ディスコース研究の様々なアプローチ

　日本のコンテクストにおいて統治性を分析してみると，人間関係によって自らを律する傾向が強い社会，または世間という鏡によって調教される社会では，文化的に統治性が効果を発揮している。統治性で見る日本の組織や社会および教育現場は，ドレサージュの効果が極めて強い。「ブラック企業」というディスコースによって，ドレサージュの一側面を見ることができる。ブラック企業は労働条件や職場環境の問題の観点から，悪い企業という意味で使われているが，実はブラック企業の要素はすべての組織にある。日本の広告業界をリードする電通という企業を，我々は今までブラック企業と呼んでいただろうか。学生がときおり「＊＊という会社を知っていますか？ここは，ブッラクですか？」と質問に来るが，私は「その企業は知らないが，会社っていうのは多かれ少なかれブラックだよ」と答えている。それはアルバイトを経験したり，教育機関を終えて社会人として働いたときに，誰もが感じることであろう。

　自分の経験を振り返り，どのようにして従業員の振る舞いは管理されているのか，またどのようにしてルールに服従させられているのかを，考えてもらいたい。朝礼の訓示や，会社のモットー，目標などを大声で唱えるような言説的実践には，明らかに統治性の側面を見ることができる。ブラック企業の社員はルールに縛られ，さぞかしがんじがらめにされるのではないかという印象を持つ人もいるだろう。確かに，明らかに常識を逸脱したルールが存在したり違法行為に近いビジネスを行っていたりする組織は，ブラック性が分かりやすい。しかし実は一見自由ないわゆる「緩い組織体質」である会社での方が，むしろ統治性が発揮されるのだ。統治性概念によって問題化するのは，ある意味自由な環境の中で働けるがゆえに，自分を律することが組織の合理性を実践することになり，それが社員を苦しめる点である。

　電通の元新入社員の自殺によって大きく問題視された「鬼十則」。確かにこの言説装置も問題であるが，むしろ電通の中の自由な体質に問題があると指摘する（高野, 2017）。自由であるがゆえに，逸脱してはいけないという組織の合理性が働きかの元新入社員は，肉体的にも精神的にも追い詰められたと

言えるのではないか。別の多くの企業にも、「鬼十則」のようなものが存在しているかもしれないが、それは明文化されていないことも多い。自由な環境の中でこのような言説的装置がちりばめられ、社員はまさに監獄のような労働状態となり、ドレサージュは深刻化する。「ブラック企業」というディスコースが、組織に基本的に備わっているドレサージュを見えにくいものとし、組織のドレサージュをより巧妙なものにしていると言える。

統治性を考察するうえで重要となってくるのは、『性の歴史』で中心的な概念になるフーコーの「**装置**（仏語 dispositif；英語 apparatus）」である。権力の中心がない社会でありながらパワー関係が社会構造の中に存在するとき、中心的重力がないためそれを可視化することが難しく、日常性の中で人々は無自覚にパワー関係に関与していく（フーコーの統治性）。そのとき大事なのは問題化であり、いたるところにある装置を問題化して分析することである。

統治性が統制のための具体的な装置の全体的連動によって形成される点から、装置は統治性のオペレーショナリゼーションと考える（Jackson and Carter, 1998）。実証主義的研究が抽象的概念を測定するとき、その構成概念をブレークダウンし、測定可能な概念にするのがオペレーショナリゼーション（操作化）であるが、同様のことがフーコーの統治性と装置の概念関係にあてはまる。統治性を分析するためには現代社会の複雑なパワー関係を考察しなくてはならず、「装置」はそのための有効な概念である。装置は統治性を具体的にもたらす、日常的なディスコースといえる。

Weiss（2005）は、従業員支援プログラム（Employee Assistance Program: EAP）というアメリカのアルコール依存者への支援システムを取り上げ、企業の福利厚生プログラムにおける管理を見るが、この研究ではEAPに関するディスコースが、装置として社員の管理化を推し進めると考えられている。EAPは従業員のために実施されているというディスコースであるが、これは装置として人々を従順で規律化された人間になるよう管理し、従業員もこれを労働環境改善の1プログラムとして受け入れている。装置は、罠かもしれないと思っていても入らざるを得ないような、'蟻地獄'構造である。あるい

■ 図8-1　フーコーの装置概念のイメージ図

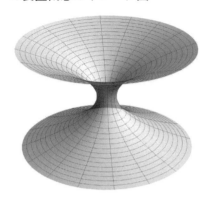

は,「ワームホール」のように宇宙の時空をつなぐ宇宙空間の虫食い穴であり,人間社会の中,至るところに存在する装置である。**図8-1**が示すように中心部が空洞であり,統治性のような理論構造である。しかしこの装置に一度入ると,ある特定の知識／ディスコースを知ることによりその中心へ進まざるをえなくなり,これに反発することは逸脱となるため,蟻地獄状態となる。そしてこのワームホールを通過するというメタファー的説明が意味するのは,人々の行動変容である。このホールを通過することで,人々はディスコース装置がノーマル化を推し進めていく反面,ホールの中で変化できないとき,人々は極度のストレスで押しつぶされる。宇宙ではワームホールが至るところに存在しているように,私たちの日常にも言説的装置は生活の中に入り込み,統治性を形成する。

　例えば,日本のコンテクストでは「自己責任」ディスコースは,ネオリベラリズムを展開する装置と考えることができる。2018年11月,ジャーナリストの安田純平氏が,テロリストの拉致から3年の年月を得て無事帰還することができた。安田氏の帰国後,日本のマスコミとSNSなどで大きな議論をもたらしたのが,声高に叫ばれる＜危険なところに勝手に行って捕まったのだから,自己責任だ＞というディスコースである。フーコー派ODSであれ

ば，この現象に着目するであろう。一部のテレビコメンテーターやSNSなどのメディアでは，安田氏の行動を「自己責任論」というロジックで非難し，謝罪を要求したり税金の投入への疑問視などを声高に叫んでいた。フーコー派がまず着目するのはこのようなことがあるたびに，「自己責任」ディスコースが形成されるという社会的・歴史的傾向である。良いか悪いかという議論ではなく，「自己責任」という言葉は言説的な装置として機能し，類似したことが起きるたび，その装置に吸い寄せられるかのごとく議論が沸き起こるのである。何を議論し何を議論しないかという社会的現実の構成は，この装置によって当然のごとく自己責任の言語化が始まり，同時に自己責任論者への反論・批判の言語化が沸き上がる。このような出来事が起こるたびにディスコースの装置に吸い寄せられ，その社会現象をその言葉を通じて理解し，またそれを言語化することで，社会的現実が構成されていく。まさに日本社会が「自己責任」という言説的なワームホールに陥ってしまった所以だ。フーコーの統治性は社会的文化的コンテクストにおいて，言説的な装置を介して起きている。

　フーコー派が興味を引くもう1つの点は，「自己責任」ディスコースの系譜学である。このような言説的装置がどのようにしてできあがったのか，日本のコンテクストにおいて系譜学的に考えることが重要である。系譜学では，言説的装置の起源を調べるだけでなくディスコースの歴史的変遷を調べて，社会的・文化的なコンテクストの考察と歴史的なテクストの収集が求められる。フーコーの統治性は歴史的な産物であり，例として取り上げている「自己責任」について言えば，そのディスコースの言説的な構成を考察しなくてはならない。

　ツイッターの中には，この点に着目している言説がある。その1つは，1991年大学生サークルがパキスタンで川下り冒険中に，山賊集団「ダコイト」に誘拐された事件を指摘する。他にも重要な指摘は，2004年のイラク人質事件だ。日本人3人を人質にした犯人グループが日本政府に対し，「自衛隊のイラクからの撤退」を要求した。日本国内では，「政府は自国の人間を

第Ⅱ部
組織ディスコース研究の様々なアプローチ

助けろ（つまり自衛隊を撤収すべき）」という主張と，「彼らが捕まったのは自己責任だ（つまり自衛隊は撤収すべきでない）」という主張がぶつかった。このときの特徴は，小泉政権下において「テロリストとは交渉しない」というディスコースであった。これに当時の小池環境大臣の自己責任発言が加わり，自己責任の案件に政府は関与しないという意味が付与された。自業自得的な言説が，その当時のネオリベラリズム的ディスコースと同期した。ネオリベラリズムは経済システムや経済理論としてだけでなく，グローバル化の推進のもとで人々の思考や生活習慣の中に浸透してくる。グローバル化が進むことによりカントリーリスクなど危機管理が求められ，これが個人主義化と結果責任のロジックを推し進め，ネオリベラリズムが浸透する。ツイッターで，このようなつぶやきがあった。個人責任は「権力に従う者には発生しないが，そうでない者には発生するもの。つまるところ，自己責任論は，権力に従わない者への脅迫だ」（ロジ, @logicalplz）。このように，歴史的な産物として「自己責任」ディスコースは，何が議論されるか，そしてそれらが何を意味するかというヘゲモニーを生み出す。

　フーコー派 ODS の視点では，安田氏の事件を含めた「自己責任」について，系譜学のアプローチを事例研究的に発展させることが一般的である。それは，危険地帯に潜入するジャーナリストの事例となるだろう。しかし，「自己責任」というディスコースそのものに焦点を当てると，事はジャーナリストの問題ではなくなる。「自己責任」論は，職場の問題，進学や仕事の選択，貧富の差の拡大など，私たちの社会の隅々にまで拡大する。これら幅広く社会に浸透する「自己責任」ディスコースそのものについては，第 9 章で紹介するラクラウ派のアプローチが効果的であり，フーコー派 ODS とはまた異なる有効性を持つ。それは「自己責任」ディスコースの記号論的特徴に焦点を当て，この言葉のヘゲモニー的ディスコースを分析する。

②主体性とアイデンティティ・ワーク
　フーコー派の ODS にとってもう 1 つの大きな柱は，Raffnsøe et al., (2019)

が指摘する通り，**主体性**（subjectivity）の問題である。実際の研究では，主体性概念の操作化として，この視点は**アイデンティティとアイデンティティ・ワーク**という分析になることが多い。統治性の視座は構造決定的要素がやや強い（Heracleous, 2006）が，主体性の議論はむしろ行為主体として，積極的に歴史や社会的現実を作っていく側面に焦点が向けられている。

アイデンティティは，様々な視座から議論されている。例えばジェンダーや人種的マイノリティー，階級などの社会的背景をもとにした議論や，企業との同一性としての組織アイデンティティなどである。幅広い議論が行われ，アイデンティティをどのような視座から規定するかが大事になる。これまでの伝統的アイデンティティ概念は，社会心理学からのアプローチが中心で，その代表として社会的アイデンティティ理論（Social Identity Theory: SIT）が顕著であった。2000年以降ODSにおいても，アイデンティティ研究が活発になったが（第10章参照），SITに関する議論ではなく，その多くが，フーコーの影響や理論的背景を持つ。ここではフーコーの主体概念に注目しながら，アイデンティティ・ワークについて検討する。

主体という語は一般的に，subjectという英語から訳されている。この語はラテン語の *subectum* から由来しており，下に横たわる何かという意味がもともとある（Gabriel, 2008）が，これはフーコーのパワー概念とも連動している。パワーは諸個人の実践があってこそ現実化する。つまりパワーは，個人化（individualization）と主体化（subjection）において統治性が実行される。山本（1984, p.202）はこのことについて，「個人がばらばらに個別化されて，各人がそれぞれ違うと差異づけられて，自覚的な主体を持って行為している状態に置かれるときの権力編制である」と主張する。そして個人化とは '規格化' のことであり，主体化とは '服従する' ということを意味すると，フーコーを解釈する。パワーは主体化と密接な関係があり，「下に横たわる」という語義の由来は，このようにして理解することができる。これは決して，個人は社会の下にあるという意味ではない。大事な点は，個人と社会の関係を考えることが，パワー関係を分析する重要なポイントであるということだ。

第Ⅱ部
組織ディスコース研究の様々なアプローチ

アイデンティティは，この社会と個人の関係を結ぶ架け橋の役割を果たしている（Ybema et al., 2009）。

　一般的に，'私は何者なのか'などという自分自身を見出す要素として使われることが多いアイデンティティであるが，フーコー派 ODS が立脚するのは，主体は社会的条件などによって縛られた静態的な心理状態ではなく，またその主体のアイデンティティに本質があるという視座ではない。主体は常に何かになろうとする（becoming）動態的なプロセスであり，言説的実践を常に継続的に行っているという視座である（Hultin and Introna, 2018）。従って主体は能動的に言説的実践をしながら，しかしすでにそのポジションは言説的にコンテクスト化されていつつ，常時（パワー関係のある）何かを参照するかのようにして自身を位置付ける。このように主体が自分自身を常にオンゴーイング（on-going）な状態に置き，そのプロセスを通してアイデンティティを形成，維持，抵抗することを，「アイデンティティ・ワーク」と言う（Kenny et al., 2011）。フーコー派 ODS は，いろいろなコンテクストにおけるアイデンティティ・ワークを，ディスコースの視座から研究する。

　アイデンティティとアイデンティティ・ワークについて，詳細は第 10 章を参照してもらいたいが，理解の補助として次のような例をあげる。最も簡単な例は，第 1 章で紹介した「日本代表のサポーター」である。青いユニフォームを着て規律正しい応援をし，他国でのアウェーゲームのときは，ゲーム終了後に客席のゴミを拾って帰るという行動である。なぜこのような行動をするかということが問題ではなく，アイデンティティ・ワークとはそのアイデンティティを守ったり，その一員であることを示したりする行動をとることである。「IBM 社員らしいよね」という表現では，＜青いシャツにストライプのネクタイ＞というような表象に表れる（第 10 章のフランシスの日記参照）。

　これらは組織のアイデンティティにおけるアイデンティティ・ワークの例であるが，ODS の中でも頻繁に議論される「専門家」のアイデンティティと，そのアイデンティティ・ワークもある。病院や IT 企業，教育，製造現

第 8 章

ポスト構造主義的アプローチ（1）：フーコー派組織ディスコース

場などの仕事が細分化された組織では，高度な知識をもとに多くの専門家が働く。看護師や介護士，弁護士，教師，プログラマー，ブロガーなど多様な専門家が，その職業的専門性をもとにアイデンティティを言説的に構成する。物作り現場では，技術者が職人のような魂のこもった仕事をする風景を，テレビドラマやドキュメンタリー番組を通して理解することができるだろう。自分の専門性に根差したアイデンティティを守るような行動も，ODS が大きく着目するアイデンティティ・ワークである。なぜなら専門家的アイデンティティはしばしば，組織変革や制度変更，経営の方針転換など自分の専門性を脅かす経営的な課題に対して，抵抗したり葛藤したりするからである。さらに新しいビジネスを立ち上げた企業家は，自分の専門家アイデンティティと他方，組織全体を管理・運営し，経営のかじ取りをする役割として経営管理者のアイデンティティの間で葛藤し，その複雑なアイデンティティ・ワークが考察される。これらに示したようなアイデンティティとアイデンティティ・ワークは，フーコー的視座のディスコース分析を展開する主要なテーマとなっている。

(3) フーコー派ODSの可能性

ODS を概観するとあらためて，フーコーの影響力の強さを認識する。研究論文の中にディスコースというキーワードが入っている場合，その多くの文献にフーコーの理論が垣間見られる。とくにフーコー派に特徴的なのは彼の概念の性質上，組織研究において批判的なアプローチをとることである。フーコーのパラダイムである‘パワー＝知識’は，極めて学際的な影響を与えている。フーコーの諸概念は多様なディスコース分析のアプローチにおいて，具体的に探求・考察されている。例えば CDA のアプローチはフーコーの影響が強く，CDA の多くの研究はフーコーの概念を使ってアイデンティティを考察する（第7章参照）。レトリック分析においても，フーコーの諸概念は有効である（第6章参照）。

主にフーコーの批判概念は，前述の「統治性」と「主体性」の2つの方向

第Ⅱ部

組織ディスコース研究の様々なアプローチ

性が強い。**文献表**④はフーコーの概念を主軸とした研究の代表例を示しているが，これら2つの概念が軸となっていることがよくわかる。「統治性」を中心概念としている研究にはNo. 1, 5, 6, 8, 10, 11, 14があり，「主体性」とそれに関連するアイデンティティを中心概念にする研究にはNo. 1, 2, 3, 4, 5, 6, 7, 9, 12, 13, 15があげられる。そこでフーコー派ODSにとって大事になってくるのは，これらの概念をもとにどのようなトピックと結び付けて組織や社会の批判を行うかという点である。

　まず「統治性」を見てみよう。文献表④のNo. 1の研究であるが，不安定な雇用環境でのキャリア・アドバイスのコンテクストにおいて，またパーソナル・ブランディングについて，統治性の視点から考察している。ブランディングは企業や商品だけではなく，個人のキャリアの点からも有益であり，新しい視点としてパーソナル・ブランディングに関するディスコースに焦点を当てている。研究領域のカテゴリー分類から考えると，これは人的資源管理の領域における統治性の研究といえよう。No. 14も人的資源管理の領域であるが，アメリカの福利厚生システムの1つであるEAPを取り上げており，とくにアルコール依存などに直面している従業員に対するEAPの懲罰的側面と治療的側面について，系譜学的な分析を行っている。これらの例のように，人的資源管理における統治性の考察は，その巧妙な管理を分析する概念として有効であり，人事管理の領域はフーコー的な研究の可能性が大きい。

　違う角度からの研究は，経済環境のコンテクストに密着する。No. 6は非英語圏における英語化の問題を取り上げ，フランスの大学の教員にインタビューしている。英語による教育現場の支配を，言語的帝国主義として考察する。No. 10は，企業の社会的責任（CSR）をネオリベラリズムの視点で批判的に考察する。企業の社会性を強調すると言えば聞こえはいいが，実際はCSRが競争力強化のための戦略となり，ネオリベラリズムの統治性のもと歪められ展開されていることを批判する。これら2つの研究は，グローバル化やネオリベラリズムという経済構造と統治性の関係を考察し，教育・研究や倫理的行動におけるねじれた関係（良いと思っていることもネオリベラリズムの

統治性の枠組みによって歪められている点）を考察する。No. 11 の安全管理については，インタビューデータを中心に統治性についての考察を行っている。

No. 5 は感情労働の領域において，保育士へのインタビューをもとに統治性を考察する。多くのサービス業において感情労働の側面はあり，日本のコンテクストにおいても，「おもてなし」ディスコースや「気配り」ディスコースは，統治性と感情労働の関係で考察することが可能であろう。

フーコー派のもう 1 つの流れは，アイデンティティとアイデンティティ・ワークに関する研究にある。アイデンティティという概念そのものに批判的な視座があるのではないが，‘パワー＝知識’のパラダイムからアイデンティティを通して批判を展開する。1 つの方向性は特定の職業や専門家のアイデンティティを，＜パワー＝知識＞の観点から考察するものである。No. 2 は比較的新しい職種と言えるブロガー（ブログの作家）に焦点を当て，専門家としてのアイデンティティとその崩壊について考察する。No. 5 は統治性と交差するが，保育士のアイデンティティを取り上げ，感情労働について考察する。No. 9 は囚人のアイデンティティについて，No. 7 は民族的少数グループのアイデンティティについて，No. 12 は経営者のアイデンティティについて焦点を当てている。このように，フーコー派 ODS におけるアイデンティティ研究は，特定の職業や民族，国民，ジェンダーなど主体の属性をもとにしたアイデンティティと，そのアイデンティティ・ワークについて考察している。

もう 1 つの方向性は，アイデンティティが他の視点とどのように関連付けて考察されるかである。とくにアイデンティティの「遂行性」の側面に問題化の視点を向けており，No. 4 と No. 13 は倫理観や倫理的行動，No. 6 はグローバル化，No. 7 はダイバーシティ，No. 9 はスティグマ（社会的烙印）というテーマと関連付けられる。これらは，主体性が置かれているコンテクストともいえる。これらのコンテクストにおける主体の遂行性が，‘パワー＝知識’の観点から考察されている。とくにアイデンティティ・ワークが研究の中心に来るときは，コンテクストにおいてアイデンティティを形成したり維持したり，変形する主体の遂行性が，パワー関係の中で批判的に議論され

第Ⅱ部
組織ディスコース研究の様々なアプローチ

る。アイデンティティ・ワークは，社会や歴史的なコンテクストと主体の遂行性をつなぐ研究アプローチであり，幅広い研究が可能である。その意味でも，日本的なコンテクストにおけるアイデンティティ・ワークの研究は，重要な可能性を持っている。

最後にフーコー派 ODS の研究方法を概観したい。フーコーは，新しい研究方法を提起したのではない。従ってフーコーの概念や理論は，CDA やレトリックなどの ODS の多様な研究方法の中で考察される。分析のためのデータの収集であるが，インタビューやフォーカスグループ，観察を中心としたフィールドワークなど，方法そのものは他の ODS と変わらない。その中でもインタビューはデータ収集の主流の方法であり，文献表④の中では No. 1, 3, 4, 5, 6, 7, 9, 11, 12, 13, 15 の研究で使われている。記録文書やネット上の文書などをもとにテクスト分析するアプローチは，No. 2, 8, 10, 14 に見られる。これらは事例研究を行うための資料であり，文書資料をテクストとして構成された社会的現実として，事例について解釈を行うものである。

伝統的なデータ収集以外には，フーコーが行ったユニークな研究方法である「系譜学」がある。文献表④の中で系譜学のアプローチは，No. 14 の研究において行われている。EAP の歴史的な文献を集めてテクスト分析するものであり，フーコー派に特徴的な研究方法と言える。テーマやコンテクストに依存するが，日本においても日本語のディスコースが特徴である研究が可能であろう。

これまで言及しているような「自己責任」「おもてなし」「気配り」などは，統治性やアイデンティティとの関係でユニークな研究が可能である。日本独特の経営言説である（近江商人が使っていた言説・考え方）「三方よし」などは，現代のステークホルダーや CSR に変化する過程を，歴史的な系譜学から考察できる。このような，日本の伝統や文化に根差した商習慣やものづくりの中には貴重なディスコースが眠っており，これらは系譜学的な研究によって，現代的な意義や資本主義的な歪曲が考察されるべきであろう。

第 8 章

ポスト構造主義的アプローチ（1）：フーコー派組織ディスコース

注

1) 本章では，前期と後期という形でフーコーのディスコース的視座を紹介するが，あくまでも便宜的なものである。この違いについての論争は本章の目的ではないため，ここでは議論しない。

2) ウィルモット（Hugh Willmott）を中心とした国際的連携（おもにヨーロッパ）で生まれた若手研究者育成の講座であり，単位として取得も可能なコースである（www.caprisummerschool.it/qrm/）。例年，同じ場所のイタリアのカプリ島で，ヨーロッパの夏休み期間中に開催される。

3) 「フーコー効果」を社会的構成による現実と見ることは，とても有益である。社会科学者の論文もディスコースであり，諸論文の関係は相互言説的であり，再コンテクスト化のプロセスを通して弁証法的に現実化したと言えよう。

4) 系譜学的アプローチによる統治性を中心としたフーコーの議論も，まだ構造主義的であるという批判もあり，ベバー（Mark Bevir）はこれを再考する（Bevir, 2010）。

文献表④　フーコー派ディスコース研究

No.	タイトル（著者, 出版年）	トピック / 理論 / アプローチ	研究方法
1	Work and Identity in an Era of Precarious Employment: How Workers Respond to "Personal Branding" Discourse (Vallas and Christin, 2018)	標準的労働、不安定な雇用、キャリア・アドバイス、パーソナル・ブランディング、統治性	インタビュー：2つの状況設定。web ジャーナリスト専業101人、副業62人（ボストン地域）
2	Digitally Crafting a Resistant Professional Identity: The Case of Brazilian 'Dirty' Bloggers (Barros, 2018)	ブロガー、専門家のアイデンティティ、ソーシャルメディア、オンライン・アイデンティティ、アイデンティフィケーション、アイデンティティと抵抗、アイデンティティ崩壊	事例：4つのオンラインコミュニティ（ブロガにおける記事と意見交流）。4年間のオンラインデータの蓄積。ブラジル
3	On Receiving Asylum Seekers: Identity working as a process of material-discursive interpellation (Hultin and Introna, 2018)	マテリアリティ、ディスコース、パフォーマティヴィティ、アイデンティティ、主体、マテリアリティ - ディスコースの実践	フィールドワーク：3つの移民局（スエーデン）における観察、そのフィールドノートと67人のインタビュー、ナラティヴ分析、パフォーマティヴ・リサーチ
4	Identity Regulation, Identity Work and Phronesis (Bardon et al., 2017)	成果と倫理というディスコース、中間管理職、実践知、アイデンティティ・ワーク、アイデンティティの調整	事例：ディスカッション（パリ）、29名のインタビュー、2日間の研修会や会議などの観察、内部資料
5	Emotional Labour and Governmentality: Productive Power in Childcare (Monrad, 2017)	感情労働、保育士、統治性、プロダクティヴ・パワー、アイデンティティ、自我のテクノロジー	内容分析：17名の保育士へのインタビュー、コーディング（デンマーク）
6	Englishization, Identity Regulation and Imperialism (Boussebaa and Brown, 2017)	非英語圏における英語化、共通語としての英語、グローバル化、アイデンティティ・ワーク、規律型権力、帝国主義、当たり前化	事例：フランスの大学（3学部）で28人のインタビュー
7	Unveiling the Subject Behind Diversity: Exploring the Micro-politics of Representation in Ethnic Minority Creatives' Identity Work (Zanoni et al., 2017)	文化産業におけるダイバーシティー、民族的少数派、創造性のパラドクス、アイデンティティ・ワーク、民族的少数派の社会的構成、主体性、パワー	インタビュー：26人の民族的少数派のクリエーター（異なる専門性）EU

第8章
ポスト構造主義的アプローチ（1）：フーコー派組織ディスコース

No.	文献	概念	方法
8	Violent Innocence: A Contradiction at the Heart of Leadership (Vince and Mazen, 2014)	リーダーシップ、暴力的無垢 (violent innocent)、パワー、感情、象徴的暴力 (symbolic violence)	ナラティヴ分析：33人の留学生を含めたMBA学生から16件の報告文書を作成
9	Stigma, Identity and Power: Managing Stigmatized Identities through Discourse (Toyoki and Brown, 2014)	ヘルシンキ刑務所、囚人、囚人という烙印、囚人のアイデンティティ、社会的烙印、烙印化されたアイデンティティ、アイデンティティ・ワーク	インタビュー：囚人44人（フィンランド）
10	Governmentality and the Politics of CSR (Vallentin and Murillo, 2012)	CSR、競争力強化のCSR、ネオリベラリズム、統治性、批判的ディスコース分析	テクスト分析：EUのCSRに関連する文献を分析
11	Enabling Selves to Conduct Themselves Safely: Safety Committee Discourse as Governmentality in Practice (Rasmussen, 2011)	職場の安全、安全委員会、従業員の安全責任、言説的戦略、統治性、CDA	ケース：16人の従業員インタビュー、安全管理の資料、言説的戦略をCDA
12	Working Identities? Antagonistic Discursive Resources and Managerial Identity (Clarke et al., 2009)	イギリスのエンジニアリングの会社、マネジャーの対立的なディスコース、仕事のアイデンティティ、主体性、言説的アイデンティティ、アイデンティティ・ワーク	事例：46人の経営者と従業員、宇宙航空産業のエンジニアリング会社（イギリス）
13	'Ethics' as a Discursive Resource for Identity Work (Kornberger and Brown, 2007)	NPO、倫理観、アイデンティティ形成、ナラティヴ、正当性、アイデンティティ・ワーク、パワー、言説的リソース	事例：NPOにおけるフィールドワーク、インタビュー、組織の内部資料、会議参加、職場観察
14	Overcoming Resistance to Surveillance: A Genealogy of the EAP Discourse (Weiss, 2005)	アメリカの福利厚生システム、EAP（従業員援助プログラム）、懲罰的言説と治療的言説	系譜学的分析：EAPに関するディスコース（記録文書や論文）について系譜学的分析する
15	Managing Managerial Identities: Organizational Fragmentation, Discourse and Identity Struggle (Sveningsson and Alvesson, 2003)	組織ディスコースとアイデンティティ、アイデンティティ、アイデンティティ・ワーク	事例：1人の女性経営幹部と彼女について6人の経営者と40名の中間管理職者にインタビュー、定例ミーティングへの参加を通じたフィールドワーク

第9章
ポスト構造主義的アプローチ(2)：
ラクラウ派とラカン派組織ディスコース

学生：自明視していた知識を疑うこと，それがポスト構造主義の大事なポイントであることは，少しわかりました。エコロジーの意味は，環境保護のための有効な手段というより，マーケットを支配するための言葉に思えてきました。

先生：そうだね，それをヘゲモニーと呼んでいるんだ。環境保護のために良い商品と言いながら，本当のところはわからないし，むしろセールスのための，「省エネ」でお金のかからない商品というラベルに近いね。

学生：確かに，「エコ」に似た「省エネ」という言葉もあります。関連付けて考えるのは，面白いですね。

先生：例えば，「オーガニック」とかは，どうかな。

学生：関連ありそうです。この関連付けを考えることは，分析として意味がありますか？

先生：とてもいい分析になるね。ラクラウが示す，アーティキュレーションという考え方は，言説の繋がりと拡散に関心を示す概念なんだよ。エコ言説が，例えば食品ビジネスにおいて，オーガニック商品として，価格よりも質の良い無農薬の商品につながる関係を考察する。こうして，環境重視型の言説がマーケット化され，支配的なディスコースになるプロセスが分析できる。

学生：私たちは日常の中で，それを合理的と思っているわけですね。

先生：ノーマル化，つまり当たり前になっていく言説的構成の過程が，パワーとの関係で考察されることになるね。

第9章の重要概念

言説性，差異のロジック，等価性のロジック，言説的構成，アーティキュレーション，浮遊するシニフィアン，空虚なシニフィアン，ヘゲモニー，ノーマル化／当たり前化，社会的アンタゴニズム，元素的表象，批判的実在論，物質性，社会物質性，遂行性（パフォーマティヴィティ），交錯性，鏡像段階論，大文字の他者，フェティシズム，ファンタジー，言葉による植民地化

第Ⅱ部
組織ディスコース研究の様々なアプローチ

　前章に引き続き本章でも，ポスト構造主義的パラダイムに焦点を当て，組織ディスコース研究（ODS）に大きな影響を与えたエルネスト・ラクラウとジャック・ラカンの理論および諸概念を考察する。

1　ラクラウ派組織ディスコース研究

　Grant et al. (2011) が指摘するように，ヨーロッパやオセアニアのODSの中で，エルネスト・ラクラウ（1935-2014）のディスコース理論に着目する研究が増えている。ラクラウはアルゼンチン出身でイギリスに亡命し，エセックス大学にて政治哲学を指導してきた[1]。彼の理論枠組みはポスト構造主義に分類されるが，ポスト－マルクス主義と呼ばれることもある左派の思想家であった。フーコーとは異なるディスコース理論は，アイデンティティの概念を土台に，グラムシのヘゲモニー概念を発展させ，より包括的に批判的視座を展開した。フーコーほど知名度はないが，近年のODSにとって欠かせない視座である。ラクラウへの着目には，次の3つの理由が考えられる。

　1つ目は，ODSにおけるフーコー的ディスコースの研究方法との関連であろう。フーコーもフランスの左翼思想家であり，現代経営と資本主義組織に関して批判的に研究する大きな方向性は同じでありながら，組織ディスコース研究者の一部はフーコーではなく，ラクラウの方法をとる。この偉大な2人の思想家から，組織研究は多くの理論的柱を借りてきており，ラクラウの記号論的ディスコースの視点とフーコーの系譜学的な視点は，それぞれに特徴を持って有効にポスト構造主義的な批判を実践する。とくに次に紹介するように，ラクラウのディスコース視座は，フーコー派にない批判の力を持っている。

　2つ目は，組織研究のもう1つのムーヴメントであるラカンへの着目と関係する点である。ポストモダン的文芸批評家であり哲学者のスラヴォイ・ジジェック（Slavoj Žižek, 1949-）がラカンの思想を土台としており，その有効

第 9 章
ポスト構造主義的アプローチ（2）：ラクラウ派とラカン派組織ディスコース

性が再評価される中，ジジェックはラカンとラクラウとの影響関係を指摘する。

　さらに 3 つ目，これが最も大きな理由かもしれないが，ディスコースと物質性（マテリアリティ）の関係について白熱した議論が ODS の中で起きており，このような背景においてラクラウは，有効な視座を提起している。彼のポスト構造主義的視座は，マテリアリティを重視する批判的実在論（critical realism）および制度学派の組織論と相対主義の強いポストモダン的ディスコース研究の論争に，強い疑義を提起するもとなっている。この後，ラクラウのディスコース視座を概観し，マテリアリティの問題に関するラクラウ派の考え方を示しておこう。

(1)ラクラウのディスコース視座

　ラクラウの重要概念は第 2 章や 3 章において一部紹介しているが，アーティキュレーションや浮遊するシニフィアンと空虚なシニフィアンをもとにしたディスコース理論を土台とする。そのうえで社会的アンタゴニズム，アイデンティティ，そしてヘゲモニーという概念を通して，組織における多様なパワー関係を批判していく。Torfing（1999）はラクラウの理論枠組みを，ディスコース，ヘゲモニー，社会的アンタゴニズムの 3 つの代表的概念で示している[2]。

①ディスコース；言説性と空虚なシニフィアン

　ラクラウのディスコース理論はそもそも組織研究を目的としたものでなく，より広く政治的な関係性を分析する理論として，社会科学全般に向けて学際的に展開する。そのディスコース視座は，ソシュール（Ferdinand de Saussure）の構造言語学を土台としたポスト構造主義的なディスコース概念を発展させたと言える。つまりソシュールを踏襲し，言語構造は記号表現と記号内容から構成され，記号の差異を言語の基本と考える。ラクラウのディスコース理論はこの構造言語的アプローチの決定論的側面を反省し，**言説性**（the

267

第Ⅱ部

組織ディスコース研究の様々なアプローチ

discursive = the field of discursivity）という概念化によってその問題を克服する（Torfing, 1999）。とくに，discourse と the discursive の違いを理解することが肝要である。

　Torfing（1999）が定義するこの2つの概念を見てみよう。前者のディスコース（discourse）は「意味が絶えず繰り返し折り合いがつけられ，連続性を示した差異の総体」（p.85）と定義される。または「語られたり実践された何かであり，多かれ少なかれ一貫性ある構成を持ち，協働創出された連続性のある意味の関係的な総体」（p.300）とも言える。これに対し後者の言説性（the discursive）であるが，第2章でも示したように discursive の辞書的意味である，「とりとめのない，散漫な」をはじめに理解しなくてはならない。人間が営む会話は規則性がなくとりとめのない語りであったり，また何かの条件付けにより規則的だったりする。

　ディスコースが構造主義的でなくポスト構造主義的であるのは，後者の辞書的意味に見るある種のランダムな性質を示している点である。ディスコースにおけるとりとめのなさの意義を認めることは，個々の人間の主体性を重視するものであり，人々の日常のプロセスにおいて，意味が絶えず繰り返し折り合いがつけられる連続性に着目する。後者の言説性は，「意味の部分修正が生み出す，意味の還元不可能な余地」（Torfing, 1999, p.300）と定義する。つまり意味の生成と定着，変化におけるゆとり部分など，いわば自動車のハンドルの＜遊び＞のような領域のことであり，これが最小限になることを言説性と定義する。会話の‘とりとめのなさ’はまるで沸騰するお湯から泡が出てくるようにランダムであるが，この泡がどのように連続性をもって推進されるかは，言説性という意味の差異を＜遊び＞の少ない状態にしていくことである。ラクラウはこれを「差異のロジック」と呼び，相違する言説的な機会を関係づける方法であり，関係的な総体を構成する方法と考える。さらに言えば，言説的機会における差異関係がアイデンティティを生み出す。ラクラウは「等価のロジック」を提起し，「ある同一性を示すそれぞれ異なる言説的機会において，アイデンティティの等価的な連続を生み出す方法」

（Torfing, 1999, p.301）と定義する。こうしてディスコースは，差異のロジックと等価のロジックによって[3]，言説性を探りながら推進されるのである。

ラクラウの理論において，意味の生成と発展はマテリアリティをもとにするのでなく，ディスコースそのものの中にある言説性という特性から，ディスコースがディスコースを生み出す自己組織化されるプロセスと考えることができる。またディスコースは差異性と等価性のロジックから発展し，意味の違いの＜遊び＞状態を調整しながら，ディスコースを生み出していく。このプロセスが生み出す「言説的構成（discursive formation）」が重要であり，「多様なディスコースが言説的に接合（アーティキュレーション）される結果」こそが組織である。

職場の日常的な対話は，言説性を探る意味のすり合わせや新しい考えやものの見方に対する，意味の変化と調整のプロセスである。これはワイクが曖昧さ（equivocality）を介在したセンスメイキングで組織化が発展することに類似しているが，ラクラウは言語理論をもとにしてより積極的にディスコース的アプローチを明確にした。そうすることで，組織メンバーの行為主体としての役割に光が当たり，組織化における主体性が重要となってくる。例えば組織における不祥事などは，組織の構造的な影響によってのみ起きているのではなく，主体間の意味の違いの＜遊び＞状態に大きく関係している。とくに組織の偽装事件に代表される不祥事はコミュニケーションの問題であるが，それは意味をめぐる問題であり，言説性のプロセスを考察しなくてはならない。

経営刷新や組織変革，組織文化の調整も，言説性とディスコースの観点から同様の考察が有効である。また新規開発の事業やイノベーションの考えも意味の観点から考えると，組織やプロジェクトグループの意味のすり合わせが重要なプロセスであることに気が付く。ヨーロッパ組織論が着目する組織における社会的問題ばかりでなく，組織の建設的な変革や組織のデモクラシーの向上に有効である。

ラクラウのディスコース理論には，もう1つの特徴がある。それはソ

第Ⅱ部
組織ディスコース研究の様々なアプローチ

シュールの言語学的フレームを，ポスト構造主義的に発展させるアプローチ
である。第2章で示したように，ソシュールの記号学的アプローチは，記号
表現と記号内容から説明される。ラクラウのディスコース理論はこの記号表
現（仏語の signifiant；英語の signifier），つまりシニフィアンに着目し，「**浮遊す
るシニフィアン**（floating signifier）」と「**空虚なシニフィアン**（empty signifier）」
という2つの概念を示す。前者の浮遊するシニフィアンは，「多様なディス
コースの中で異なる表現がなされるため，意味があふれ出てしまう記号」と
定義される（Torfing, 1999, p.300）。この現象は私たちの日常や職場生活にも
よくある，ありふれたコミュニケーションである。組織不祥事の例として取
り上げている「食材偽装」であるが，その時の'芝エビ'はまさにこの例に
当てはまる。調理場の説明によると芝エビは小さいエビの総称であって，
マーケットの商品名としてある芝エビではないと説明する。しかし多くの消
費者は芝エビとメニューにある以上，それは単なる小さなエビではないと考
え，その食材が安価なバナメイエビであると知ったとき，騙されたように感
じる。ここに科学的正解はあるのだろうか。組織のコミュニケーションや職
場の人間関係の問題と思っている様々な事柄は，このような浮遊するシニ
フィアンにかかわるディスコースの問題と考えることができる。

　では，空虚なシニフィアンとは何か。それは「記号内容の無い記号表現」
のことであり，「ある記号表現のもとで記号内容がさっと流れていってしまう
ため，明確な内容が全くもって無い記号表現」（Torfing, 1999, p.301）と言え
る。例として，'民主主義'という表現があげられている。私たちにとって民
主主義とは身近であるにもかかわらず，それは何かと問われても内容を説明
することは極めて困難である。しかし改めてそれを定義しなくても，生活上
はまったく困らない。ところが人々は自分たちのこの国家体制を民主主義と
呼び，定義付けできていないにもかかわらずその言葉をたやすく使う。この
ような言語表象は社会生活や職場にも存在するが，普段は気が付かない。果
たして組織に，民主主義は当てはまるのであろうか[4]。明らかに'芝エビ'と
'民主主義'とは，異なる種類のシニフィアンである。民主主義という言語表

象は，多義的に意味があふれているのではない。ラクラウは，空虚なシニフィアンは意味の曖昧さによるものではないと主張する[5]。民主主義という言葉は多義的な側面も見られるが，この概念が意図するところは民主主義という記号表現に対して，記号内容が欠けていることである。大事なのは民主主義という言語表象が持つ怖さ，つまり知っていると思っているのに，内容が分からなくても素通りできる no problem の状態が，極めて危ういという点である。空虚なシニフィアンは，現代社会と組織における身近なコンテクストを振り返るために，とても重要な概念となる。

②社会的アンタゴニズム，アイデンティティとヘゲモニー

組織研究にも応用されているラクラウのディスコース理論は社会批判と開放を目的としており，その中核となるのがアイデンティティ，ヘゲモニー，そして社会的アンタゴニズムという概念である。組織におけるコミュニケーション問題には，専門職間や職制の上下関係などのパワーの問題，パワハラと言語化されるようないじめ問題，セクハラやジェンダーの問題，グローバル化の影響やネオリベラリズムの組織への影響などがあり，このような複雑な問題を，組織行動や社会心理学的な従来の概念からとらえるのは困難である。

ヨーロッパの組織研究者がラクラウの理論を応用するのは，その理解と回答についての糸口を持っているからである。ラクラウ派の多くの研究者はヘゲモニー概念を土台とする批判の視座を展開するが，これ自体はグラムシの古典的な概念であり，日本語では‘覇権’と訳されることが多い。しかしこれは権力闘争によって奪い取るような意味ではなく，またそのような権力概念ではない。フーコー同様に，パワーは人が持てるものや何かの能力，資源ではない。ポスト構造主義においてヘゲモニー概念は，社会において特定の意味や考えが確立されていくための格闘（Mumby, 2013）と考えられる。ラクラウ派のヘゲモニー概念は，関係性が交錯する「接合点において意味が部分的に固定化されるディスコースの拡張過程を通じて倫理観や知識，政治的な

第Ⅱ部
組織ディスコース研究の様々なアプローチ

統率を達成すること」（Torfing, 1999, p.302）と定義付けられる。したがってヘゲモニーとは，浮遊するシニフィアンが言説性を探る過程で起きる主導権争いのようなもので，ディスコースの意味の生成・獲得のプロセスとして考察される（Dey et al., 2016）。

　ヘゲモニーにおいては，その意味を受け入れざるをえない受動的合意を超えて，組織のメンバーはむしろ積極的にそれを支持することであり，それが当たり前となることである。それはつまり，組織のコンテクストにおいて，組織の中で何が正しいことなのかというその意味を確定していくことである。組織不祥事の中でも偽装事件と表象されるものは，組織のヘゲモニーに関係している。経営者が指示したかしなかったかにかかわらず，調理場のスタッフはメニュー表記とは異なる安い食材を使って調理し，ホールスタッフが食材の偽りに気付いていたとしても，組織の中で食材偽装は当たり前となって日常化している。従業員の日常的なコミュニケーションの過程で，コストという言語表象の意味が他の社会関係よりも強くなり，ヘゲモニー的ディスコースとなって偽装が達成される。

　ヘゲモニーのもう１つの特徴は，**ノーマル化／当たり前化**（normalization）である。つまりコンテクストにおいて，ある意味が統率力を持つ（中心的なパワーを持ち，他を退ける）ことを人々が当たり前とし，それがさして大きな問題として取り上げる必要のない当然のこととなり，それを受け入れ，いつの間にか疑問さえ持たなくなるということである。多くの不祥事が，内部告発によって社会に知らされるまで偽装が続けられたこと（三菱自動車のリコール隠しは30年）は，その虚偽が業務のルーティンとなって当たり前化したと解釈できる。ヘゲモニーは組織の至るところに現れており，組織における社会関係の接合点，食材偽装では経営側と従業員，また調理場とホールスタッフなど，このような関係性の接合点において，ヘゲモニー的ディスコースが生成される。

　組織のヘゲモニーに欠かせない概念として，**元素的表象**（elements）がある。私たちが使う日常言語には，重要な概念として元素となる言語表象があり，

本書ではこれを「元素的表象」とする。例えば章末の**文献表⑤-1**の諸研究においては，「社会的企業家」「女性」「企業家精神」「専門家」「欠如」などのような言葉に着目している。日本的コンテクストでも，経営組織にとって重要な言葉である元素的表象があるはずだ。例えば「ブラック企業」に代表される「ブラック」という言葉は，周知のとおり黒という色を意味するのではない。社会生活の中で「ブラック」を言語化することで，ヘゲモニー的ディスコースが拡大する。同様な言葉では，会社や医療組織，学校を含め多くの組織的コンテクストで使われる「モンスター」というディスコースも，これらの現場では意義ある言葉であろう。企業理念や社是社訓などの中にも，元素的表象を探すことができよう。その中には，「成長」「発展」「革新」などという言葉を見つけ出すことができるかもしれない。これらの元素的表象は，組織にとって前に進むことを良しとし，その意味が強まることによって，その陰にある諸問題をないがしろにしかねない。他にも現代の日本社会における他の元素的表象としては，「おもてなし」や「気配り」などが感情労働やナショナリズムと連動しながら，日本のサービス産業においてヘゲモニー的ディスコースとして機能すると考える。

　少し詳しく見ると，フーコー派のODSで取り上げた「自己責任」論は，組織におけるネオリベラリズムの拡大と結果責任の正当性につながる元素的表象といえよう。言説的な装置によって拡大する自己責任ディスコースは，危険地域に向かうジャーナリストの行動にとどまらず，社会の隅々まで浸透している。例えば，安田純平氏帰国後，若者がコスプレでにぎわう渋谷のハロウィンで，女性に対する痴漢騒動が起きている。SNS上でこのことについて投稿されたディスコースには，「コスプレのヤツは自業自得」「さわられに行くようなもの」「あんなところにコスプレしていく女はバカ」「痴漢されて反省するくらいでちょうどいい」[6]などの自己責任論を訴える声があった。過労死をめぐるツイッターでは，「嫌なら逃げればいい，別に鎖に繋がれているわけじゃないのに自殺する人は自己責任」「物理的に鎖に繋がれてないのに逃げない本人が悪い」などと言語化された。複雑な関係性の中で起きた過労死問

第Ⅱ部

組織ディスコース研究の様々なアプローチ

題さえも，自己責任論に引き寄せられることがわかる。自己責任ディスコースは家庭の問題，受験の問題，格差の問題など社会的領域から，職場の就労問題や組織における仕事の進め方や責任問題まで，社会的広がりを見せている。職場で上司からのパワハラとして考察されるようなことも，「努力が足りなかったからこうなったのは自己責任」という言説。これはヘゲモニー的ディスコースとして考えるべきである。

　組織研究においても無視してはならない「自己責任」論は，その言葉が元素的表象として考察されるべきである。自己責任論におけるフーコー派とラクラウ派は，異なる研究アプローチを示すであろう。フーコー派の系譜学的アプローチがジャーナリストの事例を中心として，自己責任という知の体系が成立した歴史的構成過程に光を当てるのに対し，自己責任という言葉そのものに焦点を当てる。いろいろなコンテクストで発生する「自己責任」という元素的表象のヘゲモニー的ディスコースに焦点を当てる。多様な関係性とそこにおけるアーティキュレーションを分析するのがラクラウ派のアプローチと言える。

　このような元素的表象において，深く考えることなく気にもとめない人々が多いかもしれないが，一部の人々は日々苦悩している。これらの言葉が使われる言説過程において，アイデンティティが変形修正されるような関係性を実践するのが，**アーティキュレーション**である。それは発話し関係付ける実践であり，とくに元素的表象に見られる対立や混沌としている状況の下で言説的接合が行われ，アイデンティティの形成と修正に影響する。Torfing (1999) は次のような例を示して，ヘゲモニーを説明する。貧困に直面している移民の問題を考えるとき，移民の民族的なアイデンティティに着目することができる。しかし他方では，貧困の言説によって作りだされる階級的アイデンティティと接合する点があり，その時双方のアイデンティティは修正され変化する。これがアーティキュレーションであり，ヘゲモニーと密接な関係を持つ。つまり，元素的表象の周辺で起きる接合点のアーティキュレーションは，複数のアイデンティティをそれぞれ修正する。その修正はアー

274

ティキュレーションの中で起きる意味の調整であり，浮遊するシニフィアンを結果的に特定の意味が統率することでヘゲモニー化する。

この説明における多面的な接合点で特定のディスコースが排他的になることを，**社会的アンタゴニズム**と定義する。例えば人種的マイノリティーとジェンダーの接合点は，世界的な規模で起きている職場の人間関係の問題であり，そこにヘゲモニーが表れている。人種的側面とジェンダーの側面のアイデンティティの交錯は職場のコミュニケーションを複雑にするが，この対立が社会的アンタゴニズムであり，ヘゲモニー的ディスコースが特定の意味を統率する。組織や職場の対立点は，経営と労働のような階級的アイデンティティの対立に還元できず，人種的な対立，ジェンダー的対立，職種間や手続き的対立など多様に広がり，社会的アンタゴニズムはこのような多様な対立点を包含する。

文献表⑤-1にある例では，いくつかの研究で，専門家のアイデンティティと他のアイデンティティの交錯について焦点を当てている。例えば No. 1 は，看護師の関係性とジェンダーの関係性の中で，アイデンティティの言説的接合についてディスコース分析される。看護師という仕事の専門家としてのアイデンティティが，ジェンダーのアイデンティティと交錯するコンテクストである。No. 7 の研究も医療現場に関するもので，イギリスの開業医のアイデンティティについて，医師という専門家のアイデンティティと病院経営者としてのアイデンティティの交錯を分析する。

私が日本のコンテクストの中で関心を持って研究しているのはアイデンティティの歪みであり，とくに組織の中で起きている「アイデンティティの商品化（identity commodification）」を批判的に考察する（Kiyomiya, 2016）。例えば食材偽装などの偽装事件は，アイデンティティ・ワークとして理解できる。調理場やホールスタッフなど専門職としての職人的アイデンティティと自分が所属する組織のアイデンティティ，顧客や社会などを含めた多様な関係性とアイデンティティが交差する中で，アイデンティティはマーケット・ロジックによって意味を統率される。組織における偽装問題は，組織ヘゲモ

第II部
組織ディスコース研究の様々なアプローチ

ニーとアイデンティティの商品化によるアイデンティティ・ワークとして，ラクラウ派のディスコース分析から考察することが可能である。ラクラウ派が「ラディカル民主主義」と主張するのは‘根源的なデモクラシー’であり，伝統的マルクス主義の階級的アイデンティティをベースとした解放概念を乗り越える試みである。マルクス主義は，経済下部構造とその上部構造にあたるイデオロギーという本質主義的な構造決定論の色彩が強かったが，ラクラウ派の社会的アンタゴニズムは人種的アイデンティティやジェンダー，階級，組織や職業，多様な関係性におけるアイデンティティの格闘というヘゲモニー概念を批判的視座の中心にした。このアプローチはマルクスの経済恐慌による資本主義の崩壊という，構造決定論的また本質主義的なシナリオを批判する。

現代社会は階級的アイデンティティをもとに，単純な階級闘争の歴史というモデルでは克服できない複雑さを持っており，多様な関係性を視野に入れた社会的アンタゴニズムによって，ジェンダーや階級，民族，組織において交錯するヘゲモニーを乗り越えねばならない。それが行為主体による根源的なデモクラシーであり，ネオリベラリズムからの解放，貧困問題への取り組みから世界平和を目指すことに通じている。このようなラクラウの視座を取り入れ，多くの研究者が組織やビジネスについて批判的に経営と組織の研究を行っている。

(2) マテリアリティ論争

ラクラウへの注目が強くなったもう1つ大きな要因は，近年議論が白熱するディスコースと**物質性**（マテリアリティ）の問題である。これはバスカー（Roy Bhaskar）らの**批判的実在論**（critical realism）から，ディスコース分析とその視座の極端な相対主義についての批判が大きな議論につながった（バスカー, 2006; 2009）。批判の矛先は，言説によってすべてが構成されるという，社会構成主義のパラダイムに対してであった。批判的実在論は，社会構成主義の主張であるディスコースによる現実の社会的構成という考えを共有する

第9章
ポスト構造主義的アプローチ（2）：ラクラウ派とラカン派組織ディスコース

が，非言説的側面である物質性の意義をより強調する。つまりこの視座は，本書において疑念視する科学主義的な実証主義について批判する一方，社会構成主義に見られる超越論的観念論についても批判する立場を持っている。とくに後者の批判が，ディスコース研究者の間で大きな論争となったのである。この白熱した議論をヨーロッパの学会で観察していると，自然科学 vs 社会科学の方法論的議論が，社会構成主義というメタ理論の枠の中で再燃していると理解できる[7]。

　社会構成主義の中でも，ポストモダンの視座が強くなり相対主義に大きく傾斜するとき，結局のところ真実はまったくなく，あらゆることについて何が正しいか判断ができないという困惑と批判を耳にする。また資本主義などの経済的，社会的，政治的構造は，ディスコースによって作り上げられた仮想現実のようなものではなく，確かに存在するものであるという主張が，ディスコース研究者の間で強くなってきた。その議論は，ディスコースと非ディスコースという区分を出発点とする。非言説的なものとは社会構造のような存在であったり，事件や事故というような出来事であったりする。

　この論争についてポスト構造主義的パラダイムは，いくつかの論点で議論を発展させる。とくにラクラウ派のディスコース理論は，言説的な抽象性と物質性の両側面を包含するものである（Grant et al., 2011）。**遂行性**（パフォーマティヴィティ），言説的な堆積，テクストの点で，この論争の出発点である言説的と非言説的（discursive vs non-discursive）という区分そのものが無効であると指摘し，ディスコースはあらゆる**社会物質性**（socio-materiality）[8]の秩序化を成し遂げる（Laclau, 2005）と考える。

　はじめにディスコースの遂行性であるが，本書でくりかえり強調してきたように，ディスコースは単なる言葉の言語学的問題ではなく，語ることは行動することであった。歴史的コンテクストを含めた言説的実践によって構築されるアイデンティティと意味は，社会関係の構造的側面とコンティンジェントな側面を包含する（Grant et al., 2011）。また言説的な堆積（sedimentation）であるが，ラクラウ派のディスコース理論は，言説性を模索する中で意味の

277

第Ⅱ部
組織ディスコース研究の様々なアプローチ

相対的な安定が発生し，この言説的実践の積み重ねは，時間の経過の中で関係性の物象化が起きる。つまり客観的な存在であるかのように，社会的関係が現象化する。関係性はアイデンティティの構築と変換を通じて物象化し，客体であるかのように現れ，これをテクストとして，アイデンティティ・ワークがさらなるテクストを構成する。ディスコースは長期的または短期的にダイナミックな側面があり，相互言説性のもとで堆積するディスコースは，社会関係の物象化を通じた対象化を生じる。従って，言説的なプロセスの中で繰り返されるテクストとコンテクスト化は言葉だけではなく，物質的なテクスト（提供されるサービスや商品，手や体の動きなど）も含むものとして解釈の対象，つまり記号表現となる。

ポスト構造主義はなぜ，'ディスコース'を理論の土台とするのか。それは，構造と行為主体の伝統的な主客二項分離的議論を克服できる概念だからであり，批判的実在論の批判やマテリアリティ論争に対する有効な回答を持っているからである。しかし批判的実在論が指摘するように，幅広いディスコース視座にあって，一部のアプローチには，ディスコースの有効性を失うようなものもある。ポスト構造主義からの提起は，観念論的社会構成主義とそのディスコース視座を擁護することを目的とするのではなく，方法論的議論の延長線上にあるディスコース視座の発展と，組織研究を通じた社会的現実の変革にあることを忘れてはならない。

(3) ラクラウ派ODSの可能性

ラクラウ派のディスコース研究は政治的色彩が強いが，ODSにおけるラクラウ派は企業の利益や管理というテーマではなく，組織における諸問題や社会性を取り上げる（**文献表⑤-1**参照）。これらの多くはフーコー派のODSと同様に，クリティカル・マネジメントの領域で議論されている課題である。組織のジェンダー問題はラクラウ派のODSにとって柱となるテーマであり，ジェンダーにおけるアイデンティティと組織の特定の状況，例えば精神科医の看護師というような職種のアイデンティティの交錯について研究する（No.

第9章
ポスト構造主義的アプローチ（2）：ラクラウ派とラカン派組織ディスコース

1）。同様のアイデンティティの交錯については，No. 7の女性というディスコースと企業家ディスコースについて考察されている。No. 5は，ロシアのエリート学生について，彼らの大学へのアイデンティティと国家へのアイデンティティが考察され，大学よりも国家アイデンティティが強いことを示唆する。アイデンティティを考察の対象にする多くの研究は，ヘゲモニー的ディスコースを分析し，組織における政治性やパワーについて批判する。このようなディスコースが織りなすアイデンティティの問題については，No. 1, 2, 4, 5, 7があった。ここでのポイントは，ラクラウ派ODSが考察の対象とするディスコースの交錯やアイデンティティの衝突は，社会的アンタゴニズムの視点が土台にあるということだ。このような社会関係の**交錯性**をインターセクショナリティ（intersectionaity）という点から研究するアプローチは，ラクラウ派に限らず増えている（Ashcraft, 2007）[9]。

　社会的アンタゴニズムの理論は，研究が1つのアイデンティティに光を当てるとき，その陰になるアイデンティティを考慮することが大事であることを気付かせてくれる。また社会性のあるテーマとしては，No.2の社会的マーケティングが特徴的である。ボトムオブピラミッド式マーケティングは，社会の最下層に対するマーケティングという意味であるが，そのマーケティングとはネオリベラリズム的なものでもなければ，購買力のない人々に売り込みをかけるというものでもない。むしろ被災地における物資供給に近いイメージがあり，社会的マーケティングと言える。とくにインドという文化的コンテクストにおいて，「シャクティ（女性の力）」というローカルなディスコースへの着目は貴重である。その他にも社会的企業家（No. 3），民主的リーダーシップ（No. 4）などがある。これらのテーマは，批判的な視座から提起するオルタナティブなディスコースへの着目と言える。

　方法論的な特徴であるが，1つの重要な概念について焦点を当て，そのディスコースをめぐってデータを収集するのが，ラクラウ派のディスコース分析のアプローチである。ラクラウのディスコース理論では，元素的表象をめぐるディスコースにおいて社会的アンタゴニズムが起こり，そこにおけるアー

279

第Ⅱ部
組織ディスコース研究の様々なアプローチ

ティキュレーション，つまりはヘゲモニー的ディスコースを分析することが有効であるからだ。シニフィアンとしては多様な表象がテクストとなりうるので，現代社会と組織のコンテクストの中で大事な概念であり，なおかつディスコースが交錯する元素的表象を取り上げることが大事である。

　ラクラウ派の方法においては，出版された記述や本，記録やメモなどの書かれたデータ，ブログやweb上の情報など，多様なディスコースデータをテクストとして分析の対象とすることができる。例えば文献表⑤-1のNo. 1は，精神医学において使われる教科書を分析対象のテクストとして，そこに表象化される看護師についてのディスコースを分析している。No. 2は，ユニリーバの社会的マーケティングについて，webページの情報に基づき，インドにおける実践をシャクティに関するディスコース中心に分析する。No. 6は，企業家というディスコースについて，アイルランド経済危機後の言説について，政府の発表する企業家ディスコースとアイルランド新聞主要二紙をテクストとして分析した。

　発話された情報もデータとして分析されていて，一般的な組織研究同様に，インタビューを研究方法としている。No. 7は，経営者と専門家のアイデンティティ交差性について研究するため，50人の民間医師にインタビューを行っている。フィールドワークも有効な研究手段であり，No. 5は研究者が交換留学先をフィールドとして，ロシアのエリート大学の学生たちのディスコースを調査した。ラクラウ派ディスコース理論において，データの収集方法についての規則はなく，幅広い表象がディスコースデータになりうる。このように多様なディスコースをテクストとして解釈するが，伝統的な社会科学の枠組みの中にこれを位置付けるとするならば，これらは事例研究となる。研究者が取り組む問題意識をリサーチクエスチョンとして元素的表象に投じ，事例において現実を再構成し，その複雑な社会的現実における多様なディスコースデータを分析することが，ラクラウ派ODSの特徴と言える。

2　ラカン派組織ディスコース研究

　ポスト構造主義の諸理論の中，ODS において大きな影響を与えるもう 1 人の思想家がいる。それは，ジャック・ラカン（*1901-1981*）という精神分析におけるフランスの巨星である。フロイト（Sigmund Freud）の理論が多様化する中でフロイトに還れと強く主張し，精神分析の領域において大きな影響力を持っていた。しかし組織研究においてラカンの影響の表れはとても遅く，特に組織ディスコース研究者がラカンの理論に注目するのは，21 世紀に入ってからである。このようなラカンへの遅い着目には，その視座がフーコーやラクラウの理論的難解さ以上に複雑で，さらに独自の理論的用語がよりいっそう理解を困難にしていることが指摘される（Contu et al., 2010）。

　またラカンの再発見は ODS だけのことではなく，犯罪学や文学理論，倫理学，哲学，そしてジェンダー研究などの領域でも取り上げられている。とくに映画研究やカルチュラルスタディーズで活躍するスロベニアの哲学者，ジジェックの組織理論への影響も強い。いわば，ジジェック経由のラカン再発見といっても過言ではない。ジジェックの文芸批評を介して，難解なラカンを身近なところで再発見することができる（ジジェック，2008）。ラカンのディスコース理論が ODS に新しい視座を与え，強い影響力を持ち始め，ラカンのいくつかの理論をもとにした研究が発表され，*Organization* では特集号が発表された（Contu et al., 2010）。精神分析の領域でもラカンの理論的発展はまだ途上であり，ここでそのすべてを紹介するのは本書の目的ではないため，重要な概念を紹介し ODS への影響を考察する。

(1) ラカン派組織ディスコース研究の基本概念

　ODS がラカン理論に注目したのは，彼の精神分析がディスコースの役割を重視するためである。ラカンの**鏡像段階論**がとくに有名であるが，これは幼児が成長する過程において，鏡の中に映る像が自分であることを認識する点

第Ⅱ部
組織ディスコース研究の様々なアプローチ

を分析する。鏡に映った自分の姿を見ることで自己を同定する，これがラカン理論のアイデンティフィケーションであり，他者という鏡を通して主体性が理解される。ラカン派の ODS の多くは，このアイデンティフィケーションという概念を核として，アイデンティティや主体性など，組織研究における多様なテーマに応用する。

ここでディスコースの視座が着目するのは，「**大文字の他者**（the Other）」というラカン独特の用語である。それは自分の目の前にいる他者ではなく，そのような特定性のない第三者としての他者，あるいは関係において共有する第三者とも言えるだろう。これは日本語における‘世間’とか‘空気’などと呼ばれるものに極めて近い。日本人は，「世間体」を気にして行動する。日本では「空気を読んで」行動できないと，排除されるからだ。私たちが人間関係を考慮して行動するとき，ラカンの大文字の他者は，常に私たちの関係性の中にある。ここで重要視すべきは，人の行動はすべて大文字の他者を介在していることであり，人は大文字の他者を通して能動的である点である。遂行性（パフォーマティヴィティ）は純粋に自らの自発的行為ではなく，大文字の他者を介在しているのであり，人はそれを自ら行った行動と信じている。そして大文字の他者は，物象化された物や事柄として現れることもある。ラカンは「知っていると想定される主体」という概念を設定し，主体の知を他者の知に置き換えるという行動を説明する。

このような概念構造は批判的なアプローチのみならず，組織がどのような大文字の他者の介在によって成長し，技術革新したかというように，イノベーションや企業家精神などの研究にも結び付く。ジジェック（2008）は，彼の著作の日本語版への序文で次のように言う。「日本人こそが，ラカンのいう＜大文字の他者＞の国民である。日本人はどの国民よりも，仮面のほうが仮面の下の現実よりも多くの真理を含むことをよく知っている」。日本人は日々の生活の中で，常に大文字の他者とともに生きている。ジジェックは『はだかの王様』を引き合いに出し，見かけの力を決して見くびってはならないと言う。ラカンは，真理は虚構の構造をしていると主張する。例えば週刊

誌などのメディアによって何らかの事件の経過や結末が語られるとき，我々はこれにより‘真相’が明らかになったと思い込んでいるのであり，その真相とは語られることによってのみ形成され理解が可能となる。

ラカンのもう1つの大事な概念は，人間存在の現実を，お互いに絡み合った3つの次元，「象徴界・想像界・現実界」から構成されると説明する。ジジェック（2008）はチェスを例にして，チェスの従わねばならないルールを‘象徴的次元’とする。駒の騎士（ナイト）は，どのような動きをするかによって存在が規定される。ナイトやクイーンはそれぞれの名前の形をしていて，ふさわしい性格付けがされて，‘想像’次元として規定される。また‘現実界’はゲームの進行を左右するような，一連の偶然的で複雑な状況の全体である。この3つの次元において重要なのは，言語を中心とした象徴界の役割である。人は事件や事柄の真相を実際に語りつくすことはできないが，その反面，言語でしか現実を語れないというジレンマがある。コミュニケーションにおいても示唆的であり，個人と個人が象徴を交換する際，一対一でやり取りしているつもりでも，常に仮想的な大文字の他者を介在している[10]。

大文字の他者は，象徴的次元において言説的に機能する。それは人がその人自身を測るかのように，大文字の他者を関係性の物差しとして人格化，物象化し，まるで別の世界から人を見降ろしている神のように，大文字の他者は神格化される。ジジェックはこれを面白い例で説明する。「恋人への贈り物に私の愛を象徴させるには，役に立たないどこにでもある，ありふれた贈り物でなくてはならない。そうした物を贈るときはじめて，その使用価値は不問に付され，贈り物は私の象徴になりうる。人間のコミュニケーションを特徴づけるのは，この人間本来の還元不能な再帰性であり，すべてのコミュニケーション行為はコミュニケーションの事実を象徴化している」（ジジェック，2008，p.32）。これはラカン派が提起するフェティシズムの概念にも通じる。物は使用価値があるから商品であり，それがために人々によって購入されるが，自分の愛を象徴化させるとき使用価値はあまり意味を持たず，そこに異なる意味を付け加えることで倒錯性を持ったフェティシズムが起きる。

第Ⅱ部
組織ディスコース研究の様々なアプローチ

フェティシズムは奇異なる倒錯者や変質者の思い込みとするのは早計で，フェティシズムは誰も持っているファンタジー形式の１つと考えることができる。後述するナイキの研究もそうであるし，マーケティングの中にはフェティシズムを巧みに利用しているものもある。

　章末の**文献表**⑤-2にあるように，ナイキの商品はその使用価値以上に大きな意味と魅力を持っているようだ。テレビ CM にしても，各スポーツ界で多くの人が憧れる有名な選手を起用する。また，バスケットボール界のスーパースターであるマイケル・ジョーダン（Michael Jordan）は商品名にもなっている。このようなマーケティング戦略は価格や品質に訴えるのではなく，消費者にファンタジーの世界を提供し，最終的には倒錯した世界に至ることもあるだろう。つまりナイキと書いてあれば嬉しいし，ナイキのロゴがあれば満たされるのだ。フェティシズムにおいては，多くの人がその使用価値以上の別の価値を付与して（思い描いて）消費活動を行っているからこそ，新製品が生まれ流行する。

　ラカンのファンタジーの概念はディスコースの点でとても興味深く，ストレスや欲望，期待など誰もが抱くイメージを言語化するが，それは現実次元とは異なり，象徴の次元において制約される。例えば，ディズニーランドの戦略は，単に来場者（ゲスト）だけでなくそこで働く社員（キャスト）にもファンタジーの世界を生み出し，フェティシズム的なパワー関係を強いている。10 キロ以上のキャラクターの着ぐるみを着て働く契約社員は，社内のパワハラと労災認定された職場環境のために，2018 年 7 月に運営会社であるオリエンタルランドを提訴した。ディズニーのファンタジーの世界に魅せられて働いていたが，原告の 1 人のディスコースが示すように，パワー関係は言説を通してアイデンティフィケーションの崩壊をもたらしたといえる。以下は，「LITERA」（2018.11.15）掲載の原告の言葉である。

　「毎日悪口が飛び交い，いじめに耐えられず辞めていく同僚もいます。そういうことが許されてしまっている職場環境で最高のパフォーマンスができるのかと疑問に思いました。最初は，ゲストの夢を守るために裁判を起こすこ

第9章
ポスト構造主義的アプローチ（2）：ラクラウ派とラカン派組織ディスコース

とを本当に躊躇しました。しかし，何度上司に相談しても変わらず，いじめはひどくなっていきました。このまま耐えるだけでは，なにも変わらない。私はこの仕事が大好きでディズニーが大好きでこの先もずっと続けていきたいと思っている。現在も続いているいじめをなくし安心して働ける職場になってほしいと裁判に踏み切った」

　ジジェックはラカンの言葉を使いながら，次のように言う。「われわれがいったん言語を受け入れると，**言葉はわれわれを植民地化する**。受け取ってもらうために，＜内容は無害＞と書かれているその贈り物の中から出現するのは，象徴的秩序である。贈り物が差し出されるとき，重要なのは中身ではなく，贈り物を受け取る瞬間に，贈った者と贈られた者との間に樹立される関係である」（ジジェック，2008，p.31［傍点の強調は筆者］）。人間の象徴交換的なコミュニケーションはファンタジーの世界と密接にかかわり，メッセージや情報，商品の使用価値的内容よりも，その関係性こそ着目すべきであることを示唆している。
　ラカンの理論は，ソシュール言語学からの継承であるシニフィアンとシニフィエをもとに発展させたディスコース理論と，その延長線上にあるアイデンティフィケーションやファンタジー，欲望と楽しみ（jouissance）という概念など，ODSにとって魅力十分な理論である。シニフィアンを重視する点など，ラクラウとの共通性や関連性も強い。ラクラウ派は元素的表象を中心に研究を進めるため，あるキーワードに関するディスコース分析が多いが，ラカン派ODSは人に焦点を当てる傾向があり，多くの研究は人のアイデンティフィケーションをディスコース分析の出発点とし，欲望やファンタジーを組織研究に応用する。

(2) ラカン派組織ディスコース研究の可能性

　ラカン派ODSでは文献表⑤-2に示すように，アイデンティフィケーションについて研究することがとても多い（No.2, 3, 4, 8）。しかしこれはあくまで

285

第Ⅱ部
組織ディスコース研究の様々なアプローチ

研究の出発点であり，アイデンティフィケーションを見ることで，特定のトピックについて分析が可能となる。例えば，No. 2 はアイデンティフィケーションを見ることで，2 つの大学組織が合併することにおける抵抗や閉塞感，そしてヘゲモニーを考察する。No. 3 と 4 も組織のパワーの問題を，アイデンティフィケーションから考察する。No. 8 は，'模範的'というディスコースを分析しながらアイデンティフィケーションを考察する。No. 3 のように，情動という視点もラカン派 ODS にとって，有効なアプローチであり，実際にこのような感情やストレスとディスコースの関連は，とても興味深いラカン派の特徴である。

　ラカンの'欲望'概念と'楽しみ（jouissance）'概念は，ラカン派 ODS の重要な研究視座である（No. 5）。組織研究のテーマである企業家精神もラカン派によって取り上げられているが，社会変革のための組織を立ち上げた 2 人にインタビューを行っている（No. 1）。組織の合併の事例は，大学組織においてインタビューが行われた。公共組織におけるパフォーマンス（No. 4, 8）や公共サービスやレストランにおけるストレスというテーマは，ラカン派が得意とするところである（No. 5）。

　No. 7 のフェティシズム研究は興味深い。なぜ多くの人は，ナイキが搾取的な生産活動を行っていると知っていてもナイキを買うのだろうか，という素朴な疑問である。ラカンのファンタジー理論はフェティシズムによる批判的研究をはじめ，多様なマーケティングに応用可能である。異色なテクストではハムレットを分析し，人間主義の中にある非人道性を，人的資源管理への批判的研究と結び付けている（No. 6）。

　このような点でラカン派が着目する理論は，ジジェックがその著書で，日本的であると思われている黒沢映画は実は西洋的であるからこそ海外で受けたという指摘や，死があるからこそ生があるという指摘など，対立が共存の 1 つの形であることを示している。興味深い逆転の発想であり，非人道性を人間主義に見るようなアプローチは，ラカン派の特徴と言える。

　最後に方法論的特徴であるが，人に焦点を当てる研究方法であるため，基

本的なデータ収集は観察とインタビューが主流である。ラクラウ派のように，webデータはあまり使われていない。方法論的には，フィールドワークによる人々の観察とインタビューによる事例分析となる（No. 1, 2, 3, 4, 5, 7, 8, 9）。NPOや公共組織に対するインタビューも実施されている（No. 3, 4, 5, 7, 8）。ラカン派ODSはまだまだ理論化の発展途上であり，研究方法の成熟化とともに可能性に満ちている。

注

1) ラクラウは2014年に他界した。

2) Torfing（1999）は，ジジェックの視座も取り入れながら，ラクラウのディスコース理論の一般的な入門書として有益である。

3) 差異のロジックはlogic of differenceの日本語訳であり，等価のロジックはlogic of equivalenceの訳である。

4) この問いは，組織研究の新たなアジェンダを模索する本書にとって，核心的な問いなのである。組織研究は民主主義（デモクラシー）の観点から考察されることは少ない。不祥事だけでなくジェンダーの問題など，多様な組織の問題をデモクラシーという空虚なシニフィアンの観点から考察することに大きな異議があると考える。

5) 2008年にラクラウ派のディスコース研究会がデンマークで開催された。その際，空虚なシニフィアンについて質疑応答の中で，ラクラウは「曖昧な」シニフィアンとは異なることを明言した。ワイクの曖昧さ（equivocality）の概念と比較して考察することも，意義ある研究であろう。

6) カッコ内の表現は，ツイッターから引用したディスコースの一部である。

7) 私が在外研究中の2006年にWillmott氏と意見交換する中，実際に彼がこのような表現を使いながら，マテリアリティの問題に関する論争の焦点をわかりやすく説明した。

8) 社会物質性についてのメタ理論的議論は，松嶋ほか（近刊）によって，概観することができる。

9) 社会構成主義においても関係理論との関連で，交錯性（intersectionality）についての議論が活発化し，2018年のTaos研究の年次大会においてワークショップが開かれた。

10) この交換過程は，マルクスの価値形態論において顕著に表れ，生産物から商品の成立は，商品言語における大文字の他者として考えることができる。

文献表⑤-1　ラクラウ派ディスコース研究

No.	タイトル（著者、出版年）	トピック/理論/アプローチ	研究方法
1	'It is a Bit Like Being a Parent': A Discourse Analysis of How Nursing Identity Can Contextualize Patient Involvement in Danish Psychiatry (Oute, 2018)	精神医学の教科書で表現される専門家たち、看護師と患者。その家族の関係、民族誌的産物としての教科書、アイデンティティ、ジェンダー、イデオロギー構造	テクスト分析：教科書の分析（デンマーク）
2	Women Entrepreneurs: How Power Operates in Bottom of the Pyramid-Marketing Discourse (Hopkinson and Aman, 2017)	ボトムオブピラミッド式マーケティング（社会の最下層へのマーケティング）、ユニリーバ、ジョイント・アーティキュレーション、女性企業家、シャクティ（女性の力）	事例：インドにおけるユニリーバ、webページ、オンラインデータ
3	Intermediary Organisations and the Hegemonisation of Social Entrepreneurship: Fantasmatic Articulations, Constitutive Quiescences, and Moments of Indeterminacy (Dey et al., 2016)	オーストリアにおける仲介組織による社会的起業の推進活動。影響の拡張志向。社会的企業家、ヘゲモニー化	テクスト分析：オーストリアの仲介組織（社会的起業）、ヘゲモニーの物質的密度
4	Putting the Discourse to Work: On Outlining a Praxis of Democratic Leadership Development (Smolović Jones et al., 2016)	言説的プロセスとしての民主的なリーダーシップ。民主的リーダーシップ開発。浮遊するエンプティ・シグニファイアとしてのデモクラシー	事例：26の女性組織の団体（PWG）の女性。レナ
5	Lack and Jouissance in Hegemonic Discourse of Identification with the State (Müller, 2013)	'欠如'と'楽しみ（jouissance）'のディスコース、ディスコースの可能性と不可能性、ラクラウとラカンの統合、ヘゲモニー的言説、アイデンティティ	事例：ロシアのエリート大学（モスクワ）、その大学生35人のインタビュー、講義のトランスクリプト、9ヵ月の留学中の観察
6	Dangerously Empty? Hegemony and the Construction of the Irish Entrepreneur (Kenny and Scriver, 2012)	企業家という記号表現。アイルランドの危機。エンプティ・シグニファイアとしての企業家。政治的ヘゲモニー、マーケット・ロジック	事例：企業家という考えが2007～2010年の間の表現。政府と大手新聞2紙

| 7 | Managerial Organization and Professional Autonomy: A Discourse-Based Conceptualization (Thomas and Hewitt, 2011) | 専門家とプロ化のディスコース、専門家の自由裁量度と経営主義のハイブリッド形態 | 専門家のディスコース、CDA、アーティキュレーション、専門家言説 | 事例：イギリスの一般開業医（GP）とかかりつけの医師、50名のインタビュー |
| 8 | Institutions and Technology: Frameworks for Understanding Organizational Change—The Case of a Major ICT Outsourcing Contract (Bridgman and Willmott, 2006) | 組織のテクノロジー、ICT、組織変革、アウトソーシング、テクノロジーの物質性と社会性の分離 | 制度派組織論からディスコース理論へ、テクノロジーの言説性、アクターネットワーク理論 | 事例：内国歳入庁のICTを民間企業 Electronic Data Services にアウトソーシング |

第Ⅱ部
組織ディスコース研究の様々なアプローチ

文献表⑤-2　ラカン派ディスコース研究

No.	タイトル（著者、出版年）	トピック／理論／アプローチ	研究方法
1	Entrepreneurship, Incongruence and Affect: Drawing Insights from a Swedish Anti-racist Organisation (Dashtipour and Rumens, 2018)	社会変革のための企業家精神。クリティカルな企業家精神。フーコーの概念。異所形成（heterotopia）と、現在と心配の融合	事例：スウェーデンの社会的組織（Gringo）の２人の創始者へのインタビューと公表されている資料
2	Identities and Identifications in Organizations: Dynamics of Antipathy, Deadlock, and Alliance (Lok and Willmott, 2014)	アイデンティティ形成の動態。組織のアイデンティティ・抵抗・閉鎖。批判的パフォーマティヴィティ。社会理論としてのヘゲモニー、ラカンのファンタスマティック・アイデンティティ	事例：2つの大学が合併したアルファ大学、75人のインタビューとインフォーマルな会話
3	'Someone Big and Important': Identification and Affect in an International Development Organization (Kenny, 2012)	組織におけるパワー。アイデンティフィケーションと情動	事例：フィールドワーク、国際開発のNPOに参与観察とインタビュー
4	Performance Pinned Down: Studying Subjectivity and the Language of Performance (Hoedemaekers and Keegan, 2010)	従業員の主体性。公共組織のパフォーマンス。アイデンティフィケーション。ラカンの概念の言語と主体性。パワー、象徴界の秩序	事例：公共組織の従業員29名にインタビュー（オランダ）、ナラティヴ分析
5	Enjoy Your Stress! Using Lacan to Enrich Transactional Models of Stress (Bicknell and Liefooghe, 2010)	職場のストレスと喜びの二項対立。ラカンの'欲望'と'楽しみ（jouissance）'。ストレスの経済活動モデル（コスト－ベネフィット）	フィールドワーク：2種類の仕事（レストランと消防署）
6	Lacan and the Lack of Humanity in HRM (Johnsen and Gudmand-Hoyer, 2010)	人的資源管理（HRM）批判、CMS、存在論上の欠落とファンタジー。人間主体の人間性と経営の非人道性のギャップ。人間性の中心にある非人道性	小説の分析：ハムレット、リーダーシップ・バイブライン
7	Just Doing It: Enjoying Commodity Fetishism with Lacan (Böhm and Batta, 2010)	人はなぜナイキを買うのか？資本主義は'楽しみ（jouissance）'のシステム。フェティシズム、主体、大文字の他者	フェティシズムの理論的系譜：ナイキの事例

第9章

ポスト構造主義的アプローチ（2）：ラクラウ派とラカン派組織ディスコース

8	'Not Even Semblance': Exploring the Interruption of Identification with Lacan (Hoedemaekers, 2010)	従業員の自己表現とアイデンティフィケーション，'模範的' 従業員主体性，アイデンティフィケーション	事例：公共組織の従業員 29 名にインタビュー（オランダ），ナラティヴ分析
9	From Loss to Lack: Stories of Organizational Change as Encounters with Failed Fantasies of Self, Work and Organization (Driver, 2009)	ラカン派の精神分析，組織変革ストーリーテリング，喪失のストーリー，幸運のストーリー	インタビュー：経営学大学院の大学院生にインタビュー，40のストーリー

第 III 部

組織ディスコース研究の展開

第Ⅲ部では，組織ディスコース研究のテーマや，トピックについて考察する。中でも，特に議論が活発な 3 つの研究領域を紹介する。

　その 1 つは，第 10 章で紹介するアイデンティティとアイデンティティ・ワークについての研究であり，第Ⅱ部で紹介したアプローチのすべてが，これに関連した研究視座を持っている。アイデンティティ概念は，これまで広く社会科学の中で扱われてきたが，ディスコースの視点から，どのように研究できるかが重要なポイントである。とくに，伝統的アイデンティティ理論と対比させる形で考察し，アイデンティティの動態的側面や，非本質的性質を強調するディスコース研究を理解することがカギとなる。

　2 つ目は，ジェンダー研究である。この問題も，広く社会科学で議論されてきたが，第 11 章では，ディスコース視座によるジェンダー研究の特徴を考察する。フェミニズムに関する一般的理論を紹介し，そのうえで，ディスコース視座における社会的構成としてのジェンダー化，エンジェンダーとジェンダー化する組織について議論する。

　3 つ目は，第 12 章において，パワーの問題が考察される。ディスコースとパワーの連動は，フーコーの理論を背景に持つディスコース研究において，不可欠である。どのようにディスコースがパワーを作り，パワーがディスコースを作るか，その連動関係が議論される。そのうえで，パワーの多様な形態について，その特徴を考察する。これら 3 つのテーマは関係性が強く，パワーとアイデンティティや，アイデンティティとジェンダーなど，それぞれが組み合わされて研究されている。

　終章では，今後目指すべき方向性や将来研究などの点で，組織ディスコース研究を総括する。そして，組織と経営の新たなアジェンダについて，ディスコースの視点から問題提起する。

第**10**章

組織のアイデンティティ

学生：アイデンティティというテーマも，すごく興味があります。心理学が好きなので，「本当の自分」探しは興味深いです。

先生：ディスコースのアプローチは，心理学のそれとは異なるんだ。基本的にディスコース研究では，「本当の自分」というのは無いと考える。

学生：では，心理テストはしないのですか？

先生：心理学的な方法は，心理テストのように，研究者があらかじめ想定しているアイデンティティを定義して，質問票を作る。しかし，ディスコースのアプローチは，インタビューをすることが多い。その対話のプロセスの過程で，アイデンティティを理解することができるんだ。常に変化する，複雑な社会的構成だね。その人が語るディスコースが，アイデンティティを形成していると考えるんだ。

学生：アイデンティティは，人の心の問題ではないのですね。

先生：そう。それは，関係的な概念ということなんだよ。そこには，パワーの問題が必然的に入ってくる。

学生：ダイバーシティーが進み，職場の中に多様な人種が協働するときは，アイデンティティの問題が大きいですね。

先生：日々のディスコースによって構築される，複雑なアイデンティティの葛藤や，交錯性を見ることが大事だね。

第 10 章の重要概念

社会的アイデンティティ理論，自己同一性，アイデンティティの本質主義，アイデンティティ変容，交錯性（インターセクショナリティ），エスノメソドロジー，成員カテゴリー化，主体性，相互言説性，ノーマル化（当たり前化），専門家（professional）アイデンティティ・ワーク，企業植民地化，アイデンティフィケーション，歴史レトリック

第Ⅲ部
組織ディスコース研究の展開

　本章では，組織ディスコース研究（ODS）が最も大きな研究関心を寄せているテーマである，組織のアイデンティティについて議論する。アイデンティティは組織と個人の社会的関係性の中でも，とくにパワー関係の中にある言説的な構成としてとらえられている。本章では，アイデンティティの一般的な概念の考察から始め，ディスコースの4つの主要な視座から見たアイデンティティ研究の特徴について例を交えて考察し，最後に組織研究の主要な学術誌の1つ，*Organization Studies* における過去14年間のODSによる，アイデンティティ研究の実際を概観する。

Ⅰ アイデンティティと組織

　アイデンティティという概念がいかに重要であるか，あらためて述べる必要はないかもしれない。ODSのキーワード（補遺の「組織ディスコース研究文献レビュー」参照）の中でも，アイデンティティという概念は，非常に多い回数登場している[1]。フーコーの主体性概念などとも関係しているため，アイデンティティ概念はこれらを含めると，もっと多くの頻度で利用されている。ODSの中で，最も研究されているテーマの代表である。

　組織のコンテクストにおける個人や集団のアイデンティティがODSの主要な研究ジャンルになったのには，いくつかの理由が考えられる。1つは，ODSの研究テーマが組織文化から組織アイデンティティに移行したことであり，これは考慮すべき学術的なディスコースの言説的形成である。ディスコースの視座が最初に大きく注目されたのは，組織文化研究における組織が共有する意味への着目であり，ストーリーやメタファーと組織文化との関係に関する研究であった。1990年代から20年にわたり，ODSの焦点が組織のアイデンティティに移行したことが確認できる[2]。組織の文化からアイデンティティへの研究関心の移行は，組織文化研究の限界でもあり，またその深化ともいえる。

296

第10章
組織のアイデンティティ

　組織文化論が組織風土の量的研究に進んだのと対照的に，組織文化の質的研究は，構造的側面と組織成員の主体的行為の関係を結び付ける研究の1つとして，アイデンティティの重要性に着目した。このように，主体と客体の二項対立の視座を乗り越えるアプローチとして，ディスコースとアイデンティティの考え方に注目が集まり，中心をなすようになったことがもう1つの理由である。ディスコースの視座は，行為主体と組織構造を対立概念として考えない。すなわち，主観と客観という二項対立の観点を排除する。ディスコースをベースとしたアイデンティティ概念は，主客分離をつなぐ役割を果たすと考えられている。この考え方は後に議論するように，伝統的な**社会的アイデンティティ理論**（Social Identity Theory: SIT）の前提，つまりアイデンティティを，個人の持つ精神的な特徴であるかのようにとらえているのとは異なるパラダイムを示すものであった。そして，アイデンティティの心理的要素を独立変数や従属変数として設定する，社会心理学的な因果関係のアプローチを退ける。

　もう1つの大きな理由として，批判的な視座がアイデンティティに着目することがあげられる。現代社会の経営組織をポストモダン的に批判する際，直接的な行動のコントロールではなく，言説によるアイデンティティのコントロールは，経営管理の手段として重要な批判概念となるからである（Alvesson and Willmott, 2002）。

　これら複数の理由から，アイデンティティはODSの中心的なテーマとなった。また同時に，実際に働く人々や組織にとっても，実践的で有益な考え方となる。

　アイデンティティは一般的な学術的定義としては，「はっきりと認められ定義づけられる特定のもの（人や集団）であり，その他のものから区別可能にする性格や特質」（Gabriel, 2008, p.136）である。一般的な日常の言葉で言えば，'自分とは何か'について答えることであり，'自分らしさ'や'個性'ということができる。上野（2005）は3つのポイントで，アイデンティティをとらえている。それは，①アイデンティティは変容するものであり，②その変

297

第Ⅲ部
組織ディスコース研究の展開

容は‘成長’の名においてとらえられ，③同一性という用語から連想される本質主義的な意味合いよりも，構築性を前提としたものである。**アイデンティティは変容するもの**ということは，自分らしさが変わっていくことであって，特に個人のレベルで言えば，成長や学習という形を伴っている。自分らしさという個性また独自性は，そもそも単数ではなく複合的である。ディスコース的に言えば，アイデンティティは多声的な存在であり「複合的で多元的，異種混淆的である」（池田，2015，p.84）。「自分探し」という表現を聞くことがあるが，これは多様なアイデンティティが交錯する中で混乱する自分の姿といえよう。多声的なアイデンティティの交錯性（インターセクショナリティ）が起きるとき，人々は困惑しストレスを持つかもしれない。しかし他方でアイデンティティを変化させ，自己を成長させていくのである。後に言及するが，組織においては，専門家の（プロフェッショナルな）アイデンティティと経営者的アイデンティティが交錯している。後者によって前者が辺境化される言説的な構成が，アイデンティティ研究の1つの柱となっている。

「本当の自分」とは，本来自分が持っている特定の強い心理的傾向を示唆する。アイデンティティを心理的な要素として見るとき，それは固定的で本質的なものとなる。典型的には「日本人らしさ」であったり，「男らしさ・女らしさ」であったり，‘……らしさ’というディスコースで表現される時の，長期的に備わっている特性のようなものと考えられ，本質主義的な意味が強い。前述の上野（2005）の3つ目のポイントで明確に否定されているとおり，ディスコース視座から見たアイデンティティは，心理的要素の本質主義的なアイデンティティを批判し，‘……らしさ’は言説的構成を通して社会的に構成されると考える。そのような流動的ディスコースとしての‘……らしさ’なのである。アイデンティティは他者との関係において構築されるのであり，他者との差異によって自分自身の何かが見えてくるのである。

例えば海外旅行や留学などの異文化体験によって，共通点と差異が少しずつ理解できたとき，あらためて日本的な良さを感じるものである。しかし，これも極めて言説的なものであり，‘サムライ’や‘おもてなしの国’……と

いった「日本的」ディスコースによって構築される，支配的ディスコースが影響している。つまり，日本的という本質があるわけではないのだ。組織におけるアイデンティティは，個人と組織の間の存在であり，日本であったり，会社であったり，大学であったりなど，組織との関係の中で自己を理解する。

　もう1つの大事な点は，アイデンティティが持つ遂行性の特徴であり，それは常に何かを達成しようと行動することである。この視点は，個人や組織のアイデンティティを形成したり保持したりする遂行性を，アイデンティティ・ワークとして研究する。第1章の例で，＜サッカー日本代表サポーター＞というアイデンティティを示したが，サポーターの一員であるとき，そのグループのメンバーで期待されているような行動や態度をとることをアイデンティティ・ワークという。組織の例で言えば不祥事に見られる行為で，偽装に協力してしまうのは，組織の指示や命令で行ったのではなく，また強い動機を持って自ら自発的に行ったわけでもなく，組織の一員としてのアイデンティティ・ワークであると言える。組織における自らの存在のために，アイデンティティは遂行性を伴うのだ。

　さて，ここでとても興味深い日記を紹介しよう。**引用10-1**は，組織アイデンティティの教科書的文献に示された，ある女性社員の架空の英文日記（日本語訳）である（Kenny et al., 2011）。日記の語り手であるフランシスは，アップル社（ダブリン支社）のマーケティング責任者で，アイルランドで働いている。この日記は，とくに珍しい事例ではなくごくありふれた日常の日記であり，誰もが書くような内容である。組織の雰囲気に少し違和感を持つフランシスは，上司にも自分のストレスを理解してもらえず，もどかしがる。会社が1つにまとまるようなイベントへの参加を押し付けられたり，女性経営幹部のセミナーに行くよう示唆されるなど書かれており，アイデンティティはこのようなディスコースの中に見つけ出すことができる[3]。働く人々にとってアイデンティティとは，どのような存在でどのような機能を果たしているだろうか。この事例でアイデンティティは，どのように理解され説明

第Ⅲ部

組織ディスコース研究の展開

◇ 引用 10-1　フランスの日記

［木曜日］

近頃仕事がとても忙しいので，私はしばらくの間日記をつけていない。i-book の新機種が発売されて以来，本当に忙しい。今日はとても滅入った。私は寝ぼけながら，頭の中で今日やることを実際に考えて目が覚めた！用意したランチはまだ，私のデスクの上にある。やや憂鬱であったが，少なくとも私はジェームズに，広告掲載についての報告をしなければならなかった。今日は本当に彼にいらいらした。彼は私の上司で，公平で人は良いが，彼はもっと気を使って，私のストレスを配慮していいはずだ。こんなの本当の私ではない。私がアップルに入社したのは，こんなことをするためではない。私はこの会社が従業員を，まるで劣悪な工場の労働者のように扱うとは思わなかった！

ジェームズは本当に嫌だ！今日，彼は昼休みのバレーボールに私が参加すると，勝手に宣言していた。アップル社には独自のバレーボール・コートがあり，他にもピンボール，ジムなどのエクササイズができる施設がある。納期厳守というプレッシャーさえ無ければ，このような「私たちすべてのアップル社員は一つに！」的なイベントに参加したり，後でバーベキューに参加したりすることも簡単。

ジェームズに本当に苛立つのは，彼の言い方。「ほかの人からのメール，詳細と一緒に送っておいたから」だって。…それ，何ですか？　参加するって勝手にあなたがサインアップするならば，それは対面の場でするか，少なくとももっと個人的な形で相談してください！あなたがそれほどまでにバレーボールにこだわっているなんて，メールで勝手に言わずに，会って話してくれればいいのに！もう！！

［金曜日］

そう，今日，オフィスに誰かが来月開催の「アップル女性経営幹部会議」の案内を持ってきた。ジェームズはすぐに私の方を向いた。「私は君が最適任者だと思う」だって。私はそれが嫌いなのだ。なぜなら，私が女性だからという理由で，なぜ私が女性のための砦を守らなければならないのか？私はそれほど多くの女友達を持っていない。ジェームズはそれをいつもからかうのだ。そうでない場合，クロアチア語なまりをからかわれる。普段，私のやる気をほめてくれるが，そうやって仕事を押し付けてくる。彼は良いときもあるが，とても傷つけるようなからかい方をする。そして最も嫌なのは，彼が私の上司だということ。彼には人としての私と仕事そのものを見てもらいたいの。職場の女性クロアチア人としてではな

第 10 章

組織のアイデンティティ

く。すごくイライラする。

［土曜日］

　私は何年も自分の部屋を掃除していなかったので，今日は自分のベッドの下まで完璧に掃除した。すると，大学の卒業旅行に行ったときの古い日記を見つけた！私がその時どれほどの放浪者だったことか，今の私には信じられない。私がやりたかったのは世界を変え，地球を救い，そしてオーストラリアのどこかにある有機農場で暮らすことだった。なんという理想の人生！私の頭をよぎったのは，家に帰ってマーケティングの修士号を取得すると決めたときのこと。私は企業の働きアリになりさがってしまうことを恐れていたので，私自身のためにこんなことを書き留めていたのだ。あーなんということ！ここ数年は完全に会社一筋。これらの‘やろう！と決めたこと’に対して一体何をしていたのだ。私が大学院でマーケティング修士号を取得したとき，状況が変わり始めたと思う。財務と会計学にはとても多くの講座があった。…私たちはすべてをお金という眼鏡を通して見るように教えられた。突然，すべてがマーケティングのように見え，それが最終的には収益になると考えた。私はもっと何かがあることを期待して，この学位取得のゲームに入ったはず。

　とにかく私の今日の掃除は，私の修士時代の友人とまったく連絡をとらなくなったことを思い出させた。マーケティングは，他の専門とは少し違う。法律や医学なんかは，ネットワークを大事にして，大学を卒業した後も社交的な関係があるみたい。マーケティングの大学院でもそれがあると言われたが，ただの売り文句だ！ま，そんなもんか!!私はまだきっとそのよう社交的なものを求めているのかな？まあ，自分なりにやってみよう。結局，あまり変わってないってことかな。

　少なくとも私はIBMや他の大企業の人たちとは付き合ってない。でも今夜これら，IT業界のネットワーキング・パーティーに行く羽目になっちゃった。IBMの象徴である青いシャツにベージュのズボン，ストライプのネクタイはまだ健在。そしてほとんどは男性。そんなところで働くのはとても退屈だと思う。ちょっと近親相姦みたいな，私たちアップル社員とはよく一緒に飲んだりする傾向がある。私はいつもちょっと場違いかなって感じちゃう。私の服は他の女の子のようにすべて「デザイナー」ではない。私はいつもその場にふさわしい賢明な服を選ぶ。女性らしくあっても，セクシー過ぎない！　私は着飾って評判を落としたくない。

301

第Ⅲ部
組織ディスコース研究の展開

私は自分が「クロアチア人」だなんて決して言わない，単に「ヨーロッパ人」と言うの。うしろめたさはない，その方がより教養があるように思えるだけ。そして酔いすぎないように，仕事のプロのようにふるまうわ。将来のボスがそこにいるかもしれないから。その上，酔った勢いでバカのように振舞ったら，会社から解雇通知が来たなんて話を聞いたことがあるわ。こわっ！

私はSteve Jobsが『タイムズ』の雑誌に載ることを知ってうれしかった。彼はすごく変わっていて，彼が次に何をするのか見るのがいつも楽しみ。私がAppleに入った理由の一つは，彼の会社だから。彼がオーストラリアで話すのを聞いて，彼を追っかけ始めた。彼の生き方は私自身の模範。ジェームズは，彼の写真を机の上のハート型写真楯にいれている。すごく，おかしい。でも，私たちはスティーヴについて話すことがある。

［月曜日］

今日，今年の人事評価を来月するというメールをジェームズから受け取った。うまくいっていると思うので，自分自身についてあまり心配していないけど，マーガレットは凄くナーバスになっている。彼女はクリスマスまで出産休暇を取っていた。一年で一番忙しい時期にいない！だから私たちを手伝うことができないのは当然。もちろん彼女は出産休暇をとる権利を持っている！でも彼女がこの時期に休むことを悪く言う人がいる。彼女の出産休暇の取り方について，いろいろな悪口が給湯室で話されているらしい。その中の1人から，マーガレットがまた妊娠しているらしいと聞いた。ジェームズはどうするのだろうか？彼女がグーグルとの会議に対応できるだろうか…夜遅くの出張でニューヨークへ飛ぶし，忙しい数ヶ月になると思う。うーん，私も同じかな？　それにしても，私はこの出産に関するすべてのコメントが嫌い。だってそれは男性社員と女性社員の違いを強調することになる。

私も20代後半。まだ子供が欲しいとは全く思わない，でも本社は私の適齢期を想定しているので，大事な仕事を任せられないと思っているのでしょうね？絶対そんなことがあってはならない。それにそんなことは合法的にはできないのだから，しかし実際のところはわからない…。

［火曜日］

もうー，ほんとうに嫌。人事評価の前に心理テストをしなければならない。忙

第10章
組織のアイデンティティ

しいのに，これが一番嫌い。だって質問はとてもばかげている。それにこれ，何のために？例えば，あなたが内向的なのか外向的なのかだって，そんなのかわかる？そんなの，どれだけカフェインをとったかによるわ！それをネタにして，どれだけワインを飲んだかによるわね。他にも変な質問，あなたは誰と一緒にいますかだって？これって，無能な上司がアホな判断を正当化する道具にするだけ。願わくは，上の人たちはこんなものに人事評価を頼らないでもらいたい。本当に嫌い！

出所：Kenny et al.（2011, pp.32-34）を筆者が翻訳。

できるだろうか。

　フランシスの組織のアイデンティティを理解する目的でこのテクストを読むと，いくつか注目するポイントがある。「こんなの本当の私ではない。私がアップルに入社したのは，こんなことをするためではない」「なぜ私が女性のための砦を守らなければならないのか？」「彼には人としての私と仕事そのものを見てもらいたいの。職場の女性クロアチア人としてではなく」。ここにあげたようなディスコースは，アイデンティティの理解に役立つ表象である。次節では，アイデンティティに関する4つの視座を概観し，この事例におけるディスコースをどのように理解するか考察する。

2 アイデンティティへのディスコース的アプローチ

　本書で紹介したディスコース分析のすべての章（第5章から9章）において，アイデンティティは中心的テーマであり，会話分析を含めたODS全体に横たわる強い研究関心である。共通している側面もあるが，それぞれの視座には特徴があり，その違いを**表10-1**で示す。共通している点は，伝統的なSITが典型的に持っている**アイデンティティの本質主義的側面**からの脱却であり，個人の心理的要素としてのアイデンティティから社会的構成としてのアイデ

303

第Ⅲ部

組織ディスコース研究の展開

□ 表10-1　異なるアイデンティティ理論の比較

	理論的前提	方法論的アプローチ	アイデンティティ研究の焦点
社会的アイデンティティ理論	＊人々は特定の社会的集団に自己同一化する一方，他の社会的グループに対してかい離する（イングループとアウトグループの形成）人々はふつう， ・経験を一般化する， ・イングループ内では差異を小さく考える。 ・アウトグループには違いを誇大に強調する。	＊イングループとアウトグループとの自己同一化が理解され測定される。 ＊コントロールされた科学的実験や，アンケート，観察によって測定される。	特定の社会的グループとの自己同一性（イングループ）と他のグループの非同一性（アウトグループ）について。
相互行為論的視座	＊人々は特定の課題を遂行する方法の一部として，アイデンティティのカテゴリーを利用する。 ＊アイデンティティは人々が'持っている'何かではなく，人々が社会的行為（例えば，誘いを断ったり，お世辞を言ったり，気になることを報告したりする）を遂行するために，特定の状況に適切な対応する何かである。	＊自然に発生した会話を録音したり，録画することが好ましい。 ＊コミュニケーションの微細な過程を深く分析する。 ＊アイデンティティは人々から読み取ることができるのではなく，アイデンティティは相互行為の中で自分自身をどのように適切に関係付けているかを示す点を分析する。	特定の社会的行為を遂行するための方法の一側面として，アイデンティティのカテゴリーをどのように利用するかを分析することで研究可能となる。
ナラティヴの視座（第5章参照）	＊人々のアイデンティティは，自分自身や自分の人生を語るナラティヴやストーリーによって形成される。そのナラティヴは，人々を取り巻くより広い社会的環境に依存する。 ＊意味付けたりストーリーの筋を付けて語ることで，人々は自分自身についての意義や一貫性を模索する。	＊深層インタビューや準構造化インタビュー，または自分自身（自分の内省）について豊かに語る伝記や日記が好まれる。 ＊自己アイデンティティは自分自身やその人生について人々が語るストーリーを解釈し分析する。	人々のアイデンティティは，彼らを取り巻くコンテクストと彼ら自身とその人生について語るナラティヴやストーリーによって形成される点を分析することで研究可能となる。

第 10 章

組織のアイデンティティ

フーコー派の視座 （第8章参照）	＊人々は支配的なディスコースや知の体系の中で自己同一化し，ある特定の主体的立場や自己理解を可能にする。 ＊これらが服従と解放の形を形成する。解放や服従のどちらにしても，フーコー派は，自立性が主体に帰するという考えを問題視する。しかし一方で人間の行為は支配的なディスコースや，パワー/知識，主体の立場などによって決定されているという考えに対抗する。	＊アイデンティティは，人々が自分自身や世界を理解する（センスメイキングする）支配的なディスコースを見ることで研究可能となる。インタビューや観察，多様な文書のディスコース分析を行う。 ＊研究者によっては，歴史的なデータを好む。ある時代の特定の時期における支配的なディスコースを集め，複数のテクストを分析する。	支配的ディスコースや知の体系の中で人々がどのようにアイデンティティを形成するか，特定の主体の立場や自己イメージを見ることで研究可能となる。
精神分析的視座 （第9章参照）	＊精神があらゆる出来事に対する反応を形成する。 ・特定の社会的力との自己同一化を形成する。 ・ある人の精神は，内面化された経験から形成され，欲望や空想のような感情表現の形で現れる。 ・それらは，ある社会的コンテクストにおいて特定の規範的パワーを理解することに役立つ。	＊精神の影響は，人々が何を言ったかまたは行動したかの分析をインタビューや観察を通して研究可能となる。 ＊語りのずれや冗談は，人々の経験の無意識で隠された側面を暗示する。 ＊それが広い社会的コンテクストの理解を助ける。	精神の無意識の力があらゆる出来事への反応を形成する。これらは私たちがいつもは意識していない空想や欲望という形で感情表現する。これらへの注目が，どのようにアイデンティフィケーションとそれに関連する行動が，無意識の力強さによって条件づけられるかを理解することが可能となる。

出所：Kenny et al.（2011）をもとに筆者が再構成。

第Ⅲ部
組織ディスコース研究の展開

ンティティへのパラダイムの移行である。次に SIT を概観し，ディスコース
な多様なアプローチの特徴を個別に考察する。

①社会的アイデンティティ理論（SIT）

始めに確認しておくと，SIT はディスコースアプローチではなく，社会心
理学を土台とする伝統的なアプローチであり，ディスコース分析を使うこと
はない。主流派の組織研究や経営学においては，SIT の方が一般的なアプロー
チであり，多方面に応用されている。ここでこれを紹介するのは，ディス
コースアプローチと比較することで，後述する諸アプローチの特徴を明確に
する目的からである。

SIT は組織行動論の領域で発達し，個人の自己充足と組織の効果を高める
方法と考えられてきた。Ashforth and Mael（1989）は，社会心理学を土台と
した SIT を推進し，組織における社会化（socialization），役割葛藤（role
conflicts），グループ間関係（intergroup relations）の領域に，大きな効果をもた
らすと提起した。この理論では，人々は何らかの社会的なカテゴリーに自分
自身を位置付け，**自己同一性**を認識すると考える。SIT では，自分自身が近
いと思える社会的グループに自分自身を重ね合わせ，自己同一化する傾向が
あるという前提があり，これはごく自然な態度であると考えている。

そこで同じような傾向を持つ人々が集まりグループ化することを，イング
ループと呼ぶ。イングループは関係性が強まり，そのメンバーは組織への関
与が強まり，一体感が強化される。フランシスの木曜日の日記で，彼女は会
社のイベントに参加するよう勧められ，それに対して不満を持っている。だ
がもしイングループの成員であれば，このようなイベントに参加することを
通じて，組織へのコミットメント（関与）が強まり，自己充足する。異文化
コミュニケーションの一般的教科書などにおいて，日本人はイングループの
傾向が強いと考えられ，またイングループという仲間内では強い関係性が期
待され，人間関係を最も重視すると指摘される。組織もイングループの傾向
が強くなると，これが良い効果をもたらすときもあれば，不祥事につながる

第10章

組織のアイデンティティ

ようなマイナスの効果を生むこともある。イングループを重視する場合，それとは異なる異質な人々をアウトグループとみなし，そのメンバーに対して違和感を感じて遠ざけたり，排除したりする傾向が表れる。日本の「ムラ社会」はこのような傾向を示唆し，部外者には冷たく，また内部の者でも調和を乱せば村八分としていじめや排除の対象となる。フランシスの日記では彼女が持つ違和感，例えば社交的な場での他の女性との違い，クロアチア人という出生，またそれを上司にからかわれる点などが，アウトグループとしての組織行動と考えられる。職場の日常的ないじめや排除の行為が，この日記にも見られる。SITはこのようなグループの人間関係を中心に，アイデンティティが果たす役割を分析するのに役立ってきた。

　SITは理論的に大きな成功を見たが，理論的限界も明らかだ。アイデンティティを人の心理的要素としてとらえるために，比較的静態的な側面を重視していること，そのため組織のダイナミクスに対し，アイデンティティの有効性が薄いという点があげられる。それはSITが根本的に持っている，アイデンティティの本質主義と経営主義的視座にある。人はそもそも自己同一性を求める傾向にあるとする前提と，既にある特定の社会的グループ（会社や学校，教会，国家，人種）を前提とする点には，大きな理論的限界がある。アイデンティティは常に葛藤の中にあり，複合的でとても流動的，ダイナミックな過程を想定されるべきである。また，組織を経営管理するという立場からアイデンティティを議論しているので，アイデンティティが人をコントロールする手段として機能しているという，批判の視座が欠けている。ディスコース視座はSITとは異なり，他者との関係でアイデンティティが社会的に構成されるものと前提し，本質主義を退ける。またパワー関係から生じるアイデンティティ・ワークは，批判的視座を包含するものである。そこで，ディスコース視座の違いが，アイデンティティ研究にどのように影響しているかを次に考察しよう。

307

第Ⅲ部
組織ディスコース研究の展開

②相互行為論的視座

　ディスコースアプローチのほぼすべてでアイデンティティ研究が活発に行われているが，本章では取り上げなかった会話分析や，その土台となっている**エスノメソドロジー**においても重要な示唆がある。ここでは，Kenny et al. (2011) の区分である「相互行為論的視座」として，会話分析のアプローチから見たアイデンティティ研究を考える。

　この視座は人々が自然な会話において，どのように適切にふるまうかに関心がある。そこでアイデンティティは，社会的相互行為によって生み出されたローカルな成果ととらえられている（エインワース＆ハーディ，2012）。すなわち，特定の状況での相互行為に関係するルールや構造が，どのようにアイデンティティ構築するか，またこれらのルールや構造が，いかにして戦略的に利用されるかを研究する。エスノメソドロジーでは初期の研究から，日常性におけるジェンダーや人種などの社会的グループとの関係が研究され，トランスジェンダーの人が女性らしくふるまう日常や，暴走行為をするグループへの関与に着目して研究した。会話分析では，特定のアイデンティティが社会的相互行為の中でどのように意味を成しているか，会話の構造を明確にしながら考察する。アイデンティティがどのように適切に，また結果的にどのように自分が属している集団に認められるようなメンバーの一員らしさを成し遂げたか，会話のダイナミックな展開の中で，関係の構築を瞬時に構成していく動態を分析する。この研究の中で，アイデンティティの分析と最も関連するのは，「**成員カテゴリー化**」の分析である。社会的グループを定義付け命名するカテゴリーを会話の中で分析し，アイデンティティとカテゴリー・グループとの関係性や適切な対応（カテゴリーの成員としてふさわしい行動）などを研究することは，とくに有効である。

　例えば第1章のDJポリスは，「日本代表のサポーター」というカテゴリーを使っているが，これは広い意味で集団と警察官との対話と言えよう。Silverman (1997) はHIVカウンセリングの研究において，'患者' と '医者' というカテゴリー関係を，その場のローカルな会話の中で成立させてい

く様を分析する。フランシスの日記では，土曜日の語りに興味深いカテゴリー化があった。それは，‘クロアチア人’と‘ヨーロッパ人’である。彼女は‘クロアチア人’を‘ヨーロッパ人’から区別し，前者を貶めるわけではないと言いながら，‘ヨーロッパ人’としてふさわしい行動を心がけようとする。フランシスは自分が‘クロアチア人’であることを，上司との関係から定義付けられ規定されている点は，相互行為論的な視点から分析可能なアイデンティティ研究と言える。このように会話分析では，アイデンティティにふさわしい行為やカテゴリー化をどのように使っているかを分析することで，アイデンティティを考察する。

③ナラティヴの視座

　ナラティヴの視座において人々のアイデンティティは，自分自身や自分の人生を語るナラティヴやストーリーによって形成される。その前提にあるのは，人は物語の語り手であると同時に，他者と自身によって構成される物語の主体であるということだ（Kenny et al., 2011）。これが示唆する語りとは，決して事実や出来事の報告ではない。ストーリーは単に自分の人生について誰かに語る手段ではなく，アイデンティティが形成される方法なのである（エインワース&ハーディ，2012）。自分と他者，自分と社会や組織という関係性の中で語り，その語りが次の語りと連動する動態的な社会構築プロセスの中において，アイデンティティは形成される。人が直接的また間接的に自分の関わりを語ることで，ストーリーの中にあるアイデンティティが分析可能となる。ナラティヴやストーリーには，何らかの脈絡があり，また筋立てがある。その中には必ず語り手があり，その語り手と他者や社会との関係性が意味付けられる。フランシスの日記では，土曜日の語りの中にその例を見つけることができる。そこでは，大学時代の自分とその夢が語られ，世界を変える理想が描かれていた。大学院時代に築かれたマーケティング的なものの見方に支配され，会社の中に埋もれるというプロットが理解できる。自分の理想を見失っていたことへの気付きによって葛藤が生じ，アイデンティティの模索

第Ⅲ部
組織ディスコース研究の展開

が起きている。彼女のアイデンティティ形成における大学院や職場の環境，上司との人間関係が，大きな意味を持っていることが示唆されている。

ナラティヴは，他者のアイデンティティ形成にも貢献する。アイデンティティの形成は単に語り手自身のものでなく，語る相手のアイデンティティをも形成する。なぜならナラティヴの特徴は，話し手と聞き手の間で交渉され，受け入れられねばならないからだ。つまり語り手が勝手にストーリーを展開するのではなく，聞き手の承認や反応に対応する必要がある。組織変革のプロジェクトにおいては，とくに重要となろう。総合大学の改革という事例（Humphreys and Brown, 2002）では，組織のアイデンティティ構築とそれに対する抵抗という関係が描かれている。改革を推進する語りは複数のナラティヴを抑圧し，聞き手のアイデンティティ形成に有効に働かなかった。抵抗する大学スタッフのディスコースから，組織のアイデンティティのヘゲモニーを分析できる。アイデンティティは，ナラティヴの動態を通して共同構築されるのであり，語り手側だけのものではない。一個人のアイデンティティも，組織やグループの集団的アイデンティティ形成においても，常に社会的に共同構築される。

研究としては組織変革，企業家精神，リーダーシップに関連するものにおいて有益である。深層インタビューや観察などによって，自分自身についての豊かな語りから解釈されるライフストーリー・インタビューは，その典型である。自伝や日記などの文書も利用される。人々のアイデンティティは，彼らを取り巻くコンテクストと，彼ら自身について語るナラティヴやストーリーによって形成されるという視点から，分析，研究が可能となる。

④フーコー派の視座
ディスコースアプローチにおいてアイデンティティをテーマとするとき，最も大きな理論的影響は，フーコーの視座である（エインワース＆ハーディ，2012）。とくにフーコーのパワーと，**主体性**の関係が重要である。フーコー自身の研究では，アイデンティティという言葉ではなく，主体性

第10章
組織のアイデンティティ

（subjectivity）という概念を使う。なぜなら自分は誰かという意味は，自分という主体が依存するパワー関係によって形成されるからであり，同時にパワー関係の主体としてそれを形成するからである。フーコーのパワー概念と主体性概念（第8章参照）が示唆したように，パワーは抑圧—被抑圧という（コントロールを目的とする）誰かが所有可能な権力としてではなく，自らが関与する形でパワーが形成されると同時に，パワー関係に依拠して生きるという規律型権力が強調される。従ってフーコー派は，アイデンティティがどのように支配的ディスコースである知の体系に組み込まれているかに着目する。さらにその知の体系が主体である自分自身についてどのように考えるかを構成し，また他方で主体の遂行性（アイデンティティ・ワーク）がどのようにしてパワーを構成するのか（Kenny et al., 2011）に焦点を置く。

　この複雑なアイデンティティ形成の構造的側面と，行為主体的側面の交錯する現実は，ディスコース視座によって主体—客体的な二項対立を乗り越え，ディスコース的アイデンティティ理論が打ち立てられた。従ってアイデンティティの形成にとって，ディスコースは中核的役割を果たすのである。ディスコースは主体が位置付けられ，主体性が構築され，身体が規律化されるような「パワー＝知識」の関係を生成する。フランシスの日記では，土曜日の記述にあるパーティーへの参加に，「パワー＝知識」とその身体的規律化が見られる。フランシスはデザイナーの服は着ないと言い，その後に「女性らしくあっても，セクシー過ぎない」と語る。ここに彼女の身体性がアイデンティティ形成と関係付けられていて，デザイナー服を着飾る他の女性とは違う自分を示し，女性というカテゴリー化とセクシー過ぎないというディスコースが，彼女の女性社員という知の体系としての正当性を示している。彼女の語りには，グランド・ナラティヴやグランド・ディスコースと呼ばれる支配的言説が，アイデンティティ形成に影響を与えているのだ。つまり支配的言説はある種の常識となり，ディスコースの集合体として，行為者が語る主体性の特定の位置付けを設定するパワーの働きを持つ。アイデンティティは常にパワーとの関係で形成され，組織や職場においてそれはアイデン

311

第Ⅲ部
組織ディスコース研究の展開

ティティ・コントロールとして，経営主義的な装置となる（Alvesson and Willmott, 2002）。

フーコーの主体性は遂行性を包含するものであり，新たなディスコースを生み出す力を持っている。そこで大事なのは，相互言説性である。ディスコースが新たなディスコースを生み出し，その連鎖の中でアイデンティティも形成される。フーコー理論を社会言語学的に応用するフェアクローは，**相互言説性**（interdiscursivity）を強調する。すなわちディスコースがコンテクストとして再コンテクスト化し，新たなディスコースが生まれるプロセスを示し，テクストが生成される創造的側面を強調する。フランシスの日記では，スティーヴ・ジョブズ（Steven Paul "Steve" Jobs）について語る場面がある。彼の会社だから入社すると語るように，ジョブズはフランシスにとってのロールモデル（模範となる人）であり，ジョブズの言葉は彼女のアイデンティティ形成に影響を与える。また上司のジェームズとジョブズについて語っており，職場の中でジョブズが神格化するプロセスが示唆されている。これはまさに相互言説性であり，ジョブズの語りはフランシスのテクストとなり，また上司や同僚との職場会話におけるテクスト・コンテクストとなって支配的なディスコースとなっていった。フーコー派のアイデンティティ研究には，パワーの関係と同時にディスコースの持つ創造性と遂行性に重点を置くものがある。

組織における規律型権力の浸透と拡大は，アイデンティティ形成との関係で分析することが重要となる。つまり自由な環境で自由な個人としてアイデンティティが形成されるのではなく，自分が関与せざるを得ないようなパワー関係の中で形成される点に着目する。パワー関係の中で居心地が良いこともあれば，そこに矛盾や葛藤を持つこともある。例えばフランシスは，「アップル社員は一つに！」のようなイベントへの参加を強要されるのが嫌であったが，バレーボールやイベントへの参加を通して，会社にとって都合のいい模範的社員になるように巻き込まれている。そしてそれは，人事評価制度や評価前の心理テストというシステムによって，規律型権力を強化してい

312

る。同僚のマーガレットは人事評価を前にして神経質になっていると語り，フランシス自身はこのシステムへの抵抗を示す。アイデンティティは常に，規律型権力の中に組み込まれながら形成されるが，抵抗のディスコースもアイデンティティの形成に影響する。また規律型権力が**ノーマル化（当たり前化）**することで無自覚となり，問題なく組織のアイデンティティを強固にすることもある。抵抗ディスコースも含めて，アイデンティティは言説的装置の網の中にある。

　規律型権力の浸透と拡大は，ディスコースのノーマル化の機能を通してより強まり，アイデンティティの**企業植民地化**が推し進められる。フランシスのディスコースには，IT業界のパーティーに気乗りはしないが参加することが書かれている。自分なりの服装を心がけているという記述の後，飲みすぎないように，「仕事のプロのようにふるまうわ」とある。会社への抵抗が言説に表れている一方，IT業界に対する強い思いによって，業界への自己同一化，あるいは**専門家（professional）のアイデンティティ**が強まっていると考察できる。会社という組織とのアイデンティティより，専門性のアイデンティティが強いのだ。その解釈は，彼女の次の言説にある。「将来のボスがそこにいるかもしれないから」。欧米的キャリア開発において，転職は自分にとっての能力向上の表れである。このようなアイデンティティを守ったり，抵抗したりする行動やディスコースを，アイデンティティ・ワークと言う。これは指示されてふるまうのではなく，ルールに縛られて行動するのでもない。無自覚にIT業界の求める人材のように立ちふるまうことは，フランシスのアイデンティティ・ワークがIT業界の中で，IT業界のディスコースによって植民地化されていると考察できる。

　最後に，アイデンティティの葛藤として，フランシスの日記では‘本当の自分’というディスコースの中にそれが表れている。「私がやりたかったのは世界を変え，地球を救い，そしてオーストラリアのどこかにある有機農場で暮らすことだった。なんという理想の人生」というディスコースには，今の自分にフランシスは満足できないという状態を示唆している。「私がアップル

第Ⅲ部
組織ディスコース研究の展開

に入社したのは，こんなことをするためではない」というディスコースも同様であり，'本当の自分'のようなディスコースは，自分にとって本当の何かがあって（前提とし），そこが満たされていない空白の状態を意味する。この落とし穴がパワーの装置であり，その空白の中心に何か入れなくてはいけないと思わせることが，アイデンティティ・ディスコースの特徴である。他者との関係やパワー関係の中で個人のアイデンティティが構築されると考えるとき，それは常にオンゴーイングな進行形の存在となる。ディスコース的視座が示すアイデンティティは，'変わりゆく自分'探しと言えるかもしれない。

　要約すると，フーコー派の主な関心は，支配的ディスコースや知の体系の中で，人々がどのようにアイデンティティを形成するかであり，特定の主体の立場や自己イメージを見ることでパワー関係の考察が可能となる。インタビューや観察，歴史的文書など多様なディスコース分析を行い，ディスコースとアイデンティティ，およびアイデンティティ・ワークについて探求する。

⑤精神分析的視座
　精神分析的視座は，フロイト（Sigmund Freud）やラカン（Jacques-Marie-Émile Lacan）の理論を土台とするアプローチである。ディスコースの視座からは，第9章で見たように，ラカンの視座と強い関係がある。とくに感情的側面や無意識の側面に焦点を当てる。ラカンの鏡像段階論では，幼児期の成長において鏡に映る自分の認識をモデル化し，自己のアイデンティフィケーションを理論化する。そして大文字の他者によって自己を規定しアイデンティティ形成を行う。人は従って無意識のうちに，ある意味アイデンティフィケーションを脅迫され，受け入れたり抵抗したり，葛藤するのだ。

　精神分析的アプローチは，このような肯定的にも否定的にも機能する精神に目を向け，感情，歓び，欲求，空想などのディスコースを分析する。人々は何かを成し遂げたいという欲求や自分を認めてもらいたいという願望を通して，自分を理解することができる。これは物（事）と人との関係にも見る

ことができ，例えば欲しかったスポーツシューズを手に入れることによって
確立する。物にこだわりすぎると，そこにはフェティシズムが発生し，倒錯
したアイデンティティが生まれる。つまりそのものを使って何かをすること
でアイデンティティ・ワークができるはずが，欲しかった物（人，事）に埋没
したり，それを持つことによってアイデンティティが生まれるのだ。このよ
うにアイデンティティは，あこがれのものや人との関係的言説の中に見出す
ことができる。

　フランシスの日記には，金曜日の記述に，彼女のストレスについて書かれ
ている。上司との人間関係であるが，彼女は「ジェームズ」という人物に焦
点を当て，ディスコースを展開する。また「広告掲載の報告」「納期厳守」と
いうディスコースの中に，彼女の複雑な感情が読み取れる。これらは精神上
の，＜怒り＞や＜ストレス＞になる。「アップル社員は一つに！」や業界の
パーティーも，彼女の多忙な状況を追い詰めることになる。組織人や業界人
的ディスコースは，眼前の「納期」ディスコースと交錯し，アイデンティ
ティを複雑にしている。さらに，木曜日の言説である「私がアップルに入社
した理由ではない」は，土曜日の記述にある，「私がその時どれほどの放浪者
だったことか，今の私には信じられない。私がやりたかったのは世界を変え，
地球を救い，……なんという理想の人生」につながる。これらは彼女の＜欲
求＞という精神状態が土台となって，無意識に感じている違和感と切迫感の
表れと解釈できる。アップルに入社した理由には，スティーヴ・ジョブズと
いうロールモデルを示唆するが，これは彼女の＜喜び＞や＜空想＞がもたら
す葛藤につながってくる。このようにフランシスは，アップル社とのアイデ
ンティフィケーションについて懐疑的となるが，結果としてフランシスは，
アップル社という組織に飲み込まれ，アイデンティティが葛藤している。

　この日記は，日本の多くの職場にも当てはまるコンテクストであろう。無
意識という視点は，ストレスの多い日本の職場のアイデンティティ問題を考
察するのに，極めて有効と考える。法的基準以上の残業のために過労死と認
められる事例においても，制度的側面や人事管理上の問題としてとらえるの

第Ⅲ部

組織ディスコース研究の展開

でなく，アイデンティティの無意識の側面に着目するのは有益であるだろう。職場の多様なディスコースについて，とくにストレスやいじめなどは，精神分析的アプローチのディスコース分析に期待するところが大きい。

3 アイデンティティの組織ディスコース研究

Organization Studies（OS）に掲載された137件のODS文献の中で，25件がアイデンティティ研究に関してのものであった。その中から理論的論文を除いた，経験的研究の20件の論文を一覧にした（**文献表⑥**参照）。これらに絞って，ODSにおけるアイデンティティ研究の方向性や特徴について概観したい。

はじめに，本章で紹介した4つの視座（相互行為論的視座，ナラティヴの視座，フーコー派の視座，精神分析的視座）が，実際の研究でどのように活かされるかについて簡単に見てみる。明らかに多いのは，フーコー理論の利用である。つまりパワー関係とアイデンティティ形成であり，例えばSymon（2005）は，新しいIT導入における専門家のアイデンティティの「抵抗」に焦点を当てている。Brown and Lewis（2011）は，イギリスの大手法律事務所の合併をテーマとして，組織のルーチンに焦点を当てながら，弁護士という専門家のアイデンティティを研究し，規律型権力との関係を考察する。ナラティヴの視座も多く使われ，No. 2, 6, 7, 8の研究が，ナラティヴ的なアプローチを理論的，また方法論的に使っている。Kuhn（2006）は，アイデンティティの社会的構成を強調し，現場で生まれるアイデンティティが，倫理的行動に大きな影響を与えていることを示唆する。Ellis and Ybema（2010）は，自己と他者の境界が社会的な構成である点を指摘し，組織と組織の間に起きるアイデンティティについて考察する。Gabriel et al.（2010）は，組織を取り上げる事例分析ではなく，50代の元管理職者や専門家12名のインタビューを通じて，失業についてナラティヴ分析を行う。失業を人生におけるアイデンティ

ティのモラトリアムと考えるフレーム化は，ユニークである。相互行為論的視座をもとにした研究は，文献表⑥の20件の研究には確認できなかった。同様に精神分析的視座も，明確に確認することはできなかったが，フーコー理論と重なるところもあるので，厳密なものではない。

　研究方法としてレトリック的視座やレトリック分析を使う研究は，No. 1，10，13，19，20に確認できた。例えばMoufahim et al.（2015）は，Vlaams Belangというベルギーの右翼団体についての組織アイデンティティを研究するが，とくにこの組織が使う戦略的レトリックに着目して，分析を行っている。第6章で紹介しているが，レトリックの重要な貢献は，レトリックがアイデンティティを利用したり，組織アイデンティティを形成したりするときに利用されることである。極右団体という政治的な組織であればなおさら，組織の主張にアイデンティティが強く表れるであろう。またレトリック的視座の利用は，新制度派組織論との関係が強い。とくにBasque and Langley（2018）とOertel and Thommes（2018）の研究は，Suddaby et al.（2010）が呼びかけたOSの特集「Uses of the Past in Organization Studies」の論文として掲載された。ここには「**歴史レトリック**」という，新しい理論的アプローチが表れている。歴史レトリックとは，かつて起きた過去の出来事の集積が現在の記述をなすという視点であり，「企業の主要なステークホルダーをマネージする説得戦略としての過去の戦略的利用」（Suddaby et al., 2010）と定義する。企業の歴史的文書をレトリック分析する形で，企業の歴史的発展のレトリック的理解を提起する。組織の集団的なアイデンティティの形成について焦点を当てているが，これは本章で紹介した4つの視座とはやや異なり[4]，新制度派的アプローチが歴史的な方法論と結び付いた，新たな視座である。

　次に研究のテーマであるが，1つの特徴として＜専門家＞のアイデンティティやアイデンティティ・ワークについての研究が，No. 1，4，11，15，16，18に確認できた。IT専門家，パラシュート部隊の軍人エリート，サステナビリティ経営の専門家，プロのラグビーチームの選手やスタッフ，大学教員などが取り上げられている。これらのアイデンティティ・ワークが，特定のコン

第Ⅲ部
組織ディスコース研究の展開

テクストにおいて研究される。例えば，Brown and Coupland（2015）はプロのラグビーチームについて，その短いキャリアというコンテクスト，すなわち雇用の脅威について焦点を当てている。Boussebaa and Brown（2017）は，フランスの大学の教職員にインタビューする形で，彼らのアイデンティティ・ワークについて，グローバル化の波による教育の英語化というコンテクストを考察する。そして非英語圏における教育が，グローバル化のもとに英語帝国主義が当たり前化することを考察する。他には組織変革や制度変更というテーマも重要であり，変革におけるアイデンティティ・ワークに着目する。Brown and Lewis（2011）が焦点を当てる組織の合併は，その典型的な例といえよう。組織メンバーとして，個人のアイデンティティに注目するだけでなく，組織の集団的アイデンティティについての研究も重要であり，No. 5はニュージーランドの公共政策団体，No. 7はオランダの大手新聞社，No. 13はベルギーの極右団体を研究する。

　さらにユニークな視点として，Symon and Pritchard（2015）は技術開発会社の従業員のアイデンティティがどのようにして仕事とITによって形成されるかに焦点を当てる。フレックスタイムのような流動的な仕事時間の側面とその労働形態がスマートフォンによって大きく影響される過程の中からアイデンティティの構築過程を考察する。ディスコース的視座におけるアイデンティティ形成とその変化は多様な関係性に根付いているが，これは人や組織ばかりではなく，スマートフォンという‘物質性’も含まれるというアプローチである。他にもアイデンティティと英語の関係（No. 16），ユーモアとアイデンティティ（No. 17），そして歴史とアイデンティティ（No. 19と20）などがあげられる。

　研究方法を概観するとODSでは，一般的な事例分析が主流である。これは，ある組織を取り上げ，フィールドワークにおける観察やインタビューを行うものであるが，テクストデータの収集という点においては，圧倒的にインタビューが使われている。組織の形態としては一般的な民間企業もあるが，中には新聞社や法律事務所が含まれる（No. 6, 7, 9, 11, 14, 17, 19, 20）。また民

第 10 章

組織のアイデンティティ

間ではなく，公共的組織も研究対象とされている（No. 1, 2, 3, 5, 10, 16）。特殊
な組織としては，軍隊（No. 4），政治団体（No. 13），プロのスポーツチーム
（No. 15）などの研究は注目に値する。

　組織を事例分析する方法ではなく，特定の人々を対象にインタビューする
アプローチが，3つの研究で確認できた。Gabriel et al.（2010）は，リーマン
ショック後の失業者に対するコーチングセミナーに参加した人 12 名を対象
にインタビューし，主に男性であるが（1 人のみ女性），彼らのアイデンティ
ティを分析した。Tomlinson and Colgan（2014）は，OS の特集「高齢化と
組織化（At a Critical Age: Organizing Age and Ageing）」の掲載論文として，自営
業に携わる高齢女性のセミナー参加者 45 名にインタビューした。Bristow, et
al.（2017）は，批判的経営研究（CMS）を専門とする若手研究者にインタ
ビューし，ビジネススクールにおける CMS の複雑な立ち場におけるアイデ
ンティティを研究した。これら 3 つは事例分析とは異なるアプローチで，イ
ンタビューをデータ収集の方法としてディスコース分析を行う。

　文書をテクスト分析するアイデンティティ研究は，No. 5, 10, 13, 19, 20 に
確認できた。その 1 つの研究である Motion and Leitch（2009）は，生命工学
の組織アイデンティティを関連する文書から分析し，社会的文脈とマクロレ
ベルの言説的正当性を考察する。Brown et al.（2012）は，制度変化における
制度的ロジックを中心テーマに，オーストラリアの上院委員会の高齢者ケ
ア，障碍者ケアなどの報告書をテクスト分析（レトリック分析）した。前述し
た歴史的レトリックとアイデンティティ研究の 2 つの論文は，記録文書や雑
誌記事をもとに歴史的な考察を行っている。その 1 つ，Basque and Langley
（2018）は，カナダのケベック州，デジャルダン・グループの創始者のアル
フォンス・デジャルダンに関する，80 年間の雑誌記事をもとに分析する。も
う 1 つの論文，Oertel and Thommes（2018）は，ドイツの時計製造クラス
ター，時計メーカー 12 社のホームページを文書データ化し，歴史的なレト
リックを分析した。このように文書を事例の分析とすることは，ODS のアイ
デンティティ研究には有効な手段である。しかし ODS の特徴は，一般的な

319

第Ⅲ部
組織ディスコース研究の展開

経営学の事例研究とは異なり，文書は社会的に構成される事例を理解し解釈するテクストとして使われ，それらのテクストがディスコース分析されることである。

ODS におけるアイデンティティ研究は活発であり，中核的な研究テーマを維持している。ネオリベラリズムやグローバル化が進む中，多様なアイデンティティ研究の可能性を秘めている。

注

1)　discourse と organizational に続き，3 位の頻出回数，つまり実質には最頻出で使われる概念である（第 4 章参照）。

2)　2011 年 7 月に，第 10 回組織ディスコース国際会議（10th International Conference of Organizational Discourse）が，アムステルダムで開催された。この学会は 2 年に一度開催される。第 10 回大会では過去の 20 年を振り返り，パネルディスカッションにおいて C. Hardy たちパネリストは，組織文化論が中心的議論であった初期から，アイデンティティ研究に現在の関心が大きく動いている点を指摘した。

3)　2018 年に『ザ・サークル』という映画が公開された。ここにおけるヒロインはまさに，この日記のフランシスに似たような状況だ。会社へのコミットメントの強要や仲間意識の強化，また女性社員への対応など，会社組織のアイデンティティを考えるのにとても参考になる映画である。

4)　本章で紹介したアイデンティティ研究のアプローチとしては，フーコーの系譜学的視座が近いが，その基本的枠組みである批判的視座は強くない。

文献表⑥ ディスコース的アイデンティティ研究 (*Organization Studies* 2005-2018)

No.	タイトル（著者，出版年）	トピック／理論／アプローチ	研究方法
1	Exploring Resistance from a Rhetorical Perspective (Symon, 2005)	id[*1] 形成と規制，職場の抵抗，技術革新，フーコー理論，レトリック分析．IT の変更に対する対立，主体性・構造・行為主体のレトリック資源，id の対話的な構成	事例分析：公共組織（イギリス）．14人の IT 専門家へのインタビュー，文書データ
2	A 'Demented Work Ethic' and a 'Lifestyle Firm': Discourse, Identity, and Workplace Time Commitments (Kuhn, 2006)	職場時間へのコミットメント，id ワークと id 規制，社会構成主義的 id．ローカルな職場の実践が経営の言説より有効	事例分析：2つの組織（地方の行政組織と法律事務所），53人のインタビュー
3	Managing the Polyphonic Sounds of Organizational Truths (Sullivan and McCarthy, 2008)	ポリフォニー，バフチン理論，発言と経験の関係，チームワークの語り，3つの異なる言説的真実が異なる id や組織変革に影響	事例研究：大規模な健康管理組織，13のフォーカスグループ（2-2.5時間×13）
4	'Being Regimented': Aspiration, Discipline and Identity Work in the British Parachute Regiment (Thornborrow and Brown, 2009)	軍のエリートの id，期待される id，理想，大志，ストーリー，タイプ，テンプレート，規律型権力	インタビュー部隊，70件の準構造化インタビュー：現役隊員と引退した元隊員（イギリス）
5	The Transformational Potential of Public Policy Discourse (Motion and Leitch, 2009)	公共政策団体の id，正当化，社会的文脈とマクロレベルの言説的正当性を分析する	事例分析：生命工学の団体（ニュージーランド），文書 DA
6	Marketing Identities: Shifting Circles of Identification in Inter-organizational Relationships (Ellis and Ybema, 2010)	組織間関係のナラティヴ（境界），バウンダリー（境界），境界の社会的構成，レパートリー，管理職者の id ディスコース，自己／他者の境界が異なる，境界のブリコラージュ	事例分析：製造機械のサプライチェーン，5社から13名の管理職者のインタビュー（イギリス）
7	Talk of Change: Temporal Contrasts and Collective Identities (Ybema, 2010)	新聞社の組織 id，id に関する語り，自己継続の一時性，今と昔の比較の社会的構成，id の変革，ナラティヴ分析	事例分析：大手新聞社（オランダ），7ヵ月のフィールドリサーチ：インタビューを含む

第Ⅲ部
組織ディスコース研究の展開

8	Temporary Derailment or the End of the Line? Managers Coping with Unemployment at 50 (Gabriel et al., 2010)	リーマンショックによる失業者（管理職者と専門家）のストーリーテリング、失業者のアイデンティティ、対処のナラティヴ、失業と人生、アイデンティティのモラトリアム	インタビュー：12名の失業者、フォーカスグループ：28名の失業者へのコーチングプロジェクトの一環として
9	Identities, Discipline and Routines (Brown and Lewis, 2011)	組織のルーチン、規律型権力、フーコー理論、弁護士の id ワークは行為主体とパワーの現れ、組織化のルーチンプロセスは言説的構成	事例分析：2つの大手法律事務所の合併（イギリス）、40名の準構造化インタビュー
10	The Rhetoric of Institutional Change (Brown, et al., 2012)	制度変革、制度ロジック、レトリック的正当性、レトリック、ロゴス、1つのロジックが他のロジックより好まれるのは、エトスとパトスが id 形成に貢献するため	事例分析：オーストラリアの上院委員会報告書、高齢者ケア、障碍者ケアなどの報告書をテクスト分析（レトリック分析）
11	"Hippies on the Third Floor": Climate Change, Narrative Identity and the Micro-Politics of Corporate Environmentalism (Wright et al., 2012)	気候変動に関するディスコース、サステナビリティのスペシャリストの id ワーク、組織の動態的関係、id ワークがミクロレベルのサステナビリティ活動の中心となる	事例分析：大手グローバル企業（オーストラリア）、36人の準構造化インタビュー、仕事とキャリアについての語り
12	Negotiating the Self between Past and Present: Narratives of Older Women Moving towards Self-Employment (Tomlinson and Colgan, 2014)	自営業に携わる高齢女性、高齢者の id、id、ナラティヴ id ワーク、起業家的 id	インタビュー：セミナー参加者に最後にインタビュー、45人
13	The Vlaams Belang: The Rhetoric of Organizational Identity (Moufahim et al.,2015)	極右団体のレトリック戦略、社会的・政治的状況との関係、倫理的問題、レトリカル・フレーム、組織アイデンティティ	ケース：The Vlaams Belang という極右団体（ベルギー）が発行した各種のテクスト（2004-07）
14	Performing the Responsive and Committed Employee through the Sociomaterial Mangle of Connection (Symon and Pritchard, 2015)	フレックスタイムの仕事と携帯、スマートフォン、社会物質性と id ワーク、物質性がどのように id 形成に意義があるか	事例分析：レール技術開発会社、46人にインタビュー
15	Identity Threats, Identity Work and Elite Professionals (Brown and Coupland, 2015)	専門家エリート、雇用の脅威が id ワークに影響、スポーツ選手の短いキャリア、専門家的 id ディスコースとパワー関係	事例分析：プロのラグビーチーム（イギリス）、47名にインタビュー（トレーナー、コーチ、スタッフ）

16	Englishization, Identity Regulation and Imperialism (Boussebaa and Brown, 2017)	非英語圏における英語化。グローバル言語としての英語。グローバル化。id ワーク。規律型権力。英語帝国主義。当たり前化	事例分析：フランスの大学（3学部）で28人のインタビュー
17	Identity Work, Humour and Disciplinary Power (Huber and Brown, 2017)	ユーモア利用の適切さ。id ワークとユーモアの語りによって遂行される関係。規律型権力はユーモアの語りに	事例分析：ニューヨークのフード・コープ、60人の職員にインタビュー
18	Being an Early-Career CMS Academic in the Context of Insecurity and 'Excellence': The Dialectics of Resistance and Compliance (Bristow et al., 2017)	CMS（批判的経営研究）の若手研究者。ビジネススクールでの雇用とCMSの対立と葛藤。研究の質。ナラティヴ id：外交的、闘争的、理想的	インタビュー：24人の若手CMS研究者に深層インタビュー（イギリス）
19	Invoking Alphonse: The Founder Figure as a Historical Resource for Organizational Identity Work (Basque and Langley, 2018)	創始者と組織 id の関係。歴史レトリックの利用と組織 id。id ワーク	事例分析：デジャルダン・グループ、創始者のアルフォンス・デジャルダン、80年間の雑誌記事
20	History as a Source of Organizational Identity Creation (Oertel and Thommes, 2018)	歴史レトリックがどのように組織 id 形成に関係するか。時計クラスターとしての id。それぞれのメーカーの違い	事例分析：時計製造クラスター（ドイツ）。12の時計メーカーのホームページを文書データ化

* 1…idはアイデンティティを意味する。

第 **11** 章
組織とジェンダー

学生：女性の社会進出の問題は，組織ディスコースの研究になりますか？

先生：大事な問題だね。日本でも検討されているけど，多くはワーク・ファミリーバランスやグラスシーリングなど，人事制度や福利厚生などの政策的な議論が多いよね。

学生：ディスコースの研究では，どのようになりますか？

先生：組織が日常的に，どのようなディスコースによってジェンダー関係を生み出しているかは関心があるね。パワーやアイデンティティとも連動するけれど，語ることでジェンダー化する組織の過程を考察することが大事だね。

学生：ではやはり，インタビューが良いのでしょうか？

先生：そうだね。インタビュー以外にも，いろいろ観察することや，ポスターや映画などの文化的なものも対象になるよ。

学生：テニスの大坂なおみ選手をイラストにしたCMが，「ホワイトウォッシュ」であると，一部から批判が出ました。彼女の肌の色を白くしてしまったこのCMも，研究になりますか？

先生：ジェンダーやアイデンティティ，双方の視点から研究できるね。企業はあまり意識せずに，アニメの大坂選手の肌の色を勝手に白くしてしまい，特に海外で批判されているね。

学生：女性は白い肌が美しいという，イデオロギー的な前提があるのでしょうか？

先生：そうだね。これに関する人々の議論や，企業の対応を含め，組織レベルや社会的レベルでのジェンダー・ディスコースの研究は，とても大事だね。

第 11 章の重要概念

ジェンダーギャップ，女性差別，セクシャルハラスメント，ジェンダー，セックス，本質主義，身体（bodies），性（sex），リベラル・フェミニズム，ラディカル・フェミニズム，クリティカル・フェミニズム，ガラスの天井，エンパワーメント，ロージー・ザ・リベッター，ジェンダーする（do gender），エンジェンダー（engender），ディスコース共同体，ジェンダー化する組織，資本主義的組織化

第Ⅲ部

組織ディスコース研究の展開

　この章では，ジェンダーに関する組織ディスコース研究（ODS）に焦点を当てる。前章のアイデンティティと，この章で取り上げるジェンダー，そしてこの後の章のパワーは，切っても切り離せない関係である。本書ではそれぞれ独立して考察するが，現実的にはこれらの相互関係を考えることが大事である。まず組織と社会におけるジェンダーの問題から議論をはじめ，ジェンダーと密接な関係があるものの，それとは異なるフェミニズムの考え方を概観する。そのうえで，ジェンダーと組織とディスコースの関係を主眼に考察し，最後に組織研究の主要な学術誌の 1 つ *Organization Studies* におけるODS のジェンダー研究の実際を概観する。

▌ ジェンダーと組織の問題

　まず私たちは，反省から始めねばならない。なぜこんなにジェンダーに関して，意識が薄かったのであろうか。どうして女性の地位向上がこれほどまでに難しく，時間がかかるのであろうか。女性を支援するプログラムや，インフラが遅れているためであろうか。女性に対する経営者や同僚たちへの理解が，不足しているからだろうか。ODS の視点から考えると，答えの 1 つは，社会的にも組織においても，また家庭などの日常生活においても，私たちはジェンダーを気にとめなくていいという，言説的な装置に自ら関与してきたからである（そして今もである）。多くの人々は積極的に議論してこなかったし，動こうとはしなかった。議論の土俵に乗せることすら，避けてきた。これはディスコースの問題であり，語ることだけがディスコースではなく，語らないこともディスコースであるという典型だ。

　理由に関係なく，人々が語らない，語ることができない，あるいは人々に語らせないという沈黙化，またある事柄について，焦点を当てたり，当てないようにしたりすることは言説的な構成であり，語らないこともディスコースの遂行性である。本章では，ディスコースとは直接な関係はないが，ジェ

第11章
組織とジェンダー

ンダーの一般論についても重要な前提的知識として議論する。しかし最終的には，ジェンダーの問題をディスコースの観点からどのようにして理解し，批判し，脱構築するかに焦点を当てる必要がある。

(1) 日本のジェンダー・ディスコース

近年ジェンダー問題に関係する事件やニュースが大きくクローズアップされている中，とくにジェンダーに関する日本のコンテクストに注目が集まっている。1つは日本の女性の社会進出の遅れについてであり，世界経済フォーラムが発表する「ジェンダーギャップ指数」は，毎年発表を聞くとがっかりするものである。これは世界各国の女性の社会進出の状況を示す指数なのだが，2018年は110位，その前年は114位と，下から数える方が早いという状態である。統計データに嘘があると言う人もいるかもしれないが，統計データの詳細を見なくても，経験的に予想はつく。国際ニュースを見ると，総理大臣や大統領が女性である国があるのにもかかわらず，日本では政治に参加する女性は，まだまだ少ない。組織の側面では，とくに経営幹部の役員レベルに女性が少ない（日本だけでなく，世界的な趨勢ではあるが）。中間管理職にはなれるが，トップ層に女性は進出しづらいということである。日本の社会的背景には，女性蔑視の傾向があるという国際的な見方が，形成されつつある。

また最近では，**女性差別**事件に関する衝撃的な報道が，日本社会を驚かせた。それは〈医学部の不正入試問題〉である。2018年の夏，相次ぐ不正入試について，医療系大学側からの報告と謝罪があった。女子受験生と浪人生の得点を減点し，入試における不公平な対応が行われていたのである。いまだこのようにあからさまな差別があることに，驚愕した。学長のディスコースは，「男子学生をある意味救うというか，そういう発想で補正をした」と言及するが，まともなレトリックではない。'救済'と言うと聞こえが良いと思ったのであろうが，男子受験生を救済し女性は救済しないという，明らかな差別である。医学部や大学という組織が，いかに男性中心であるかという

327

第Ⅲ部
組織ディスコース研究の展開

ことが，このような事件のディスコースによって明らかとなった。大学だけではなく企業を含め，組織のジェンダー的な中立性はあり得ないことを示唆するものである。この事件によって，'客観的な評価'や'中立的な立場'というディスコースに大きな不審が伴い，組織において男性と女性には，異なる見方がなされていることが明らかになった。

　もう1つ考えたい事件がある。セクハラに関する，日本の元首相の発言である。2018年5月，当時財務大臣である麻生太郎氏は，財務官僚の起こしたセクシャルハラスメントに関する問題について，「男女の仲のことじゃないか。大事にするんじゃないよ」「セクハラ罪っていう罪はない」「殺人とか強制わいせつとは違う」などと発言した。この言葉のレトリックに愕然となり，これが一国の元首相の発言かと耳を疑った。この事件は組織ディスコースの視点から，とても意義ある議論の機会と考える。セクハラは，男女双方で起こりうる問題であることを前提としておくが，最初のディスコースにおいて元首相の発言は，日本社会の男性中心主義とジェンダーへの認識と，それに対しての関心の低さを示していると言える。後者の問題は，ディスコースの視座と大きく関係する。ジェンダーへの関心や認識を高めるということは，実は個人が持つ，人の倫理観の向上という動機にあるのではなく，日々使う言語の役割が重要であるということだ。

　まず'セクハラ'は，「**セクシャルハラスメント**」という英語の短縮形で，日本人だけが日常的に使っている言葉である。歴史的に見ると，この外来語が日本に入ってきたのは1970年代で，これは，アメリカのラディカル・フェミニズムから来ていると言われる。日本で大きく取り上げられるようになったのは，1980年代であった[1]。セクハラという外来語が使われるようになる前は，日本にセクハラはなかったのだろうか？確かにその言葉がないのだから，1960年代や70年代にセクハラはなかったとも言える。しかし，80年以前は，セクハラがなかったのだから，ジェンダー意識が高く，性差別もなかったのかというと，そんなことはないのである。つまりセクハラという言葉が日本に入ってくる前から，現在セクハラという言葉で説明できる行為が

第11章

組織とジェンダー

行われていたことは，想像に難くない。

　ではどのように，その行為を言語化していたのだろうか。'いやらしい人'とか'スケベな人'とか，その時代や地域の言葉によって，「性的な迷惑行為」を言語化していたのだ。ここから見えてくることは，言語によって世界を見るという視点，つまり言語の役割が現象の理解にとって，極めて重大であるということである。セクハラという言葉（の使用）によって，性的な嫌がらせや迷惑行為について，オルタナティブな見方や対応をすることが可能になったのだ。元首相の「'セクハラ罪'っていう罪はないという事実を申し上げている」という反論は，彼の言語観を示している。セクハラという語を罪に対するラベルとしてとらえ，法律用語としての罪の判断に使う物差しのように考えているのだ。彼のこの発言によって，'短縮形のセクハラ'という言語が異なる意味として理解されることが恐ろしい。つまりこの言葉のレトリックにあるのは，〈事実認定〉がすべてであるという，法律的な意義の強調である。事実が認定されればセクハラであり，そうでなければ彼に罪はないと考えるフレームである。日本社会にはびこる悪しき客観主義，〈科学的〉ディスコースの負の側面と言える。いじめを含め迷惑行為を〈認定し〉，客観的物差しで評価するという，機械化された'短縮形のセクハラ'ディスコースである。

　ジェンダー問題は社会的なディスコースや組織の政治性，パワーの問題などが複雑に絡み合っている。ディスコースの視座がベストであるというのではなく，有効な示唆を得る1つのアプローチとして考える。ジェンダーを考える目的は，女性の社会進出に関して世界と肩を並べるくらいになることではなく，また女性にとって有益なプログラムや制度を整えることだけではない。事件や犯罪の報道によって，思い出したかのようにジェンダーを考えるのではなく，私たちが目指すべきは，自分自身と自分の関係性の中で，ジェンダーとその周辺的課題について，いつも意識し振り返ることである。

　入試の女性差別問題やセクハラ発言問題から見えてきたことは，組織ディスコースから見て意義ある研究のポイントを示唆していたことである。2つ

329

第Ⅲ部
組織ディスコース研究の展開

の点を確認しておく。それは，組織は決してジェンダー的に中立な場ではないということ，そして，ディスコースがジェンダーを理解したり変革したりするための大きな役割を持っている，ということである。

(2) ジェンダーとは何か

あらためて，ジェンダーについて考えてみよう。「ジェンダー」という言葉は，1970年代から日本で使われるようになった。日本語では，「性差」と訳されることもある。この外来語は日本社会にとって，男と女の関係性を再度考えるきっかけになった。男性と女性を形容する言葉には，「大和撫子」という日本の女性らしさを表す言葉や，「質実剛健」という日本の男性らしさを強調する言葉などがあった。ジェンダーはこれを，再度考え直すディスコースとなった。一般的に，「ジェンダー」は社会的に構成された男女の違いを意味し，生理学的に男女の違いを意味する「セックス」とは，分けて考える。「性（別）は社会という環境によって形作られていること」が示されている（藤巻，2006, p.132）。男性と女性は生理学的な区分けではなく，歴史的コンテクストや文化的コンテクスト，社会的関係やコミュケーションによって形成される区分である。性別を身体的な特徴だけで決定するのではなく，コンテクストとコミュニケーションを通して考えることは，性的な差別問題や偏見に対するスタート地点と言える。

ジェンダーが社会的な概念として考えられることには大きな意義がある半面，ジェンダーのとらえ方やパラダイムの違いによって，多様なジェンダー理論に混乱を生じるという副作用をもたらした。端的にはフェミニズムの諸理論に表れているが，これらについては次節にて考察する。1つの大きな論点は，「男らしさ」「女らしさ」に対する考え方であり，ディスコースの役割が極めて大きい。とくにポストモダニズム系（本書においては，ポスト構造主義的あるいはクリティカル）フェミニズムは，女性とはこうあるべきというような本質主義を批判し，言説的構成を重視した。他方では，社会的構成の側面が強過ぎて，極度の相対主義に陥る視座もある。ジュディス・バトラー

330

第11章
組織とジェンダー

(Judith P. Butler) は，ジェンダーを決定するように思われている**身体**（bodies）と**性**（sexes）は，生理的なものに還元できないが，ジェンダーに関して大切な存在であることを示した（バトラー, 1999）。本質主義を排除しながらも，過度な相対主義に陥らないアプローチとして，身体を記号（シニフィアン）と規定したのである（藤巻, 2006）。そして〈身体＝記号＝もの〉という視座によって，本質主義だけでなく，過度な相対主義が持つ観念論的ジェンダーをも否定した。記号は私たちにとって〈信号の色〉，つまり'青は進め・赤は止まれ'のように表象として機能しているが，その記号が身体であるという点がユニークである。身体が記号であるという視座は，ジェンダーをより一層，ディスコース的な存在とした。そして，テクストやコンテクストを通して意味付けと遂行性を分析し，パワーや社会関係と合わせて研究する道を開いている。

2 フェミニズムと組織コミュニケーション

　ジェンダーを議論するとき，必ず学ばねばならないことは，フェミニズムの基本的考え方である。当然であるが，フェミニズムの考え方が，コミュニケーションや組織ディスコースの視座にも密接に関係している。組織コミュニケーションの教科書として使われている Mumby（2013, p.206）の文献には，ジェンダーに関する章があり，フェミニズムについて次のように言及する。「フェミニズムとは何？それはフェミストが取り上げる課題や特徴によって多様である。明らかなことは，あらゆるフェミニズムは女性の社会的立場の向上に関係するものであり，女性が参加する社会の多様な場面において女性が排除されてきたという歴史を前提としている」。そしてパワーとジェンダーの関係をいかに理解し，説明し，批判できるかが重要であると指摘する。

　フェミニズムを考えるということは，ジェンダーに対する考え方の歴史的発展を概観することにもなる。細かい違いは研究者の数だけあるかもしれな

331

第Ⅲ部

組織ディスコース研究の展開

□ 表 11-1　3つのフェミニズムの視座

	リベラル・フェミニズム	ラディカル・フェミニズム	クリティカル・フェミニズム（ポスト構造主義）
組織についての見方	女性の社会進出について障壁を作っている	本質的に男性支配：オルタナティブな組織を目指すべき，女性の視点に基づく	ジェンダー様式はパワーと意味のシステムを構築する
ジェンダー概念のとらえ方	男性と女性によって演じられる社会的役割：変数としてのジェンダー	男性と女性の本質的特徴としてのジェンダー	ジェンダー化された結果について常に責任がある
コミュニケーションについての見方	ジェンダーの役割表現としてのコミュニケーション：コミュニケーション・スタイルはジェンダーの影響を反映する	男性的意味を生み出す場，オルタナティブが必要な場　女性中心のコミュニケーション形態が必要	パワーとコミュニケーションは切り離せない：コミュニケーションがジェンダー・アイデンティティを作る
解放の目的	男性と女性の機会均等を作る	フェミニストの原理の基づく世界の構築：男性中心社会からの解放	男性ー女性両方の'ジェンダーの監獄'を生み出すパワーのシステムからの解放

出所：Mumby（2013, p.220）.

いが，一般的には，3つの視座がある。それは，**リベラル・フェミニズム**，**ラディカル・フェミニズム**，**クリティカル・フェミニズム**であるが，3つ目のグループはポスト構造主義的フェミニズムと呼ばれることもある（Mumby, 2013；Gabriel, 2008）。これら3つのアプローチの比較が，**表11-1**に示されている。

(1) リベラル・フェミニズムとラディカル・フェミニズム

　リベラル・フェミニズムは，私たちが日常よく耳にする，女性の地位向上を基本にする視座である。これは18〜19世紀の政治思想を土台としており，歴史的にさかのぼれば女性の権利，参政権の獲得などをルーツにする。産業界に目を移せば，資本主義社会の発展とともに，フェミニズムの課題も大き

第 11 章
組織とジェンダー

く変わったと言える。日本の女工哀史のような，劣悪な労働環境や非人間的な労働の歴史から，現代の**ガラスの天井**（グラスシーリング）の問題などまで，多様な課題に広がっている[2]。政治の世界で議論されている子育て支援や，産業界の施策である育児休暇，ワークライフ・バランスのプログラムなど，人的資源管理のアプローチもこの視座から成り立っている。

　この視座において女性の社会進出は，女性の**エンパワーメント**と連動する。例えばそれは教育業界において，女性の学位取得がエンパワーメントにつながるというマーケティングの手法にもつながる。図 11-1 は，アメリカのある大学が，テレビ CM として放映した画像の一部である。2 人の小さな子供を持つシングルマザーが，技術革新の波で職を失い，大学に行き IT を学び無事卒業し，新たなキャリアをスタートさせるというストーリーである[3]。この動画には，学位取得が新しい能力の証しとなって，キャリア開発につながるというメッセージが含まれている。現代社会を象徴する家庭環境の中，教

■ 図 11-1　アメリカの大学のテレビコマーシャル：We Can Do IT

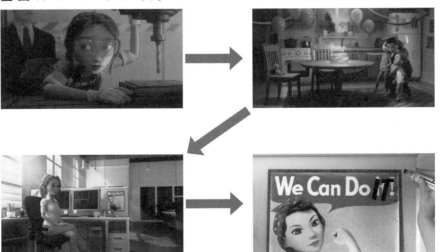

出所：YouTube 動画より（https://www.youtube.com/watch?v=2TTd2FmYr0g）。
　　　University of Phoenix

育が女性のエンパワーメントに結びつくというレトリックであり，1つのユーモアは「We Can Do It!」のメッセージの中にある it を IT に書き換え，IT（インフォーメーション・テクノロジー）を学ぶことがキャリアにつながるということを示しているところにある。

　この動画広告のもとになっているのは，図11-2にあるポスター「ロージー・ザ・リベッター」である。よく見るポスターであり，これは1980年代アメリカのフェミニズム運動の際に使われるようになった。このポスターにも歴史があり，もともとは戦争中に使われたポスターの1つであった。この表象には，戦時中に男性労働者が戦争で出兵している間，それまでは女性の職業とは思われていなかったような仕事も含めて，女性が産業を担っていたという主張があり，その後，フェミニズムと女性の経済的自立とを結び付けるものとなった。リベラル・フェミニズムは，男性と女性は対等であるという前提に立ち，男性と同じような能力を示すことが可能であると主張する。男性と同じような仕事につくこと，同じような能力を発揮する機会を作ることが重要であるとする。

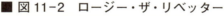

図11-2　ロージー・ザ・リベッター

第11章

組織とジェンダー

　従ってこの視座の特徴は男女平等であり，その目的は男性と女性の機会均等に焦点を置く。いろいろな社会的場面で，まだまだこの男女の機会均等は，発展の余地を残している。この大きな側面は，組織に問題があり，女性の社会進出について障壁を作っているのが組織である，という認識を持っている。

　例えば，組織における昇進昇格の男女間の不公平性は隠されたままであり，〈ガラスの天井〉はいまだに存在している。産業界や組織の構造は，やはり男性中心である。リベラル・フェミニズムは，このような組織の問題解決に立ち向かう。コミュニケーション・スタイルはジェンダーに影響を受け，例えば第10章の例で，フランシスの日記にあった「女性らしくあっても，セクシー過ぎない」というディスコースにあるように，女性らしさや男性らしさというジェンダーを反映したコミュニケーションを認めている。このようにリベラル・フェミニズムのアプローチは，少しずつ成果は上がっているが，なかなか大きな変革に至っていない。

　これに対してラディカル・フェミニズムは，1960年代に活発になった議論であり，ラディカルとは〈女性中心〉のという意味である。つまり男性中心の社会に代わり，女性中心の社会を目指そうという運動である。この視座では，ジェンダーを男性と女性との本質的特徴と考えており，ある意味双方は相容れない存在を仮定している。従って，男性中心の社会や組織を排除して，それに代わる女性中心のオルタナティブを目指すことで，男性中心社会からの解放を目的とする。ラディカル・フェミニズムは，組織を男性支配の場と見ており，コミュニケーションについては，男性的な意味を生み出すプロセスととらえている。

　リベラル・フェミニズムの啓蒙的アプローチに対抗する形で現れたラディカル・フェミニズムであるが，その根本的なパラダイムにおいてこの2つは，近代の視座である本質主義を共有している（Gabriel, 2008）。これについては次の節で議論する，〈結果としてのディスコース〉のアプローチに表れている。ジェンダーは生理学的な性（セックス）と結び付き，安定した性質と確か

第Ⅲ部
組織ディスコース研究の展開

な事実に基づくと考えている。リベラル派は，組織は中立的な存在でありながら，不公平な処遇や機会の不公平性が発生している点を，ジェンダーという変数で因果関係を分析することに焦点を置く。この要素として，ディスコースが含まれる。しかしこれは，ODS の多くが立脚するジェンダーの社会的構成の考えと異なっている点を，次の節で議論する。

(2) クリティカル・フェミニズム

ここでクリティカル・フェミニズムとする視座は，ポスト構造主義に大きく依存する。前の2つのフェミニズムに比べると，この視座はジェンダーをよりコンティンジェントで流動的で，もろい性質であるととらえており，生理学的な意味の決定論を排除する。ジェンダーは，明らかな事実でもなければ物質的なものでもなく，異なるコンテクストと相互行為の中で，常に進行形の再生産を必要とするものと考えられる（Gabriel, 2008）。

Mumby（2013）は，このクリティカル派がジェンダーをとらえる，4つのポイントを示唆する。第一のポイントでは，ジェンダーは，リベラル派に見るような個人の変数でもなければ，ラディカル派が仮定する男と女の自然で安定した特徴を持っているものでもないと主張する。常に変化する，社会的に構成された現象であると考える。第二のポイントでは，クリティカル派はジェンダーを，他の組織現象から独立した／切り離された要因ではないと考える。むしろジェンダーは組織の日常生活を構成する，統合された特徴と見ている。社会学者の Acker（1990, p.146）は，次のように定義する。

> 「組織とはジェンダー的な手段であり，長所と短所，搾取と支配，行為と情動，意味とアイデンティティが男性的と女性的な区分において／通してパターン化する。ジェンダーは進行する組織の過程に付け加えるものではなく，ジェンダーに中立であると見なされるものでもない。むしろ，これらの過程を統合したものであり，ジェンダーを考えることなしに適切に理解することは不可能である。」

第 11 章
組織とジェンダー

すなわちアイデンティティやセンスメイキング，そして組織の意味などすべては，ジェンダー化されている。あらゆる職種や仕事そのものが，ジェンダー化されていると考える。クリティカル派の第三のポイントは，組織メンバーが‘ジェンダーする（do gender）’方法に焦点を当てることである。つまり私たちのコミュニケーションが，ジェンダーを生み出しているのである。そして第四のポイントでは，ジェンダー問題は男性によって生み出されているだけではなく，男性と女性双方がジェンダー化を達成している。

まとめると，ジェンダーは現代社会においてより複雑に，日々の組織生活の隅々まで広がり，コード化された。多様でフレキシブルなアイデンティティやコンテクストに大きく関係し，ますますもって組織化とジェンダーの関係性に注目する必要がある。とくにジェンダーと組織コミュニケーションとパワーの関係性を，より詳細に考察するべきである。一般的に言って，パワーや資源を持っている集団が，最も大きな影響をジェンダー・アイデンティティの構成に与える。ODS もここに着目しており，クリティカル派とそれを支えるポスト構造主義は，ジェンダー研究のディスコース・アプローチに大きな貢献をもたらしている。

3 ジェンダーと組織ディスコース研究

ジェンダー研究は社会学を中心に発展してきているが，組織研究においても重要な領域であることがわかった。そしてジェンダーと組織の研究は進んでいるものの，リベラル・フェミニズムの視座をもとに，人的資源管理の領域や組織行動論で議論されることが中心であった。ODS の発展の中で，とくにポスト構造主義的アプローチは積極的に，ジェンダー，組織，ディスコースの3つの関係性を研究の対象にしてきた。ジュディス・バトラーが身体と記号の関係を強調し，ディスコースの重要性が高まり，ODS においてはジェンダーと組織の関係に注目が集まった。組織化における言説的実践におい

337

第Ⅲ部

組織ディスコース研究の展開

て，ジェンダー的自己がどのように作り出され安定化し，また変化したり崩壊したりするかを探求するものである。

ここでは，アッシュクラフト（Karen Lee Ashcraft）が指摘する，①結果とし

□ 表 11-2　ディスコース・ジェンダー・組織の関係を示す 4 つのフレーム

フレーム	ディスコースの見方	ジェンダーの見方	組織の見方	ディスコースのレベル／焦点	文献
結果：ジェンダーがディスコースを組織化する	コミュニケーション・スタイル：ジェンダーの効果	個人のアイデンティティと文化的メンバーシップ，社会化され，安定している	物理的な仕事の場，予想可能なジェンダー・ディスコースのパターンが明白になる	ミクロ／システマティックな多様性，個人のコミュニケーションの習慣のなかにあり，ジェンダー・アイデンティティに反映される	組織コミュニケーションスタイルにおけるジェンダー的差異：ある「マネジメントの中の女性」の研究，そして「ガラスの天井」研究
パフォーマンス：ディスコースがジェンダーを組織化する	平凡なやりとり（そして，コンテクスト特化的ナラティヴがそれを導く）：構成的	個人のアイデンティティ，絶えず交渉される：ディスコースの効果	物理的な仕事の場，ジェンダーが常に（非）固定化される	ミクロ／ジェンダー的差異の相互作用的な（再）生産を通した，進行形のアイデンティティの維持	仕事の中での「ジェンダー実践 (doing gender)」：組織生活の中の，男性性，女性性の，習慣的実践
テクスト―会話の弁証法：組織化がディスコースをジェンダー（生成）的にする	組織の形式の中に埋め込まれた，平凡なやりとりによって作られるナラティヴ：構成的	コントロールの関係：組織化の手段と結果	ジェンダー的なディスコースの主体であり客体：物理的な仕事の場	メゾ／ジェンダー的関係の制度的な構成	ジェンダー化としての組織：組織の代替的（ことにフェミニスト的な）かたち
社会的テクスト：ディスコースが組織をジェンダー（生成）的にする	組織という社会的表象の中に埋め込まれたナラティヴ：構成的	可能主体，関係と実践：ディスコースの効果	ジェンダー的なディスコースの主体であり客体	マクロ／「超・組織」な実践の場（特に，学問と大衆文化）におけるジェンダー的な労働関係の構成	ジェンダー化としての組織理論：ジェンダー的組織のカルチャー・スタディー

出所：アッシュクラフト（2012, p.457）

てのディスコース，②パフォーマンスとしてのディスコース，③テクスト―
会話の弁証法としてのディスコース，④社会的テクストとしてのディスコー
スという，4つのアプローチを考察する（アッシュクラフト，2012）。**表11-2**
は，それぞれの特徴を比較している。

(1)結果としてのディスコース

この①のアプローチはODSが目指す方向性とは異なり，ジェンダーの特
性，すなわち男性らしさや女性らしさを前提に，研究をスタートさせる。
ディスコースと，コミュニケーション・スタイルであり，話し方や言語使用，
人間関係の好みのようなコミュニケーションのパターン，コミュニケーショ
ンの結果と考える。従ってディスコースは，自己表現のための媒介と位置付
けられる。女性のコミュニケーションの方法や女性らしいスタイルに焦点を
当て，明白に異なる男女のコミュニケーションを仮設化している。ディス
コースは，因果関係を説明するための変数として研究されるのだ。例えば，
経営における女性に関する研究のように，女性のコミュニケーション・スタ
イルがどのように経営に効果をもたらしたか，という因果関係に焦点を当て
る。このような流れの中，女性のリーダーシップや女性らしいリーダーシッ
プ・スタイルなどに懐疑的な研究が，女性は効果的にリーダーになれる，あ
るいは女性の方がリーダーとして優れている，という結果に変わりつつある。
また仕事の専門性において形成される，専門家のアイデンティティと女性の
アイデンティティの間に，ダブル・バインド（板挟み）を発生させることに着
目する研究も多い。

これらの研究は，ジェンダーの差異とディスコースの関係性について明ら
かにせず，ここに大きな変革はないままである。ジェンダーはあくまでも，
アイデンティティの1つの特質として扱われ，人種や階層，年齢などとの関
係についてはあまり注目していない。ここでモデルとなっているのは，中産
階級の白人女性であり，研究の普遍的側面を強調する。例えば，職場におけ
るイスラムの女性とは明らかに異なるコンテクストであり，ヒジャブやブブ

第Ⅲ部
組織ディスコース研究の展開

カなどに代表される，イスラム女性が被るスカーフなどは，この視座の研究
射程外となる。ダイバーシティーが進む今日，中産階級の白人女性をモデル
とすることには，研究の限界がある。このアプローチについて，アッシュク
ラフト（2012）は次のように批判する。

　「結果の視座は，コンテクストの欠如が致命的で，つまりコミュニケーショ
　ンを文化的，政治的，制度的，歴史的，構造的な真空状態に置いている。
　差異を生み出すディスコースの力，そしてそのプロセスがパワーに関して
　どのように関係するかを無視している。」

　このアプローチでは，組織は偏見を持たない場所であり，中立的な場とし
て考えられ，男性と女性の性差の本質主義に依存している限界を示してい
る。

(2)パフォーマンスとしてのディスコース

　②のパフォーマンスの視座からは，ディスコース分析を中心としたジェン
ダー研究となる。この視座は，ミクロに焦点を当てたアプローチであり，エ
スノメソドロジーや会話分析が中心となる。③のテクストの視座はメゾレベ
ル，④の社会的テクストの視座はマクロレベルに相当するディスコース分析，
という分類枠組みである。パフォーマンスの視座でも，ジェンダー・アイデ
ンティティに注目する。しかしパフォーマンスの視座では，見かけ上の秩序
をディスコースがどのように作り出し，崩壊してきたかを検討する。「アイデ
ンティティは不完全で不安定な言説的な効果」と考え，人々の固定された特
性ではない（アッシュクラフト，2012, p.441）。

　ディスコースは構成的パワーを持ち，日常のやりとりの柔軟なプロセスと
考えられ，ジェンダーを生み出す生産の進行過程とみなされる。このような
点で，結果の視点とは大きく異なるパラダイムを持っている。その違いは，
大きく3つである。1つ目は，ジェンダー・アイデンティティを真空状態の
中に設定するのではなく，政治的なコンテクストに根付いたものとして解釈
することである。2つ目は，男性と女性の多面性が強調されたことである。3

第11章

組織とジェンダー

つ目は，ジェンダーと人種や階級，セクシュアリティ，年齢などの相互の影響を強調することである。このような点から，ディスコースの相互作用的側面や制度的背景に光を当てることで，ジェンダーの日常的な構成を探索したと言える。

とくにエスノメソドロジーのパラダイムは，この研究の中心的アプローチであり，ワークの研究として発展している。ジェンダーを「状況づけられた暫定的な遂行」ととらえ，ジェンダーの相違を肯定する行動に対して，経営実践が支配的な関与を続ける過程を考察する。ジェンダーの再生産が必然的に，パワーと関係した不平等の生成維持につながるとする。このようにパフォーマンスの視座は，ディスコースがどのようにジェンダーを作り出しているかに注目する。そしてこの視座はジェンダーの意味解釈のやり取りに注目し，永遠に続く過程であり，ときにはジェンダー関係を受け入れ追随したり，即興で場面に合わせたジェンダー・アイデンティティの修正を行うプロセスを考察する。

(3)テクスト―会話の弁証法としてのディスコース

テクストと会話の弁証法として，ディスコースをとらえる視座と命名されたアプローチであるが，このジェンダー研究は，メゾレベルに焦点を合わせる。つまり組織レベルのコンテクストにより大きな焦点を合わせ，個人レベルはそれとの関係において考察するという形になる。これは，パフォーマンスの視座とは逆転した形になる。テクストと会話の弁証法という表現は，組織体（organization）と組織化（organizing）との相互作用的な発展を示している。まず組織をどのように見るかというと，不安定で社会的な構成とみなしている。組織はそのメンバーの相互作用によって常にプロセスの中にあり，組織化され生成変形していく。つまり，組織メンバーの言説的な実践である〈会話〉が組織化となる。他方，組織体は，そのメンバーに特定の方法で実践するような影響を与える。つまり，組織体がコミュニケーションを条件付ける構造的側面を持つテクストとして機能するのだ。この2つの側面を組織の

341

第III部
組織ディスコース研究の展開

コミュニケーション的な構成と呼び，この前者の側面の organizing を〈会話〉，後者の組織構造の側面である organization を〈テクスト〉と考える。このようなフレームワークによって，会話とテクストの持続的な相互作用という弁証法的関係を通して，メゾレベルを分析する。そしてこの弁証法の中心に位置するのが，ディスコースである。

　ここで大事な点は，この視座に立つ研究者は，組織を背景や器と考えるのではなく，ある意味行為者として考え，組織が語りジェンダー化を進めていると考えることである。この点をアッシュクラフトは強調し，**エンジェンダー**（engender）という言葉を使って説明する。英語の engender は，子供を産むという意味や，何かを生み出すという意味であり，この言葉を使って組織が，能動的にジェンダーをエンジェンダーするという意味を示唆する。ディスコースを中心に考え，テクストとしての組織体と会話としての組織化の弁証法を強調する。「組織はジェンダー的なディスコースを生産しているが，組織もディスコースの生産物である。すなわち，組織とはジェンダー的ディスコースの共同体である」（アッシュクラフト，2012, p.445）。個人の言説を分析するが，パフォーマンスの視座とは異なり，集団的なナラティヴとして個人の語りをとらえている。個人の語りが相互言説化し，組織という共同体的ディスコースを作り上げ，同時に組織体としてテクストの役割を果たしながら，組織化に関与する。そして，この弁証法的関係は極めて政治的であり，真空状態や中立性はあり得ない。組織の制度も，ジェンダー化されている。アッシュクラフトの使ったエンジェンダーという表現は，**ジェンダー化する組織**を示唆する意味で有益である。

　この視座の具体例を見てみよう。第 10 章のアイデンティティで使われた引用であるが，フランシスの日記はいたるところに，ジェンダーに関わるナラティヴが示されていた（**引用 10-1**）。組織メンバーの個別の語りはディスコース共同体を生み出し，テクスト化して組織メンバーをエンジェンダーし意味付ける。例えば，'「アップル女性経営幹部会議」の案内' を誰かがオフィスに届けに来たとき，フランシスは上司の反応に不快感を表した。一見，

第11章
組織とジェンダー

このシーンは，職場のジェンダー意識が高いものと思えたかもしれない。これはリベラル・フェミニズムの視座からは，男女の機会均等を推し進める会社の姿勢と，それを理解する上司と解釈するかもしれない。そしてそれを受け入れないのは，フランシスの過剰反応であると思うかもしれない。しかしクリティカル・フェミニズムの視座，および弁証法的ディスコースの視座からは，このディスコースは組織が，女性を組織の中で低い位置につなぎとめる装置となっていることに気が付く。チラシに書かれてある‘女性経営幹部会議’という言語化自体が，女性と男性という差異を前提としているものであり，男女の機会は均等に与えるが，その能力は本人の努力次第であるという言説的装置である。

　そこで，フランシスの月曜日の記述が気になるところである。人事評価が来月にあるという日記だ。人事評価制度は極めて政治的であり，中立のように表現されるが，実態はジェンダー的な差異を推し進める言説的実践となる。男性中心の組織において，男性の上司によって評価されることには，パワー関係が存在する。月曜日の日記に書かれてあるマーガレットは，1年で一番多忙なクリスマスの時期に休みをとり，ナーバスになるほど人事評価をとても気にしている。さらに同僚からもひんしゅくを買って，陰口をたたかれている。制度上産休を取る権利はあるが，これを良しとしない同僚のナラティヴが，給湯室でささやかれている。産休の取り方には適切さがあるというこのささやきがエンジェンダーであり，この後説明する「ディスコース共同体」としての組織を生み出す。

　フランシスの，次の記述も気になる。「私も20代後半。まだ子供が欲しいとは全く思わない，でも本社は私の適齢期を想定しているので，大事な仕事を任せられないと思っているのでしょうね？」。会社が実際にこのようなことをするかしないかという事実に関する議論は，ほとんど意味がない。ディスコース視座から意義ある議論は，ここでこのようなことが語られていることに着目することである。つまり少なくともフランシスは，‘適齢期’というディスコースに危惧を表明しており，会社がエンジェンダーしながら，社員

343

第Ⅲ部
組織ディスコース研究の展開

の組織化を意味付けていることだ。組織のディスコースが規律型権力として作用し，社員の従順化とジェンダー化を推し進める。会話とテクスト，組織化と組織体の弁証法的ディスコースのアプローチは，職場を観察する重要な視座となる。

また追加の議論であるが，リベラル・フェミニズムのアプローチは，しばしばジェンダー問題を見えにくいものにし，より根深いジェンダー化をもたらすのである。この引用の例にも見られるように，男女の機会均等やエンパワーメントのプログラムが会社から提案され，職場の女性にとって有益に見えることが，実はより強くジェンダー化を推し進め，規律型権力と同期しながら，職場のジェンダー化への見えざる植民地化を達成することもある。'産休'の取り方に関するディスコースや，'適齢期'のディスコースを繰り返すことで，男女問わず社員はジェンダー化に関して，共犯関係を作り出してしまうのだ。会社が悪いのではないという構図を作り，問題は複雑化する。弁証法的ディスコースの視座はこの点を批判するパラダイムを有するが，リベラル・フェミニズムは問題を見えなくするだけでなく，むしろ経営側のジェンダー・コントロールを巧妙に手伝うことにつながる。この点は，日本の実践においても注意を向ける必要がある。

これまでのいくつかの重要な研究が，ジェンダー化における組織の創造的側面と，構造的側面を議論している。Acker & Van Houten（1974）は，古典となっているホーソン研究のレビューをジェンダーの視点から行い，組織がジェンダーを中枢的なコントロールメカニズムとして利用し，組織行動の変容を生成していると議論する。Kanter（1975：1977）は，ジェンダーを構造的関係性の産物とみなし，女性はトップのそばに象徴としてちりばめられ，安く価値付けられたインフラとされていると議論する。アッシュクラフト（2012）は，次のようにまとめる。「多くの研究で一致する見解は，フェミニストのイデオロギーと，男性優位の資本主義の組織化の要望との間の基本的な矛盾が，最良の平等主義的構想をむしばむという点である」。ここで指摘されるように，**資本主義的組織化**は，単に経済的な性質を持ったものではなく，

多様なコンテクストを組み込みながら組織化され，その1つはジェンダー化であり，人種的差別やセクシュアリティの差別を巧妙に取り込んでいる。ディスコースは，これらの資本主義的組織化のもとにおける取り込みの中心的な役割を果たしている。

アッシュクラフトが指摘する弁証法的視座は，〈組織─ジェンダー─ディスコース〉の関係について適切にとらえることを可能にし，そのプロセスを重視しながら考察することが有益であると示唆する。とくに，組織をディスコース共同体としてとらえるアプローチは，日常のやり取りの中でメンバーが決め，書き直す，緩やかに共有されたナラティヴに導かれることを重視し，ミクロとメゾの関係の再帰性を分析する。「組織はジェンダー的ディスコースの主体でもあるし，客体でもある」（アッシュクラフト，2012, p.449）。従ってエンジェンダーを研究することは，資本主義的組織化の中で，ジェンダー化を推し進める組織の遂行性に着目して考察することになる。

(4)社会的テクストとしてのディスコース

これまで，ミクロとメゾのレベルに焦点を置いたディスコースの視座からジェンダーを見てきたが，最後の視座は，マクロ・レベルに焦点を合わせる。実際の職場やそこにおける個人の実践を超えて，より抽象的であるが，社会的なレベルの議論を行う。ここにおけるディスコースは，「表象システムに組み込まれた，より広い社会的なナラティヴ」を意味し，ジェンダーと組織の関係を社会的なディスコースの中で形成する（アッシュクラフト，2012, p.450）。

アッシュクラフト（2012）は，社会的テクストにおける2つの側面を重視する。1つは，社会的なナラティヴがテクストとして，人々の職業選択や組織の遂行性に意味を持たせる点である。簡単な例を挙げれば，時代によって変わる職業観がそうである。10代20代の女性向け雑誌の企画でしばしば見かける，〈女子学生が将来なりたい職業ランキング〉のような特集を組んだり，就職・転職雑誌が〈女性の人気職業ランキング〉というような見出しで記事を示すことで，社会的ナラティヴは構成され歴史的に変動する。このよ

第Ⅲ部
組織ディスコース研究の展開

うなテクストが女性の「あこがれ」を生み出し，人々のアイデンティティや組織の戦略などに影響する。2つ目は，言説的な構成とナラティヴの連鎖が，特定のテクストの中に人生を見出すような側面である。例えば映画や小説など，文芸作品は人々にいろいろな感情を引き起こさせる。このような表象が，自分の人生を振り返るきっかけや，自分を映す鏡になるかもしれない。これらはアイデンティティの葛藤や変容に，大きな影響を与える可能性を持っている。社会的テクストは，ジェンダーの社会的構成に大きな影響を持っている。前節において，ジェンダーが日々の生活から作られたり，組織が生み出したりする側面を見てきたが，このような広い社会的テクストを分析することで，ジェンダーの問題を考察することにも大きな意義がある。

そこでこの視座から，組織とジェンダーとディスコースについて，2つの領域における影響関係に注目する。それは，組織理論の領域とポピュラーカルチャーの領域である。まず最初の領域であるが，組織論研究がジェンダー的な前提に立っていると考えられ，組織研究者のディスコースは，組織の経営者と同じディスコースであると批判する（Acker, 1992）。従って，組織論研究が見ているのは経営的サイドからであり（または上から目線的であり），女性社員や従業員全体の視点から研究されていない。

例えば，キャリア開発の視点は男性を前提とした線形モデルであり，女性的視点から産休や育児を念頭に置いた，複合的なモデルを考慮していないという指摘がある（Marshall, 1989；Ashcraft, 1999）。さらにアッシュクラフトは，次のように研究者の反省を促す。「社会的テクストの視点から見れば，学術的ディスコースは責めを負う。表象的ディスコースの内容や形式の点で，ジェンダー化した組織を積極的に勧めたり，隠したりすることに，すすんで手を貸したパートナーだから」（アッシュクラフト, 2012, p.451）。組織研究者へのこの批判は，研究者の方法論的価値論の軽視を指摘するものであり，研究のポジショニングの内省が欠如しているに他ならない。アカデミズムが中立である（べき）と無自覚に前提しているためであり，ジェンダー中立的学問という見せかけを維持しているからだ。研究対象である組織や経営を見ると

346

第11章
組織とジェンダー

き，中立的立場や経営者的立場に立つことは，自然ではなく政治的であり，研究者自体が，学術的ディスコースの装置の中に飲み込まれているからである。大事なことは，最近流行の〈女性のリーダーシップ〉ディスコースに代表されるような，一般化するテクストを脱構築し，よりラディカルな（根源的な）オルタナティブを提示することである。

ポピュラーカルチャーの領域からも，ジェンダーと仕事の関係について，議論が活発化している。映画やテレビドラマ，音楽などメディアが描く仕事に関するディスコースには，女性や男性の取り組む姿が必然的に投影され，社会的テクストとしてジェンダーを生み出している。日本においても，テレビドラマや映画は社会的テクストとして，日本人の仕事とジェンダーの関係に大きく影響してきた。

例えば，1983年に放映された「おしん」は，とても高い視聴率を得て，大きな影響を日本社会に与えたといえる。主人公の女性 'おしん' が幼いころから奉公に出され，いじめに耐え，戦争や震災をも耐え抜き，苦労の末に成功，最終的には複数のスーパーマーケットを経営するようになる（最後に店はほぼ手放す）話である。この耐える人生は，日本の女性の生き方やものの見方に少なからず影響している。「おしん」ディスコースは，多様なコンテクストにおいて使われ，相互言説的に拡大し，社会的なレベルのジェンダー・ディスコースになった。耐えることの大切さを示しているだけでなく，企業家的なイメージも与えたことだろう。

今日においては，これほど絶大な影響を持ったテクストはないが，現代においてもヒットした映画やドラマ，アニメの中に必ずジェンダーが描かれている。スタジオジブリのアニメ作品から，「私，失敗しないので！」という女医まで，テクストは豊富に存在する。映画やドラマだけではなく，図11-1と図11-2のようなポスターやテレビCMも，意義あるコンテクストである。「ロージー・ザ・リベッター」は，第二次世界大戦中にほんの少し使われただけのポスターだが，1980年代アメリカのフェミニズムの隆盛の際に取り上げられ，その後も多様なコンテクストで利用されながら，今日まで女性と仕

347

第Ⅲ部
組織ディスコース研究の展開

事の関係性を象徴するテクストになっている。テクストの連動を見る'間テクスト分析'の点において，ジェンダーが相互言説的に構成される歴史的な観点は重要な方法である。ジェンダー・ディスコースの歴史的な視点は，基本的に脱構築を目的とする。社会的テクストは一般的な見方がすでに確立していることが多いが，このアプローチではそれを脱構築し，新たな意味を見出すことが大事である。そうすることで，ジェンダー・ディスコースが生成変化する中，社会的構成におけるパワー（規律型権力）や，統治性の言説的装置を解き明かすことが可能となるであろう。

4 ジェンダーの組織ディスコース研究

　最後に，組織ディスコースの視座から，ジェンダー研究を行うときに選択しなくてはならない自分の立場とアプローチについて，今一度確認しておこう。**結果の視座**はリベラル・フェミニズムに結び付くアプローチであり，ジェンダーを安定し内在化したアイデンティティとして，ディスコースは組織のジェンダー問題の因果関係の要因と位置付けている。ディスコースはこの視座にあっては受動的な役割でしかなく，一般的には制度改善やエンパワーメントのプログラムが目的となる。**パフォーマンスの視座**は，ディスコースの積極的な役割を強調し，アイデンティティは状況付けられたディスコースが生み出す産物であり，安定したものではない。エスノメソドロジーや会話分析のアプローチが中心的で，ミクロの分析が行われる。パフォーマンスの視座は言説的な生産の相互行為を強調し，ジェンダーが組織の会話に表れると考える結果の視点との相違を明示する。**弁証法的視座**では，組織をディスコース共同体と考え，日常のコミュニケーションやアイデンティティ形成においてジェンダー化が行われる。また同時に，組織は行為者としてエンジェンダーし，組織メンバーにジェンダー的な意味付けを行う。そこには中立性や真空状態はなく，常にジェンダー化とパワーが同期される。

この視座の研究は，組織のメゾレベルに重点があり，職場の会話や組織のメッセージや制度などのディスコースを検討する。**社会的テクストの視座**は，ディスコースの構成的側面を強調し，分析の射程をメディアやポピュラーカルチャーの領域に広げる。仕事とジェンダーの関係などについて，マクロなコンテクストから分析する。テクストとしては映画やテレビドラマ，文芸作品，また雑誌やポスターなど，多様な社会的テクストが分析の対象となる。

そこで，*Organization Studies*（OS）に掲載された137件のODS文献の中で，ジェンダーに関連する研究を抜き出してみた（**文献表⑦**）。OSにおいてさえも，まだ6件ほどの研究しか発表されていない。しかし同じ期間のOSにおいて，ディスコースのアプローチでなければ，ジェンダーに関する研究は27件あった。つまり，ジェンダー研究のディスコースアプローチは，まだまだ少ないことが分かる。別の見方をすれば，〈組織—ディスコース—ジェンダー〉の関係性を研究するアプローチは今後，発展の可能性を秘めている。

6件の研究トピックは幅広いが，そのうち3つの文献（No. 2, 3, 4）は，OSの特集に掲載された論文である。特集のテーマは「高齢危機：組織化と高齢化（At a Critical Age：Organizing Age and Ageing）」で，その中でもいくつかの論文は，ジェンダーと高齢化の交錯性を考察している。Spedale et al.（2014）は，年齢差別と性差別が共存する職場に焦点を当て，「若々しさ」というイデオロギーの社会的構成を考察し，年齢差別がまだ大きな声となっていない点を指摘する。この研究ではCDAによってテクスト分析が行われたが，そのテクストは，イギリスBBC放送の番組「カントリーファイル」の女性キャスター，ミリアム・オライリー（Miriam O'Reilly）降板に関する雇用審判所のヒアリング記録や，その判定結果などの記録であった。前節で議論した，社会的テクストとしてのディスコース視座からのジェンダー研究と言える。

Tomlinson and Colgan（2014）は，自営業に携わる高齢女性を研究トピックとし，高齢者のアイデンティティと，女性のアイデンティティの交錯性に焦点を当てた。ナラティヴ分析を通じて，起業家的アイデンティティとそのアイデンティティ・ワークを考察する。この研究では，ベテラン自営業者（50

第Ⅲ部
組織ディスコース研究の展開

歳以上）のワークショップに参加した女性45人に対しインタビューを行い，ナラティヴ分析が行われた。特集の中の3つ目の研究である Riach et al.（2014）は，年齢—性別—セクシュアリティという3つの相互関係と，それらの交錯性をトピックとしている。ジェンダー問題はセクシュアリティと密接に関係しており，LGBT の差別問題などを射程に入れなくてはならない。バトラーの遂行的存在論を理論的土台とし，インタビューをアンテナラティヴの視点から，ディスコース分析した。インタビューは，インターネットのLGBT のコミュニティー・サイトに呼びかけ参加者を募り，40歳以上のゲイ（5人），レズビアン（2人），トランスジェンダー（1人）に対しインタビューを行った。

　後半2つ No. 3, 4 の研究は社会的テクストではなく，メゾレベルあるいはミクロレベルに焦点がある。年齢差別は日本でもまだまだ関心が薄く，高齢者ケアの研究はあっても，高齢者差別に関するビジネスや組織の研究は少ない。1つの大きな方向性を示す特集となっていて，高齢問題にジェンダーの視点が欠かせないという点は，とくに興味深いものがある。

　残り3つの研究は，社会的テクストの視座に立つもので，出版された著述のテクストや新聞記事がテクスト分析された。Phillips et al.（2014）は，組織研究におけるジェンダー中立性という無自覚さを議論する。取り上げた社会的テクストは，エレーヌ・シクスー（Hélène Cixous）というフランスの作家（劇作家，詩人，哲学者，批評家）が執筆した著述についてナラティヴ分析を行い，'男性主義的性欲経済' の組織研究への影響を考察する。

　Elliott and Stead（2018）は，女性のリーダーシップについて研究し，男性主義的リーダーシップへのオルタナティブを提起する。リーマンショック後の世界的な金融危機の期間，イギリスの新聞大手4紙から記事を抽出し（2008〜12年），女性リーダーシップがどのように表象されていたかを，CDA で分析した。

　Buchanan et al.（2018）は，ジェンダー不平等が支配的言説の中でどのように再生産されるか，とくに能力をもとにしたクレジットカードの借り手に

350

第 11 章
組織とジェンダー

関するカテゴリー化を，どのように推進していくかについて考察した。リーマンショック後に焦点を当て，アメリカの新聞大手全国紙 4 紙から新聞記事（各紙記事約 600 件）を抽出し，CDA による 3 段階のテクスト分析を行った。

　組織研究におけるジェンダー問題は，海外ではすでに定着した大きなテーマになっているが，組織ディスコースによる研究はまだ始まったばかりと言える。ODS においては，ジェンダーと他の社会関係との密接な交錯性の中で，とくにパワー関係のコンテクストと，テクストを考察する方向性が示されている。ディスコース・アプローチこそが，組織におけるジェンダーの社会的構成に対して，有効なアプローチと考える。

注

1) セクシャルハラスメントは，1989 年の「新語・流行語大賞」の新語部門の金賞受賞となっているように，この時期大きな反響を得た。確かに個人的な経験でも，1980 年代後半，組織で盛んにセクハラ研修が行われていたことを覚えている。

2) 女性固有の問題ではないが，女工哀史と同じような劣悪な労働環境は今でも多く，ブラック企業と呼びながらも，そこで働かざるを得ない状況が従業員にある。感情労働はジェンダー問題ではないが，サービス業に従事している多くの女性が抱える問題である。このように女性特有の問題と指摘できないところが，リベラル・フェミニズムの限界の一側面であるが，現代の産業界にはまだまだ，前世紀のような職場環境や労働慣行がとても多く存在している。

3) この大学のテレビ CM は，動画として YouTube において見ることができる。https://www.youtube.com/watch?v=2TTd2FmYr0g

351

第Ⅲ部

組織ディスコース研究の展開

文献表⑦　ディスコース的ジェンダー研究（*Organization Studies* 2005-2018）

No.	タイトル（著者，出版年）	トピック／理論／アプローチ	研究方法
1	Writing Organization as Gendered Practice : Interrupting the Libidinal Economy (Phillips et al., 2014)	組織研究におけるジェンダー中立性という無自覚さ，エレーヌ・シクスーの '男性的性欲経済' が組織研究に影響	ナラティヴ分析：エレーヌ・シクスーの著述をナラティヴ分析
2	Gendered Ageism and Organizational Routines at Work : The Case of Day-parting in Television Broadcasting (Spedale et al., 2014)	年齢差別と性差別が共存する職場，「若々しさ」というイデオロギーの社会的構成，年齢差別はまだ大きな叫びとなっていない	批判的ディスコース分析：BBCの番組「カントリー・ファイル」の女性キャスター降板の雇用審判所のヒアリングなどの記録
3	Negotiating the Self between Past and Present : Narratives of Older Women Moving towards Self-employment (Tomlinson and Colgan, 2014)	自営業に携わる高齢者女性，高齢者のアイデンティティ，女性のアイデンティティ，ナラティヴ，アイデンティティ・ワーク，起業家的アイデンティティ	インタビュー：セミナー参加者に最後にインタビュー、45人
4	Un/doing Chrononormativity : Negotiating Ageing, Gender and Sexuality in Organizational Life (Riach et al., 2014)	年齢‐性別‐セクシュアリティの相互関係，交錯性，LGBT，バトラーの遂行的存在論，メモリー（記憶）ワーク	インタビュー：40歳以上のゲイ（5人），レズビアン（2人），トランスジェンダー（1人）
5	Constructing Women's Leadership Representation in the UK Press during a Time of Financial Crisis : Gender Capitals and Dialectical Tensions (Elliott and Stead, 2018)	女性のリーダーシップ，男性主義的リーダーシップへのオルタナティブ，世界的な金融危機の期間，女性リーダーシップがどのように表象されていたか？3つの対抗する弁証法的議論	テクスト分析：新聞大手紙（イギリス）から抽出（2008～2012年），3段階のCDA
6	Categorizing competence : Consumer debt and the reproduction of gender-based status differences (Buchanan et al., 2018)	ジェンダー不平等等が支配的言説の中でどのように再生産されるか？能力をもとにしたクレジットカードの借り手に関するカテゴリー化をどのように推進していくか？3つの能力	内容分析：新聞大手全国紙4紙（アメリカ）の新聞記事［各紙記事約600件］，3段階のテクスト分析

第**12**章

組織とパワー

学生：権力とかパワーって，政治学のようなテーマですね。

先生：そういう見方をする人が多いかもしれないね。しかし，ふと自分をとり
　　　まく環境をふり返ると，職場や組織はとても政治的ではないかな？ バイ
　　　ト先はどう？

学生：いつも店長と社員さんが，もめています。

先生：組織はいつも，パワーを生み出し格闘している。パワーとディスコース
　　　は，強い連動関係にある。社員と店長という関係で，対立や議論が行わ
　　　れ，ディスコースとともにパワーが再生産されるんだね。

学生：バイト先では，マニュアル通りに仕事しないと怒られます。

先生：マニュアル通りの仕事をしないというのは，理由があるわけ？

学生：絶対，現場を知らない人が作ったマニュアルだと思います。マニュアル
　　　通りにしていたら，大勢のお客様に対応できません。

先生：それは興味深いね。マニュアルという制度的パワーと，職場の抵抗という
　　　研究テーマだね。実際のところ，組織のコミュニケーションでは，いろい
　　　ろな「抵抗」が生まれている。あまり研究の中心的な概念として，取り上
　　　げられていないかも。

学生：バイト先だけでなく，学校でも，私たちはいろいろなところで，抵抗の
　　　コミュニケーションを行っていると思います。抵抗という名前にすると少
　　　し違うかもしれませんが，パワーに対抗しています。もっとここに注目
　　　すべきだと思います。

先生：ディスコースの視座を基にするパワー研究は，パワー vs 抵抗という図式
　　　ではなく，抵抗がパワーの中に組み込まれた研究と言える。そのような，
　　　ダイナミックなパワー・プロセスの研究として考えることが大事なんだ。

第 12 章の重要概念

パワー＝知，言説的構成，テクストの集合，概念，客体，主体位置，
相互主観的意味，テクストの生産―伝達―消費，公式的パワー，重
要な資源へのアクセス，ネットワークの結びつき，言説的な正当性，
抵抗，ブラック校則，隠れた複写，イデオロギー，真実の体制，ヘ
ゲモニー，言説的接合（アーティキュレーション），同調統制，躾，
企業コロニー化，イデオロギー批判，弁証法的批判，批判的遂行性

第Ⅲ部

組織ディスコース研究の展開

　本章では，組織ディスコース研究（ODS）における最重要概念の1つである，パワーについて考察する。最初に，議論を限定する必要がある。Powerという概念は，幅広い議論が可能であり，社会学から政治学まで，多様な考え方やとらえ方がある。この章で議論するのは，ディスコースとパワーの関係であり，包括的なPowerの議論をするものではない。多くのODSは，おもにポスト構造主義的なパワー概念に依拠しており，その視座において良い悪いという価値判断を，パワー概念そのものに伴わないのが特徴である。またパワーはいたるところにあり，多様な形態を持つ。組織の変革や事業キャンペーンの推進力にもなれば，組織メンバーの抵抗のような形態もある。

　本章でははじめに，伝統的な権力ではなく，ディスコースとパワーの関係についてのプロセスに注目しながらこの関係を紐解き，さらにパワーの諸形態について概観する。そして最後に，ODSの多様なパワー研究について考察する。

Ⅰ ディスコースとパワー

　パワー概念は，ODSの核になっている。なぜなら私たちが研究する組織（組織化），また私たちが日頃過ごす組織は真空状態ではなく，必ずパワー関係の中にある。私たちが言語化するメッセージや語りも，決してニュートラルではない。ディスコースが関係を形成するものであり，言説化は自覚的にも無自覚にも政治的である。従って組織化は，常にパワー関係とともにある。すでに第3章で，フーコー的なパワーについて，メタ理論的なレベルで説明したが，ODSが注目するパワーは，抑圧—被抑圧のような権力ではなく，組織メンバー自らが関与しながら自らを躾ける規律型権力であり，〈パワー＝知〉，power = knowledgeの側面である。ただし，伝統的な抑圧的権力がなくなったということを意味するものではなく，多くの社会では抑圧に苦しむ人々が多くいることは，明らかである。抑圧は世界中どこにでもあり，決し

第 12 章

組織とパワー

て先進国に抑圧がなくなったことを示唆するものではない。ディスコースの視座は，自分が抑圧していることすら気が付かない，巧妙なパワーの側面に焦点を当てるのである。

　本節は，ディスコースの視座から見たパワーに焦点を当て，パワーとディスコースの関係を読み解くことが目的である。つまりそれは，〈パワー＝知〉として知られる，フーコーのパワー概念を理解することである。ハーディーとフィリップス（Nelson Phillips）は，ディスコースとパワーの関係を，図 12-1 のように示す（ハーディー＆フィリップス，2012）。〈パワー＝知〉は，単純にパワーと知がまったく同じものだと言っているのではなく，パワーと知は関係的な存在として，相互に形成する‘連星（双子星）’のような概念構造である。ディスコースがパワーを生み出す方向性と，パワーがディスコースを生み出すプロセスから構成される。

　ディスコースは，「その基礎があるカテゴリーやアイデンティティを適切な位置に保つことによって，特定の文脈内に存在するパワーシステムを形成する」（ハーディー＆フィリップス，2012，p.473）。ディスコースは，パワーの分配やパワー形態，そのパワーを行使する特定の行為者を形成する。他方でパワーは，伝達と消費のダイナミクスに依存しながら，幅広いディスコースと言説的なコンテクストを構築する。つまり，ディスコースがパワー関係を形

■ 図 12-1　ディスコースとパワーの関係

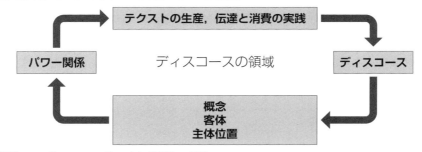

出所：ハーディー＆フィリップス（2012, p.475）。

第Ⅲ部
組織ディスコース研究の展開

成し，パワー関係がディスコースに対して，誰がどのように影響するかを構成する（ハーディー＆フィリップス，2012）。以降に，図 12-1 が示すパワーとディスコースの関係を，それぞれ説明する。

(1) ディスコース⇒パワー

まず，ディスコースとパワーの連星的な循環を考えるにあたって，ディスコースから始めよう。ここで定義付ける「ディスコース」は，批判的ディスコース分析（CDA）と同様で，それは**構造化されたテクストの集合**であり，歴史的また社会的文脈に位置付けられたテクストにおける，生産・伝達・消費の実践に関係する。CDA はそもそも，フーコーからの影響が強く，フーコーのディスコースあるいは**言説的構成**は，語る対象とするものを体系的に構成する知の形である。そしてディスコースは，特定の現象を現実化すると同時に，行為者の中にある主体を躾け，従順化する。すなわちディスコースが，個人の経験や主体性に影響するのである。

図 12-1 が示す，ディスコースがパワーを形成する過程には，①概念，②客体（対象），③主体位置の 3 つの要素がある。①**概念**は，「我々がそれらを通じて世界を理解し，またそれらは相互に関連するアイディアやカテゴリー，関係性と理論」（Hardy and Philips, 1999, p.3）である。「**相互主観的意味**」として，概念は社会的現実を理解するための，歴史的・文化的状況において格闘しながら，社会的に構成される。②**客体**（対象）は，観念論的であると同時に，物質性を持つ。概念が物質性のある側面を意味付け，客体は現実化する。しかし対象は一見，独立した存在であるかのようだが，広く知れ渡った他のディスコースの参照なしには理解することができない。概念と客体はこのような関係にあって，相互補完的にそれぞれの概念の存在意義を示している。③**主体位置**は，主体が行為できる，特定の区切られた社会的空間である。主体は社会的に構成されたものであり，その個人はディスコースの中でしか，位置を特定することができない。主体はディスコースによって限定され，特定された意味付けにおいて，個人として権力を得たり正当化できる。

第12章
組織とパワー

このような3つの要素によって，パワーとディスコースの関係が見えてくる。例えば，Hardy & Philips（1999）は，これら3つの要素を使って，カナダの難民システムという制度的な場における，ディスコースとパワーの関係を調査した。難民認定のプロセスに結び付けられた言説的実践を通して，難民認定される個人と，彼らの中で概念としてある難民を対比する。〈難民〉という概念は既定のものではなく，多声的であり，主体位置によって異なる。難民として現実化するのは特定の客体（対象）であり，しかし主体的位置は他にも，'難民'というアイデンティティを持つ人々を社会的に構成する。大事なポイントは，難民と思っている人々の現実的状況ではなく，むしろ制度的〈難民認定〉のディスコースと，人々の〈難民〉概念が作り出す言説的実践が主体を特定化し，客体に'難民'というラベル化することで，カナダにおいて'難民'が現実化される。

このように，ディスコースが積極的に社会的コンテクストを構成し，言説的構成は難民のような社会的な主体や，自我の形態を意味付ける。多様で無数の社会的な実践において意味が創生され，意味が変動と固定化を繰り返しながら世界を構成する。意味の生成変形過程は，3つの要素を見ることで，その社会的実践のプロセスが明らかとなり，パワーとの関係を描くことが可能となる。

(2)パワー

パワーはいたるところに，社会的現実として蔓延している。そして，フーコー的ディスコースはパワーと不可分であり，「パワーと知識が互いに結び付けられたディスコースの中にある」（Foucault, 1998, p.100）。パワーは，行為主体に関係づけられた何かではなく，ディスコースの中で構成された知のシステムによって決定される，複雑な網の目のような関係を示している。つまり，ここで言うパワーと知識は，所有できるような物象化されたものではなく，関係的概念なのである。

パワーはいたるところに存在する。その理由はあらゆるものを包含する

357

第Ⅲ部

組織ディスコース研究の展開

からではなく，どこからでもやってくるからである。……パワーは制度で
も構造でもなく，我々が生まれながらに持っている一定の強さでもない。
それは人が特定の社会における複雑な戦略上の状況に帰属するということ
を示唆する呼称なのである。(Foucault, 1998, p.93)

フーコーのパワーは関係性の概念であり，特定の現象や，事象の社会的現
実，組織化の中に入り込み，多様な形態をとる。例えば，「意味がある形態
に固定化され，そのことが特定の実践，行為主体や関係を明確に述べるとい
う点で，こうした固定化はパワーなのである」(Clegg, 1989, p.183)。従って多
様な形態をとり，ヘゲモニーやイデオロギーであったり，アイデンティティ
を通したコントロールであったり，支配的ディスコースの形成であったりす
る。パワーに関する研究はこれまで，構造や制度には注目してきたが，パ
ワーを構成し実効性を持たせているコミュニケーションについては，あまり
関心を持たなかった（ハーディー＆フィリップス，2012）。Mumby and Clair
(1997, p.184) は，組織ディスコースのコミュニケーション過程を重視し，ア
イデンティティを通したパワーに着目する。

　パワーを有する人々が，パワーの無い人々に自分たちの観点から世界を解
釈させることができるとき，パワーの最も効果的な行使は生起する。パワー
は労働者各々が，自分たちの組織に対するアイデンティティの一部として具
現化する，一連の解釈枠組みを通して発揮されるのである。

　パワーの１つの様式は，このようにコミュニケーション過程を通じて，間
主観的意味が固定化され，本質的で不可欠なものという正当性を示すのであ
る。そして特定の社会において構成される現実，例えば，グローバル化にお
ける〈グローバルスタンダード〉や〈国際言語としての英語〉というディス
コースが，'普遍性'を示すものであったり，'客観的'で'中立的'であっ
たりするかのように意味付けるのである。従って，普遍性や客観性という
ディスコースは，パワー関係の中で権力を持つ人々が使う傾向が強く，抵抗
する人々のオルタナティブなディスコースではない。また逆に，これらのグ

358

第12章
組織とパワー

ローバル化のディスコースに同調せざるを得ない形（概念，客体，主体位置）で，パワー関係は成立する。

(3) パワー⇒ディスコース

パワー関係はディスコースによって形成されるが，これとは反対のプロセスとして，パワーがディスコースを形成することに着目しなくてはならない。これはまさに，ディスコースが新たに更新される過程であり，ディスコースは常に進行形の形で進化している。ただしその進化のスピードは，歴史的な大きな流れとして時間がかかることもあれば，外来語のような形で突然現れ，大きな変化を遂げることもあるだろう。パワーが生み出すディスコースの更新は，フーコーが系譜学において性の知の歴史で見せたように，緩やかに時間がかかることが通常である。パワーがテクストの生産に関わるとき，①生産，②伝達，③消費の3つの側面が重要となる。

①生産

はじめにテクストの'生産'の実践についてであるが，主体位置が大きく関係する。それによって，テクストの生産と伝達がどのように可能であるかに重心を置く。つまりテクスト生産は，意味をめぐる格闘であり，最終的に支配的ディスコースからパワーが生じる。

ハーディー＆フィリップス（2012）は，この支配的ディスコースへいたる4つのアプローチを示す。第一は「**公式的パワー**」であり，唯一の意思決定プロセスへのアクセスを持つだけでなく，その決定を承認されることが含まれる。第二は「**重要な資源へのアクセス**」であり，例えば，重要な情報に一番近い位置にいる人は，それ以外の人より支配的位置をとりやすい。日本の企業の人事部が外国の企業の人事部（人的資源部門）より社内で権力を持っているのは，関係性において，より覇権性が強いからである。例えば，アメリカでは現場のマネージャーに人事権があり，採用まで任されているが，日本では人事部にほとんどの人事情報と，人事的意思決定の最終的権限が集まっ

359

第Ⅲ部
組織ディスコース研究の展開

ている。それだけに，テクストの生産とその意味付けに，大きな力を持つ。第三には，「ネットワークの結びつき」があげられる。対立する他のグループに影響を与えるなら，同盟を通じてパワーを行使する戦略が，極めて有益である。日本の〈根回し〉も，その1つの方法だろう。公式な意思決定者や，支配的ディスコースの形成に重要なキーパーソンとネットワーク化することは，意義ある実践である。一般に日本で，〈人脈づくり〉と言われる行為である。さらに，秘密を共有するというネットワーク化によって組織の不祥事が隠蔽される。例えば，三菱自動車のリコール隠しでは，30年もの間，内部告発を封じ込むことが可能となった。第四に，「言説的な正当性」があげられる。その行為者の位置において，最も効果ある発話をすることで，正当性を主張する。このようにテクストの生産は，主体位置を見ることがとても重要なのである。

②伝達

支配的ディスコースの形成には，生産されたテクストの '伝達' に，大きな意義がある。このポイントは，間テクスト性と相互言説性の考え方にある（第2章参照）。語りが語りを生むような連鎖は，ディスコースの拡大と普及を示す。この言説的な連鎖は，単純な言葉の広がりではない。相互言説性とは，ディスコースが次のディスコースを生み出す過程の中で，意味の微妙な変化や他のトピックに結び付くようなジャンプを取り込みながら，ディスコースが更新されていく過程を示唆する。つまりディスコースの伝達とは，意味の固定と変化の継続的なプロセスであり，意味の加工や修正が重要となる。これには，意味の受け入れや翻訳の過程が含まれる。この側面は，後述する意味の消費の側面を同時に発生させている。

そしてテクストの伝達は，意味の修正と変化を伴いながら，ディスコースの生成過程の重要な一側面となる。例えば，人事評価制度に表れるようなディスコースは，伝達の視点でも意義がある。歴史的に変化してきた人事評価の言説，例えば '年功主義' から '能力主義' 人事考課や '成果主義'，

第 12 章
組織とパワー

‘360 度評価’などの相互言説性を見ることは，パワー研究の有効なアプローチである。これはイノベーションの原理と同じあるが，新しいアイディアや新技術が拡大する際の拡散と普及（diffusion）が，口コミをはじめ言説的な拡大を持つプロセスに類似している。支配的ディスコース形成においてテクストの伝達は重要であり，この過程はイノベーションの普及やマーケティングの考察においても，有効なアプローチである。

③消費

ディスコースの更新過程の中には，もう 1 つの側面である‘消費’が常に同時発生している。テクストには，「その意味が解釈されかつ定着されるために消費されること」（ハーディー & フィリップス，2012）が必要となる。テクストは生産され伝達される際，そのテクストが解釈される実践が必ず伴われる。ディスコースが支配的な位置を占める過程においては，テクストの意味の生産と消費がほぼ同時に，必ず発生する。ディスコースの支配的な見解と個人の解釈には，少なからず‘乖離’が発生し，テクストの解釈には，社会的構成の意味交渉のプロセスが伴われる。オリジナルのテクスト[1]は，解釈や翻訳を伴い，意味は変化発展する。支配的な意味が強化され再生産されるように，テクストが問題なく消費されることもあるだろう。なぜなら，消費する側が無自覚であるとき，それは当たり前でありノーマルなこととして，疑うことなく消費されるからである。しかしオリジナルのテクストは，生産されたときの意図に従って消費されることを前提とせず，支配的な意味として解釈されない可能性がある。つまりテクストとそれを消費する側の関係性において問題があるとき，その消費は支配的意味の再生産とは異なる形で発生するのである。そしてそれは反発であったり，拒絶や**抵抗**であったりする。

会社や学校の規則・ルールやマニュアルに明示されたテクストは，しばしば反発を招き，テクストを生産した側の意図した形で消費されないことがある。別の言い方をすれば，テクストが支配的な意味と異なる形で再生産に乖離が生じたとき，それはテクストのオルタナティブな消費となる[2]。そして

361

第Ⅲ部
組織ディスコース研究の展開

オルタナティブな消費は，代替的な意味を生む形でディスコースを更新する。Murphy（1998）は，支配的なテクストの意味を推進する側の意図とは異なり，オルタナティブな消費が，密かに私的な形で〈隠れた複写（hidden transcripts）〉を進行していく点に注目する。この研究は，彼女のアメリカの客室乗務員としての参与観察から生まれており，マニュアルは，そのテクストの意図通りには解釈されていないことを考察する。客室乗務員は，搭乗員の水分補給という安全規則において，安全の役割の平凡化と，補助的な女性の役割の強化に対して，その規則というテクストをあざ笑うかのように，〈舞台裏の抵抗〉を示している。男性パイロットに従属する補助的業務という意味のテクストに対して，客室乗務員はパワー関係への抵抗を示し，オルタナティブなテクストの消費を実施していた。客室乗務員によるパイロットへの飲み物の提供は，パイロット自身が自ら水をとりに行くという行動へと変化した。マニュアルは現場で読み替えられ，抵抗が加わり，言説的な構成が行われた。つまり，ディスコースが異なる形で更新され，それは抵抗というプロセスを通し新たに言説的な構成を示唆する。これは，意図的に乖離した解釈の実践と，それによる新たなテクストの生産に他ならない。〈抵抗〉は，ディスコースのプロセスにおけるパワーへの対抗と考えるのではなく，むしろ，パワーの生成変化の一側面としてとらえることができる。パワーと抵抗は常に対になっており，パワーの変化は抵抗を含めたディスコースの更新であり，相互言説的な発展の1つの側面なのである。

　こうして，パワーとディスコースの不可分な関係を描き出すことができた。この二連星のような関係は，ディスコースがパワーを生み出す流れと，パワーがディスコースを生み出す流れの2つの側面として理解することができる。しかし現実的に，これは同時進行で常に起きているのであり，理解と説明を目的とした区分であり，この2つは相互補助的な構成である。ディスコースなしにパワーはあり得ず，またパワーが伴わないディスコースはない（ディスコースは常にパワーが含まれる）。またそれぞれ特徴を持った，ダイナミックなプロセス（ハーディー＆フィリップス，2012）と言える。例えば，テク

ストのオルタナティブな消費は，また新たなテクストを生み出す相互言説的なプロセスであり，抵抗はパワーの中に組み込まれ，パワーの不可欠な部分として，抵抗がある。ディスコースとパワーの相互関係は複雑であり，それだけに多くの可能性を持っている。パワー研究は，当初から組織研究の重要な一領域であったが，ディスコースの視座はこれに，大きな可能性を付け加えた。

2 パワーの形態

　ディスコースの視座からパワーを見ると，パワーは関係概念であり，社会や組織のいたる所に存在している。それを日常化して問題なく過ごす人もいれば，抵抗をもとに，オルタナティブな言説を生み出す人もいる。組織は，様々な行為者や集団が，自分たちの利害に役立つ方法で意味を確定しようと奮闘する，政治的な場である（マンビー, 2012）。従って，多様な形態でパワーは存在しており，それらは**図 12-2** に示されている。図の左側には，構造的な力が個人に強い影響やコントロールをもたらす構造的パワーと，それとは反対に，個人の能力としてのパワーがあり，その代表例としてリーダーシップを記した。この領域は，構造と個人とに分けるような近代の合理的な視座から，相互の影響に着目する。図の右に目を移すと，ディスコースがパワーとなる意図が示されている。ディスコースは，主体客体という二項分離をとらず，また個人と構造の構図の上に成り立っていない。この方向性には，ポスト構造主義的な視座から理解できるパワーの形態として，その代表的な概念を示した。とくに大事なのは，ディスコース的視座からどのような組織のパワーが理解されるかであり，この点に着目しながらパワーの形態を概観する。

　すでに第3章において，フーコー的視座におけるパワーについて簡単に考察したが，その中心は，〈規律型権力〉というパワー概念であった。これは従

第Ⅲ部
組織ディスコース研究の展開

■ 図12-2　多様なパワー形態図

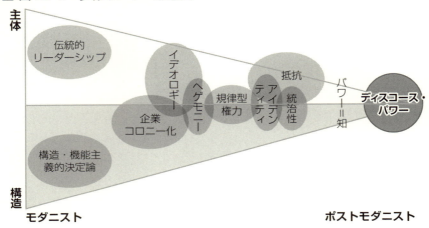

来までの抑圧─被抑圧的な権力概念とは異なり，組織メンバー自らがパワーの形成に関与しているのであり，パワーは常にディスコースとともにある。ここでは，ディスコース研究の視座が重視する，4つのパワー形態を概観する。

(1) イデオロギーとヘゲモニー

　イデオロギーとヘゲモニーは，すでに本書の他の章でも言及しているが，ここで改めて考察する。なぜなら，組織ディスコースがパワー関係を研究するとき，この2つの概念が極めて重要であり，多くの研究者によって利用されているからである。またこの2つの概念は，組織ディスコースに特有の概念ではなく，ある意味すでに，批判的伝統の中で研究されてきた概念である。しかしディスコースの視座から，これら2つは新たな意味が加わり，相互言説的な発展を遂げてODSの主要概念になっている。

　まず〈イデオロギー〉であるが，この概念をめぐる論争は歴史的であり，マルクスの経済下部構造に対する上部構造としてのイデオロギーや，ウェー

バーの資本主義の倫理など，今日にいたるまでに多くの議論が積み重ねられてきた。一般的な言葉の意味としては，〈思想〉と訳されるが，この言葉はあまりにも曖昧で広いため，社会科学における概念としては〈イデオロギー〉とカタカナで使われる。イデオロギーは，「社会における現実を形成する態度や信念，考え，認識，価値などの体系」(Mumby, 2013, p.361) と定義付けられる。1つの考え方としての思想という以上に，特定のグループの利害を実現するために利用される意味に注目する。

　ディスコースの視座から重要なのは，イデオロギーが以下を成し遂げることである。①特定のグループの関心がまるで，普遍性を持つかのように表象されること，②社会における対立を，あやふやにすること，③物象化の過程を通じて，その社会関係が普通で当たり前と思わせること。それは常に，ディスコースの遂行性によって達成される。つまり，ディスコースの視座から見たイデオロギーは，言説的な遂行性を持っており，単なる個人的な思想的傾向を意味するものではない。例えば，男性中心主義というイデオロギーであるが，これは個人の内面的な精神構造や思考のパターンではなく，一瞬一瞬の進行形の中で，男性中心的な関係を構築させていくディスコースの社会的実践であるととらえている。さらに，特定のグループが主張するディスコースに正当性を与え，異なるディスコースに対しては異常扱いすることで，普遍性を持たせるような〈真実の体制（regimes of truth）〉を築く。グローバル化や国際化というネオリベラリズム的ディスコースによって，組織の多くの意思決定や職場のコミュニケーションが，結果本位や競争本位のイデオロギーによって意味付けられるのは，現代の強いイデオロギーである。それを組織の中で体現し，グローバル化ディスコースを現実化する遂行性に大きな意義がある。

　〈ヘゲモニー〉は，イデオロギーとは概念的な親戚関係のように，一緒に使われることが多い。この概念は，'覇権' と訳されることもしばしばあるが，もとはグラムシから発達した歴史を持ち，ディスコースの視座によって，言説的な再構成が行われた。ヘゲモニーは，「特定の考えや意味が社会におい

第Ⅲ部
組織ディスコース研究の展開

て確立していくための格闘」（Mumby, 2013, p.360）と定義することができる。特定の意味や考えが一般化され，それが正しいと他の人々やグループが認めるとき，またその意味や考えが物事の見方全般に発展応用して考えられるとき，ヘゲモニーは達成される。真実のゲーム（truth games）と呼ばれるように，世の中で何が正しいか，組織において何が当然とされ，何が最も大事かについて，支配的なグループの考えや意味が，一般化される形で定着することが，ヘゲモニーである。すなわち，ディスコースの視座から意義ある点は，ヘゲモニーが複雑なパワー関係を考察するにあたって，支配的集団の最大関心を誰もが共有し，その意味が日常のシステム（taken-for-granted system of meaning）になることに着目する点である。ヘゲモニーは，ラクラウ派のディスコースの中心概念であった（第9章参照）。ラクラウ派においてヘゲモニー概念は，関係性が交錯する「接合点において意味が部分的に固定化されるディスコースの拡張過程を通じて倫理観や知識，政治的な統率を達成すること」（Torfing, 1999, p.302）と定義付けられる。パワーとディスコースの関係を前節にて考察したが，そこで重要であったのが，テクストの生産と消費の言説的な連鎖であった。まさにその相互言説性によるディスコースの拡大が，ヘゲモニーなのである。

　支配的なディスコースに，人々が同意し支持することを，単純に説明する概念ではなく，ディスコースが生産，伝達，消費される過程の中で得られる，ディスコースの発展プロセスである。ラクラウ派の概念においては，**言説的接合（アーティキュレーション）**が，ディスコースの拡大と発展には重要である。英語のアーティキュレート（articulate）は声に出して明確に言うことであり，ディスコースの拡大にはアーティキュレートが必要である。またアーティキュレートには別の意味があり，それは関節接合という，骨と骨をつなぐ関節によるジョイントを意味している。これが示唆するのは，あるディスコースが他の領域で使われ応用され，異なる領域が言説的に接合されることを示している。ラクラウ派のヘゲモニー理論は，ディスコース視座をもとにした理論化であり，ディスコースが明言され他の領域まで進出・流れ

第 12 章
組織とパワー

出し，社会一般の常識となっていく様を，言説的接合（アーティキュレーション）によって説明している。

この典型は，ネオリベラリズムのディスコースである。これは，グローバル化のディスコースと同期しながら，経済やビジネスの領域において，世界規模の広がりを持ったディスコースとなる。それはまた，教育の世界にも広がり，‘教育の国際化’，‘大学評価’や‘教員の実績の評価’など，ネオリベラリスト的なマーケット・ディスコースが流れ込み，浸透している。教育の国際化は声高に叫ばれ，大学における国際教育は，マーケットにおける競争力強化のディスコースとなり，ネオリベラリズムの言説的接合がなされている。これは自己責任論とも接合し，危険地域に取材に行き，監禁されていたジャーナリストの帰還だけでなく，国策に反する行動をとっている人々にも自己責任ディスコースが向けられ，さらには組織における失敗など，多くの領域において拡散した。もちろん反対意見もあるが，それをも飲み込みながら，多くの場所で自己責任論は広がりを見せた。ネオリベラリズムは多方面の領域に流れ出し，接合を続けながら，今や社会の合理性として定着しつつある。これらは統合的に見て，ネオリベラリズムの言説的接合であり，ヘゲモニーである。

(2)同調統制と企業コロニー化

フーコーのパワー概念が，「規律型権力」として理解されることは，すでに確認済みである。これを基本として，いくつか関連するパワー概念がある。その1つの代表は，〈同調統制／協奏的統制（concertive control）3)〉であり，それは，「チームのために行動する価値の前提を従業員が生み出すシステム」（Mumby, 2013, p.357）と定義できる。同調統制はとくに，チームによる協働的コンテクストにおいて，より効果を持つ。この統制は規律型権力の一側面であり，その特徴として，チームおける躾（discipline）の効果を持ち，チームのために利他的行為が暗黙に刷り込まれ，利己的な行為が排除される。

日本的な視点では，チームメンバーが組織やグループのために献身的に行

第Ⅲ部
組織ディスコース研究の展開

動することは美徳である，ととらえられるかもしれないが，これはその反面，窮屈で同調的な管理であり，締め付けにもつながる。つまり個人の自由な発言や反対意見は，この価値の前提によって封じ込まれてしまう。従って，組織やチームの価値や意味を第一とする前提が，言説的に構成されている。もう1つの特徴は，目立たない（unobtrusive）統制という点であり，チームという人間関係に依存するために，強権的で強制的な支配や管理を必要としない点である。むしろこの方が，反発や抵抗を少なくすることを可能とする。そしてもう1つの重要な特徴は，チームの内部メンバーによる自発的統制という点であり，外からの指示や命令によるものではないということが，この統制の核となっている。内部メンバーによる自発的関与が，より目に見えない形で統制が強化され，メンバーはそこから抜け出すことが難しくなるのである。

まさにチーム型の管理を得意とする，日本の経営管理方法である。日本において，品質管理（QC）活動や安全管理活動は，チームが中心である。QCサークル活動や安全のKY（危険予知）活動などは，すべてチームをベースとしている。QCにおける品質の向上や職場環境の改善という目的を，チームでボトムアップ式に行う方法は，まさに同調統制がかかわっている。安全においても危険に対する意識を高め，危険要因を予知していく活動をチームで発展させる方法も，同様である。同調統制は，管理領域で効果的に運用されている。しかし，この職場の協調的姿勢はマイナス効果も大きく，清宮は組織の不祥事の多くが，同調統制に関係していると考察する（清宮，2013；Kiyomiya et al., 2006；Kiyomiya, 2011, 2012）。

本書で頻繁に例として示した食材偽装事件や，三菱自動車のリコール隠しにも，同調統制の視点から考察することは効果的である。雪印食品の牛肉偽装事件も，同調統制の問題が大きい。この事件は，雪印食品が日本政府から支給される牛肉補助金を詐取し，それが2002年，冷凍倉庫会社社長の内部告発によって発覚したものである。BSE，いわゆる狂牛病が日本で発生し，日本産の牛肉を政府が買い取るという制度を悪用，具体的には冷凍倉庫の中

で，オーストラリアビーフに日本産のラベルを貼り替え，補助金をだましとろうとしたのである。同社の一部門の社員が密かに行ったことであるが，これに同調統制が働いている。他部門から見えにくい，閉鎖的な部署が引き起こしたと当時議論されていたが，この閉鎖的な組織構造を構成するパワーが，同調統制である。同調統制は，フーコーの規律型権力から派生した概念であるが，現代の組織コミュニケーションにおいて，チーム的協働は日常となっていて，複雑なパワー関係は同調統制の形で，より効果的に実行される。

次に〈企業コロニー化〉であるが，あまり耳慣れない言葉であろう。corporate colonization という Deetz（1992）による概念であるが，その源はcolonization（植民地化）という，大国による帝国主義的領地の拡大・浸食の意味をメタファーとした概念で，ハーバマス（Jürgen Habermas）が提起した「生活世界の植民地化（colonization of the lifeworld）」に依拠する。企業コロニー化は，企業が社会で最も支配的な組織になり，価値観や意味，アイデンティティの点において，他の社会的組織である宗教や教育，家族，コミュニティーを侵食することと定義付けられる。ハーバマスが示した〈生活世界〉とは，私たちのコミュニティー意識を作り上げる意味や価値，信念の構造を示唆するものである（Mumby, 2013, p.171）。企業コロニー化では，コミュニティー意識ではなく，企業の意識が中心となり，企業的な信念や価値が生活世界となる。

ディスコースの視座からも比較的容易に，この浸食を見つけ出すことができる。つまり，企業ディスコースが家庭や教育現場，病院やコミュニティーにおいて使われる事例を探すことである。企業ディスコースとは，マーケットの用語であったり，人事管理の用語であったり，民間企業で日常的に使われているディスコースである。これまでも，しばしば事例に使った〈患者さま〉ディスコースは，1つの象徴的なディスコースである。他にもいたるところで企業的ディスコースが使われ，例えば評価の問題や，医療従事者の専門家的なアイデンティティの問題など，企業コロニー化は医療組織を研究するのに，とても効果のあるパワー概念である。教育現場でも同様であり，学

369

第Ⅲ部
組織ディスコース研究の展開

生たちは産業界の，「社会人基礎力」なるスキルと能力を向上させることで，能力のマーケット化が進められる。大学にも，批判的な思考力や深い洞察力の鍛錬より，プレゼンテーション力に代表されるような職業的スキルや，資格に結び付くような知識と教育が求められている。これに加えて，前述した研究と教育の国際化が，グローバル化ディスコースとネオリベラリズムのディスコースに同期する形で，一層大きな声となって言説的接合を迫ってきている。

　この企業コロニー化は，国が推し進めたり，産業界が強引に押し付けたりしているのではないところが大事な点である。病院や教育組織が，自らこれを積極的に取り入れようとしているのである。そして組織の側だけではなく，患者やその家族，また学生やその家族がこれを受け入れることで，企業ディスコースのテクストの生産と消費が成り立つのである。就職の点で実績のある大学は良い評価を得て，将来の大学生たちもまた，そのような就職評価の高い大学を選んで受験する。何か問題があると，保護者はモンスター・ペアレンツとなって，必要以上に不満の表明を行う。医療現場でも，医療のサービスの質が悪いと，患者は過剰な要求をする。医療も教育も，そのサービスを提供する側と，それを受ける側の間にパワー関係があり，受ける側は〈お客さま〉対応されることが前提となる[4]。前節のパワーとディスコースの関係が示すように，医療や教育のコンテクストにおいてもテクストはパワーを生み出し，パワーがディスコースを形成する。企業コロニー化のパワー形態においてもこれは有効であり，ディスコースの生産者と消費者はともに，コロニー化するパワーの形成に関与する。

3 パワーの批判的研究アプローチ

　ODSの基軸としてあるのは，私たちが日常で見逃しているパワーに対する気付き・問題化であり，それらをシステマティックに批判することである。

第12章

組織とパワー

本章で考察してきたパワーとディスコースの関係を，経験的データに基づき研究するときに，ディスコースによる批判的研究視座を2つの側面で議論する。マンビー（2012）は，①イデオロギー批判，②パワーと抵抗の弁証法という，2つの批判的な組織ディスコースの分析を提起する。

①イデオロギー批判

特に初期の批判的組織研究は，イデオロギー的支配に対する批判的研究に焦点が集まっていた。イデオロギーは，パワーとディスコースの関係性を説明する，主要な分析上の構成概念として使用されながら，批判的研究の中心的な概念としての役割を担ってきた。統制や支配の言説的プロセスとイデオロギーとを結び付けた概念構成と考えられる（マンビー，2012）。「意味構造やイデオロギー形成のプロセスに焦点を当てることによって，批判的研究はパワーが観察可能な行動や意思決定以上の何かに根差したものとして」（マンビー，2012, p.382）考えられた。つまり，イデオロギー批判のアプローチは，社会的に構成されるパワーを，深層構造の現象形態と見ているのであり，その目的は「深層構造にかかわる不公平なパワー関係が，イデオロギー的な錯綜のプロセスを経て常態化され，市民権を与えられるようになる様を紐解くこと」（マンビー，2012, p.382）である。

このアプローチからディスコースは，構造の奥にあるパワー関係の生産と再生産の媒介物であると同時に，産物でもある。組織ディスコース研究においては，イデオロギー批判のアプローチは，ナラティヴの研究や会話分析，儀礼や儀式などの表象などにおいて見ることができる。組織のストーリーテリングが，日常の語りにおいて当然視されている点に着目するが，それを生み出す構造に深くかかわるパワー関係を考察する手段となる。

②パワーと抵抗の弁証法

弁証法的な批判アプローチは，イデオロギー批判の視座より新しく，パワーにおける格闘や抵抗，統制について，相互依存的プロセスを重視する点

371

第III部
組織ディスコース研究の展開

が特徴である。2つのアプローチは多くのところで重複しているが，その違いを理解することは，研究方法論上において重要な点である。弁証法的アプローチは，行為主体の可能性を重視する。状況による制約があるものの，すべての社会的行為者が持つ自由意志の可能性を認めるものである。従ってこのアプローチは，行為主体と構造の間の緊張関係や対立を考察したり，ディスコースの状況にある，複数の解釈の可能性を考察したり，組織が意味を強制したり固定させたりする様を研究する（マンビー，2012）。

前節でも議論したように，この視座においても，抵抗は支配と対立する二項図式ではなく，相互に持つ密接な関係に着目し，支配と抵抗が同時に成立するコミュニケーションを，ディスコース分析する。別な見方をすれば，複雑なパワー関係は多声的なモデルであり，抵抗は多声的なディスコースの1つとして考えられる。これを発展させれば，パワー関係は抵抗だけでなく，自殺やうつ，転職なども，広い意味での多声的なパワーへの〈対抗的なディスコース〉と見ることができる。その結果，ここにイデオロギー批判から**弁証法的批判**への移行が見られる。イデオロギー批判は，組織を単なる支配のシステムと見る決定論的な方法が特徴であった。そのことへの反省が，より動態的で多様性を前提とする，弁証法的な批判のアプローチへの移行を促した。つまり多様なディスコースの在り方を認め，支配と抵抗が同時に成り立ち，弁証法的な格闘と対立のプロセスによる動態を研究する。

さらに批判的アプローチの1つとして，**批判的遂行性**（critical performativity）を提起し，批判からより実践への道を開こうとしている。批判的遂行性は，「経営言説と実践に対する積極的かつ破壊的な介入」（Spicer et al., 2009）と定義される。類似した概念としては，micro-emancipation（Huault et al., 2012）という，抵抗から介入への道を示唆する研究がある。いずれにしろ，弁証法的な批判的研究は構造的な側面と同等に，積極的でオルタナティブなディスコースという介入方法を模索している。

組織のパワーを対象とする研究は多様であり，大きな方向性としては，先に示したイデオロギー批判の方向性と，弁証法的批判研究の方向性がある

第 12 章
組織とパワー

が，重なるところも多く，二者択一的なアプローチではない。依拠する方法論的パラダイムの違いが，それぞれの大きな方向性を分けている。前者は構造主義的な傾向を持っていて，本質主義的側面もあるが，後者はポスト構造主義のパラダイムが強く，ディスコースのダイナミズムを重視する。まだまだ日本には，あからさまに強権的で支配的な組織も多い。また，チームを重視した経営が特徴であるならば，同調統制などの研究は大切となる。このようなテーマについては，イデオロギー批判のパラダイムが有効である。第 10 章，第 11 章で議論したような，アイデンティティやジェンダーの研究であれば，よりダイナミックな相互作用に着目することが研究の核心であるため，弁証法的な批判研究は，抵抗を含めたパワー研究を可能とし，有効なパラダイムとなる。

4 パワーの組織ディスコース研究

ODS においてパワー研究は 1 つの柱であるため，アイデンティティと並んで多くの研究が，パワーや抵抗などの関連するテーマについて研究を進めている。*Organization Studies* の 2005 年から 2018 年に限定しても，19 件の研究がパワーをテーマの柱にしている。ただし，ODS のパワー研究は他のテーマと連動することも多く，8 件の研究はアイデンティティ研究と交差する。このことから言えるのは，組織のパワー関係とアイデンティティ研究の親和性である。

Thornborrow and Brown (2009) は，軍のエリートというアイデンティティに焦点を当て，イギリスのパラシュート部隊の規律型権力を考察する。Motion and Leitch (2009) は，公共政策団体という集団的アイデンティティに焦点を当て，それが政策提言の正当性に与える影響を見るが，ここでも組織のパワー＝知の関係を考察する。Lewis (2011) は，組織のルーチンに注目し，法律事務所の合併の状況における，弁護士のアイデンティティ・ワーク

373

第Ⅲ部

組織ディスコース研究の展開

を分析する。Brown et al.（2012）は，制度変革におけるレトリックをテーマに，高齢者ケアに関するオーストラリアの国会の委員会報告書から，アイデンティティを調査する。Brown and Coupland（2015）は，専門家のアイデンティティをテーマに，とくにキャリアが短い不安定なスポーツ選手のアイデンティティと，そのスポーツチームの関係を調査する。Vallas and Christin（2015）は，キャリア開発におけるパーソナル・ブランディングについて，アイデンティティとパワーの関係をテーマにして研究する。Boussebaa and Brown（2017）は，国際言語としての英語がフランスの大学に影響する姿を，アイデンティティと規律型権力の関係で調査する。Huber and Brown（2017）は，ユーモアとアイデンティティ・ワークの関係に光を当て，規律型権力を考察する。このようにパワーの研究は，アイデンティティ・ワークやアイデンティティをテーマに，フーコー的なパワーについて探求することが多い。

また，組織にも特徴がある。民間企業は少なくスポーツチームや法律事務所など，組織のコンテクストは極めてユニークであり，その点だけにおいても調査の意義を見出す。パワー関係と関連付ける研究トピックとして，他には次のようなものがあった（**文献表⑧**）。組織の合併における組織文化について，言説的構成の視点から，パワーがノーマル化に向かう点を分析する（No. 7）。ディスコースとしての戦略に焦点を当て，パワー＝知と，ディスコースの遂行性の点で研究されている（No. 2）。No. 3 は倫理と実践について，No. 6 はグローバル化におけるステークホルダーについて，No. 9 は統計と物語の言説的な関係と適切性について，No. 10 は介護現場における企業コロニー化と高齢者の社会的隔離の問題について，No. 12 は企業の社会的責任（CSR）に関するイデオロギー性について研究する。さらに No. 14 はダイバーシティに対する批判的研究，No. 15 はパワーと抵抗と主体性について，No. 16 は，エモーションの社会的構成とレトリカル戦略について，No. 17 は多国籍企業における本社―支社関係について研究が行われている。このようなテーマの多様性は，ODS の意義と質を高めるものであり，またパワー研究が特殊な領域ではなく，一般的研究テーマとして，パワーが組織活動のいたるところで

介在していることを示唆する。

　方法論的特徴を見てみると，ほぼすべての研究は事例分析であり，特定の組織や事件について複数のディスコース・データを収集し，社会的現実の再構成が行われる。例えば Riad（2005）は，組織文化の研究のため，フィールドワークとして組織の中に入り込み，会議などに参加しながら，フォーカスグループ・インタビューや経営幹部へのインタビューを行っている。また内部資料も入手しながら，企業文化の構成とパワーの関係を調査する。ここで収集されたデータは，実証を目的とする証拠の事実ではなく，対象とする企業の文化を理解するための言説的なデータとして使われ，ディスコース分析が行われる。このような観察とインタビューに，内部資料を加えた複合的データ収集は，No. 3 の組織の倫理とパワーの研究において行われ，また No. 14 のダイバーシティの研究において，アメリカ系自動車会社のベルギー支社において行われた。さらに No. 15 では，防火産業のパワーと抵抗について，インタビュー調査と会議参加による観察が行われた。No. 17 では，30 ヵ月間のアクションリサーチが行われ，リサーチ対象の企業へのより積極的な関与が実施され，インタビューや観察が研究目的だけでなく，現場の問題解決としても実施されている。その他のパワー研究は，インタビューを中心としたものが多く，No. 2, 4, 7, 11, 18, 19 はおもに，インタビューを分析のテクストとしている。

　もう 1 つの主要なデータ収集は，内部資料や出版物，新聞記事などの記述テクストから構成される。ユニークな資料は，オーストラリア国会の，上院委員会の調査資料である（No. 8, 9）。高齢の問題に関する，社会的なディスコースに焦点を当てる研究として，国会議員たちのレトリカルな言説的構成が研究可能となる。No. 6 は，グローバル企業におけるステークホルダー理論と CSR について研究するが，不祥事対応に焦点を当てる時問題となるのは，一次データをとることの難しさである。No. 6 は，過去の研究や新聞データなどから，二次データをディスコース分析する。No. 12 も，CSR をテーマとし，同様に新聞記事をディスコース分析する。この研究は，3 つの国にお

第Ⅲ部
組織ディスコース研究の展開

けるCSR対応に焦点を当てるため，それぞれの国の新聞記事を取り上げ，比較ディスコース分析を行う。

　歴史的な記録文書を利用したのは，No. 12の研究であり，フィンランドの政府系経済団体と，政府との関係における歴史的記録をテクストとして，レトリック分析を行っている。

　もう1つユニークなテクストは，ビジネス書をディスコース分析するアプローチで，No. 11は，過去数年でよく売れたキャリアに関するビジネス書を注意深く選び出し，これらをディスコース分析する。これは単にビジネス書を書評するのではなく，アイデンティティを考察するために，ビジネス書をディスコースとしてテクスト分析を行っている。ディスコース分析は，インタビューやフィールドノーツの一次データだけでなく，記録資料やビジネス書のようなテクストが分析可能となる。不祥事を含め，パワーにかかわるテーマは，データを提供する側が躊躇する場合が多く，収集に困難を伴うことが多い。しかし，アプローチを変えれば記述テクストを分析することが可能となる。なぜなら，証拠を示すことが目的のデータ収集ではないからである。現実がどのように社会的に構成されていくのかを，いかによりよく理解できるかが目的で資料収集するのであれば，一次データにこだわる必要はなく，仮説実証的なアプローチの限界を乗り越えることが可能である。

　残念ながら日本では，ディスコース視座からのパワー研究は，まだほとんど実績がないのが現状である。従ってこうした研究は，日本的なコンテクストや文化的側面からも大きな可能性を持っている。

注

1) ディスコースの生産と更新は常に進行形であり，その点でオリジナル（もともと）のテクストが何であるか，明確でない可能性がある。先のテクストがコンテクストとして発展する，再コンテクスト化のプロセスにおいて，オリジナルそのものが必ずしも重要ではなく，先行するテクストの解釈は，受け取った側の解釈に委ねられていると言える。

2) 〈ブラック校則〉という言葉がある。頭髪や制服の着方など，そのルール自体に必要性や意義を感じない校則によって生徒たちを管理する。生徒たちはそれに真っ向から抵抗するの

第 12 章

組織とパワー

ではなく，校則に従っているように見せ，うまくはぐらかしながら，校則というディスコースを実際は修正して消費している。

3)　私たちが翻訳した『ハンドブック組織ディスコース研究』では，concertive を協奏的と訳し，〈ともに奏でる〉メタファーが利用されている。清宮（2013）は，この概念の背景にあるチームやグループのコミュニケーションにおける，明言されていない同調的なパワーを重視して「同調統制」としたが，同じ概念である。

4)　実際のところ，医療現場を調査すると，企業コロニー化が顕著に観察できるとは限らない。もしかすると，医師の専門家的パワーや，医師と看護師のようなパワー関係，ジェンダー関係などが強く表れるかもしれない。パワー関係は単純な形態で現れないため，これらの問題は複雑な現象となる。このような社会的現実の構成こそ，ディスコースに目を向け，そこにある交錯性（intersectionality）を考察しなくてはならない。

377

文献表⑧ ディスコース的パワー研究（Organization Studies 2005-2018）

No.	タイトル（著者，出版年）	トピック／理論／アプローチ	研究方法
1	The Power of 'Organizational Culture' as a Discursive Formation in Merger Integration (Riad, 2005)	「組織文化」についての批判的ディスコース研究。フーコー派アプローチ。組織の合併による組織文化の生成。合併の「真実」のディスコースがパワーを可能にし、同時に制約する。組織文化は言説的構成、ノーマル化を推し進める。監視と庇護。	事例分析：2つの政府系組織の合併（ニュージーランド）：フィールドワーク：会議などの観察（7ヵ月）、フォーカスグループ（4回）、深層インタビュー（経営幹部）
2	Strategy as Discourse in a Global Retailer: A Supplement to Rationalist and Interpretive Accounts (Ezzamel and Willmott, 2008)	ディスコースとしての戦略。フーコー派アプローチ。言説の遂行性。パワー＝知。戦略がどのように言説的に接合され、動員され、実行されるか。	事例分析：金融会社（イギリス），準構造化インタビュー（37名）．内部資料，年次報告書
3	Embedded Ethics: Discourse and Power in the New South Wales Police Service (Gordon et al., 2009)	パワーの形態がどのように組織メンバーの倫理を生み出すか？倫理は組織の実践にどのように根付いている？組織のミクロ・マクロの両面の関係	事例分析：ニューサウスウェールズの警察署（オーストラリア）：フィールドワーク．参与観察（6ヶ月）．インタビュー（34人）
4	'Being Regimented': Aspiration, Discipline and Identity Work in the British Parachute Regiment (Thornborrow and Brown, 2009)	軍のエリートの id。期待され求められる id。理想。大志、ストーリー、タイプ、テンプレート。規律型権力	パラシュート部隊。70件の準構造化インタビュー：現役隊員と引退した元隊員（イギリス）
5	The Transformational Potential of Public Policy Discourse (Motion and Leitch, 2009)	公共政策団体の id。正当化。id が論争に影響。パワー＝知識、社会的文脈とマクロレベルの言説的正当性を分析する	事例分析：生命工学の団体（ニュージーランド）．文書のDA
6	Stakeholder Theory and Globalization: The Challenges of Power and Responsibility (Jensen and Sandström, 2011)	グローバル化における Freeman のステークホルダー理論の発展。海外展開における権力と責任。グローバル化において、企業とステークホルダーの価値がどのように生み出されるか	事例分析：2つの企業の社会的責任（日系企業のシンテック、シェル石油）．先行研究の2次データ
7	Identities, Discipline and Routines (Brown and Lewis, 2011)	組織のルーチン。規律型権力。フーコー理論、弁護士の id。ワークは行為主体とパワーの現れ、組織化のルーチンプロセスは言説的構成	事例分析：2つの大手法律事務所の合併（イギリス），40名の準構造化インタビュー

#			
8	The Rhetoric of Institutional Change (Brown et al., 2012)	制度変革。制度ロジック、レトリック的正当性。レトリック、ロゴス、1つのロジックが他のロジックより好まれるのは。エートスとパトスが再構成するためな慣例	事例分析：オーストラリアの上院委員会報告書。高齢者ケア、障碍者ケアなどの報告書をテクスト分析（レトリック分析）
9	Subjects of Inquiry: Statistics, Stories, and the Production of Knowledge (Ainsworth and Hardy, 2012)	統計と物語と知識の適切さ。どのようにして高齢者雇用の安定に対して2つの知が使われたか。調査の主題に対して適切な知の形態とは？パワー＝知識、言説的な慣例	事例分析：オーストラリアの上院委員会報告書。高齢者雇用などの報告書をテクスト分析
10	Colonizing the Aged Body and the Organization of Later Life (Hyde et al., 2014)	介護現場における「企業コロニー化」。高齢者宅では介護施設は社会隔離につながるのでは？フーコー派のアプローチ	フィールドワーク：イギリスの介護施設（8ヵ所を参与観察）養老院
11	Personal Branding and Identity Norms in the Popular Business Press: Enterprise Culture in an Age of Precarity (Vallas and Christin, 2015)	企業文化の理論的有効性。組織とアイデンティティ。アイデンティティ規範の形成とキャリア・アドバイスによって形成されるパーソナル・ブランディング	1) テクスト分析：もっとも影響力のある（よく売れた）キャリア・アドバイスの本137件 2) インタビュー：仕事を探している人（53人）電話など利用
12	Legitimacy Struggles and Political Corporate Social Responsibility in International Settings: A Comparative Discursive Analysis of a Contested Investment in Latin America (Joutsenvirta and Vaara, 2015)	CSRの批判的研究と正当化の異文化研究。4つの正当性の言説：テクノクラート的、社会的、国家政策的、国際資本家。CSRがどのようにイデオロギー的か？	事例分析：フィンランドの海外直接投資会社：フィンランド、アルゼンチン、ウルグアイのCSRの問題：各国の新聞3紙、CDA
13	Identity Threats, Identity Work and Elite Professionals (Brown and Coupland, 2015)	専門家エリート。雇用の脅威がid ワークに影響。スポーツ選手の短いキャリア。専門家idディスコースとパワー関係	事例分析：プロのラグビーチーム（イギリス）。47名にインタビュー（プレーヤー、コーチ、スタッフ）
14	The Power of Diversity Discourses at Work: On the Interlocking Nature of Diversities and Occupations (Zanoni and Janssens, 2015)	ダイバーシティーの批判的研究。CDA。ダイバーシティ言説がどのようにパワー。ダイバーシティ・ダイナミクスの中で意味づけられるか？どのように職業とダイバーシティがつながるのか？	事例分析：アメリカの自動車会社のベルギー工場：フィールドワーク（3ヵ月）、インタビュー（58人）、内部資料

第Ⅲ部
組織ディスコース研究の展開

15	Regulators, Conformers and Cowboys: The Enterprise Discourse, Power and Resistance in the UK Passive Fire Protection Industry (Russell and McCabe, 2015)	パッシブ防火の産業レベルにおける企業ディスコースの調査。パワーと抵抗、主体性。抵抗をもとめ組織をはぐらかすか？	事例分析：パッシブ防火産業インタビュー（25人）。会議の観察、内部資料
16	Emotions in Institutional Work: A Discursive Perspective (Moisander et al., 2016)	制度的ワークにおける意味、エモーション。パワー関係。エモーションの社会的構成、言説的で感情的な仕事のレトリカル戦略	事例分析：政府系の経済団体のディベート（フィンランド）、この団体と政府の歴史的記録をテクスト分析（レトリック分析）
17	Sensemaking, Sense-censoring and Strategic Inaction: The Discursive Enactment of Power and Politics in a Multinational Corporation (Whittle et al., 2016)	多国籍企業における本社―支社関係のディスコースとセンスメイキング。支社の使うパワーと政治、センス検閲のシステムが重要。	事例分析：アメリカ本社のイギリス支社。30ヵ月のアクションリサーチ、インタビューと観察、エスノメソドロジー的アプローチ
18	Englishization, Identity Regulation and Imperialism (Boussebaa and Brown, D. 2017)	非英語圏における英語化。グローバル言語としての英語、グローバル化、idワーク、規律型権力、英語帝国主義。当たり前化	事例分析：フランスの大学（3学部）で28人のインタビュー
19	Identity Work, Humour and Disciplinary Power (Huber and Brown, 2017)	ユーモア利用の適切さ、idワークとユーモアの関係。規律型権力はユーモアの語りによって遂行される	事例分析：ニューヨークのフード・コープ、60人の職員にインタビュー

終 章

経営と組織の新しいアジェンダのために：
コミュニケーション的アプローチ

終章の重要概念

日本的ディスコース，日本的問題化，経営組織の 21 世紀的課題，草の根の国際化，他者化，組織デモクラシー，ステークホルダー・モデル型の組織民主主義，ラディカル民主主義，アジェンダ更新

▌ 組織ディスコース研究の今後の展開

　これまでの章で，組織ディスコース研究（ODS）の全体像を，少しでも描けるように試みた。当然のことながら，1冊の本でその全容を示すことは不可能である。例えば，本書第Ⅱ部の様々なアプローチにおいて扱わなかった，いくつかの重要なODSの方法がある。その中の1つは，会話分析と言語行為論である。エスノメソドロジーに関心があったと同時に，会話分析の重要性を鑑み，個人的にはそれも紹介したいところであったが，日本の社会学において優れた研究実績がすでにあるので，会話分析についてはぜひ，社会学の文献を参照いただきたい。言語行為論についても同様に，言語学プロパーの研究書を参照いただきたい。第Ⅲ部では，もっと幅広いテーマやトピックを取り上げたいところであったが，本書では，ODSでも多くの研究者が活発に議論している領域に限定した。またジェンダーのみならず，セクシュアリティにも議論を発展させたいところであった。感情労働のODSや，フーコー的パワーが顕著となるグループワークのODSは重要である。リーダーシップや対話型組織，組織開発などの領域についても，ODSの可能性を探求したいところである。他にも本書で扱っていないテーマがあるが，これらは次の課題とさせていただきたい。

　しかし断片的ながら，ODSの意義，そして現代社会と組織におけるディスコース・アプローチの貢献を理解いただけたのではないだろうか。複雑で多様な問題を，1つの理論的パラダイムですべて理解でき，解決できるとは思っていない。むしろポリフォニーの視座を重視し，多様なパラダイムが対話することを通じて，これらの課題に立ち向かっていくことこそが大事と考える。またODS自体にも多様性を包含していることは，これまでの章で理解いただけたと思う。そのようなODSの多様性は，今後どのようになるのであろうか。本章では，ODSの今後について考察する。

―― 382

終 章

経営と組織の新しいアジェンダのために：コミュニケーション的アプローチ

（1）批判と建設的アプローチのバランス

ODS において，その正当なアプローチは何かという議論は，理論的性質
上，好んですることはない。研究や理論は，ディスコースであるという前提
を持ち，多元性を尊重し理論の対話的発展を重視する。第 2 章で議論した多
声性（polyphony）が，複数の言説の収斂を示唆するのに対し，複声性
（plurivocality）は収斂を前提とせず，多様なディスコースを尊重している。す
なわち必然的に，理論だけではなく研究テーマにも，多様な広がりがある。
これらについて，将来の研究という点で，2 つの方向性から考察してみたい。

①批判的アプローチの伝統

ODS は，研究テーマやアプローチにおいて，その主要な理論的パラダイム
であるポスト構造主義の点からも，批判的視座の傾向が強い。それは，主流
派の組織研究にはない ODS の特徴である。ODS にとっては，組織やビジネ
スを批判的に考察する伝統が，1 つの大きな柱になっているため，この方向
性は変わらないであろう。この流れの中で継続的な進化が起きているのは，
理論的な幅の広さである。どのような社会思想家や哲学者の批判理論を使う
のか，それは，新たな批判的パラダイムへの着目であり，また，すでに定着
している批判理論の脱構築は，新たな意味付けになる。これに関しては ODS
の中で，継続的に努力が積み重ねられている。

ラカン派の方向性は，その 1 つの現れであろう。本書にあげていない多く
の思想家の理論が ODS の中でも使われているが，まだラカンのような，1 つ
の流れを形成するまでにはいたっていない。親和性の高い理論としては，批
判的視座という点で活動理論を提唱する，ユーリ・エンゲストローム（Yrjö
Engeström）の諸理論が，その代表例である[1]。その 1 つの理論が「拡張的学
習」の理論で，協力することによる学びについて，その理論的根拠を活動理
論に求めた。結び目の意味の〈ノット〉という言葉を使った，「ノットワーキ
ング」の理論も，協力する 2 つの組織の出会いの結び目に着目する（エンゲ

383

ストローム, 1999, 2013)。これらの理論は，ディスコース理論との親和性が高く，応用可能性を大いに秘めている。もう1人あげるとすると，ポーランドの社会学者ジグムント・バウマン（Zygmunt Bauman）である。すでに多くの著作が翻訳されており，その主要な理論のひとつである「リキッド・モダニティー」という視座を展開し，現代の消費社会への批判的視座を提起する（バウマン, 2001）。Kiyomiya（2016）は，日本における批判的経営研究の可能性として，廣松（1983; 1996）を取り上げ，その主張である「物象化」理論の応用を提起している。このようにして，本書には収めきれない理論を使って，ODSは理論的な幅の拡大を行っている。

批判的視座の理論的拡張だけでなく，グローバル化や問題の複雑化とともに，研究テーマや研究領域についても，幅広い課題に取り組まねばならない。これまでのODSの伝統では，本書で取り上げたパワーとアイデンティティの問題など，その中心的な課題を軸に発展したが，ジェンダーやセクシュアリティ，人種・民族性に関連した領域においても，研究を拡大してきた。補遺の文献リストを見ていただければわかるように，その他にも多様な領域に批判を進めている。とくに，近年の方向性として，組織の対外的な関係性について，批判的視座からの分析がある。それは，企業の評価にかかわるもので，リピュテーションや，ブランディングといったテーマについて反省的な考察を行い，企業の社会的信用性におけるディスコースを分析する。それは，コーポレート・コミュニケーションという実践に結び付くものであり，ステークホルダーとのコミュニケーションや企業の社会的責任（CSR）などを包含する，社会民主主義的方向性への企業発展として考察できる（Cornelissen, 2017）。

もう1つの方向性として注目するのは，批判的アプローチによる，国際的な比較研究や異文化的研究である。Bardon et al.（2017）はディズニーランド・パリ，Barros（2014）はブラジルの石油会社におけるブログから，企業の正当性を考察する。Hopkinson and Aman（2017）の論文は，インドの女性の力という文化的側面に焦点を当てる。Joutsenvirta and Vaara（2015）は

国際投資会社の CSR について，ウルグアイとアルゼンチンの国際比較を行っている。CSR というディスコースのユニバーサルな側面と同時に，ローカルな文化的側面を考察している。グローバル化の下で企業活動が国際化するため，批判的考察も組織内のパワー関係だけでなく，国際経営や異文化的側面が重要となっている。この点は，日本にとっても重要である。1980 年代以降，日本の組織や経営の特有性が議論されてきたが，ディスコースの視点からの研究はまだ少ない。例えば，Kondo（1990）に代表される，日本の女性の職場におけるアイデンティティ研究は，1 つの批判的ディスコース・アプローチのモデルであり，このような側面での貢献は大いに期待される。

②対話型組織による建設的アプローチ

批判的アプローチとは異なる方向の研究も，すでに多くの研究実績があり，とくに組織開発や変革，社会的企業家のような流れが明確になっている。ここでは「建設的アプローチ」と命名するが，Lennerfors（2014）は批判を土台としながらも，積極的に建設的な変革に結び付ける志向性を強調し，'critical-constructive' approach と呼んでいる。これは近年の批判的経営研究（CMS）研究者が，critical performativity（Spicer et al., 2009）や，micro-emancipation（Huault et al., 2014）と呼んでいるアプローチにも呼応する。

大事な点は，多くのディスコースアプローチは，組織研究の主流派に対する，オルタナティブなディスコースとして研究を提起するのであり，主流派と同じ方向性のような，経営の技術的なモデルを提起するのではない。従って建設的アプローチとは，経営管理や効率性を高めるためではなく，組織メンバーにとってより良い組織を作るための，建設的アプローチである。その1 つの方向性は，対話型組織や，ダイアローグ組織と呼んでいる方向性である（ガーゲン＆ヒエストゥッド, 2015）。これらのアプローチで重要なのは，特定の概念やビジネスモデルがすでに設定されて，それを目指すということではなく，対話を通じて，お互いを尊重しながら共同構築することに意義があり，そのプロセスにおけるディスコースの役割が大事であると考える点であ

385

る。建設的アプローチと批判的アプローチは，このように相補的に発展し，新しいアジェンダを模索していく。それは言説的構成の過程であり，ディスコースの創造生と遂行性に一層の重点を置くことになる。

(2) 組織ディスコースの日本的発展

ディスコース視座における日本の貢献は，異文化的側面からも大きな期待が寄せられている。まだアジアにおけるディスコース・アプローチが少ない，ということも背景にある。この方向性における探求の1つは，**日本的ディスコースに焦点を当てる**ことであり，またその伝統的ディスコースに対して，脱構築を行うことである。懐古主義的に，昔の日本は良かったと主張する意図はない。明治維新以降の近代化という西欧化によって，日本では多くの外来語が一般化し，それが支配的ディスコースになると，日本古来の意味を持っていたディスコースは，多くの場合，非近代的として消え去っていった。この外来語を含めた，支配的なディスコースによって駆逐された日本のディスコースに目を向け，どのようにして周辺化されたか，何がどのように支配的になったのかを追求することは，大きな研究課題である。

例えば，近江商人が行っていた，「三方よし」[2] は，現代のステークホールダーとのコミュニケーションに近い概念であり，CSR などと合わせて考えてみることは意義があるであろう。他にも，日本古来のコミュニティに，「講」というシステムがあるが，山林や港などの財産を協同所有しながら，祭りや家作りなどの協働作業を行うものである。もともとは経を読む活動がグループ化して，協働を進める土台となったようだ。震災現場には講のシステムが残っており，いろいろな点で影響を及ぼした。これは〈共助〉の精神にも関係しているかもしれない。講をシステムとしてではなく，ディスコースとして考えることで，脱構築できる可能性がある。それはつまり，講の構造や機能を調査することではなく，コミュニティの人々が，この'知の体系'としての講というディスコースを，どのようなとき，どのように使用しているかという，言説的なプロセスを考察することである。

終 章

経営と組織の新しいアジェンダのために：コミュニケーション的アプローチ

　このような日本的ディスコースは，欧米のキリスト教を土台としたディスコースと異なる視座を提供することができる。また，日本に特有な組織や事件なども，日本的組織化として，ディスコースの視点から取り上げる意義は大きい。例えば，〈祭り〉を司る組織，宗教組織（神社や寺など），日本古来のスポーツ組織（相撲協会や武道連盟など）といった日本の文化的伝統を支える組織も，研究の大きな可能性を秘めている。

　さらに，日本における組織ディスコースの発展には，日本的な批判的視座への着目も有効であると考える。それは，**日本的問題化**とも言える。Kiyomiya（2016）は，日本における批判的哲学の独自の発展に着目し，廣松（1983; 1996）の物象化論を1つの例として提起する。日本の思想家は，丁寧に原書を読みながらその翻訳作業を進め，その中に独自の意味と解釈を加えており，そこに言説的な構成が見られる。ディスコースの視座から，廣松のように日本人研究者によるヨーロッパの批判思想の翻訳作業は，とても重要なプロセスであったと考える。これは，日本的なコンテクストにおける，意味の更新作業であるとも言える。このような，日本において熟成した批判思想をもとにしたディスコース視座の発展も，大きな意義を持つ。

　さらにディスコースは，宗教とも大きく関係があると考える。ディスコースの視座はこれまで，キリスト教を文化的背景とする国々で発展してきた。従って，非キリスト教のディスコース研究は，特に意義あるアプローチとなるであろう。異なる宗教において，異なるディスコースがあり，ここに大きな学びの機会がある。日本においては，仏教や儒教と関係のあるディスコースが多くあり，これらを研究することによって，異文化組織の理解も深まるであろう。

(3) 今後の課題

　本書はまだまだ発展途上であり，第5章で示した社会構成主義のように，「理解の途上」であることをあえて明言したい。ディスコースのアプローチは，さらなる多様性と奥深さを持っている。例えば，本書で取り上げなかっ

たセクシュアリティに関し，異性愛の支配的な形に捕らわれない多様性は，日本の組織や職場の中においても，大きな課題となるべきであろう。海外から過剰と言われる日本のサービスは，日本人にとって心地よいものであるが，これがノーマル化し顧客がモンスター化すれば，いたるところで感情労働の問題は発生するであろう。職場では，人々が多くの時間を費やし，その日常は極めてストレスが多い。組織の日常のコミュニケーションや人間関係を，今一度振り返る必要があるだろう。組織のいじめや差別，様々なハラスメント，グループの規律や組織の同調統制などのテーマも，ODS の射程に入れるべき課題であり，今後の日本においてとくに必要性が増す領域と考える。経験的研究と同時に，実質的な改善と変革を積極的に追求していかねばならない。日本における ODS の方向性を議論していくうえでの今後の課題を，次の 4 点に集約した。

①方法論的議論の活性化

　方法論の議論は，定量的研究と定性的研究の双方ともに必要である。実証主義的研究においては，すでにその土台ができあがり，長年の蓄積がすでにある。質的研究における方法論的議論は，まさに始まったばかりと言える。定性的方法の枠の中においても，より実証主義的なアプローチからポストモダニズム的な方法まで幅広く，自分の研究方法論を内省しなくてはならない。これらは，定性的方法のどれが正しいかという普遍的回答ではなく，目的とリサーチクエスチョンに依存する，「研究における物語的正当性」である。この対話は，日本における ODS の発展にとって必要不可欠であり，議論を深めていかねばならない。

②大学院教育の社会化

　日本の大学院は，教授と院生・学部生との縦のつながりが強く，多様性に欠けている。実は海外の教育文化においても，この傾向が強い場合がある。そのような中において，多くの院生は指導教官との間に芽生えたギャップに

終章

経営と組織の新しいアジェンダのために：コミュニケーション的アプローチ

対して，悩みながら研究を続けている。ODSの多様性は，ここでも大きな意義を持つ。学生への指導責任を1人の指導教官に課すことには，リスクが伴う。教育の社会性から考えると，大学院間の連携をもっと強化し，大学院はそれを通じて，社会的に知の発展を育成すべきである。本書で紹介したように，私が参加したカプリ・サマースクールは，ヨーロッパの組織経営研究の第一人者が，方法論に関する短期集中講座を提供する。院生や若手の研究者は，大学の垣根を越えて相互に協力しながら学び合い，自分の研究プログラムを開発・発展させなければならない。

ヨーロッパには，そのようなワークショップが豊富にそろっている。例えば，私が参加したもう1つのワークショップは，若手研究者のCMSに関するコースである。アルベッソンを中心に，ルンド大学（スウェーデン）が主催しプログラムを提供するが，多くのヨーロッパの大学で，単位として認められる。教育の社会性は，日本においてももっと加速されるべきである。とくに，ディスコース研究に携わる人間の少なさから言っても，大学院と研究者間の協力は重要である。

③経営組織の21世紀的課題

経営課題も歴史的変遷があり，今私たちが取り組もうとする課題は，従来の枠組みの射程から外れていた領域やテーマであった。これこそが，今後の課題の中心になろうとしている。〈組織〉から〈組織化〉への視座の転換があるとき，それに伴う大きな研究射程の変換を伴うのである（表14-1）。

因果関係で説明できる領域だけでなく，複雑な組織化のプロセスに着目すべきであり，つまりは，組織を構成するコミュニケーション過程を研究することである。このときの目的は，組織における〈管理〉ではなく，コミュニケーションを通じて達成しようとする，〈相互理解〉である。必ず理解可能であると前提するのではなく，言説的相互行為を通じて得られる意味の修正が，相互の理解への寛容（理解できないことも受け入れること）を推進していく。ODSの視座から，私たちが経営や組織を研究するのは，ベストプラクティスや，

□ 表14-1 視座の転換:組織から組織化へ

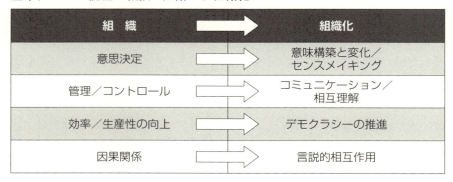

経営ツールを提供することを第一義とするのでなく,社会と組織の多様性の尊重と,相互理解の推進である。これまで周辺的な研究テーマであった,ジェンダーやマイノリティの問題,ネオリベラリズムのパワーと抵抗などのテーマを,むしろ焦点化することである。私が最終的に提起する〈組織デモクラシー〉は,継続的な対話を通じて社会的に構築される21世紀的課題の言語化であり,社会と組織の多様性と相互理解を推進することである。

④草の根の国際化

研究の国際化は,極めて重要な課題である。これは,国際的業績という研究者の評価や大学の格付けの点で,国際的評価が必要だと言っているのではない。自分自身のポジショニングについて自問自答するとき,文化性や自国の常識に無自覚であることが多い。最も効果的に内省できるのは,海外との交流や対話である,ということを主張したい。互いの文化を尊重し,対話から学ぶ姿勢が必要である。現在は欧米の組織経営ディスコースが主流であるが,そのオルタナティブなディスコースとして,異なる文化から学ぶことを推進するべきである。

本来,教育や研究の国際化は,政府主導でもなく,ネオリベラリズムが主導でもない。国際的な貧困の広がりや環境問題の越境性を考えたとき,草の

終 章

経営と組織の新しいアジェンダのために：コミュニケーション的アプローチ

根レベルの研究交流が求められる。教育や研究における草の根の国際化は，最終的には世界の平和を築く礎となるであろう。

2 新たなアジェンダを求めて

　本書は，組織ディスコースの研究ガイドを提示することだけを目的とするものではない。ODS の視座からは，経営や組織に関する伝統的アプローチにおける限界が示唆され，主流派とは異なる，ディスコースの必要性を強調してきた。それが，本書に一貫する基本的な哲学であった。

　例えばローティー（R. Roty）は，実証主義が依拠する伝統的な問いかけを，真逆にして考えることを提案する。「真実は何か」ではなく，「真実は，どのようにして生み出されるか」を問うことである。それは「どのように表象が，私たちの現実に影響し，それを生み出し形成するか」また「歴史的な状況に依存する実践過程や権力の関係において，知識はどのように生まれるか」を考察することである（ローティー，1993）。このように考えることで，経営組織研究の伝統的アジェンダを書き換える作業を追求しなくてはならない。そこでまず必要なのは，内省することである。そして，未来を構築するディスコースを，協働して生成しなくてはならない。

(1) 4つの反省的態度

　新たなアジェンダはすでに感覚的に得るものがあるが，目的が概念的に設定されてそれを追いかけるアプローチは，ODS の方法とは異なる。共同構築するプロセスの中で，相互理解を深め，社会的に現実化するものである。そこで大事なのは，日常を振り返ることで，どのようにして自明の理に対して問題化を促すか，ということである。

　無意識や無自覚さに対して，どのようにしてそれに気付くことが可能なのかという質問を，しばしば受けることがある。日常性の中では，それがノー

391

マルになっているゆえに気が付かないのであるが，震災のような非日常の危機が訪れたとき，今までの当たり前がそうでないことに気が付く。危機とは，決して自然災害のような危機状況だけに限らず，社会的構成の現実である。そのような危機意識というものが働くことが，1つの大きな機会なのである。そのとき，自分たちがノーマルだと思っていることに，疑念を持つことが可能であろう。またさらに，日常の中でも系統的に考えることで，より効果的に日常を内省できる。システマティックに日常を振り返ることで，気付きだけにとどまらず，その問題への取り組み姿勢や対応といった遂行性も一緒に現れる。本書では，以下の4つの振り返りを推奨する。

①ポストモダン的反省

この反省は，自分たちが何かを説明するときの原理として利用する〈合理性〉について反省することである。人は一般的に，因果関係という何らかの現象／結果に対して，何かを原因として指定し，命名し，その結び付きを説明しようとする。しかし，人がこの関係を指定するのであって，因果関係が客観的に存在しているわけではない。合理性を反省するということはまず，この関係を前提とすること，つまり誰かが，何かを原因として設定し命名していることを，疑わなくてはならない。

さらにこの関係を，根拠・論拠という理論や概念によって合理的な説明をすることに注意が必要である。これまで述べてきたように，複雑な社会現象には何か本質的な要素があると前提とすること，その本質を原因として無自覚に命名することは，問題化されるべきである。この本質主義と合理性を疑うことこそが，日常性を振り返る第一歩である。例えば，グローバル・スタンダードというディスコースを使って正当性が示されるとき，私はすぐにこれを疑う。客観的真理であるとか，合理性を示すディスコースを疑い，そのコンテクストを考える。脱合理性と脱本質主義がポストモダン的視座の基本であり，日常性における〈説明原理のディスコース〉を，注意深く考察すべきである。

終 章

経営と組織の新しいアジェンダのために：コミュニケーション的アプローチ

②資本主義ディスコースへの反省

　東西冷戦構造が終わり，社会主義が失敗し，資本主義こそが最も有効な経済システムであると信じている人が多いかもしれない。しかし，この前提には気を付けなければならない。資本主義も決してパーフェクトなシステムではないし，多くの問題を持っている。近年のネオリベラリズムはとくに，経済システムだけではなく，日常的な価値観にまで大きな影響を与えている。また，経済を最優先することをノーマルだと考え，その他の社会関係を周辺化する傾向を持っている。そのような資本主義的ディスコースを疑うべきである。

　例えば，〈規制緩和〉によって，自由な経済活動ができるというディスコースにおいては，規制緩和が社会的に一般化された意味を持ち，合理性を獲得するのである。またこれは，ネオリベラリズム的なディスコースにも強く関係する言葉でもある。自己責任という概念も，ネオリベラリズムと大きく関係している。勝ち組・負け組というディスコースも，自由競争に勝つことに意味の重点が置かれ，負けた人が淘汰されることが当たり前という意味のディスコースになっている。人間関係が商品化され，例えば「患者さま」ディスコースが生まれる。これらの特徴は，お金を出す側にパワーがあり，サービスを提供する側を隷属させる関係が再生産される。これは関係性の振り返りであり，これによって社会関係の脱商品化を目指さねばならない。

③ジェンダー・ディスコースへの反省

　国会議員の女性蔑視発言は目立つが，同様のディスコースは，実は組織の中では日常化されているとも言える。無自覚に女性蔑視が言語化される職場は少なくない。組織化のプロセスの中で，必然化されるジェンダーの言語化は，注意深く振り返らねばならない。パワー関係の中で，ジェンダー・ディスコースが沈黙化されることも考えられる。無自覚な場合もあれば，沈黙化されている場合もあるだろう。ジェンダーが言語化された場合，されなかった場合，ともにコンテクストをよく検討しなくてはならない。

例えば，「日本は国際的に見て女性の立場が弱い」とよく言われる。しかし，国際的な比較において，日本の女性の地位が高まればいいというものでもない。国会議員や企業経営者における女性役員の数の向上が言説化されている。これは女性の社会進出が，数値や統計のうえで改善されることに重きを置く意味であり，たとえ数の点で改善されたとしても，同様な問題は起きるであろう。実際のところ，職場のパワー関係の改善が必要なのである。組織文化に現れるジェンダー・ディスコースが改善されない限り，パワー関係の再生産は継続するのである。「女性の社会進出の向上」のようなディスコースによって，問題の大事な側面を見失わせることにつながっていく。ジェンダー・ディスコースは，注意深く解釈する必要がある。

④異文化的視座からの反省

　日本にも，多くの外国人労働者が入ってくる。グローバル化の中で，海外との合同プロジェクトも日常化しており，日本人だけの職場という前提が，今やなくなりつつある。この点も大事な反省の領域である。とくに組織研究においては，欧米が中心的位置を占め，それが当然と思われているようなところもある。

　グローバル・スタンダードと言えば，欧米の基準が世界基準となるわけで，このようなディスコースに注意を払わねばならない。欧米中心的な文化的ユニバーサリズムの推進は，1つの流れを作り，グローバル化と連動する。その方向性は，同時に排他性を増幅する。つまりオリエンタリズムを生み出し，非欧米系の文化はエキゾティックという言葉で神秘化され，辺境化されるのである。つまり**他者化**（othering）のディスコースによって，このパワー関係が再生産され，非欧米系の人々を辺境化することで，欧米文化を中心とする正当性を推進できるのである（Holiday, 2011; 2013）。異文化的な視点から，とくにグローバル・スタンダードのような，文化的なユニバーサリズムのディスコースと，他者化や，エキゾティック・ディスコースによって生み出される辺境化という，2つのディスコースの方向性を注目しなければならない。

終 章

経営と組織の新しいアジェンダのために：コミュニケーション的アプローチ

(2)組織デモクラシー

　未来を築くディスコースは，批判的また建設的アプローチを取り入れなが
ら，相互言説的なプロセスのうえ，手探りの形で生み出される。この点にお
いて，組織ディスコースと組織コミュニケーションの目指すところは，経営
管理や効率性の追求ではなく，相互理解の推進であり，それは問題化の継続
的な対話による**組織デモクラシー**（organizational democracy）への模索の過程
と言える。組織デモクラシーは，決して新しい概念ではない。従業員の声が
反映される組織であり，ボトムアップ的意思決定の強い日本的な組織が，1
つのモデルとなっていた（Stohl and Cheney, 2001）。しかし現代の課題に対し
て，ボトムアップ的意思決定には限界がある。日本的なグループは，品質管
理などの経営目的のもとに意見を吸い上げた。マネージャーが経営特権を持
つアメリカのビジネス文化における権利意識からすると，こうしたボトムアッ
プだけでも画期的であったかもしれない。しかし，現在の多様性にかかわる
問題に関しては，有効性を失う。21世紀的な課題に対応する組織デモクラ
シーは，基本的に多様性を尊重して，その声を具現化する対話プロセスと考
える。

　組織デモクラシーを考えるためには，2つの大きなヒントがある。1つは，
ディーツの言う，「**ステークホルダー・モデル型の組織民主主義**」である
（Deetz and Brown, 2004）。この視点からは，国家や行政とは異なる形で，組織
は社会における，より大きなシステムのデモクラシーを遂行する，中心的存
在であると提起する。つまり，異なる利害と関心が競合する組織における問
題解決が，デモクラシーの根幹になるというものだ。パワーを持った特定の
利害関係者によって，意思決定が遂行されるのではなく，複数の利害関係者
が対話するコミュニケーション過程こそが，組織デモクラシーの1つの形で
ある。もう1つは，ラクラウとモフが唱道する，「**ラディカル民主主義**」で
ある（Laclau and Moffe, 1985）。ラディカルとは過激という意味ではなく，根
源的という意味であり，人々の直接的な参加による徹底した民主主義，いた

395

るところにある対立点（社会的アンタゴニズム）において対話を続ける，草の根民主主義である。組織こそ，従業員を中心としたラディカル民主主義を遂行する場であり，多様性が再生産されるコミュニケーション過程において，ステークホルダー・モデルを，より組織内外のレベルで深化させられると考える。つまり，顧客や株主，コミュニティなど組織の外的コミュニケーションだけでなく，組織内のジェンダーや差別，パワハラに見られる上下関係，意思決定，対立や交渉という内的コミュニケーションに見られる諸問題に対して，多様性の共存を目指す組織デモクラシーを，草の根的に展開し探求していく。従ってその特徴は，正解のある本質的な民主主義を目指すのではなく，多様な対立点を乗り越える探求のコミュニケーション過程である。

　組織ディスコースは，多様な発展の可能性を示しているが，その中でも大きな1つの方向性は，組織デモクラシーへの貢献であろう。組織デモクラシーは，制度的な側面を重視する概念ではなく，プロセス概念と考えられ，社会的現実を構成する言説的な過程，コミュニケーション過程として考察されるべきである。組織と経営の新たなアジェンダとは，組織デモクラシーのために，何が問題であるかというアジェンダであり，伝統的な諸課題を，オルタナティブなディスコースによって，〈アジェンダ更新〉することが追求されるのである。風通しの良い職場，多様性のある組織，社会的信頼のある組織，これらを構築するアジェンダを，アーティキュレートすることで言語化することこそが重要である。

注

1) エンゲストローム自身は，マルクス主義哲学の伝統を批判的に継承しているが，彼の理論を使った研究すべてが，批判的研究とは限らない。むしろ組織学習や教育学における，実践的な研究に活用されている。

2) 三方よしは，「売り手良し」「買い手良し」「世間良し」の3つの「良し」を示唆する。売り手と買い手がともに満足し，また社会貢献もできるのがよい商売である，という経営哲学である。

補遺：組織ディスコース研究文献レビュー

著者名	論文タイトル	号	キーワード
【2005 年】 *Organization Studies 26*			
1　Oliver and Roos	Decision-making in high-velocity environments: The importance of guiding principles	6	decision-making, high-velocity, heuristics, narrative, emotion, guiding principles
2　Fairclough	Peripheral vision: Discourse analysis in organization studies: The case for critical realism	6	discourse analysis, critical realism, organizational change
3　Weiss	Overcoming resistance to surveillance: A genealogy of the EAP discourse	7	discourse, Foucault, employee assistance programs, genealogy, surveillance
4　Tomlinson	Idealistic and pragmatic versions of the discourse of partnership.	8	collaboration, discourse, partnership
5　Boudens	The story of work: A narrative analysis of workplace emotion	9	emotion, emotion in organizations, narrative, narrative analysis, figurative language
6　Tietze and Musson	Recasting the home-work relationship: A case of mutual adjustment?	9	telework, discourse, temporal metaphors, lived experience
7　Riad	The power of 'organizational culture' as a discursive formation in merger integration	10	merger, organizational culture, discourse, power
8　Sims	You bastard: A narrative exploration of the experience of indignation within organizations	11	narrative, indignation, emotion, storytelling, sensemaking
9　Symon	Exploring resistance from a rhetorical perspective	11	identity, resistance, rhetoric, technological change
10　Munir and Phillips	The birth of the 'kodak moment': Institutional entrepreneurship and the adoption of new technologies	11	institutional entrepreneurship, photography, discourse analysis, technology

【2006 年】 *Organization Studies 27*

11	Maguire and Hardy	The emergence of new global institutions: A discursive perspective	1	institutional entrepreneurship, institutions, discourse, multilateral environmental agreements, persistent organic pollutants, precautionary principle
12	Halford and Leonard	Place, space and time: Contextualizing workplace subjectivities	5	place, space, time, subjectivity, discourse, narrative
13	Vaara et al.	Pulp and paper fiction: On the discursive legitimation of global industrial restructuring	6	legitimation, discourse, media, industrial restructuring, globalization
14	Barry et al.	To text or context? endotextual, exotextual, and multi-textual approaches to narrative and discursive organizational studies	8	narrative, discourse, research methods, textual methods, organizational theater
15	Chan	Managerial frames and institutional discourses of change: Employee appropriation and resistance	9	frame alignment, micro-macro discourse connection, organizational change, appropriation and resistance
16	Kuhn	A 'Demented work ethic' and a 'Lifestyle firm': Discourse, identity, and workplace time commitments	9	identity, discourse, discursive resources, time, locale, accounts, modernity

【2007 年】 *Organization Studies 28*

17	Seidl	General strategy concepts and the ecology of strategy discourses: A systemic-discursive perspective	2	discourse, language game, social-systems theory, strategy as practice, strategy concepts
18	Özen and Berkman	Cross-national reconstruction of managerial practices: TQM in turkey.	6	cross-national reconstruction of managerial practices, new institutional theory, TQM, legitimation, translation, discourse, rhetoric
19	Iedema	On the multi-modality, materiality and contingency of organization discourse	6	organizational discourse, materiality, multi-modality, contingency, intra-action
20	Zilber	Stories and the discursive dynamics of institutional entrepreneurship: The case of Israeli high-tech after the bubble	7	institutional entrepreneurship, institutional field, discourse, narrative

補遺：組織ディスコース研究文献レビュー

| 21 | Golant and Sillince | The constitution of organizational legitimacy: A narrative perspective | 8 | legitimacy, narrative, social construction, structuration |
| 22 | Spicer and Böhm | Moving management: Theorizing struggles against the hegemony of management | 11 | Resistance, social movements, civil society, discourse, hegemony, |

【2008 年】 *Organization Studies 29*

23	Cornelissen et al.	Metaphor in organizational research: Context, modalities and implications for research — introduction	1	metaphor, discourse, organization, change, theory-building, communication,
24	Ezzamel and Willmott	Strategy as discourse in a global retailer: A supplement to rationalist and interpretive accounts	2	corporate strategy, strategizing, discourse, power/knowledge, restructuring, resistance
25	Belova et al.	Introduction: Polyphony and organization studies: Mikhail Bakhtin and beyond	4	polyphony, Bakhtin, narrative, organization studies
26	Sullivan and McCarthy	Managing the polyphonic sounds of organizational truths	4	discourse, fragmentation, identity, polyphony, truth
27	Llewellyn	Organization in actual episodes of work: Harvey sacks and organization studies	5	Harvey Sacks, sequential analysis, membership catagorization, organizational discourse, practice
28	Symon et al.	Positioning qualitative research as resistance to the institutionalization of the academic labour process	10	academic labour process, qualitative research, institutional work, resistance, rhetoric

【2009 年】 *Organization Studies 30*

29	Gordon et al.	Embedded ethics: Discourse and power in the New South Wales police service	1	ethics, power, practice, discourse, police organizations
30	Thornborrow and Brown	`Being regimented': Aspiration, discipline and identity work in the British parachute regiment	4	aspiration, disciplinary power, discourse, identity, identity narrative, military
31	Boudes and Laroche	Taking off the Heat: Narrative Sensemaking in Post-crisis Inquiry Reports	4	crisis, heat wave, inquiry report, narrative analysis, sensemaking
32	Pablo and Hardy	Merging, masquerading and morphing: Metaphors and the world wide web	8	discourse, Internet, metaphors, websites

| 33 | Motion and Leitch | The transformational potential of public policy discourse | 10 | legitimacy, identity, public policy, discourse, power, transformation |

【2010 年】 *Organization Studies 31*

34	Ellis and Ybema	Marketing identities: Shifting circles of identification in inter-organizational relationships	3	boundaries, discursive positioning, identity, inter-organizational relationships, liminality, marketing
35	Abolafia	Narrative construction as sensemaking: How a central bank thinks	3	narrative, sensemaking, legitimacy, Federal Reserve
36	Ybema	Talk of change: Temporal contrasts and collective identities	4	discourse, identity, nostalgia, organizational change, time
37	Gabriel	Organization studies: A space for ideas, identities and agonies	6	journal strategy, academic publishing, academic identity, peer review, ethics of criticism, ethic of care
38	Erkama and Vaara	Struggles over legitimacy in global organizational restructuring: A rhetorical perspective on legitimation strategies and dynamics in a shutdown case	7	legitimacy, legitimation, resistance, restructuring, rhetoric, shutdown
39	Greckhamer	The stretch of strategic management discourse: A critical analysis	7	strategic management, economic development, discourse analysis, critical theory, institutional entrepreneurship, Michael Porter
40	Hoedemaekers and Keegan	Performance pinned down: Studying subjectivity and the language of performance	8	subjectivity, control, Lacan, symbolic order, discourse, metonymy
41	Gabriel et al.	Temporary derailment or the end of the line? managers coping with unemployment at 50	12	job loss, unemployment, storytelling methodology, identity, career narratives, narrative coping, psychological trauma

【2011 年】 *Organization Studies 32*

| 42 | Hosking | Telling tales of relations: Appreciating relational constructionism | 1 | dialogue, processes, relational constructionism, soft self-other differentiation, subject-object relations |

補遺：組織ディスコース研究文献レビュー

43	Mueller and Whittle	Translating management ideas: A discursive devices analysis	2	organizational change, discourse, discursive devices, dialogue, communication, transfer of ideas, translation
44	Granqvist and Laurila	Rage against self-replicating machines: Framing science and fiction in the US nanotechnology field	2	boundary work, field emergence, framing, nanotechnology, professional field, scientific field
45	Jensen and Sandström	Stakeholder theory and globalization: The challenges of power and responsibility	4	globalization, narrative, power, responsibility, stakeholder theory
46	Røvik	From fashion to virus: An alternative theory of organizations' handling of management ideas	5	adoption, implementation, management fashions, management ideas, metaphor in organization theory
47	Lorino et al.	Research methods for non-representational approaches to organizational complexity: The dialogical mediated inquiry	6	activity, dialogism, inquiry, interpretation, pragmatism, research methods, semiotic mediation, work safety
48	Brown and Lewis	Identities, discipline and routines	7	disciplinary power, discourse, identity, law firm, lawyer, professional, routine
49	O'Reilly and Reed	The grit in the oyster: Professionalism, managerialism and leaderism as discourses of UK public services modernization	8	leaderism, legitimation, managerialism, neo-bureaucracy, professionalism, public services, resistance
50	Fenton and Langley	Strategy as practice and the narrative turn	9	communication theory, identity, narrative, sensemaking, strategy as practice
51	Leclercq-Vandelannoitte	Organizations as discursive constructions: A Foucauldian approach	9	case study, discourse, Foucault, organization, technology
52	Taylor	Organization as an (imbricated) configuring of transactions	9	communication, identity and personhood, imbrication, precedence and authority, text, transaction
53	Thomas and Hewitt	Managerial organization and professional autonomy: A discourse-based conceptualization	10	articulation, discourse, managerialism, professions

401

| 54 | Cornelissen et al. | The role of analogy and metaphor in the framing and legitimization of strategic change. | 12 | analogy, framing, institutionalization, metaphor, strategic change, strategy |
| 55 | van Bommel and Spicer | Hail the snail: Hegemonic struggles in the slow food movement | 12 | discourse analysis, hegemony, Laclau, media representations, resistance, Slow Food, social movements |

【2012 年】 *Organization Studies 33*

56	Sillince and Barker	A tropological theory of institutionalization	1	deinstitutionalization, institution, institutionalization, rhetoric, ritual, trope
57	Brown et al.	The rhetoric of institutional change	3	discourse, identity, institutional logic, myth, power, rhetoric
58	Godfrey et al.	Biceps, bitches and borgs: Reading Jarhead's representation of the construction of the (masculine) military body	4	body, Foucault, Jarhead, masculinity, military, representation
59	Haack et al.	Talking the talk, moral entrapment, creeping commitment? exploring narrative dynamics in corporate responsibility standardization	5-6	corporate responsibility, decoupling, Equator Principles, institutionalization, narratives, standardization
60	Kociatkiewicz and Kostera	The Good manager: An archetypical quest for morally sustainable leadership	7	archetypes, goodness, imagination, leadership, narratives
61	Tourish and Hargie	Metaphors of failure and the failures of metaphor: A critical study of root metaphors used by bankers in explaining the banking crisis	8	banking crisis, metaphors of failure, framing theory
62	Fotaki et al.	What can psychoanalysis offer organization studies today? taking stock of current developments and thinking about future directions	9	psychoanalysis, organizations, power, affect, conceptual inclusivity, psychosocial approaches
63	Gabrie	Organizations in a state of darkness: Towards a theory of organizational miasma	9	cleansing, depression, downsizing, organizational pathologies, pollution, psychoanalysis, scapegoating

補遺：組織ディスコース研究文献レビュー

64	Kenny	'Someone big and important': Identification and affect in an international development organization	9	affect, identification, Lacan, organization, participant observation, recognition
65	Costas and Taheri	'The return of the primal father' in postmodernity? A Lacanian analysis of authentic leadershi	9	authentic leadership, autonomy, control, Freud, Lacan, postmodernity
66	Thompson and Harley	Beneath the radar? A critical realist analysis of 'The knowledge economy' and 'Shareholder value' as competing discourses	10	critical realism, discourse analysis, financialization, knowledge economy, shareholder value
67	Wright et al.	"Hippies on the third floor": Climate change, narrative identity and the micro-politics of corporate environmentalism	11	change agency, climate change, environmental sustainability, identity work, micro-politics, narrative identity
68	Lefsrud and Meyer	Science or science fiction? professionals' discursive construction of climate change	11	climate change, defensive institutional work, emotion, expertise, framing, metaphor, petroleum industry
69	Nyberg	'You need to be healthy to be ill': Constructing sickness and framing the body in Swedish healthcare	12	the body, discourse, Foucault, governmentality, sickness absence
70	Ainsworth and Hardy	Subjects of inquiry: Statistics, stories, and the production of knowledge	12	discursive conventions, epistemic subjects, knowledge, power/knowledge, public inquiries

【2013 年】 *Organization Studies 34*

71	Cluley	What makes a management buzzword buzz?	1	buzzwords, fads and fashion, management communication, management education, organizational discourse
72	Bolander and Sandberg	How employee selection decisions are made in practice	3	critical HRM, decision making, discourse analysis, employee selection, ethnomethodology, meetings, practice theory, selection decision
73	Driver	The lack of power or the power of lack in leadership as a discursively constructed identity	3	discourse, Lacan, lack, leadership, psychoanalysis

74	Kraemer et al.	Conflict and astroturfing in Niyamgiri: The importance of national advocacy networks in anti-corporate social movements	5-6	anti-corporate social movement, astroturfing, boomerang model, national advocacy networks (NANs), process, transnational advocacy
75	Fotaki	No woman is like a man (in academia) : The masculine symbolic order and the unwanted female body	9	abjection, absence, academia, Irigaray, Kristeva, language, symbolic order, women
76	Costas	Problematizing mobility: A metaphor of stickiness, non-places and the kinetic elite	10	kinetic elite, metaphor, mobility, non-place, space, stickiness

【2014 年】 *Organization Studies 35*

77	Khaire	Fashioning an industry: Socio-cognitive processes in the construction of worth of a new industry	1	construction of worth, discourse, fashion, legitimacy, new industry
78	Muhr and Rehn	Branding atrocity: Narrating dark sides and managing organizational image	2	atrocity, branding, image-management, narratives, organizational texts
79	Sørensen	Changing the memory of suffering: An organizational aesthetics of the dark side	2	abject, abjection, art, kitsch, Nazi holocaust, organizational aesthetics, subjection, witnessing
80	Phillips et al.	Writing organization as gendered practice: Interrupting the libidinal economy	3	bisexual, Cixous, feminine, gender, genre, libidinal economy, masculinity, narrative, organization, writing
81	Orr	Local government chief executives' everyday hauntings: Towards a theory of organizational ghosts	7	leadership studies, philosophical analysis of organizations, public administration and organizations
82	Barros	Tools of legitimacy: The case of the petrobras corporate blog	8	corporate blogs, critical discourse analysis, discursive struggle, legitimacy, new social media, tools
83	Kamoche et al.	Knowledge appropriation and identity: Toward a multi-discourse analysis	9	appropriation, discourse, identity, knowledge, 'property in knowledge'
84	Thomas et al.	What's age got to do with it? on the critical analysis of age and organizations	11	age, ageing, discourse, identity, older worker, youth

補遺：組織ディスコース研究文献レビュー

85	Spedale et al.	Gendered ageism and organizational routines at work: The case of day-parting in television broadcasting	11	critical discourse analysis, gendered ageism, intersectionality, legitimacy, organizational routines
86	Pritchard and Whiting	Baby boomers and the lost generation: On the discursive construction of generations at work	11	age, discourse, generations
87	Tomlinson and Colgan	Negotiating the self between past and present: Narratives of older women moving towards self-employment	11	age, enterprise, gender, identity, narrative, self-employment
88	Riach et al.	Un/doing chrononormativity: Negotiating ageing, gender and sexuality in organizational life	11	age, Butler, chrononormativity, gender, LGBT sexualities, performativity
89	Hyde et al.	Colonizing the aged body and the organization of later life	11	age and ageing, corporate colonization, disciplinary power, organization theory, residential care
90	Curtis	Foucault beyond fairclough: From transcendental to immanent critique in organization studies	12	critical discourse analysis, critical realism, Foucault, immanent, transcendental

【2015 年】 *Organization Studies 36*

91	Moufahim et al.	The vlaams belang: The rhetoric of organizational identity	1	extreme right politics, organization identity, rhetoric, rhetorical strategies
92	Symon and Pritchard	Performing the responsive and committed employee through the sociomaterial mangle of connection	2	connectivity, identity, narrative, smartphone, sociomateriality
93	Vallas and Cummins	Personal branding and identity norms in the popular business press: Enterprise culture in an age of precarity	3	corporate culture, cultural studies, discursive analysis, employment relationships, entrepreneurship, power and domination, sociology of work
94	Wilhoit and Kisselburgh	Collective action without organization: The material constitution of bike commuters as collective	5	bike commuting, collective action, communicative constitution of organizations, materiality, organizational communication, organizing

405

95	Joutsenvirta and Vaara	Legitimacy struggles and political corporate social responsibility in international settings: A comparative discursive analysis of a contested investment in Latin America	6	corporate social responsibility, discourse, international relations, legitimacy, legitimation, power
96	Tomkins and Simpson	Caring leadership: A Heideggerian perspective	8	authenticity, best practice, care, caring leadership, discourse, Heidegger, intervention, knowing, temporality, transformational leadership
97	Vidaillet and Gamot	Working and resisting when One's workplace is under threat of being shut down: A Lacanian perspective	8	CMS, discourse theory, enunciation, fantasy, Lacan, plant closure, resistance
98	Brown and Coupland	Identity threats, identity work and elite professionals	10	discourse, identity, insecurity, masculinity, narrative, power, professional, threat
99	Arnould and Cayla	Consumer fetish: Commercial ethnography and the sovereign consumer	10	consumers, ethnography, fetishism, market research, organizational culture, sensemaking
100	Zanoni and Janssens	The power of diversity discourses at work: On the interlocking nature of diversities and occupations	11	discourse analysis, diversity, intersectionality, occupations, power
101	Russell and McCabe	Regulators, conformers and cowboys: The enterprise discourse, power and resistance in the UK passive fire protection industry	12	bureaucracy, discourse, enterprise, passive fire protection, power, resistance

【2016 年】 *Organization Studies 37*

102	Khaire and Hall	Medium and message: Globalization and innovation in the production field of Indian fashion	6	creative industries, cultural studies, innovation, qualitative research design, text analysis
103	Moisander et al.	Emotions in institutional work: A discursive perspective	7	discourse, Economic and Monetary Union (EMU), emotions, institutional work, power
104	Hjorth and Dawson	The burden of history in the family business organization	8	family business, history, narratives, Nietzsche, succession

補遺：組織ディスコース研究文献レビュー

105	Herepath and Kitchener	When small bandages fail: The field-level repair of severe and protracted institutional breaches	8	field-level institutional repair work, government inquiry reports, healthcare, institutional work, rhetorical institutionalism
106	Mutch	Bringing history into the study of routines: Contextualizing performance	8	analytical narrative, history, morphogenesis, organizational routines, religion
107	Geppert	Politics and power in multinational companies: Integrating the international business and organization studies perspectives	9	discourse and language perspectives on power, micro-politics, organizational politics, power in multinational companies
108	Whittle	Sensemaking, sense-censoring and strategic inaction: The discursive enactment of power and politics in a multinational corporation	9	communicative constitution of organizations (CCO), discourse theory, domination, ethnography, ethnomethodology, framing, power, resistance, sensemaking theory, social constructionism
109	Dey	Intermediary organisations and the hegemonisation of social entrepreneurship: Fantasmatic articulations, constitutive quiescences, and moments of indeterminacy	10	affect, discourse, fantasy, hegemony and counter-hegemony, intermediary organisations, Laclau and Mouffe,
110	Prado and Sapsed	The anthropophagic organization: How innovations transcend the temporary in a project-based organization	12	anthropophagy, boundary objects, innovation, knowledge transfer, project-based organization, temporary organizations

【2017 年】 *Organization Studies 38*

111	Boussebaa and Brown	Englishization, identity regulation and imperialism	1	disciplinary power, Englishization, globalization, identity regulation, identity work, imperialism
112	Bednarek et al.	Transcendence through rhetorical practices: Responding to paradox in the science sector	1	paradox, rhetoric, science organizations, transcendence
113	Belfrage and Hauf	The gentle art of retroduction: Critical realism, cultural political economy and critical grounded theory	2	critical grounded theory, critical realism, cultural political economy, financial crisis, Iceland

407

114	Sheep et al.	Knots in the discourse of innovation: Investigating multiple tensions in a reacquired spin-off	3-4	ambiguity, communication, discourse theory, innovation, paradox
115	Stevens	Life and letting die: A story of the homeless, autonomy, and anti-social behaviour	5	anti-social behaviour, autonomy, biopolitics, genealogy, the homeless, methods in political theory, Nietzsche, normative theory, organization, public space
116	Cassell and Lee	Understanding translation work: The evolving interpretation of a trade union idea	8	case study, learning, longitudinal, narratives, trade unions, translation, translation of ideas, translation work
117	Huber and Brown	Identity work, humour and disciplinary power	8	control, co-operatives, disciplinary power, humour, identity regulation, identity work
118	Bristow et al.	Being an early-career CMS academic in the context of insecurity and 'Excellence': The dialectics of resistance and compliance	9	academic excellence, academic insecurity, Critical Management Studies, early-career academics, identity work, resistance dialectics, tensions and contradictions
119	Harding et al.	Towards a performative theory of resistance: Senior managers and revolting subject (ivitie) s	9	Barad, Butler, new materialism, performativity, resistance, senior managers
120	Gagnon and Collinson	Resistance through difference: The co-constitution of dissent and inclusion	9	difference, discourse, inclusion, leadership development, normative control, resistance, social diversity
121	Parmar	Disobedience of immoral orders from authorities: An issue construction perspective	10	ethics, organizational discourse analysis, qualitative, sensemaking theory, theoretical perspectives

【2018 年】 *Organization Studies 39*

122	Elliott and Stead	Constructing Women's leadership representation in the UK press during a time of financial crisis: Gender capitals and dialectical tensions	1	capital, dialectics, gender, leadership, women

補遺：組織ディスコース研究文献レビュー

123	Garcia-Lorenzo	Liminal entrepreneuring: The creative practices of nascent necessity entrepreneurs	2-3	creative entrepreneuring, economic crisis, liminality, narratives, nascent necessity entrepreneurs, organization-creation
124	Ruebottom and Auster	Reflexive dis/embedding: Personal narratives, empowerment and the emotional dynamics of interstitial events	4	emotions, institutional work, interstitial events, reflexivity, storytelling
125	Höllerer	'A picture is worth a thousand words': Multimodal sensemaking of the global financial crisis	5-6	discourse, Financial Times, global financial crisis, images, multimodal, multimodality, objectification, sensegiving, sensemaking, visuality
126	Puyou and Quattrone	The visual and material dimensions of legitimacy: Accounting and the search for societies	5-6	accounting, legitimacy, material, Modernity, Renaissance, rhetoric, Romans, visual
127	Stowell and Warren	The institutionalization of suffering: Embodied inhabitation and the maintenance of health and safety in E-waste recycling	5-6	autoethnography, computers, e-waste, inhabited institutions, institutional maintenance work, recycling, visual methods
128	Savage et al.	Fiction and organization studies	7	discourse theory (metaphor, narratives, rhetoric etc.), theoretical perspectives, sensemaking theory, theoretical perspectives, communicative constitution of organizations (CCO), theoretical perspectives
129	Buchanan et al.	Categorizing competence: Consumer debt and the reproduction of gender-based status differences	9	categorization processes, debt, discourse, gender inequality, institutional maintenance, media, status
130	Gist-Mackey	(Dis) embodied job search communication training: Comparative critical ethnographic analysis of materiality and discourse during the unequal search for work	9	ethnography, job search, qualitative comparative analysis, race, social class, unemployment
131	Wadhwani et al.	History as organizing: Uses of the past in organization studies	12	historical consciousness, history, rhetorical history, social memory, temporality, uses of the past

409

132	Basque and Langley	Invoking alphonse: The founder figure as a historical resource for organizational identity work	12	cooperatives, founders, organizational identity work, rhetorical history
133	Oertel and Thommes	History as a source of organizational identity creation	12	identity creation, identity scripts, organizational identity, regional cluster, rhetorical history
134	Maclean et al.	Intertextuality, rhetorical history and the uses of the past in organizational transition	12	historical organization studies, intertextuality, narrative, organizational history, rhetorical history, strategic change
135	Blagoev et al.	The career of a catalogue: Organizational memory, materiality and the dual nature of the past at the british museum (1970–Today)	12	affordance, digitization, history, organizational memory, sociomateriality, uses of the past
136	Lubinski	From 'History as told' to 'History as experienced': Contextualizing the uses of the past	12	context, historical methods, history, rhetorical history
137	Cailluet et al.	'Do not expect me to stay quiet': Challenges in managing a historical strategic resource	12	Abbé Pierre, civil society, Emmaus, historical, resource-based view, rhetorical construction, historical strategic resource, visual analysis, visual construction

参考文献

＜欧文献＞

Abma, T. A. (2003). Learning by telling: Storytelling workshops as an organizational learning intervention. *Management Learning*, 34(2), 221-240.

Abolafia, M. Y. (2010). Narrative construction as sensemaking: How a central bank thinks. *Organization Studies*, 31(3), 349-367.

Acker, J. (1990). Hierarchies, jobs, bodies: A theory of gendered organizations. *Gender & Society*, 4, 139-58.

Acker, J. (1992). Gendering organizational theory. In A. J. Mills and P. Tancred (eds.). *Gendering organizational analysis*. Thousand Oaks. CA: Sage. 248-60

Acker, J. and Van Houten, D. R. (1974). Differential recruitment and control: The sex structuring of organizations. *Administrative Science Quarterly*, 19, 152-63.

Adam, B. (1998). *Timescapes of modernity*. London: Routledge.

Adams, A., Anderson, E. and McCormack, M. (2010). Establishing and challenging masculinity: The influence of gendered discourses in organized sport. *Journal of Language and Social Psychology*, 29(3), 278-300.

Ainsworth, S. and Hardy, C. (2012). Subjects of inquiry: Statistics, stories, and the production of knowledge. *Organization Studies*, 33(12), 1693-1714.

Alvesson, M. (2002). *Understanding organizational culture*. London: Sage.

Alvesson, M. (2011). *Interpreting interviews*. London: SAGE.

Alvesson, M. and Kärreman, D. (2000). Varieties of discourse: On the study of organizations through discourse analysis. *Human Relations*, 53(9), 1125-1149.

Alvesson, M. and Kärreman, D. (2011a). *Qualitative research and theory development: Mystery as method*. Los Angeles: Sage.

Alvesson, M. and Kärreman, D. (2011b). Decolonializing discourse: Critical reflections on organizational discourse analysis. *Human Relations*, 64(9), 1121-1146.

Alvesson, M. and Kärreman, D. (2011c). Organizational discourse analysis - well done or too rare? A reply to our critics. *Human Relations*, 64(9), 1193-1202.

Alvesson, M. and Kärreman, D. (2013). The closing of critique, pluralism and reflexivity: A response to hardy and grant and some wider reflections. *Human Relations*, 66 (10), 1353-1371.

Alvesson, M. and Sandberg, J. (2013). *Constructing research questions: Doing interesting research*. London: SAGE.

Alvesson, M. and Sköldberg, K. (2017). *Reflexive Methodology: New Vistas for Qualitative Research*. London: SAGE

Alvesson, M. and Willmott, H. (2002) Identity regulation as organizational control: Producing the appropriate individual. *Journal of Management Studies*, 39(5), 619-44.

Alvesson, M., Blom, M. and Sveningsson, S. (2017). *Reflexive leadership : Organizing in an imperfect world*. Los Angeles: SAGE.

Alvesson, M., Gabriel, Y. and Paulsen, R. (2017). *Return to meaning : A social science with something to say*. Oxford: Oxford University Press.

Arnould, E. J. and Cayla, J. (2015). Consumer fetish: Commercial ethnography and the sovereign consumer. *Organization Studies*, 36(10), 1361-1386.

Ashcraft, K. L. (2007). Appreciating the 'work' of discourse: Occupational identity and difference as organizing mechanisms in the case of commercial airline pilots. *Discourse & Communication* 1(1), 9-36.

Ashforth, B. E. and Mael, F. (1989) Social identity theory and the organization. *Academy of Management Review*, 14, 20-39.

Askehave, I. (2010). Communicating leadership: A discourse analytical perspective on the job advertisement. *The Journal of Business Communication*, 47(3), 313-345.

Baker, P. and Ellece, S. (2011). *Key terms in discourse analysis*. London: Continuum.

Bakhtin, M. M. (1984). *Problems of dostoevsky's poetics*. Minneapolis: University of Minnesota Press.

Bardon, T., Brown, A. D. and Pezé, S. (2017). Identity regulation, identity work and phronesis. *Human Relations*, 70(8), 940-965.

Bargiela-Chiappini, F. (2011). Discourse (s), social construction and language practices: In conversation with alvesson and kärreman. *Human Relations*, 64(9), 1177-1191.

Bargiela-Chiappini, F., Nickerson, C. and Planken, B. C. (2013). *Business discourse* (2nd ed.). Basingstoke: Palgrave Macmillan.

Barker, J. R. (1999). *The discipline of teamwork*. Thousand Oaks, CA: Sage Publications.

Barker, J. R. and G. Cheney. (1994). The Concept and the Practices of Discipline in Contemporary Organizational Life. *Communication Monographs*, 61, 19-43.

Barros, M. (2014). Tools of legitimacy: The case of the Petrobras corporate blog. *Organization Studies*, 35(8), 1211-1230.

Barros, M. (2018). Digitally crafting a resistant professional identity: The case of Brazilian 'dirty' bloggers. *Organization*, 25(6), 755-783.

Barry, D., Carroll, B. and Hansen, H. (2006). To text or context? endotextual, exotextual, and multi-textual approaches to narrative and discursive organizational studies. *Organization Studies*, 27(8), 1091-1110.

Basque, J. and Langley, A. (2018). Invoking Alphonse: The founder figure as a historical resource for organizational identity work. *Organization Studies*, 39(12), 1685-1708.

Baumlin, J.S. and Scisco, P.L. (2018). Ethos and its constitutive role in organizational rhetoric. In Ø. Ihlen and R. L. Heath (eds.). *The handbook of organizational rhetoric and communication*. Wiley.

Bednarek, R., Paroutis, S. and Sillince, J. (2017). Transcendence through rhetorical practices: Responding to paradox in the science sector. *Organization Studies*, 38(1), 77-101.

Belfrage, C. and Hauf, F. (2017). The gentle art of retroduction: Critical realism, cultural political economy and critical grounded theory. *Organization Studies*, 38(2), 251-271.

Belova, O., King, I. and Sliwa, M. (2008). Introduction: Polyphony and organization studies: Mikhail bakhtin and beyond. *Organization Studies*, 29(4), 493-500.

Benschop, Y., van, d. B., Doorewaard, H. and Leenders, J. (2013). Discourses of ambition, gender and part-time work. *Human Relations*, 66(5), 699-723.

Berger, P. L. and Luckmann, T. (1966). *The social construction of reality: A treatise in the sociology of knowledge*. Garden City: Doubleday.

Bevir, M. (2010). Rethinking governmentality: Towards genealogies of governance. *European Journal of Social Theory*, 13(4) 423-441.

Bicknell, M. and Liefooghe, A. (2010). Enjoy your stress! Using Lacan to enrich transactional models of stress. *Organization*, 17(3), 317-330.

Bitzer, L.F. (1968). The rhetorical situation. *Philosophy and Rhetoric*, 1(1), 1-14.

Blagoev, B., Felten, S. and Kahn, R. (2018). The career of a catalogue: Organizational memory, materiality and the dual nature of the past at the British museum (1970–Today). *Organization Studies*, 39(12), 1757-1783.

Böhm, S. and Batta, A. (2010). Just doing it: Enjoying commodity fetishism with Lacan. *Organization*, 17(3), 345-361.

Boje, D. M. (1995). Stories of the storytelling organization: A postmodern analysis of Disney as Tamara-Land. *Academy of Management Journal*, 38(4), 997-1035.

Boje, D. M. (2001). *Narrative methods for organizational and communication research*. Thousand Oaks: SAGE.

Bolander, P. and Sandberg, J. (2013). How employee selection decisions are made in practice. *Organization Studies*, 34(3), 285-311.

Boonabaana, B. (2014). Negotiating gender and tourism work: Women's lived experiences in Uganda. *Tourism and Hospitality Research*, 14(1-2), 27-36.

Boudens, C. J. (2005). The story of work: A narrative analysis of workplace emotion. *Organization Studies*, 26(9), 1285-1306.

Boussebaa, M. and Brown, A. D. (2017). Englishization, identity regulation and imperialism. *Organization Studies*, 38(1), 7-29.

Braithwaite, J. (2004). *Emancipation and hope. The Annals of the American Academy of Political and Social Science*, 592(1), 79-98.

Bridgman, T. and Willmott, H. (2006). Institutions and technology: Frameworks for understanding organizational Change—The case of a major ICT outsourcing contract. *The Journal of Applied Behavioral Science*, 42(1), 110-126.

Brimeyer, T. M., Eaker, A. V. and Clair, R. P. (2004). Rhetorical strategies in union organizing: A case of labor versus management. *Management Communication Quarterly*, 18(1), 45-75.

Bristow, A., Robinson, S. and Ratle, O. (2017). Being an early-career CMS academic in the context of insecurity and 'Excellence' : The dialectics of resistance and compliance. *Organization Studies*, 38(9), 1185-1207.

Brown, A. D., Ainsworth, S. and Grant, D. (2012). The rhetoric of institutional change. *Organization Studies*, 33(3), 297-321.

Brown, A. D., Colville, I. and Pye, A. (2015). Making sense of sensemaking in organization studies. *Organization Studies*, 36(2), 265-277.

Brown, A. D. and Coupland, C. (2015). Identity threats, identity work and elite professionals. *Organization Studies*, 36(10), 1315-1336.

Brown, A. D. and Lewis, M. A. (2011). Identities, discipline and routines. *Organization Studies*, 32(7), 871-895.

Brummans, B. H. J. M., Cooren, F., Robichaud, D. and Taylor, J. R. (2014). Approaches to the communicative constitution of organizations. In L.L. Putnam and D.K. Mumby (eds.). *The Sage handbook of organizational communication*, 3rd ed., Thousand Oaks, CA: Sage, 173-194.

Brunsson, N., Rasche, A. and Seidl, D. (2012). The dynamics of standardization: Three perspectives on standards in organization studies. *Organization Studies*, 33(5-6), 613-632.

Buchanan, S., Ruebottom, T. and Riaz, S. (2018). Categorizing competence: Consumer debt and the reproduction of gender-based status differences. *Organization Studies*, 39(9), 1179-1202.

Burrell, G. (1988). Modernism, post modernism and organizational analysis 2: The contribution of michel foucault. *Organization Studies*, 9(2), 221-235.

Burrell, G. and Morgan, G. (1979) *Sociological paradigms and organizational analysis*. Aldershot: Gower.

Busby, J. S. and Iszatt-White, M. (2016). Rationalizing violation: Ordered accounts of intentionality in the breaking of safety rules. *Organization Studies*, 37(1), 35-53.

Butler, N., Delaney, H. and Spoelstra, S. (2018). Risky business: Reflections on critical performativity in practice. *Organization*, 25(3), 428-445.

Cabantous, L., Gond, J., Harding, N. and Learmonth, M. (2016). Critical essay: Reconsidering critical performativity. *Human Relations*, 69(2), 197-213.

Cailluet, L., Gorge, H. and Özçağlar-Toulouse, N. (2018). 'Do not expect me to stay quiet' : Challenges in managing a historical strategic resource. *Organization Studies*, 39(12), 1811-1835.

Carey, M. (2009). 'It's a bit like being a robot or working in a factory' : Does Braverman help explain the experiences of state social workers in Britain since 1971? *Organization*, 16(4), 505-527.

Cassell, C. and Lee, B. (2017). Understanding translation work: The evolving interpretation of a trade union idea. *Organization Studies*, 38(8), 1085-1106.

Cheney, G. and McMillan, J. (1990). Organizational rhetoric and the practice of criticism. *Journal of Applied Communication Research*, 18(2), 93-114.

Chreim, S. (2006). Managerial frames and institutional discourses of change: Employee appropriation and resistance. *Organization Studies*, 27(9), 1261-1287.

Clarke, C. A., Brown, A. D. and Hailey, V. H. (2009). Working identities? Antagonistic discursive resources and managerial identity. *Human Relations*, 62(3), 323-352.

Clegg, S. R. (1987). The language of power and the power of language. *Organization Studies*, 8(1), 61-70.

Clegg, S. R. (1989). *Frameworks of power*. London: Sage.

Clegg, S., Josserand, E., Mehra, A. and Pitsis, T. S. (2016). The transformative power of network dynamics: A research agenda. *Organization Studies*, 37(3), 277-291.

Cluley, R. (2013). What makes a management buzzword buzz? *Organization Studies*, 34(1), 33-43.

Contandriopoulos, D., Denis, J. and Langley, A. (2004). Defining the 'public' in a public healthcare system. *Human Relations*, 57(12), 1573-1596.

Contu, A., Driver, M. and Jones, C. (2010). Editorial: Jacques Lacan with organization studies. *Organization*, 17(3), 307-315.

Coombs, T. W. and Holladay, S. J. (2011). Self-regulatory discourse: Corrective or quiescent? *Management Communication Quarterly*, 25(3), 494-510.

Cooren, F. (2015). *Organizational discourse : Communication and constitution*. Polity

Cornelissen, J. P. (2017). *Corporate communication: a guide to theory and practice* (5th ed.). Los Angeles: SAGE.

Cornelissen, J. P., Holt, R. and Zundel, M. (2011). The role of analogy and metaphor in the framing and legitimization of strategic change. *Organization Studies*, 32(12), 1701-1716.

Cornelissen, J. P., Oswick, C., Thøger Christensen, L. and Phillips, N. (2008). Metaphor in organizational research: Context, modalities and implications for research — introduction. *Organization Studies*, 29(1), 7-22.

Costas, J. (2013). Problematizing mobility: A metaphor of stickiness, non-places and the kinetic elite. *Organization Studies*, 34(10), 1467-1485.

Costas, J. and Taheri, A. (2012). 'The return of the primal father' in postmodernity? A Lacanian analysis of authentic leadership. *Organization Studies*, 33(9), 1195-1216.

Curtis, R. (2014). Foucault beyond Fairclough: From transcendental to immanent critique in organization studies. *Organization Studies*, 35(12), 1753-1772.

Cutcher, L. (2014). Bringing back the bank: Local renewal and agency through community banking. *Organization Studies*, 35(1), 103-119.

Czarniawska-Joerges, B. (1998). *A narrative approach to organization studies*. Newbury Park, CA: SAGE.

Czarniawska-Joerges, B. (2004). *Narratives in social science research*. London: SAGE.

Dashtipour, P. and Rumens, N. (2018). Entrepreneurship, incongruence and affect: Drawing insights from a Swedish anti-racist organisation. *Organization*, 25(2), 223-241.

Deetz, S. A. (1992). *Democracy in an age of corporate colonization: Developments in communication and the politics of everyday life*. NY: Albany State University of New York Press.

Deetz, S. and Brown, D. (2004). Conceptualising involvement, participation and workplace decision process: A communication theory perspective. In D. Tourish and O. Hargie (eds.). *Key issues in organizational communication*. London: Routledge. 172-187.

Delbridge, R. and Sallaz, J. J. (2015). Work: Four worlds and ways of seeing. *Organization Studies*, 36(11), 1449-1462.

Dey, P., Schneider, H. and Maier, F. (2016). Intermediary organisations and the hegemonisation of social entrepreneurship: Fantasmatic articulations, constitutive quiescences, and moments of indeterminacy. *Organization Studies*, 37(10), 1451-1472.

van Dijk, T. A. (1987). *Discourse as social interaction*. London: Thousand Oaks: Sage Publications.

Driver, M. (2009). From loss to lack: Stories of organizational change as encounters with failed fantasies of self, work and organization. *Organization*, 16(3), 353-369.

Driver, M. (2013). The lack of power or the power of lack in leadership as a discursively constructed identity. *Organization Studies*, 34(3), 407-422.

Dutta, D. (2018). Women's discourses of leadership in STEM organizations in Singapore:

416

Negotiating sociocultural and organizational norms. *Management Communication Quarterly*, 32(2), 233-249.

Elliott, C. and Stead, V. (2018). Constructing Women's leadership representation in the UK press during a time of financial crisis: Gender capitals and dialectical tensions. *Organization Studies*, 39(1), 19-45.

Ellis, N. and Ybema, S. (2010). Marketing identities: Shifting circles of identification in inter-organizational relationships. *Organization Studies*, 31(3), 279-305.

Elomäki, A. (2015). The economic case for gender equality in the European Union: Selling gender equality to decision-makers and neoliberalism to women's organizations. *European Journal of Women's Studies*, 22(3), 288-302.

Erkama, N. and Vaara, E. (2010). Struggles over legitimacy in global organizational restructuring: A rhetorical perspective on legitimation strategies and dynamics in a shutdown case. *Organization Studies*, 31(7), 813-839.

Esper, S. C., Cabantous, L., Barin-Cruz, L. and Gond, J. (2017). Supporting alternative organizations? Exploring scholars' involvement in the performativity of worker-recuperated enterprises. *Organization*, 24(5), 671-699.

Essers, C. (2009). Reflections on the narrative approach: Dilemmas of power, emotions and social location while constructing life-stories. *Organization*, 16(2), 163-181.

Ezzamel, M. and Willmott, H. (2008). Strategy as discourse in a global retailer: A supplement to rationalist and interpretive accounts. *Organization Studies*, 29(2), 191-217.

Fairclough, N. (1989). *Language and power*. London: Longman. (貫井孝典，吉村昭市，脇田博文，水野真木子訳『言語とパワー』大阪教育図書，2008 年)

Fairclough, N. (1995). *Critical discourse analysis: The critical study of language*. London: Longman.

Fairclough, N. (2001). *Language and power* (2nd ed.). New York: Longman.

Fairclough, N. (2005). Peripheral vision: Discourse analysis in organization studies: The case for critical realism. *Organization Studies*, 26(6), 915-939.

Fairclough, N. and Wodak, R. (1997). Critical discourse analysis. In T.A. van Dijk (ed.). *Discourse as social interaction*. London: Sage, 258-84.

Fairhurst, G. T. (2007). *Discursive leadership: In conversation with leadership psychology*. Los Angeles: Sage Publications.

Fenton, C. and Langley, A. (2011). Strategy as practice and the narrative turn. *Organization Studies*, 32(9), 1171-1196.

Ford, J. (2006). Discourses of leadership: Gender, identity and contradiction in a UK public sector organization. *Leadership*, 2(1), 77-99.

Fotaki, M. (2013). No woman is like a man (in academia) : The masculine symbolic order and the unwanted female body. *Organization Studies*, 34(9), 1251-1275.

Fotaki, M. and Harding, N. (2013). Lacan and sexual difference in organization and management theory: Towards a hysterical academy? *Organization*, 20(2), 153-172.

Fotaki, M., Long, S. and Schwartz, H. S. (2012). What can psychoanalysis offer organization studies today? Taking stock of current developments and thinking about future directions. *Organization Studies*, 33(9), 1105-1120.

Foucault, M. (1974). *The archeology of knowledge*. New York: Pantheon. (中村雄二郎訳『知の考古学』(現代思想選 10), 河出書房新社, 1981 年)

Foucault, M. (1977). *The archaeology of knowledge*. London: Tavistock. (中村雄二郎訳『知の考古学』河出書房新社, 1970 年)

Foucault, M. (1998). *The will to knowledge: The history of sexuality, volume 1*. London: Penguin. (渡辺守章訳『知への意志 (性の歴史 I)』新潮社, 1986 年)

Foucault, M. (2007). *Security, territory, population. Lectures at the Collège de France, 1977-1978*. New York: Palgrave Macmillan.

Fox, S. (2008). `That miracle of familiar organizational things' : Social and moral order in the MBA classroom. *Organization Studies*, 29(5), 733-761.

Frandsen, F. and Johansen, W. (2011). Rhetoric, climate change, and corporate identity management. *Management Communication Quarterly*, 25(3), 511-530.

Fyke, J. P. and Buzzanell, P. M. (2013). The ethics of conscious capitalism: Wicked problems in leading change and changing leaders. *Human Relations*, 66(12), 1619-1643.

Gabriel, Y. (2008). *Organizing words: A gritical thesaurus for social and organization studies*. Oxford: Oxford University Press.

Gabriel, Y. (2010). Organization studies: A space for ideas, identities and agonies. *Organization Studies*, 31(6), 757-775.

Gabriel, Y. (2012). Organizations in a state of darkness: Towards a theory of organizational miasma. *Organization Studies*, 33(9), 1137-1152.

Gabriel, Y., and Connell, N. A. D. (2010). Co-creating stories: Collaborative experiments in storytelling. *Management Learning*, 41(5), 507-523.

Gabriel, Y., Gray, D. E. and Goregaokar, H. (2010). Temporary derailment or the end of the line? Managers coping with unemployment at 50. *Organization Studies*, 31(12), 1687-1712.

Gadamer, H. G. (1989). *Truth and method*. New York: Crossroad.

Gagnon, S. and Collinson, D. (2017). Resistance through difference: The co-constitution of dissent and inclusion. *Organization Studies*, 38(9), 1253-1276.

Garcia-Lorenzo, L., Donnelly, P., Sell-Trujillo, L. and Imas, J. M. (2018). Liminal entrepreneuring: The creative practices of nascent necessity entrepreneurs. *Organization Studies*, 39(2-3), 373-395.

Geppert, M., Becker-Ritterspach, F. and Mudambi, R. (2016). Politics and power in multinational companies: Integrating the international business and organization studies perspectives. *Organization Studies*, 37(9), 1209-1225.

Gergen, K.J. (1999) *An invitation to social construction*. London: Sage. (東村知子訳『あなたへの社会構成主義』ナカニシヤ出版，2004年)

Gergen, K. J. (2009). *An invitation to social construction* (2nd ed.). Los Angeles: SAGE.

Gergen, K., and Gergen, M. (2004). *Social construction : Entering the dialogue*. Chagrin Falls, OH: Taos Institute Publication.

Giddens, A. (1979). *Central problems in social theory*. Berkeley, CA: University of California Press. (友枝敏雄・今田高俊・森重雄訳『社会理論の最前線』ハーベスト社，1989年)

Gill, R. (2009). Mediated intimacy and postfeminism: A discourse analytic examination of sex and relationships advice in a women's magazine. *Discourse and Communication*, 3 (4), 345-369.

Gist-Mackey, A. (2018). (Dis) embodied job search communication training: Comparative critical ethnographic analysis of materiality and discourse during the unequal search for work. *Organization Studies*, 39(9), 1251-1275.

Godfrey, R., Lilley, S. and Brewis, J. (2012). Biceps, bitches and borgs: Reading Jarhead's representation of the construction of the (masculine) military body. *Organization Studies*, 33(4), 541-562.

Golant, B. D. and Sillince, J. A. A. (2007). The constitution of organizational legitimacy: A narrative perspective. *Organization Studies*, 28(8), 1149-1167.

Gordon, R., Clegg, S. and Kornberger, M. (2009). Embedded ethics: Discourse and power in the New South Wales police service. *Organization Studies*, 30(1), 73-99.

Graham, L. 1995. *On the Line at Subaru-Isuzu: The Japanese Model and the American Worker*. Ithaca, NY: Cornell University Press.

Granqvist, N. and Laurila, J. (2011). Rage against self-replicating machines: Framing science and fiction in the US nanotechnology field. *Organization Studies*, 32(2), 253-280.

Grant, D., Hardy, C. Oswick, C. and Putnam, L.(eds.) (2004). *The Sage handbook of organizational discourse*. London: Sage.

Grant, D., Iedema, R. and Oswick, C. (2011). Discourse and critical management studies. In M. Alvesson, T. Bridgman, and H. Willmott (eds.). *The Oxford Handbook of Critical Management Studies*. Oxford University Press.

Grant, D., Keenoy, T. and Oswick, C. (1998). Of diversity, dichotomy and multi-disciplinarity. In D. Grant, T. Keenoy and C. Oswick (eds). *Discourse and organization*. London: Sage, 1–14.

Greckhamer, T. (2010). The stretch of strategic management discourse: A critical analysis. *Organization Studies*, 31(7), 841-871.

Green, S. E., Babb, M. and Alpaslan, C. M. (2008). Institutional field dynamics and the competition between institutional logics: The role of rhetoric in the evolving control of the modern corporation. *Management Communication Quarterly*, 22(1), 40-73.

Greenwood, R., Oliver, C., Lawrence, T.B. and Meyer, R.E. (2017). *The SAGE handbook of organizational institutionalism*, 2nd ed., SAGE

Haack, P., Schoeneborn, D. and Wickert, C. (2012). Talking the talk, moral entrapment, creeping commitment? Exploring narrative dynamics in corporate responsibility standardization. *Organization Studies*, 33(5-6),

Halford, S. and Leonard, P. (2006). Place, space and time: Contextualizing workplace subjectivities. *Organization Studies*, 27(5), 657-676.

Harding, N. H., Ford, J. and Lee, H. (2017). Towards a performative theory of resistance: Senior managers and revolting subject(ivitie)s. *Organization Studies*, 38(9), 1209-1232.

Hardy, C., and Grant, D. (2012). Readers beware: Provocation, problematization and ⋯ problems. *Human Relations*, 65(5), 547-566.

Hardy, C. and Maguire, S. (2010). Discourse, field-configuring events, and change in organizations and institutional fields: Narratives of DDT and the Stockholm convention. *Academy of Management Journal*, 53(6), 1365-1392.

Hardy, C. and Phillips, N. (1999). No joking matter: Discursive struggle in the Canadian refugee system. *Organization Studies*, 20(1), 1-24.

Harrington, S., Warren, S. and Rayner, C. (2015). Human resource management practitioners' responses to workplace bullying: Cycles of symbolic violence. *Organization*, 22(3), 368-389.

Hasan, R., and Halliday, M. A. K. (1976). *Cohesion in English*. London: Longman.

Hearit, K.M. (1995). "Mistakes were made" : Organizations, apologia, and crisis of social legitimacy. *Communication Studies*, 46, 1-17

Heracleous, L. T. (2006). *Discourse, interpretation, organization*. Cambridge: Cambridge University Press.

Heracleous, L. and Klaering, L. A. (2014). Charismatic leadership and rhetorical competence: An analysis of steve Jobs's rhetoric. *Group and Organization* Management, 39(2), 131-161.

Herepath, A. and Kitchener, M. (2016). When small bandages fail: The field-level repair of severe and protracted institutional breaches. *Organization Studies*, 37(8), 1113-1139.

Hersted, L. and Gergen, K. (2013). *Relational leading: Practices for dialogically based collaboration*. Chagrin Falls, OH: Taos Institute Publication

Hjorth, D. and Dawson, A. (2016). The burden of history in the family business organization. *Organization Studies*, 37(8), 1089-1111.

Hoedemaekers, C. (2010). 'Not even semblance': Exploring the interruption of identification with Lacan. *Organization*, 17(3), 379-393.

Hoedemaekers, C. and Keegan, A. (2010). Performance pinned down: Studying subjectivity and the language of performance. *Organization Studies*, 31(8), 1021-1044.

Hoffman, M. F. and Ford, D. J. (2010). *Organizational rhetoric : Situations and strategies*. Los Angeles: Sage.

Höllerer, M. A., Jancsary, D. and Grafström, M. (2018). 'A picture is worth a thousand words': Multimodal sensemaking of the global financial crisis. *Organization Studies*, 39(5-6), 617-644.

Holliday, A. (2011). *Intercultural communication and ideology*. Los Angeles: SAGE.

Holliday, A. (2013). *Understanding intercultural communication: Negotiating a grammar of culture*. London: Routledge.

Hopkinson, G. and Aman, A. (2017). Women entrepreneurs: How power operates in bottom of the pyramid-marketing discourse. *Marketing Theory*, 17(3), 305-321.

Hosking, D. M. (2011). Telling tales of relations: Appreciating relational constructionism. *Organization Studies*, 32(1), 47-65.

Huault, I., Perret, V. and Spicer, A. (2014). Beyond macro- and micro- emancipation: Rethinking emancipation in organization studies. *Organization*, 21(1), 22-49.

Huault, I., Perret ., V. Taskin, V. and Grey, C. (2016). *Critical management studies: Global voices, local accents*. New York: Routledge.

Huber, G. and Brown, A. D. (2017). Identity work, humour and disciplinary power. *Organization Studies*, 38(8), 1107-1126.

Hultin, L. and Introna, L. (2018). On receiving asylum seekers: Identity working as a process of material-discursive interpellation. *Organization Studies*.

Humphreys, M. and Brown, A. D. (2002). Narratives of organizational identity and identification: A case study of hegemony and resistance. *Organization Studies*, 23(3), 421-447.

Hyde, P., Burns, D., Hassard, J. and Killett, A. (2014). Colonizing the aged body and the organization of later life. *Organization Studies*, 35(11), 1699-1717.

Iedema, R. (2007). On the multi-modality, materially and contingency of organization discourse. *Organization Studies*, 28(6), 931-946.

Iedema, R. (2011). Discourse studies in the 21st century: A response to mats alvesson and dan Kärreman's 'Decolonializing discourse'. *Human Relations*, 64(9), 1163-1176.

Ihlen, Ø. (2011). On barnyard scrambles: Toward a rhetoric of public relations. *Management Communication Quarterly*, 25(3), 455-473.

Ihlen, Ø., and Heath, R. L. (2018). *The handbook of organizational rhetoric and communication*. Wiley.

Jackson, N., and Carter, P. (1995). Organizational chiaroscuro: Throwing light on the concept of corporate governance. *Human Relations*, 48(8), 875-889.

Jensen, T. and Sandström, J. (2011). Stakeholder theory and globalization: The challenges of power and responsibility. *Organization Studies*, 32(4), 473-488.

Johnsen, R. and Gudmand-Høyer, M. (2010). Lacan and the lack of humanity in HRM. *Organization*, 17(3), 331-344.

Joutsenvirta, M. and Vaara, E. (2015). Legitimacy struggles and political corporate social responsibility in international settings: A comparative discursive analysis of a contested investment in Latin America. *Organization Studies*, 36(6), 741-777.

Kamoche, K., Beise-Zee, R. and Mamman, A. (2014). Knowledge appropriation and identity: Toward a multi-discourse analysis. *Organization Studies*, 35(9), 1373-1392.

Kanter, R. M. (1975). Women and the structure of organizations: Explorations in theory and behavior. In M. Millman and R. M. Kanter (eds.). *Another voice: Feminist perspectives on social life and social science*. Garden City, NY: Anchor Books. 34-74.

Kanter, R. M. (1977). *Men and women of the corporation*. New York: Basic Books. (高井葉子訳『企業のなかの男と女：女性が増えれば職場が変わる』生産性出版, 1995 年)

Kelan, E. (2008). Gender, risk and employment insecurity: The masculine breadwinner subtext. *Human Relations*, 61(9), 1171-1202.

Kenny, K. (2012). 'Someone big and important' : Identification and affect in an international development organization. *Organization Studies*, 33(9), 1175-1193.

Kenny, K. and Scriver, S. (2012). Dangerously empty? Hegemony and the construction of the Irish entrepreneur. *Organization*, 19(5), 615-633.

Kenny, K., Whittle, A. and Willmott, H. (2011). *Understanding identity & organizations*. London: SAGE.

Khaire, M. (2014). Fashioning an industry: Socio-cognitive processes in the construction of worth of a new industry. *Organization Studies*, 35(1), 41-74.

Khaire, M. and Hall, E. V. (2016). Medium and message: Globalization and innovation in the production field of Indian fashion. *Organization Studies*, 37(6), 845-865.

Kiyomiya, T. (2006). Transformation of organizational identity and corporate hegemony: Critical perspectives to Japanese corporate misconduct. (Paper presented at the Annual Conference of the International Communication Association), Dresden, Germany, 2006.

Kiyomiya, T. (2011).Corporate hegemony in Japanese collaborative management: A case study of corporate misconduct in Japan. 『英語英文学論集』52 巻 1号, 113-135.

Kiyomiya, T. (2012). Collaborative organizational communication in ethical problems: The dark side of Japanese management. *International Studies of Management and Organization*, 42 (3), 51-70.

Kiyomiya, T. (2016). Self-problematization and relational problematization: A critical-constructive approach in the Japanese context. In C. Grey, I. Huault, V. Perret and L. Taskin, (Eds.). *Critical management studies: Global voices local accent*. Routledge, 126-143.

Kiyomiya, T., Masuda, Y. and Hayashi, S. (2013). Collaborative sssistance (kyo-jo) in recovering business under the crisis situation. (The 15th Asia-Pacific Researchers in Organization Studies (APROS) Conference at Hitotsubashi University).

Klikauer, T. (2015). Critical management studies and critical theory: A review. *Capital & Class*, 39(2), 197-220.

Kociatkiewicz, J. and Kostera, M. (2012). The good manager: An archetypical quest for morally sustainable leadership. *Organization Studies*, 33(7), 861-878.

Kociatkiewicz, J. and Kostera, M. (2015). Into the labyrinth: Tales of organizational nomadism. *Organization Studies*, 36(1), 55-71.

Kondo, D. K. (1990). *Crafting selves: Power, gender, and discourses of identity in a Japanese workplace*. Chicago: University of Chicago Press.

Kornberger, M. (2017). The values of strategy: Valuation practices, rivalry and strategic agency. *Organization Studies*, 38(12), 1753-1773.

Kornberger, M. and Brown, A. D. (2007). 'Ethics' as a discursive resource for identity work. *Human Relations*, 60(3), 497-518.

Kraemer, R., Whiteman, G. and Banerjee, B. (2013). Conflict and astroturfing in Niyamgiri: The importance of national advocacy networks in anti-corporate social movements. *Organization Studies*, 34(5-6), 823-852.

Kress, G. (1995). The social production of language: History and structures of domination. In P. Fries and M. Gregory (eds). *Discourse in society (systemic functional perspectives Vol. L) : Meaning and choice in language* (Series: Advances in Discourse Processes). Norwood, NJ: Ablex, 115-40.

Kuhn, T. (2006). A 'Demented work ethic' and a 'Lifestyle firm' : Discourse, identity, and workplace time commitments. *Organization Studies*, 27(9), 1339-1358.

Küpers, W., Mantere, S. and Statler, M. (2013). Strategy as storytelling: A phenomenological collaboration. *Journal of Management Inquiry*, 22(1), 83-100.

Laclau, E. (2005). *On Populist Reason*. London: Verso.

Laclau, E. and Mouffe, C. (1985). *Hegemony and socialist strategy: Towards a radical democratic politics*. London: Verso. (山崎カヲル，石沢武訳『ポスト・マルクス主義と政治：根源的民主主義のために（復刻新版)』大村書店，2000年)

Leca, B., Gond, J. and Barin Cruz, L. (2014). Building 'Critical performativity engines' for deprived communities: The construction of popular cooperative incubators in Brazil. *Organization*, 21(5), 683-712.

Leclercq-Vandelannoitte, A. (2011). Organizations as discursive constructions: A Foucauldian approach. *Organization Studies*, 32(9), 1247-1271.

Lefsrud, L. M. and Meyer, R. E. (2012). Science or science fiction? Professionals' discursive construction of climate change. *Organization Studies*, 33(11), 1477-1506.

Lennerfors, T. T. (2014). A Buddhist future for Capitalism? Revising Buddhist economics for the era of light Capitalism. *Futures*, 68, 67-75.

Llewellyn, N. (2008). Organization in actual episodes of work: Harvey sacks and organization studies. *Organization Studies*, 29(5), 763-791.

Llewellyn, N. and Spence, L. (2009). Practice as a members' phenomenon. *Organization Studies*, 30(12), 1419-1439.

Lok, J. and Willmott, H. (2014). Identities and identifications in organizations: Dynamics of antipathy, deadlock, and alliance. *Journal of Management Inquiry*, 23(3), 215-230.

Lorino, P., Tricard, B. and Clot, Y. (2011). Research methods for non-representational approaches to organizational complexity: The dialogical mediated inquiry. *Organization Studies*, 32(6), 769-801.

Lubinski, C. (2018). From 'History as told' to 'History as experienced' : Contextualizing the uses of the past. *Organization Studies*, 39(12), 1785-1809.

Maclean, M. and Harvey, C. (2016). 'Give it back, George' : Network dynamics in the philanthropic field. *Organization Studies*, 37(3), 399-423.

Maclean, M., Harvey, C. and Chia, R. (2012). Sensemaking, storytelling and the legitimization of elite business careers. *Human Relations*, 65(1), 17-40.

Maclean, M., Harvey, C., Sillince, J. A. A. and Golant, B. D. (2018). Intertextuality, rhetorical history and the uses of the past in organizational transition. *Organization Studies*, 39(12), 1733-1755.

Maguire, S. and Hardy, C. (2006). The emergence of new global institutions: A discursive perspective. *Organization Studies*, 27(1), 7-29.

Maguire, S. and Hardy, C. (2009). *Discourse and deinstitutionalization: The decline of DDT*. Academy of Management.

Manning, S. and Bejarano, T. A. (2017). Convincing the crowd: Entrepreneurial storytelling in crowdfunding campaigns. *Strategic Organization*, 15(2), 194-219.

Martin, G. P. and Waring, J. (2018). Realising governmentality: Pastoral power, governmental discourse and the (re) constitution of subjectivities. *The Sociological Review*, 66(6), 1292-1308.

May, S. K. (2006). *Case studies in organizational communication: Ethical perspectives and practices*. Thousand Oaks: Sage.

Mayes, R. and Pini, B. (2014). The Australian mining industry and the ideal mining woman: Mobilizing a public business case for gender equality. *Journal of Industrial Relations*, 56(4), 527-546.

McCarthy, L., Touboulic, A. and Matthews, L. (2018). Voiceless but empowered farmers in corporate supply chains: Contradictory imagery and instrumental approach to empowerment. *Organization*, 25(5), 609-635.

McKinlay, A. and Starkey, K. (1998) *Foucault, Management and Organization Theory: From Panopticon to Technologies of Self*. London: Sage.

Meisenbach, R. J. (2008). Working with tensions: Materiality, discourse, and (dis) empowerment in occupational identity negotiation among higher education fund-raisers. *Management Communication Quarterly*, 22(2), 258-287.

Mennicken, A. and Miller, P. (2014). Foucault and the administering of lives. In P. S. Adler, P. du Gay, G. Morgan and M. I. Reed (Eds.). *The Oxford handbook of sociology, social theory, and organization studies: Contemporary currents*. Oxford, UK: Oxford University Press, 11-38.

Miettinen, R., Samra-Fredericks, D. and Yanow, D. (2009). Re-turn to practice: An introductory essay. *Organization Studies*, 30(12), 1309-1327.

Moen, T. (2006). Reflections on the narrative research approach. *International Journal of Qualitative Methods*, 5(4), 56-69.

Moisander, J. K., Hirsto, H. and Fahy, K. M. (2016). Emotions in institutional work: A discursive perspective. *Organization Studies*, 37(7), 963-990.

Monrad, M. (2017). Emotional labour and governmentality: Productive power in childcare. *Contemporary Issues in Early Childhood*, 18(3), 281-293.

Motion, J. and Leitch, S. (2009). The transformational potential of public policy discourse.

Organization Studies, 30(10), 1045-1061.

Moufahim, M., Reedy, P. and Humphreys, M. (2015). The Vlaams Belang: The rhetoric of organizational identity. *Organization Studies*, 36(1), 91-111.

Mueller, F. and Whittle, A. (2011). Translating management ideas: A discursive devices analysis. *Organization Studies*, 32(2), 187-210.

Muhr, S. L. and Rehn, A. (2014). Branding atrocity: Narrating dark sides and managing organizational image. *Organization Studies*, 35(2), 209-231.

Müller, M. (2013). Lack and jouissance in hegemonic discourse of identification with the state. *Organization*, 20(2), 279-298.

Mumby, D. K. (1996). Feminism, postmodernism, and organizational communication studies: A critical reading. *Management Communication Quarterly*, 9(3), 259-295.

Mumby, D.K. (1997) The problem of hegemony: Rereading Gramsci for organizational communication studies. *Western Journal of Communication*, 61, 343-75.

Mumby, D. K. (2004). "Nomadic theorizing with a power compass": Clegg, interstitiality, and critical organizational communication studies. *Management Communication Quarterly*, 18(1), 115-128.

Mumby, D. K. (2011). What's cooking in organizational discourse studies? A response to alvesson and kärreman. *Human Relations*, 64(9), 1147-1161.

Mumby, D. K. (2012). Internationalizing organizational communication: Linda Putnam's legacy. *Management Communication Quarterly*, 26(3), 498-504.

Mumby, D. K. (2013). *Organizational communication: A critical approach.* Los Angeles: Sage.

Mumby, D. K. (2016). Organizing beyond organization: Branding, discourse, and communicative capitalism. *Organization*, 23(6), 884-907.

Mumby, D. K. and Stohl, C. (1996). Disciplining organizational communication studies. *Management Communication Quarterly*, 10(1), 50-72.

Mumby, D. K. and Stohl, C. (1998). Commentary: Feminist perspectives on organizational communication. *Management Communication Quarterly*, 11(4), 622-634.

Mumby, D. K. and Stohl, C. (2007). (Re) disciplining organizational communication studies: A response to Broadfoot and Munshi. *Management Communication Quarterly*, 21(2), 268-280.

Munir, K. A. and Phillips, N. (2005). The birth of the 'Kodak moment': Institutional entrepreneurship and the adoption of new technologies. *Organization Studies*, 26(11), 1665-1687.

Murphy, A. G. (1998). Hidden transcripts of flight attendant resistance. *Management Communication Quarterly*, 11(4), 499-535.

Murphy, A. G. (2002). Struggling for organizational voice. *Management Communication Quarterly*, 15(4), 626-631.

Murphy, A. G. and Dixon, M. A. (2012). Discourse, identity, and power in international nonprofit collaborations. *Management Communication Quarterly*, 26(1), 166-172.

Mutch. A. (2016). Bringing history into the study of routines: Contextualizing performance. *Organization Studies*, 37(8), 1171-1188.

Nyberg, D. (2012). 'You need to be healthy to be ill' : Constructing sickness and framing the body in Swedish healthcare. *Organization Studies*, 33(12), 1671-1692.

O'Reilly, D. and Reed, M. (2011). The grit in the oyster: Professionalism, managerialism and leaderism as discourses of UK public services modernization. *Organization Studies*, 32(8), 1079-1101.

O'Connor, E. (2002). Storied business: Typology, intertextuality, and traffic in entrepreneurial narrative. *The Journal of Business Communication*, 39(1), 36-54.

Oertel, S. and Thommes, K. (2018). History as a source of organizational identity creation. *Organization Studies*, 39(12), 1709-1731.

Oliver, D. and Roos, J. (2005). Decision-making in high-velocity environments: The importance of guiding principles. *Organization Studies*, 26(6), 889-913.

Orr, K. (2014). Local government chief executives' everyday hauntings: Towards a theory of organizational ghosts. *Organization Studies*, 35(7), 1041-1061.

Oswick, C. (2001) The globalization of globalization: An analysis of a managerialist trope in action. In J. Biberman and A. Alkhafaji (eds). *The business research yearbook*. IABD Press.

Oswick, C., Fleming, P. and Hanlon, G. (2011). From borrowing to blending: Rethinking the processes of organizational theory building. *Academy of Management Review*, 36(2), 318-337.

Oute, J. (2018). 'It is a bit like being a parent': A discourse analysis of how nursing identity can contextualize patient involvement in danish psychiatry. *Nordic Journal of Nursing Research*, 38(1), 1-10.

Özen, Ş. and Berkman, Ü. (2007). Cross-national reconstruction of managerial practices: TQM in turkey. *Organization Studies*, 28(6), 825-851.

Pablo, Z. and Hardy, C. (2009). Merging, masquerading and morphing: Metaphors and the World Wide Web. *Organization Studies*, 30(8), 821-843.

Papa, M. J., Auwal, M. A. and Arvind, S. (1997). Organizing for Social Change within Concertive Control systems: Member Identification, Empowerment, and the Masking of Discipline. *Communication Monographs*, 64 (3) : 219-249.

Paranque, B. and Willmott, H. (2014). Cooperatives—saviours or gravediggers of capitalism? Critical performativity and the John Lewis partnership. *Organization*, 21 (5), 604-625.

Parker, I. (1992). *Discourse dynamics*. London: Routledge.

Parker, S. and Parker, M. (2017). Antagonism, accommodation and agonism in critical management studies: Alternative organizations as allies. *Human Relations*, 70(11), 1366-1387.

Parmar, B. (2014). From intrapsychic moral awareness to the role of social disruptions, labeling, and actions in the emergence of moral issues. *Organization Studies*, 35(8), 1101-1126.

Parmar, B. L. (2017). Disobedience of immoral orders from authorities: An issue construction perspective. *Organization Studies*, 38(10), 1373-1396.

Patala, S., Korpivaara, I., Jalkala, A., Kuitunen, A. and Soppe, B. (2019). Legitimacy under institutional change: How incumbents appropriate clean rhetoric for dirty technologies. *Organization Studies*, 40(3), 395-419.

Payne, S. (2014). Constructing the gendered body? A critical discourse analysis of gender equality schemes in the health sector in England. *Current Sociology*, 62(7), 956-974.

Phillips, M., Pullen, A. and Rhodes, C. (2014). Writing organization as gendered practice: Interrupting the libidinal economy. *Organization Studies*, 35(3), 313-333.

Phillips, N. and Hardy, C. (2002). *Discourse analysis: Investigating processes of social construction*. Thousand Oaks, CA: Sage

Prado, P. and Sapsed, J. (2016). The anthropophagic organization: How innovations transcend the temporary in a project-based organization. *Organization Studies*, 37 (12), 1793-1818.

Pritchard, K. and Whiting, R. (2014). Baby boomers and the lost generation: On the discursive construction of generations at work. *Organization Studies*, 35(11), 1605-1626.

Putnam, L. and Fairhurst, G. (2001). Discourse analysis in organizations: Issues and concerns. In F.M. Jablin and L. Putnam (eds). *The new handbook of organizational communication: Advances in theory, research and methods organizational communication: Advances in theory, research and methods*. Newbury Park, CA: Sage, 235-68.

Puyou, F. and Quattrone, P. (2018). The visual and material dimensions of legitimacy: Accounting and the search for socie-ties. *Organization Studies*, 39(5-6), 721-746.

Raffnsøe, S., Mennicken, A. and Miller, P. (2019). The foucault effect in organization studies. *Organization Studies*, 40(2), 155-182.

Räisänen, C. and Linde, A. (2004). Technologizing discourse to standardize projects in multi-project organizations: Hegemony by consensus? *Organization*, 11(1), 101-121.

Rasmussen, J. (2011). Enabling selves to conduct themselves safely: Safety committee discourse as governmentality in practice. *Human Relations*, 64(3), 459-478.

Rawls, A. W. (2008). Harold Garfinkel, ethnomethodology and workplace studies. *Organization Studies*, 29(5), 701-732.

Rhodes, C. and Brown, A.D. (2005). Narrative, organizations and research. *International Management Reviews*, 7(3), 167-188

Riach, K. (2007). 'Othering' older worker identity in recruitment. *Human Relations*, 60 (11), 1701-1726.

Riach, K., Rumens, N. and Tyler, M. (2014). Un/doing chrononormativity: Negotiating ageing, gender and sexuality in organizational life. *Organization Studies*, 35(11), 1677-1698.

Riad, S. (2005). The power of 'organizational culture' as a discursive formation in merger integration. *Organization Studies*, 26(10), 1529-1554.

Ricoeur, P. (1981). *Hermeneutics and the human sciences: Essays on language, action and interpretation*. New York: Cambridge University Press.

Rose, N. and Miller, P. (2008). *Governing the Present*. Cambridge, UK: Polity Press.

Røvik, K. A. (2011). From fashion to virus: An alternative theory of organizations' handling of management ideas. *Organization Studies*, 32(5), 631-653.

Ruebottom, T. and Auster, E. R. (2018). Reflexive dis/embedding: Personal narratives, empowerment and the emotional dynamics of interstitial events. *Organization Studies*, 39(4), 467-490.

Runté, M. and Mills, A. J. (2006). Cold war, chilly climate: Exploring the roots of gendered discourse in organization and management theory. *Human Relations*, 59(5), 695-720.

Russell, S. and McCabe, D. (2015). Regulators, conformers and cowboys: The enterprise discourse, power and resistance in the UK passive fire protection industry. *Organization Studies*, 36(12), 1693-1714.

Samra-Fredericks, D. and Bargiela-Chiappini, F. (2008). Introduction to the symposium on the foundations of organizing: The contribution from Garfinkel, Goffman and Sacks. *Organization Studies*, 29(5), 653-675.

Savage, P., Cornelissen, J. P. and Franck, H. (2018). Fiction and organization studies. *Organization Studies*, 39(7), 975-994.

Schmisseur, A.M., Jian, G. and Fairhurst, G.T. (2009). Organizational Communication. In F. Bargiela-Chiappini (ed). *Handbook of Business Discourse*. Edinburgh: Edinburgh University Press,256-258.

Seidl, D. (2007). General strategy concepts and the ecology of strategy discourses: A systemic-discursive perspective. *Organization Studies*, 28(2), 197-218.

Sheep, M. L., Fairhurst, G. T. and Khazanchi, S. (2017). Knots in the discourse of innovation: Investigating multiple tensions in a reacquired spin-off. *Organization Studies*, 38(3-4), 463-488.

Sillince, J. A. A. and Barker, J. R. (2012). A tropological theory of institutionalization. *Organization Studies*, 33(1), 7-38.

Sillince, J. A. A. and Brown, A. D. (2009). Multiple organizational identities and legitimacy: The rhetoric of police websites. *Human Relations*, 62(12), 1829-1856.

Silverman, D. (1997). The construction of 'delicate' objects in counselling. *In Discourses of counselling: HIV counselling as social interaction.* (Chapter 4). London: Sage.

Sims, D. (2003). Between the millstones: A narrative account of the vulnerability of middle managers' storying. *Human Relations*, 56(10), 1195-1211.

Sims, D. (2005). You bastard: A narrative exploration of the experience of indignation within organizations. *Organization Studies*, 26(11), 1625-1640.

Smith, R.C. and Eisenberg, E. M. (1987). Conflict at Disneyland: A root-metaphor analysis. *Communication Monographs*, 54, 367-80.

Smolović Jones, S., Smolović Jones, O., Winchester, N. and Grint, K. (2016). Putting the discourse to work: On outlining a praxis of democratic leadership development. *Management Learning*, 47(4), 424-442.

Søndergaard, D. M. (2005). Making sense of gender, age, power and disciplinary position: Intersecting discourses in the academy. *Feminism & Psychology*, 15(2), 189-208.

Sørensen, B. M. (2014). Changing the memory of suffering: An organizational aesthetics of the dark side. *Organization Studies*, 35(2), 279-302.

Spedale, S., Coupland, C. and Tempest, S. (2014). Gendered ageism and organizational routines at work: The case of day-parting in television broadcasting. *Organization Studies*, 35(11), 1585-1604.

Spicer, A., Alvesson, M. and Kärreman, D. (2009). Critical performativity: The unfinished business of critical management studies. *Human Relations*, 62(4), 537-560.

Spicer, A., Alvesson, M. and Kärreman, D. (2016). Extending critical performativity. *Human Relations*, 69(2), 225-249.

Spicer, A. and Böhm, S. (2007). Moving management: Theorizing struggles against the hegemony of management. *Organization Studies*, 28(11), 1667-1698.

Stevens, S. (2017). Life and letting die: A story of the homeless, autonomy, and anti-social behaviour. *Organization Studies*, 38(5), 669-690.

Stohl, C. and Cheney, G. (2001). Participatory Processes/Paradoxical practices: Communication and the dilemmas of organizational democracy. *Management Communication Quarterly*, 14 (3), 349-407.

Stowell, A. F. and Warren, S. (2018). The institutionalization of suffering: Embodied inhabitation and the maintenance of health and safety in E-waste recycling. *Organization Studies*, 39(5-6), 785-809.

Suddaby, R., Foster, W. M. and QuinnTrank, C. (2010). Rhetorical history as a source of competitive advantage. In J. A. C. Baum and Lampel, J. (Eds.). *The globalization of strategy research*. Bingley, UK: Emerald Group Publishing, 147-173.

Sullivan, P. and McCarthy, J. (2008). Managing the polyphonic sounds of organizational truths. *Organization Studies*, 29(4), 525-541.

Sveningsson, S. and Alvesson, M. (2003). Managing managerial identities: Organizational fragmentation, discourse and identity struggle. *Human Relations*, 56(10), 1163-1193.

Symon, G. (2005). Exploring resistance from a rhetorical perspective. *Organization Studies*, 26(11), 1641-1663.

Symon, G. (2008). Developing the political perspective on technological change through rhetorical analysis. *Management Communication Quarterly*, 22(1), 74-98.

Symon, G., Buehring, A., Johnson, P. and Cassell, C. (2008). Positioning qualitative research as resistance to the institutionalization of the academic labour process. *Organization Studies*, 29(10), 1315-1336.

Symon, G. and Pritchard, K. (2015). Performing the responsive and committed employee through the sociomaterial mangle of connection. *Organization Studies*, 36(2), 241-263.

Taylor, J. R. (2011). Organization as an (imbricated) configuring of transactions. *Organization Studies*, 32(9), 1273-1294.

Thomas, P. and Hewitt, J. (2011). Managerial organization and professional autonomy: A discourse-based conceptualization. *Organization Studies*, 32(10), 1373-1393.

Thomas, R., Hardy, C., Cutcher, L. and Ainsworth, S. (2014). What's age got to do with it? on the critical analysis of age and organizations. *Organization Studies*, 35(11), 1569-1584.

Thompson, P. and Harley, B. (2012). Beneath the radar? A critical realist analysis of 'The knowledge economy' and 'Shareholder value' as competing discourses. *Organization Studies*, 33(10), 1363-1381.

Thornborrow, T. and Brown, A. D. (2009). 'Being regimented' : Aspiration, discipline and identity work in the British parachute regiment. *Organization Studies*, 30(4), 355-376.

Thornton, P. H. and Ocasio, W. (2008). Institutional logics. In R. Greenwood, C. Oliver, R. Suddaby and K. Sahlin-Andersson (eds.). *The SAGE handbook of organizational institutionalism*. London: Sage, 99-129.

Thornton, P. H., Ocasio, W. and Lounsbury, M. (2012) *The institutional logics perspective: A new approach to culture, structure, and process*. Oxford, UK: Oxford University Press.

Tomkins, L. and Simpson, P. (2015). Caring leadership: A Heideggerian perspective. *Organization Studies*, 36(8), 1013-1031.

Tomlinson, F. (2005). Idealistic and pragmatic versions of the discourse of partnership. *Organization Studies*, 26(8), 1169-1188.

Tomlinson, F. and Colgan, F. (2014). Negotiating the self between past and present: Narratives of older women moving towards self-employment. *Organization Studies*, 35 (11), 1655-1675.

Torfing, J. (1999) *New theories of discourse : Laclau, Mouffe, and žižek*. Oxford, UK: Blackwell Publishers.

Tourish, D. and Hargie, O. (2012). Metaphors of failure and the failures of metaphor: A critical study of root metaphors used by bankers in explaining the banking crisis. *Organization Studies*, 33(8), 1045-1069.

Toyoki, S. and Brown, A. D. (2014). Stigma, identity and power: Managing stigmatized identities through discourse. *Human Relations*, 67(6), 715-737.

Vaara, E., Sorsa, V. and Pälli, P. (2010). On the force potential of strategy texts: A critical discourse analysis of a strategic plan and its power effects in a city organization. *Organization*, 17(6), 685-702.

Vaara, E., Tienari, J. and Laurila, J. (2006). Pulp and paper fiction: On the discursive legitimation of global industrial restructuring. *Organization Studies*, 27(6), 789-813.

Vallas, S. P. and Christin, A. (2018). Work and identity in an era of precarious employment: How workers respond to "Personal branding" discourse. *Work and Occupations*, 45 (1), 3-37.

Vallas, S. P. and Cummins, E. R. (2015). Personal branding and identity norms in the popular business press: Enterprise culture in an age of precarity. *Organization Studies*, 36(3), 293-319.

Vallentin, S. and Murillo, D. (2012). Governmentality and the politics of CSR. *Organization*, 19(6), 825-843.

van Bommel, K. and Spicer, A. (2011). Hail the snail: Hegemonic struggles in the slow food movement. *Organization Studies*, 32(12), 1717-1744.

Van, D. B. and Longman, C. (2017). Working against many grains: Rethinking difference, emancipation and agency in the counter-discourse of an ethnic minority women's organisation in Belgium. *Social Compass*, 64(4), 512-529.

Vatz, R. (1973). The myth of the rhetorical situation. *Philosophy and Rhetoric*, 6, pp. 154-161.

Vidaillet, B. and Gamot, G. (2015). Working and resisting when One's workplace is under threat of being shut down: A lacanian perspective. *Organization Studies*, 36(8), 987-1011.

Vince, R. and Mazen, A. (2014). Violent innocence: A contradiction at the heart of leadership. *Organization Studies*, 35(2), 189-207.

Wadhwani, R. D., Suddaby, R., Mordhorst, M. and Popp, A. (2018). History as organizing: Uses of the past in organization studies. *Organization Studies*, 39(12), 1663-1683.

Watson, T. J. (2009). Narrative, life story and manager identity: A case study in autobiographical identity work. *Human Relations*, 62(3), 425-452.

Weick, K.E. (1995). *Sensemaking in organizations*. Thousand Oaks, CA: Sage. (遠田雄志、西本直人訳『センスメーキング・イン・オーガニゼーションズ』文眞堂, 2001年)

Weick, K. E. (2012). Organized sensemaking: A commentary on processes of interpretive work. *Human Relations*, 65(1), 141-153.

Weiss, R. M. (2005). Overcoming resistance to surveillance: A genealogy of the EAP discourse. *Organization Studies*, 26(7), 973-997.

Whittle, A. and Mueller, F. (2012). Bankers in the dock: Moral storytelling in action. *Human Relations*, 65(1), 111-139.

Whittle, A., Mueller, F., Gilchrist, A. and Lenney, P. (2016). Sensemaking, sense-censoring and strategic inaction: The discursive enactment of power and politics in a multinational corporation. *Organization Studies*, 37(9), 1323-1351.

Whittle, A., Mueller, F. and Mangan, A. (2008). In search of subtlety: Discursive devices and rhetorical competence. *Management Communication Quarterly*, 22(1), 99-122.

Wilhoit, E. D. and Kisselburgh, L. G. (2015). Collective action without organization: The material constitution of bike commuters as collective. *Organization Studies*, 36(5), 573-592.

Wittneben, B. B. F., Okereke, C., Banerjee, S. B. and Levy, D. L. (2012). Climate change and the emergence of new organizational landscapes. *Organization Studies*, 33(11), 1431-1450.

Wolf, C. (2018). Not lost in translation: Managerial career narratives and the construction of protean identities. *Human Relations* .

Wright, C., Nyberg, D. and Grant, D. (2012). "Hippies on the third floor" : Climate change, narrative identity and the micro-politics of corporate environmentalism. *Organization Studies*, 33(11), 1451-1475.

Ybema, S. (2010). Talk of change: Temporal contrasts and collective identities.

Organization Studies, 31(4), 481-503.

Ybema, S., Keenoy, T., Oswick, C., Beverungen, A., Ellis, N. and Sabelis, I. (2009). Articulating identities. *Human Relations*, 62(3), 299-322.

Zakiuddin, A. (2015). Gender, religion and the 'developmentalization' of male Muslim imams in Bangladesh. *Cultural Dynamics*, 27(3), 399-422.

Zanoni, P. and Janssens, M. (2015). The power of diversity discourses at work: On the interlocking nature of diversities and occupations. *Organization Studies*, 36(11), 1463-1483.

Zanoni, P., Thoelen, A. and Ybema, S. (2017). Unveiling the subject behind diversity: Exploring the micro-politics of representation in ethnic minority creatives' identity work. *Organization*, 24(3), 330-354.

Zilber, T. B. (2007). Stories and the discursive dynamics of institutional entrepreneurship: The case of israeli high-tech after the bubble. *Organization Studies*, 28(7), 1035-1054.

＜和文献＞

アッシュクラフト，カレン（2012）.「第 12 章 ジェンダー，ディスコース，そして組織：転換する関係性のフレーミング」デヴィッド・グラント＝シンシア・ハーディー＝クリフ・オズウィック＝リンダ・L・パットナム（高橋正泰＝清宮徹監訳）『ハンドブック組織ディスコース研究』同文舘出版.

アンダーソン，ハーレーン＝グーリシャン，ハロルド＝野村直樹（2013）.『協働するナラティヴ：グーリシャンとアンダーソンによる論文「言語システムとしてのヒューマンシステム」』遠見書房.

猪狩誠也＝上野征洋＝剣持隆＝清水正道（2008）.『CC（コーポレート・コミュニケーション）戦略の理論と実践：環境・CSR・共生』同友館.

生松敬三＝木田 元（1996）.『現代哲学の岐路：理性の運命』講談社.

池田理知子編（2006）.『現代コミュニケーション学』有斐閣.

池田理知子（2015）.『日常から考えるコミュニケーション学：メディアを通して学ぶ』ナカニシヤ出版.

石黒ひで（1993）.「「言語論的転回」とは何か」『岩波講座現代思想 4 言語論的転回』岩波書店.

伊藤博之（2009）.『アメリカン・カンパニー：異文化としてのアメリカ企業を解釈する』白桃書房.

ヴァン・ダイク，テウン（2010）.「学際的な CDA：多様性を求めて」ヴォダック，ルート＝マイヤー，ミヒャエル編著（野呂香代子訳）『批判的談話分析入門：クリティカル・ディスコース・アナリシスの方法』三元社，pp.133 - 166

上野千鶴子（2005）.『脱アイデンティティ』勁草書房.

上野千鶴子編（2001）.『構築主義とは何か』勁草書房.

ヴォダック，ルート（2010）.「批判的談話分析とは何か：CDAの歴史，重要概念，展望」ルート・ヴォダック＝ミヒャエル・マイヤー編（野呂香代子訳）『批判的談話分析入門：クリティカル・ディスコース・アナリシスの方法』三元社，pp. 9-25.

ヴォダック，ルート＝マイヤー，ミヒャエル編著（野呂香代子訳）（2010）.『批判的談話分析入門：クリティカル・ディスコース・アナリシスの方法』三元社.

宇田川元一（2015）.「生成する組織の研究：流転・連鎖・媒介する組織パースペクティヴの可能性」『組織科学』第49巻，第2号，pp.15-28.

宇田川元一（2017）.「語り（ナラティヴ）は組織論と実践にとってどのような意義があるのか」『Transactions of the Academic Association for Organizational Science, 2017』（6）2, pp. 53-59.

宇田川元一＝間嶋崇（2015）.「流転し続ける世界を捉え，変えるナラティヴ・アプローチの可能性」経営哲学学会第32回全国大会（統一論題）.

エインワース，スーザン＝ハーディ，シンシア（2012）.「第6章 ディスコースとアイデンティティ」デヴィッド・グラント＝シンシア・ハーディー＝クリフ・オズウィック＝リンダ・L・パットナム（高橋正泰＝清宮徹監訳）『ハンドブック組織ディスコース研究』同文舘出版.

エンゲストローム，ユーリア（山住勝広ほか訳）（1999）.『拡張による学習：活動理論からのアプローチ』新曜社.

エンゲストローム，ユーリア（山住勝広ほか訳）（2013）.『ノットワークする活動理論：チームから結び目へ』新曜社.

大原由美子＝スコット・サフト（2004）.「新聞論説にみる9・11：国家アイデンティティの表象とイデオロギー」三宅和子＝岡本能里子＝佐藤彰編『メディアとことば：「マス」メディアのディスコース』pp. 158-193.

ガーゲン，ケネス（東村知子訳）（2004）.『あなたへの社会構成主義』ナカニシヤ出版.

ガーゲン，ケネス＝ガーゲン，メアリー（伊藤守＝二宮美樹訳）（2018）.『現実はいつも対話から生まれる：社会構成主義入門』ディスカヴァー・トゥエンティワン

カメロン，デボラ（2012）.『話し言葉の談話分析』ひつじ書房.

柿田秀樹（2006）.「レトリックと権力」池田理知子編『現代コミュニケーション学』有斐閣，pp. 91-110.

金井寿宏＝森岡正芳＝高井俊次＝中西眞知子編（2009）.『語りと騙りの間：羅生門的現実と人間のレスポンシビリティー』ナカニシヤ出版.

木村達郎（2009）.「組織ディスコース論の4つのパースペクティヴ」『Journal of the Japan Society for Management Infromation』（18）3, pp.301-312.

キルダフ，マーティン＝ケルマン，ミハエラ（2012）.「第11章 ディスコースの脱構築」デヴィッド・グラント＝シンシア・ハーディー＝クリフ・オズウィック＝リンダ・L・パッ

トナム（高橋正泰＝清宮徹監訳）『ハンドブック組織ディスコース研究』同文舘出版.

清宮　徹（2009）.「言葉のなかの倫理的まなざし：組織の語りと不祥事」金井壽宏ほか編『語りと騙りの間』ナカニシヤ出版，pp. 189-210.

清宮　徹（2011）.「組織コミュニケーションの質的研究：組織ディスコース」日本コミュニケーション学会編『現代日本のコミュニケーション研究』三修社，pp. 90-102.

清宮　徹（2014）.「組織不祥事の倫理的視座と批判的視座」『日本コミュニケーション研究者会議 Proceedings 22』.

清宮　徹（2015）.「ディスコー的視座と組織化 ディスコー的視座と組織化 ディスコー的視座と組織化：相互言説性のダイナミクス」『Transactions of the Academic Association for Organizational Science』(4) 2, 43-54.

清宮　徹＝阪本　縁＝マルコム英子＝橋本芽衣（2009）.「協調的労使関係の社会的公正：中小企業における労使間コミュニケーションと知の実践」,『経営情報学会誌』第18巻，第3号，pp. 251-269.

グラント，デヴィッド＝ハーディー，シンシア＝オズウィック，クリフ＝パットナム，リンダ・L（高橋正泰＝清宮徹監訳）（2012a）.『ハンドブック組織ディスコース研究』同文舘出版.

グラント，デヴィッド＝ハーディー，シンシア＝オズウィック，クリフ＝パットナム，リンダ・L（2012b）.「序章 組織ディスコース：研究領域の探究」デヴィッド・グラント＝シンシア・ハーディー＝クリフ・オズウィック＝リンダ・L・パットナム（高橋正泰＝清宮徹監訳）『ハンドブック組織ディスコース研究』同文舘出版.

小坂貴志（2012）.『異文化対話論入門：多声性とメディアのコミュニケーション』研究社.

小松陽一（2016）.「表象概念に基づく事業創造の理解に向けて」内藤勲＝涌田幸宏編著『表象の組織論』中央経済社，pp. 42-71.

佐藤郁哉（2002）.『実践フィールドワーク入門：組織と経営について知るための』有斐閣.

ジジェク，スラヴォイ（鈴木　晶訳）（2008）.『ラカンはこう読め！』紀伊國屋書店.

田尾雅夫＝若林直樹（2001）.『組織調査ガイドブック：調査党宣言』有斐閣.

高野真吾（2017）.「電通過労死「問題は，鬼十則じゃない」元役員，実名で"最後の独白"」『withnews』(https：//withnews.jp/article/f0170926001qq000000000000000W05s10101qq000015956A)，9月26日.

谷　富夫（2008）.『新版 ライフヒストリーを学ぶ人のために』世界思想社.

デンジン，ノーマン＝リンカン，イヴォンナ（藤原顕編訳）（2006）.『質的研究の設計と戦略』北大路書房.

中原　淳＝長岡　健（2009）.『ダイアローグ 対話する組織』ダイヤモンド社.

野口裕二（2002）.『物語としてのケア：ナラティヴ・アプローチの世界へ』医学書院.

野村直樹（2010）.『ナラティヴ・時間・コミュニケーション』遠見書房.

バー，ヴィヴィアン（田中一彦訳）（1997）.『社会的構築主義への招待：言説分析とは何か』

川島書店.

ハーディー，シンシア＝フィリップス，ネルソン（2012）．「第13章 ディスコースとパワー」デヴィッド・グラント＝シンシア・ハーディー＝クリフ・オズウィック＝リンダ・L・パットナム（高橋正泰＝清宮徹監訳）『ハンドブック組織ディスコース研究』同文舘出版.

ハーバマス，ユルゲン（1985）．『コミュニケイション的行為の理論』未來社.

バウマン，ジークムント（森田典正訳）（2001）．『リキッド・モダニティ：液状化する社会』大月書店.

橋本満弘＝北出　亮＝會澤まりえ編（2000）．『日本のレトリックとコミュニケーション』三省堂.

バスカー，ロイ（式部　信訳）（2006）．『自然主義の可能性：現代社会科学批判』晃洋書房.

バスカー，ロイ（式部　信訳）（2009）．『科学と実在論：超越論的実在論と経験主義批判』法政大学出版　局.

バトラー，ジュディス（竹村和子訳）（1999）．『ジェンダー・トラブル：フェミニズムとアイデンティティの攪乱』青土社.

バフチン，ミハイル（1995）．『ドストエフスキーの詩学』筑摩書房.

廣松　渉（1983）．『物象化論の構図』岩波書店.

廣松　渉（1996）．『資本論の哲学』岩波書店.

フェアクラフ，ノーマン（日本メディア英語学会談話分析研究分科会訳）（2012）．『ディスコースを分析する：社会研究のためのテクスト分析』くろしお出版.

フェアクロー，ノーマン（貫井孝典監修・訳）（2008）．『言語とパワー』大阪教育図書.

フェアクロウ，ノーマン＝トーマス，ピート（2012）．「第17章 グローバル化のディスコースとディスコースのグローバル化」デヴィッド・グラント＝シンシア・ハーディー＝クリフ・オズウィック＝リンダ・L・パットナム（高橋正泰＝清宮徹監訳）『ハンドブック組織ディスコース研究』同文舘出版.

藤巻光浩（2006）．「ジェンダーとコミュニケーション：性差の臨界点で考える「私たち」の身体（bodies）との関係」池田理知子編『現代コミュニケーション学』有斐閣, pp. 131-148.

藤巻光浩＝柿田秀樹＝池田理知子（2006）．「コミュニケーションと権力」池田理知子編『現代コミュニケーション学』有斐閣.

ブッシュ，ジャルヴァース＝マーシャク，ロバート編（中村和彦訳）（2018）．『対話型組織開発：その理論的系譜と実践』英治出版.

ブロードフット，キルスティン＝ディーツ，スタンリー＝アンダーソン，ドナルド（2012）．「第8章 組織ディスコースにおけるマルチレベル，マルチメソッドアプローチ」デヴィッド・グラント＝シンシア・ハーディー＝クリフ・オズウィック＝リンダ・L・パットナム（高橋正泰＝清宮徹監訳）『ハンドブック組織ディスコース研究』同文舘出版.

プリチャード，クレイグ＝ジョーンズ，デボラ＝スタブリン，ラルフ（2012）．「第9章 組織

ディスコースを研究するということ：研究者コンテクストの重要性」デヴィッド・グラント＝シンシア・ハーディー＝クリフ・オズウィック＝リンダ・L・パットナム（高橋正泰＝清宮徹監訳）『ハンドブック組織ディスコース研究』同文舘出版.

ホルスタイン，ジェイムズ＝グブリアム，ジェイバー（山田富秋＝兼子　一＝倉石一郎＝矢原隆行）（2004）.『アクティヴ・インタビュ：相互行為としての社会調査』せりか書房.

ホワイト，マイケル（小森康永訳）（2018）.『ナラティヴ・セラピー・クラシックス：脱構築とセラピー』金剛出版.

ボーム，デヴィッド（金井真弓訳）（2007）.『ダイアローグ：対立から共生へ，議論から対話へ』英治出版.

マイヤー，ミヒャエル（2010）.「理論，方法論，そして政治の間で：CDA アプローチを位置づける」ヴォダック，ルート＝マイヤー，ミヒャエル編著（野呂香代子訳）『批判的談話分析入門：クリティカル・ディスコース・アナリシスの方法』三元社，pp.27-50。

マクナミー，シーラ＝ガーゲン，ケネス編（野口裕二＝野村直樹訳）（2014）.『ナラティヴ・セラピー：社会構成主義の実践』遠見書房.

増田　靖（2013）.『生の現場の「語り」と動機の詩学』ひつじ書房.

増田　靖＝清宮　徹＝林　成光（2014）.「非 - 常時における組織化〈共助〉の研究：社会構成主義，制度派組織論，日本の伝統的ディスコースの視座から」『政策科学学会年報』.

松嶋　登＝矢寺顕行＝浦野充洋＝中原　翔＝桑田敬太郎＝高山　直（2018）「社会物質性のメタ理論」神戸大学大学院経営学研究科ディスカッションペーパー，2018・13.

丸山圭三郎（1983）.『ソシュールを読む』岩波書店.

マンビー，デニス（2012）.「第 10 章 ディスコース，パワー，そしてイデオロギー：批判的アプローチをひもとく」デヴィッド・グラント＝シンシア・ハーディー＝クリフ・オズウィック＝リンダ・L・パットナム（高橋正泰＝清宮徹監訳）『ハンドブック組織ディスコース研究』同文舘出版.

モーガン，アリス（小森康永＝上田牧子訳）（2003）.『ナラティヴ・セラピーって何？』金剛出版.

山内　裕（2015）『「闘争」としてのサービス：顧客インタラクションの研究』中央経済社.

山本哲士（1984）.「フーコー〈権力〉論の全貌」桑田禮彰＝福井憲彦＝山本哲士編『シェル・フーコー 1926-1984：権力・知・歴史』新評論，pp. 190-232.

ラミス，ダグラス（2013）『憲法は，政府に対する命令である（増補版）』平凡社.

リチャーズ，リン（大谷順子＝大杉卓三訳）（2009）『質的データの取り扱い』北大路書房.

LITERA（2018）.「TDL がパワハラ訴訟起こした女性キャストに「情報管理」口実の口止め要求！ディズニーの秘密主義がいじめを生む」（https://lite-ra.com/2018/11/post-4369.html），11 月 15 日.

ローティー，リチャード（伊藤春樹ほか訳）（1993）.『哲学と自然の鏡』産業図書.

索　引

あ

アーティキュレーション ……… 58, 274, 366
アイデンティティ ………… 24, 201, 203, 255
アイデンティティ形成 ……………………… 83
アイデンティティ統制 ……………………… 25
アイデンティティの本質主義 ……………… 303
アイデンティティ変容 ……………………… 298
アイデンティティ・ワーク ………… 24, 255
アイデンティフィケーション ……………… 314
アジェンダ更新 ……………………………… 396
頭の中の知識 ………………………………… 78
当たり前化 …………………………… 272, 311
アルチュセール ……………………………… 212
アンテナラティヴ …………………………… 157

一次データ …………………………………… 110
一般化 ………………………………………… 74
イデオロギー ……… 199, 209, 212, 226, 364
イデオロギー批判 …………………………… 371
未だ語られていない物語 …………………… 165
意味 …………………………………… 45, 101
意味交渉 ……………………………… 49, 51
インターセクショナリティ ………… 279, 298

エスノメソドロジー ………………………… 308
エトス（ethos） …………………………… 181
エピステーメー ……………………………… 212
エンジェンダー ……………………………… 342
演繹法 ………………………………………… 186
エンパワーメント …………………………… 333

オーディエンス ……………………… 176, 190
オートバイオグラフィ ……………………… 171
大文字の他者 ………………………………… 282
オーラルヒストリー ………………………… 159

か

解釈主義 ……………………………………… 108
概念 …………………………………………… 356

会話 …………………………………………… 116
学際的研究 …………………………………… 232
隠された問題 ………………………………… 209
隠れた複写 …………………………………… 362
語り直し ……………………………………… 166
語りに基づく医療 …………………………… 161
語りの共同体 ………………………………… 158
価値論 ………………………………………… 70
ガラスの天井 ………………………………… 333
関係化のプロセス …………………………… 168
関係性 ………………………………… 47, 81
関係的リーディング ………………………… 168
観察 …………………………………………… 121
間テクスト性 ………………………… 54, 222
間テクスト的コンテクスト ………………… 223

危機管理 ……………………………… 189, 193
企業コロニー化 ……………………………… 367
企業植民地化 ………………………………… 313
記号 …………………………………………… 48
記号内容 ……………………………………… 47
記号表現 ……………………………………… 47
記述的コーディング ………………………… 131
機能主義 ……………………………………… 108
帰納法 ………………………………………… 186
客体 …………………………………………… 356
ギャップ・スポッティング ………………… 98
共時性 ………………………………………… 47
鏡像段階論 …………………………………… 281
緊急事態 ……………………………………… 191

空気 …………………………………………… 43
空虚なシニフィアン ………………………… 270
草の根の国際化 ……………………………… 390
グラウンデッド・セオリー ………………… 109
クリスタル化 ………………………………… 226
クリティカル・フェミニズム ……………… 332
グローバル化 ………………………… 225, 226

経営組織の新たなアジェンダ	28	ジェンダーギャップ	327
経営組織の 21 世紀的課題	389	ジェンダーする	337
系譜学的概念	239	自己同一性	306
結果の視座	348	躾	367
結晶化	226	実証主義	69, 108
言語論的転回	66	支配のプロセス	212
現実の社会的構成	18	資本主義的組織化	344
言説性	52, 243, 267	社会科学の言語論的転回	18
言説的構成	243, 269, 356	社会言語学	208, 209, 222
言説的諸関係	245	社会構成主義	18, 69
言説的接合	58, 366	「社会人」ディスコース	83
言説的相互作用	80	社会的アイデンティティ理論	297, 306
言説的装置	251	社会的アンタゴニズム	275
言説的な正当性	360	社会的現実	9
建設的な批判	243	社会的構造	217, 225
言語のイデオロギー的性質	211	社会的テクストの視座	349
言説の形成	なし	社会的プロセス	225
元素の表象	272	社会物質性	277
		ジャンル混合	231
考古学的概念	239	ジャンル分析	229
交錯性	279, 298	ジャンル連鎖	229
公式的パワー	359	修辞学	176
構造化	108	周辺化	52
言葉による植民地化	285	重要な資源へのアクセス	359
個別ジャンル	231	主体位置	356
コミュニケーション	51	主体性	255, 310
コミュニケーション的行為	231	状況	190
コンテクスト	9, 12, 14, 43	消費	360
コンテクスト（ローカル）	44	女性差別	327
コンテクスト（グローバル）	44	真実の体制	212, 365
		新自由主義	247

さ

再帰性	53	深層インタビュー	119
再コンテクスト化	54, 222	身体	331
差異の体系	48		
差異のロジック	268	遂行性	277
三角ロジック	185	スタンドポイント・セラピー	165
三段論法	187	ステークホルダー	190
参与観察	122	ステークホルダー・モデル型の	
		組織民主主義	395
ジェンダー	330	ストーリーテリング	157, 169
ジェンダー化する組織	342	スピーチ	116
		スモール d ディスコース	65, 217

索引

成員カテゴリー化 …… 308
生産 …… 359
正当性 …… 202
正当性のディスコース …… 15
正当性のレトリック …… 202
制度的ロジック …… 201
制約 …… 192
セクシャルハラスメント …… 328
セックス …… 330
先行研究 …… 91
専門家アイデンティティ・ワーク …… 313
専門家のディスコース …… 226
戦略的な行為 …… 231

相互言説性 …… 54, 312
相互主観的 …… 49, 77
相互主観的意味 …… 356
操作化 …… 109
装置 …… 82
組織化 …… 228
組織化のプロセス …… 226
組織コミュニケーション …… 16, 26
組織ディスコース …… 10
組織デモクラシー …… 26, 28, 395
組織の正当性 …… 188
組織文化 …… 183
組織防衛のレトリック …… 199
組織レトリック …… 176
存在論 …… 70

た

ダイアローグ …… 56
ダイアローグ組織 …… 168
対象 …… 356
タイラノール事件 …… 193
対話 …… 56
対話型組織 …… 26, 168
他者化 …… 394
多声性 …… 56
脱構築 …… 85

通時性 …… 48

抵抗 …… 360
ディスコース …… 10
ディスコース・オーダー …… 217
ディスコース共同体 …… 348
ディスコース・タイプ …… 223
ディスコース分析 …… 15
テクスト …… 40
テクストの集合 …… 356
テクストの生産―伝達―消費 …… 359
テクスト分析 …… 210, 220
伝達 …… 360

等価性のロジック …… 268
統治性 …… 247
同調統制 …… 367
トピック・コーディング …… 131
ドミナント・ストーリー …… 150
トランスクリプト …… 125
ドレサージュ …… 249

な

ナラティヴ …… 144
ナラティヴ・セラピー …… 163
ナラティヴ・ベースト・メディスン …… 161

二次データ …… 110
日本的ディスコース …… 386
日本的問題化 …… 387
認識論 …… 70

ネオリベラリズム …… 247
ネットワークの結びつき …… 360

ノーマル化 …… 272, 313

は

パトス（pathos）…… 181
話し手 …… 190
パフォーマティヴィティ …… 277
パフォーマンスの視座 …… 348
場面的コンテクスト …… 223
パラダイム …… 65

441

パワー＝知	84, 88, 354	「本質主義」批判	86
反省的な問題化	211	翻訳	226

ま

ビッグ D ディスコース	65, 217	マスター・ナラティヴ	150
批判的姿勢	210	マルチレベル・マルチメソッドの	
批判的実在主義	211	アプローチ	117
批判的実在論	276		
批判的遂行性	372	メッセージ	177
批判的フレーム	108	メッセージの非中立性	197
批判的読み方	195		
評価的な読み方	195	物語的真実	148
		物語的知識	147
ファンタジー	284	物語の共同体	158
フィールドワーク	102, 117, 121	問題化	19, 78, 240
フーコー	67, 212	問題の外在化	166
フーコー効果	246		

や

フェティシズム	283	ユニバーサルな真実	70
フォーカスグループ	115		
複声性	57	読み替え	226
物質性	276		

ら

普遍的な真実	70		
浮遊するシニフィアン	270	ライフストーリー	115, 159, 169
ブラック校則	376	ライフヒストリー	159
プルリボカリティー	57	「羅生門」的現実	74
プロセス概念	228	ラディカル・フェミニズム	332
プロット	145	ラディカル民主主義	395
分析的コーディング	131		
		リサーチクエスチョン	95
ヘゲモニー	271, 365	リベラル・フェミニズム	332
辺境化	52		
弁証法的視座	348	歴史レトリック	317
弁証法的批判	372	レトリック状況	191
		レトリック分析	195
方法論的問題化	98		
ポジショニング	104	ローカルな知識	148
ポスト構造主義	81	ロージー・ザ・リベッター	334
ポスト・モダニズム	81	ロゴス（logos）	181
ポリフォニー	56		
本質主義	330		

【著者紹介】

清宮　徹（きよみや・とおる）

現在：西南学院大学文学部教授

経歴：博士（コミュニケーション学）ミシガン州立大学大学院，

　　　修士（労使関係・人的資源）ミシガン州立大学大学院

　　　タルサ大学（オクラホマ州）講師［1999 年］，テキサス大学サンアントニオ校助教授
　　　［2000 年］，国際教養大学客員教授，カーディフ・ビジネススクール（英国・ウェール
　　　ズ）客員研究員，カリフォルニア大学サンタバーバラ校コミュニケーション学部客員研
　　　究員，ベイラー大学交換教授を歴任。

〈専門領域〉

　　組織コミュニケーション論，クリティカル・マネジメント・スタディーズ，
　　組織ディスコース研究，リスクマネジメント，コンフリクトと交渉

〈主要著書〉

　　『ミクロ組織論』〔分担執筆〕学文社，2019 年
　　Critical Management Studies: Global Voices, Local Accent, Routledge, 2016〔分担執筆〕
　　『よくわかるヘルスコミュニケーション』〔分担執筆〕ミネルヴァ書房 2016 年
　　『ハンドブック組織ディスコース研究』〔監訳〕同文舘出版，2012 年
　　『現代日本のコミュニケーション研究』〔分担執筆〕三修社，2011 年
　　『語りと騙りの間』〔分担執筆〕ナカニシヤ出版，2009 年
　　Case Studies in Organizational Communication, Sage Publications, 2006〔分担執筆〕ほか

2019 年 3 月 30 日　　初版発行　　　　　　略称：清宮ディスコース

組織のディスコースとコミュニケーション
―組織と経営の新しいアジェンダを求めて―

著　者　ⓒ　清　宮　　徹

発行者　　中　島　治　久

発行所　同 文 舘 出 版 株 式 会 社
東京都千代田区神田神保町 1-41　　〒 101-0051
営業（03）3294-1801　　編集（03）3294-1803
振替 00100-8-42935　　http://www.dobunkan.co.jp

Printed in Japan 2019　　　　　　　　　DTP：マーリンクレイン
印刷・製本：三美印刷

ISBN978-4-495-39024-2

JCOPY〈出版者著作権管理機構 委託出版物〉

本書の無断複製は著作権法上での例外を除き禁じられています。複製され
る場合は，そのつど事前に，出版者著作権管理機構（電話 03-5244-5088,
FAX 03-5244-5089, e-mail: info@jcopy.or.jp）の許諾を得てください。